珞珈铸魂丛书

珞珈铸魂

武汉大学课程思政案例选编

主编 姜昕

WUHAN UNIVERSITY PRESS

武汉大学出版社

图书在版编目(CIP)数据

　　珞珈铸魂 ：武汉大学课程思政案例选编／姜昕主编 . -- 武汉 :武
汉大学出版社,2025.3. -- 珞珈铸魂丛书 . -- ISBN 978-7-307-24705-5

　Ⅰ. G641

　　中国国家版本馆 CIP 数据核字第 2024WD8335 号

责任编辑:喻　叶　　　责任校对:汪欣怡　　　版式设计:韩闻锦

出版发行: **武汉大学出版社** 　（430072　武昌　珞珈山）

　　　　　（电子邮箱：cbs22@ whu.edu.cn　网址：www.wdp. com.cn)

印刷:武汉邮科印务有限公司

开本:720×1000　1/16　印张:28.75　字数:468 千字　　插页:2

版次:2025 年 3 月第 1 版　　2025 年 3 月第 1 次印刷

ISBN 978-7-307-24705-5　　定价:98. 00 元

珞珈铸魂：武汉大学课程思政案例选编

编委会

主　编　姜　昕

副主编　张　晶　陈训威

编　委（以姓氏拼音为序）

　　　　陈慧女　陈苏一　陈训威　郭贤星

　　　　黄　舒　姜　昕　邱　超　唐　飞

　　　　王　郢　张　晶　朱智敏　邹进贵

序

　　教育是国之大计、党之大计。教育兴则国家兴，教育强则国家强。在全党全国各族人民迈上全面建设社会主义现代化国家新征程，向第二个百年奋斗目标进军的关键时刻，党的二十大报告明确深入实施科教兴国战略和人才强国战略，培养造就大批德才兼备的高素质人才，强化现代化建设的人才支撑。党的十八大以来，习近平总书记先后在全国高校思想政治工作会议、全国教育大会、学校思想政治理论课教师座谈会等重要会议上发表了系列重要论述，在党的二十大报告中强调，"培养什么人、怎样培养人、为谁培养人是教育的根本问题。育人的根本在于立德。全面贯彻党的教育方针，落实立德树人根本任务，培养德智体美劳全面发展的社会主义建设者和接班人"。全面推进课程思政建设，是高校落实立德树人根本任务的战略举措。高校教师要坚持言传身教，躬亲示范；价值先行，深入挖掘；春风化雨，润物无声，力求将价值塑造、知识传授和能力培养三者融为一体。

　　言传身教，躬亲示范。教师是人类灵魂的工程师。我们要坚持教育者先受教育，用习近平新时代中国特色社会主义思想武装自己，努力成为先进思想文化的传播者、党执政的坚定支持者，更好地担起学生健康成长指导者和引路人的责任。在教学过程中，要按照习近平总书记在学校思想政治理论课教师座谈会上提出的"政治要强""情怀要深""思维要新""视野要广""自律要严""人格要正"的重要指示要求，引导学生扣好人生第一粒扣子。

　　价值先行，深入挖掘。不同学科、不同专业、不同课程都有独特的育人内容和方式，我们要深入挖掘课程思政元素，有机融入课程教学。比如人文社会科学类专业课程，重在帮助学生学习运用马克思主义世界观方法论，深刻理解社会主义核心价值观，继承和弘扬中华优秀传统文化、革命文化、社会主义先进文化。理学、工学、医学类专业课程，重在引导学生把马克思主义立场观点方法与科学精神、创新意识培养相结合。做好"结合"文章，各专业院系、专业教师就能在课程思政建设工作中找到"角色"、干出"特色"。

春风化雨，润物无声。课程思政不是简单的"课程加思政"，更不是"为思政而思政"，而是在课程教学中有机融入理想信念和精神品格教育，努力促进二者之间水乳交融、浑然天成，从而达到春风化雨、润物无声的实际效果。为此，教师必须精心设计和组织教学。首先，要在教学中强化育人观念，激发学生学习兴趣，引导学生深入思考，实现思想启迪和价值引领；其次，要将课程思政资源和具体内容纳入总体教学目标，并细化到每个教学环节、每一堂课；最后，综合运用多种方法和手段，将课程思政要求自然而然地融入教学过程。

为了进一步推动广大教师强化育人意识，找准育人角度，提升育人能力，2021 年武汉大学举办了课程思政说课大赛。来自不同学科的教师借助新颖的教学形式、多样的教学手段，将思政教育润物无声地融入课堂教学的各个环节。在此基础上，武汉大学组织获奖教师选编了这本课程思政案例集。这些来自一线课堂的生动案例，体现了武汉大学青年骨干教师努力提高课程思政内涵并融入课堂教学的水平与实效。我们由衷地希望这本案例选编的问世能够引领更多的高校教师探索课程思政的教学理念与方式方法，形成更多具有标志性、示范性和实践性的课程思政建设成果。武汉大学将充分发挥学科门类齐全、综合实力强的优势，紧紧抓住教师队伍"主力军"、课程建设"主战场"、课堂教学"主渠道"，勠力打造"全面覆盖、类型丰富、层次递进、相互支撑、特色鲜明"的课程思政建设体系。

目　　录

一、人文科学类

"中国现代文学史"课程思政教学案例

　　《呐喊》选讲：鲁迅和《狂人日记》 …………………………… 叶　李（3）

"汉语国际教育概论"课程思政教学案例

　　发展汉语国际教育的意义 …………………………… 欧阳晓芳（37）

"古代汉语"课程思政教学案例

　　汉字的产生、演变及构造规律 …………………………… 王统尚（50）

"当代中国话题"课程思政教学案例

　　话题六：去除偏见，求真务实——日本导演竹内亮 ……… 刘莉妮（59）

"马克思主义新闻观"课程思政教学案例

　　学习和践行马克思主义新闻观的当代意义 ………………… 王　敏（69）

二、社会科学类

"国际经济学"课程思政教学案例

　　关税政策 …………………………… 郭　凛（83）

"用户体验设计"课程思政教学案例

　　用户体验设计框架 …………………………… 赵　杨（91）

"当代西方政治学说"课程思政教学案例

　　民粹主义及其反思 …………………………… 吕普生（101）

"保险学原理"课程思政教学案例

　　"保险最大诚信原则" …………………………… 潘国臣（113）

"运营与供应链管理"课程思政教学案例

　　供应管理 …………………………… 冯　华（123）

"中西文化比较"课程思政教学案例

 中西民主比较之精英与人民 ………………………………… 付克新（138）

"社会救助与社会福利"课程思政教学案例

 老年人社会福利 …………………………………………………… 薛惠元（142）

"国际法学"课程思政教学案例

 条约法 ……………………………………………………………… 周银玲（151）

三、理 学 类

"无机及分析化学"课程思政教学案例

 酸碱滴定法的应用 ………………………………………………… 林　毅（165）

"植物生物技术"课程思政教学案例

 植物遗传转化技术和方法 ………………………………………… 张　蕾（176）

"环境化学"课程思政教学案例

 化学的地位与作用 ………………………………………………… 郭小峰（190）

四、工 学 类

"桥梁结构 II"课程思政教学案例

 悬索桥 ……………………………………………………………… 万　臻（203）

"电气工程基础(上)"课程思政教学案例

 电力系统的潮流计算 ……………………………………………… 唐　飞（217）

"理论力学 A1"课程思政教学案例

 牵连运动是定轴转动时点的加速度合成定理·科式加速度

 …………………………………………………………………… 尹　颢（226）

经典建筑评析：导论 ……………………………………………… 杨　丽（235）

"材料断裂与失效分析"课程思政教学案例

 S-N 曲线与疲劳极限 ……………………………………………… 胡　平（244）

五、信息科学类

"数字地形测量学"课程思政教学案例

 无人机大比例尺测图 ……………………………………………… 黄海兰（259）

"卫星导航原理"课程思政教学案例

 北斗卫星导航系统组成 …………………………………………… 郭　斐（272）

"电磁场理论"课程思政教学案例

　　广义麦克斯韦方程 ………………………………… 单　欣（286）

"软件安全"课程思政教学案例

　　软件安全概述 ……………………………………… 陈泽茂（297）

六、医　学　类

"诊断学实验"课程思政教学案例

　　胸膜腔穿刺术 ……………………………………… 杨　杪（311）

"人体结构学"课程思政教学案例

　　心血管系统 ………………………………………… 何　柳（322）

"医学免疫学"课程思政教学案例

　　免疫学防治 ………………………………………… 罗凤玲（344）

"临床妇产科学"课程思政教学案例

　　人工流产 …………………………………………… 吴德斌（358）

"诊断学"课程思政教学案例

　　胸肺部听诊 ………………………………………… 赵　杨（366）

"遗传咨询、产前筛查与产前诊断"课程思政教学案例

　　做有温度的妇产科医生 …………………………… 段　洁（377）

"牙体牙髓病学实验"课程思政教学案例

　　术区隔离之橡皮障隔离术 ………………………… 王　莉（387）

"临床病理、病理生理学及治疗学"课程思政教学案例

　　胆囊结石 …………………………………………… 李孔玲（398）

"健康评估"课程思政教学案例

　　皮肤评估 …………………………………………… 罗先武（406）

"口腔修复学"课程思政教学案例

　　颌面缺损的修复 …………………………………… 赵　熠（415）

"卫生统计学"课程思政教学案例

　　统计图 ……………………………………………… 曹金红（432）

参考文献 …………………………………………………………（442）

索引 ………………………………………………………………（449）

一、人文科学类

"中国现代文学史"课程思政教学案例
《呐喊》选讲：鲁迅和《狂人日记》

叶 李①

课程名称：中国现代文学史　　　**课程性质：**专业必修

学分/学时：3/48　　　　　　　**授课对象：**汉语言文学专业(大二下)

课程简介："中国现代文学史"是高等院校汉语言文学专业本科阶段的专业必修课，是学生了解掌握有关中国现代文学知识的基础课程。本课在梳理中国现代文学发展流脉的基础上，讲授重要文学现象，介绍评析具有代表性的作家作品，评述社团流派、文学思潮及文学论争，以点面结合的方式勾勒中国现代文学三十年的整体发展面貌与发展趋向。

一、本门课程的总体设计

(一)课程思政的目标

结合课程"知识性与理论性兼具、思想性与审美性共融、历史与文学交织"的特点，构建与知识逻辑相交融的思政逻辑，以文育德，通过阐发思政元素对学生进行精神引领，帮助学生确立正确的价值观念，引导学生运用历史和审美的尺度审视文学现象、文化现象、理解自身所处的文化处境以及所应

---

①　教师简介：叶李，武汉大学文学院副教授、硕士生导师，主要研究方向为中国现当代文学，入选湖北省宣传文化人才培养工程"七个一百"项目文学评论类人才，湖北省作家协会第一届、第二届、第三届签约评论家，作为团队成员曾获高等教育国家级教学成果奖二等奖、湖北省高等学校教学成果奖一等奖。个人被评为"湖北青年教学能手"、武汉大学"我最喜爱的十佳教师"，并在湖北省及武汉大学各级教学竞赛数次获奖。

担负的文化使命，培养学生健全的人格、刚健的文化品格以及继承文化传统、开拓文化新境的自觉；通过课程与思政相生相成的教育，立德树人，培养学生对于中国现代文学、文化传统的民族自豪感与理性辩证的认知，为学生理解认识中国文化的现代转型，确立文化信仰，更好地面对和参与当代文化建设打下基础。

（二）课程思政的主线

以有机整体观来确立本门课程"课程思政"的总体思路，即将专业内容教授与个体精神发育、综合文化教养的培育视为有机整体，由此提炼课程思政主线。课程把内嵌于中国现代文学发展之中的改造民族灵魂、完善民族文化性格、促进现代个人心灵成长、追求传统文化的现代更新这样一条民族文化精神发展线索、"人的观念"演变的思想线索、现代中国人心灵革命的演进线索作为启智树人、立心崇德、修身明志的思政主线。思政主线与课程的知识逻辑、专业知识的内在谱系深度融合，互促共生，思政主线也是课程知识内容的深层价值逻辑所在。

（三）课程各章节的思政元素

参考《中国现代文学三十年》修订本，见表1。

表1　　　　　　　　"中国现代文学史"课程思政元素

教学专题	思政元素	预期成效
近代以来的文学变革与五四新文学：危机时刻的文化想象与文学探索（第一章）	中国现代文学"浮出历史地表"以来，中国社会已经开启文化转型的探索。为了改变闭关自守的状态走向世界，进而探索中国文学和文化新的发展道路，在近代文学变革、文化变革奠定的文化格局之下，五四时期的先进知识分子吸收已有成果、突破原有文化实践的局限，发起文学革命，倡导白话文学，输入学理、融化新知，以思想文化建设为途径应对危机和世变，又以《新青年》为阵地传播新文化，致力于思想启蒙，不断探寻改造社会的良方。一大批现代作家取鉴西方、去粗存精、融通中西，成为文化变革和社会变革的推动者，这也体现了他们进行文化探索的自觉和责任担当	学生通过学习，认识近代先进知识分子开展和推动各种文化实践、文学变革的历史功绩，了解五四文学革命、五四新文化运动的主要主张和历史成就，理解五四新文化运动先驱所具有的先锋精神、做出的光耀历史的文化担当，培养自身对社会建设、民族文化发展的责任意识，提升以文化工作参与当下文化建设和中华民族伟大复兴大业的文化自觉

续表

教学专题	思政元素	预期成效
鲁迅：重审民族性格与中国文化传统，以文"立人"，以文化实践追求民族之"新生"(第二章)	鲁迅是中国现代文学史上的重要文化坐标，他的文化人格与他的创作凝定为中国现代文化发展史上的一座丰碑。鲁迅对于中国人的深层文化心理作出了深刻的剖析，以锐利的笔锋直指种种社会问题，他的文化批评、社会批评、对国民性的洞见和省思，时至今日仍具有很强的启发性。同时，鲁迅本人也有着强烈的自省意识，在对中国文化糟粕部分表达批判的同时，也对自身进行了深度反思，他洞察自我精神人格的"幽暗地带"，坦露自身灵魂中丰富的痛苦。鲁迅是在绝望中不断前行的"历史中间物"，他有着强烈的牺牲精神、责任意识，始终将个人事业、创作道路置于社会和历史的发展大潮之中，为底层而鸣，为弱者而呼，为被损害与被侮辱者"悲哀、叫喊和战斗"。充分揭示了鲁迅其人其文在现代心灵的探寻上所达到的深度、在社会文化的思考和批判上达到的高度和具有的力度，有利于引导青年学生走出极端个人中心主义、功利主义的价值误区	学生通过学习鲁迅的作品，深入理解鲁迅思想的当代价值，以鲁迅的文化选择激励自己在历史与文学的交错中形成自省意识、反思意识、破除狭隘的自我中心主义，强化个人作为历史主体、社会主体的"主体性"。通过讲授，鼓励学生建立个体生命与历史、时代、社会之间的深刻联系，激发学生的使命感与责任感，引导他们在更开阔的意义空间里安置个我的生命
第一个十年的小说：转换与更新(第三章)	随着五四文学革命的发展，一批更新了形式与内容的现代小说显示了文学革命的实绩，扩大了新文化运动的成果，推动了思想解放的潮流。现代小说的写作者固然重视抒发个人情志，但也极为注重小说改良社会、改善人生的社会使命。第一个十年中出现的"问题小说"，是五四运动造就的"思考的一代"的探索成果。"问题小说"对传统礼教、婚恋家庭、妇女贞操、劳工问题等诸多方面的讨论与探问，反映了时代青年对社会和人生重大问题的思索。"问题小说"之后，新文学渐渐发展出表达作家对底层生活关心与同情的人生派写实小说、表现自我主观情感的浪漫主义抒情小说等。无论哪种流派的小说，都表现了现代作家对社会和人生问题的深刻体察，以及将自身创作熔铸到社会改造中去的有力实践	让学生通过阅读、学习第一个十年的小说，体会现代小说家向内自省与向外开拓的探索精神，理解历史上的文学探路者、文化开拓者是如何将时代呼唤与自己的文化选择联系起来的。通过讲授激励当代大学生立足于独立的思考展开文化探求，形成现代知识分子真正的文化自觉，不断提升自己的实践水平，为民族文化的复兴贡献一己之力

续表

教学专题	思政元素	预期成效
第一个十年的新诗、散文与戏剧：尝试·变革·创新(第五、六、七、八章)	自五四文学革命起，新诗创作的理论与实践经历了艰难的探索；胡适等人主张诗歌观念、语言和形式的根本变革并努力谋求新诗的合法地位，破旧立新；郭沫若、闻一多、徐志摩、李金发、穆木天等人在诗歌理论、创作规律、形式创造、音韵格律等方面不断探求新诗的发展道路，也以自身的诗学实践为新诗开辟了广阔天地。中国自古就是散文写作的大国，经过五四文学革命的洗礼和域外创作经验的输入，第一个十年的散文创作样态丰富、百花齐放，形式与内容都"推陈而出新"。由于现代作家在散文园地的深耕细作，散文创作的数量、文体品种和风格题材呈现繁荣之势，取得了较高的文学成就。戏剧则在五四新文化、外来文化、市民通俗文化的综合影响下由旧体脱胎而向新体演进。这表现出了文化发展与时代变迁的密切联系，也反映了现代作家随时代而动，进行文化创新的探索姿态	学生通过了解诗歌、散文、戏剧随社会变迁之势、思想潮流更迭之迹、随时代文化建设之要求而不断发展、创新、变革的历史，认识到文学创作与文化实践是跟时代的发展命题紧密联系的，从而学会有意识地在自身发展与时代大势之间建立有效关联，将人文关怀、家国情怀融入文学创作和个人的文化追求之中
现代作家对传统文化资源的继承与转化(第十一、十二、十三章)	中国现代文学继承了丰富的传统文化遗产，不少现代作家或是拥有传统文化生活的重要记忆，或是受到传统文化的深刻影响，或是具备深厚的古典文学修养，他们用各自不同的方式在传统文化与现代文化间进行融汇、创造，在文学史上留下优秀之作，如老舍提供的"市民社会的史诗"、巴金化用了古典文学艺术手法的对于封建大家族的书写、沈从文塑造的田园牧歌式的乡土世界等。现代作家对于古典文学、古典文化资源的汲取与转化，体现了传统文化内在的生命力和长久的文化价值，认识到这一点，有利于学生树立文化自信	学生通过作品阅读、任务驱动型作业，体会现代作家调用古典文化资源和艺术成果、实现中华优秀传统文化创造性转化、创新性发展的经验，从而增强文化自信、文化认同，提升自身文化表达能力，为"讲好中国故事"做好准备、积极尝试
左翼文学与红色基因(第九、十、十四章)	在现代文学第二个十年，"文学革命"向"革命文学"发展，对于无产阶级革命文学的倡导和创作实践进一步推动了马克思主义文艺理论的传播与运用。左翼作家的文学书写弘扬左翼文化精神，演绎革命理论，高扬无产阶级的政治理想，表现出对社会政治、革命现实的强烈的"介入意识"。一些优秀的左翼作家、革命作家自觉运用文学为革命呐喊，将政治热情、爱国主义精神、民族抗争意识灌注于文学文本之中，传达追求民族解放、阶级解放的理想信念，这对当代青年具有启示意义	学生通过学习、讨论左翼小说，体会作品中体现出的政治理想和作家关于实现个人生命价值的思考，探究作家的文学创作与政治信仰、社会理想、人生道路选择之间的关系，考察红色基因如何在作家的个人生命史中生成和彰显，由此思考如何建构个人生活世界和意义世界的根本基点，自觉将个人的生活选择、事业发展置于整个社会发展的历史赛道之中，树立红色理想信念，立志为实现中华民族的伟大复兴贡献力量

教学专题	思政元素	预期成效
鲁迅(二) (第十七章)	1. 鲁迅的杂文创作——根植现实的文化创新 习近平总书记在文艺工作座谈会上的重要讲话中指出："文艺创作是观念和手段相结合、内容和形式相融合的深度创新，是各种艺术要素和技术要素的集成，是胸怀和创意的对接。"鲁迅通过杂文创作进行着根植于现实又超越现实的思考，其杂文创作同时具有先锋性：内容上，鲁迅的杂文融汇文学、历史、哲学、心理学、民俗学、人类学、政治学、文化学，以及自然科学等各学科内容，同时也进行文体实验，将诗歌、戏剧、小说、散文、绘画等各体艺术的形式技法熔为一炉；语言上，口语与文言句式交杂，排比、重复句式交叉，长短句、陈述反问句交错，"混合着散文的朴实与骈文的华美与气势"。而这种先锋性与创新性并没有流于"为创新而创新"的空泛形式，而是根源于其"立人"理想与深宏的文化之思，形式与思想、技术与艺术合而为一，作品本身也炼化为面对黑暗现实的"匕首投枪"。鲁迅强调杂文的"批评(批判)"内涵与功能，认为作者之任务在于"对于有害的事物，立刻给以反响或抗争" 2. 鲁迅《故事新编》对文化传统的创造性转化 习近平总书记在中共中央政治局第十三次集体学习时的讲话中指出："不忘本来才能开辟未来，善于继承才能更好创新。"现代文学中的创新也是在古今融通中实现的创造性转化。鲁迅意图在《故事新编》中表现"古"与"今"之间的深刻联系，揭示古人与今人在精神气质、性格、思想上的相通性，为此，他采取"古今杂糅"的手法，有意打破时空界限，通过新的阐释来激活古代神话、传说与史实中的人物。例如在《补天》中的女娲和《奔月》中的后羿这两个角色身上，就寄托了鲁迅对"先驱者命运"的思考，也融入了鲁迅个人的生命经验。鲁迅通过有效创化推出的思想性、艺术性兼具的作品，为后世包括当今的文艺创作提供了示范	让学生通过学习、阅读鲁迅的杂文，认识到好的作品需要有好的形式来表达，更需要写作者本人的精神境界作为支撑，形式、内容与精神乃是三位一体的；通过阅读《故事新编》体会鲁迅对于传统文化资源的创造性"改写"，激励学生在创作和批评过程中树立文化自信，努力推出文化精品

续表

教学专题	思政元素	预期成效
第二个十年的新诗与散文创作（第十六、十八章）	1. 中国诗歌会及其无产阶级诗歌创作 在新文学第二个十年的诗歌创作领域中，中国诗歌会诗人群体的创作与党领导的革命实践有着血肉联系。中国诗歌会继承早期无产阶级诗歌的传统，主张以诗歌"催促和鼓励全国被敌人蹂躏、践踏、剥削得遍体鳞伤的大众，为着正在危亡线上的民族和国家，作英勇的搏斗"，并提出"捉住现实"，"歌唱新世纪的意识"，"要使我们的诗歌成为大众歌调，我们自己也成为大众中的一个"等口号 2. 臧克家诗歌创作的现实主义精神 臧克家的诗歌创作始终将目光聚焦于下层人民，在直面黑暗现实的基础上，他的创作亦体现出一种"坚忍主义"的人生态度：严肃、倔强、沉着而有锋棱地面对现实生活中的险恶与磨难，"从棘针尖上去认识人生"，"运尽气力去它苦斗"，"苦死了也不抱怨"，形成了"不肯粉饰现实，也不肯逃避现实"的清醒的现实主义精神 3. 重要作家的杂文创作 考察第二个十年的散文创作，会发现很多在上一个十年登场的优秀小说家也是优秀的散文家。例如，20世纪30年代后，茅盾摆脱了早期小说中的低沉格调，力图在精短的小品篇幅中做到全景式地反映广阔的社会生活，体现出鲜明的思想性和时代性；萧红在散文中写自身的童年回忆、漂泊生活，也写自己对旧时代、旧生活的反抗与"出走"；巴金、艾芜在此时期也不乏出色的散文创作。这对后世的文艺工作者的启发在于文学创作实践不能自我设限或囿于文体界限，写作者要勇于突破写作惯性，兼采各体，开辟新境	学生通过学习第二个十年的无产阶级诗歌，体会中国诗歌会诗人将创作与革命斗争密切联系的政治性和时代性；通过阅读、赏析臧克家的诗作，体会诗人向着艰苦生活迎难而上的勇气与清醒的现实主义精神；在比较系统地阅读作品后，通过对第二个十年中散文艺术探索新面貌的整体把握，体会现代作家在文体创新上的积极实践，提高自身的文学鉴赏力，追求高远的精神境界
第二个十年的戏剧创作（第十九、二十章）	1. 曹禺戏剧创作对时代生活的开掘、对人的观照 自《雷雨》开始，曹禺的戏剧创作便体现出既关注现实，又超越现实的特征，体现出对人性之幽微、生命存在奥秘的追索。《北京人》体现出曹禺由"戏剧化的戏剧"向"生活化的戏剧"的转变，在关注日常生活表面形态的基础上，开掘其内在神韵与诗意，关注普通人的精神世界，但曹禺在戏剧中对人性、人生、精神的探索并非隔绝于外界社会，而是有对时代命题的呼应。例如，当曹禺进一步追问"曾文清怎样从'人'变成'生命的空壳'"时，就转向了对中国传统文化的历史观照 2. 与时俱进的革命题材戏剧与农民戏剧实验 这一时期，中国共产党领导下的"红色戏剧"运动为"巩固红军，巩固红色政权"服务，"无产阶级戏剧"得到倡导，"九一八"事变后，"国防戏剧"为适应建立抗日统一战线的需要发展起来。"无产阶级戏剧"与"国防戏剧"运动中涌现出大批剧作家和戏剧运动的组织者、活动家，他们与时俱进，创作了大量反映时代现实事件的作品。此外，熊佛西基于"农民是今日中国的大众"的认识，提出了"在农民中创造一种新的农民戏剧"的任务，试图提供农民能够接受与欣赏的剧本，培养农民演员，发展适应农民戏剧要求的"剧场"。以上创作和运动都体现出中国现代话剧在"面向大众，特别是中国的农民观众"上的时代共识，反映出现代话剧扎根本土的客观需要	学生通过阅读和讨论曹禺的戏剧作品，体会作家通过文学创作追寻人生奥秘、思考现实问题、探索宇宙意识的艺术实践过程；在对革命题材戏剧的学习中，学生一方面需要深入理解知识分子剧作者以文艺反映政治生活、抒发心灵苦闷、表达革命理想的创作驱动力；另一方面也要体会红色戏剧应时代要求、为人民而写的创作主题，进而意识到在文学批评中应重视作品的"人民性"，力求让作品经得起历史与人民的考验

教学专题	思政元素	预期成效
第三个十年的文学思潮与运动（第二十一章）	1. 战争时期文学中爱国主义的扩展与深入 抗战时期，文学服从于"救亡"的时代主题，与民族命运血肉相连，体现出极强的生命力。抗战转入相持阶段后，社会情绪转入沉郁，作家也对民族、社会、个人命运的出路进行了更为深刻的思考。他们一方面，面对现实，深入民族生活的深层，揭露阻碍抗战、阻碍民族精神更新的现实黑暗势力，解剖民族痼疾；另一方面，转向历史，发掘民族脊梁与美德，探讨民族文化、民族性格之得失，总结历史经验教训，以史为鉴；也面向自己，描写爱国知识分子在抗战时期的苦难历程，探讨社会道路选择与个人命运之间的关系。这一时期作品的内容、美学风格都呈现出了多样化趋向，国统区、解放区、沦陷区的地缘政治差异也使得文学的发展表现出不同面向，不同区域的文学既奏出爱国主义的交响，又显示出特定时代背景下文学的沉郁、凝重而博大的风采 2.《在延安文艺座谈会上的讲话》与《在文艺工作座谈会上的讲话》 《在延安文艺座谈会上的讲话》（以下简称《讲话》）的发表是中国现代文学史的重要节点，其思想深刻地影响了第三个十年的文艺创作。《讲话》的核心命题在于毛泽东提出的革命文艺"为群众"以及"如何为群众"的问题，《讲话》号召文学家艺术家"长期地无条件地全心全意地到群众中去"。《讲话》的理论辐射甚至超出文艺运动范围，在思想史上也具有重要意义。其理论意义包括许多方面，例如，认为文艺源于生活却"应该比普通的实际的生活更高，更强烈，更有集中性，更典型，更理想，因此就更带普遍性"；认为文艺"必须继承一切优秀的文学艺术遗产"，要批判地继承和革新等，都发展了马克思主义文艺理论。习近平总书记《在文艺工作座谈会上的讲话》继承了《讲话》的重要思想，指出当今文艺工作者要坚持以人民为中心的创作导向，创作无愧于时代的优秀作品。理解《讲话》，对学习者理解半个多世纪以来的中国文学、理解当今的文艺创作风向具有重要意义	学生通过对文学思潮与文学运动的学习，把握第三个十年当中现代文学发展的总体风貌，认识战争对这一阶段文学面貌的深刻塑造，通过作品、史料、史实重返文学史现场，倾听"历史的回声"，加深民族文化认同，增强历史意识，抵抗历史虚无主义。同时，引导学生在比较中理解《在延安文艺座谈会上的讲话》与《在文艺工作座谈会上的讲话》之间的关联，理解社会主义文艺思想的变迁，理解社会主义文艺的文化内涵，由此增强文化认同与文化自信

续表

教学专题	思政元素	预期成效
第三个十年的小说创作（第二十二、二十三章）	赵树理、孙犁等作家创作中的人民性："文艺创作方法有一百条、一千条，但最根本、最关键、最牢靠的办法是扎根人民、扎根生活。"与前两个十年涌现的诸多新文学作家相比，赵树理作为在解放区文艺创作中具有"方向"意义的作家，始终以风格鲜明的作品表现乡土世界人与事的变化。赵树理与农民有着深刻的精神联系，其通俗乡土小说受到大众欢迎，"赵树理方向"是新文学探索大众化之路的过程中不可忽视的文学现象。赵树理及其所代表的一代作家由实践入创作，身为从事革命的实际工作者，他们在基层农村长期参加革命工作和建设实践，将自己亲历的历史变革融入文学。孙犁也是解放区文学代表作家之一。赵树理秉持现实主义精神，在作品中着重刻画农民文化心理及传统思想改造的艰难历程，孙犁则将浪漫主义融入现实书写，侧重在小说中挖掘劳动者的灵魂美和人情美，他着力刻画的"美的人物"即便处于战争环境，也体现出乐观、坚毅、清新健美的特质 20世纪二三十年代的新文学作家描写乡土中国时，他们常常以人道主义的或阶级的观念去发现农民，农民主要是被同情、被怜悯的角色。而在赵树理与孙犁笔下，具有"新人"特质的农民及更多劳动者形象被赋予了新的精神质素、人格风貌和"在历史中的成长性"。习近平总书记在《文艺工作座谈会上的讲话》中指出："文艺创作如果只是单纯记述现状、原始展示丑恶，而没有对光明的歌颂、对理想的抒发、对道德的引导，就不能鼓舞人民前进。"在这一意义上，赵树理、孙犁等解放区作家的创作为今天的写作者、文艺工作者提供了启示	学生通过教师讲授、共同品读作品、撰写读书笔记，把握赵树理、孙犁等作家乡土小说创作的时代特征、艺术成就，通过深入文本世界，进一步理解解放区文艺与人民的关系。同时，鼓励学生关注随着城乡格局的改变乡土社会发生的结构性变化及变动之中普通大众的生存状态与命运，思考当前文艺作品应该如何书写乡土和乡土中的人，引发学生对现实问题的关切

教学专题	思政元素	预期成效
第三个十年的新诗创作（第二十五、二十六章）	艾青诗歌的爱国主义与艺术创新： 在民族争取独立、自由、解放的斗争中，诗人艾青深入到人民中间，结合对民族命运的思考，探索新诗通向"民族心灵深处"的道路，并在这一过程中找到了自己的创作方向。艾青诗歌中常见的"土地"意象承载了诗人对祖国、对脚下这片土地、对"生于斯、耕作于斯、死于斯"的劳动者的深沉之爱。通过描绘土地的痛苦、复活与解放，表达对劳动者命运的关注与探求；"太阳"意象则表现了诗人对于光明、理想、美好生活的热烈追求。冯雪峰评论艾青："艾青的根是深深地植在土地上"，是"在根本上就正和中国现代大众的精神结合着的、本质上的诗人"。在诗歌艺术上，艾青的诗歌既继承了中国诗歌会诗人"忠实于现实的、战斗的"传统，又克服、扬弃其"幼稚的叫喊"的弱点，同时批判地吸收西方现代派诗人的部分成果，利用前代与当代、中国与西方的思想资源进行创化，形成了自己独特的、成熟的诗歌艺术风格，成为新诗第三个十年的代表性诗人	学生通过教师引导下的文本细读、朗诵、课堂讨论等形式品读艾青诗作，感受诗人深沉的爱国主义情怀、对理想的执着追求与坚强信念，进而思考：在面对个人的抑郁与困苦时，我们应该如何避免泛滥的感伤和粗暴的抒情，如何"把忧郁与悲哀看成一种力"，并面向社会现实作出自己力所能及的承担
第三个十年的散文与戏剧创作（第二十七、二十八章），第四、十五章、二十四章、二十九章为自主阅读部分	战争时期的报告文学与戏剧创作： 报告文学具有与时代及时互动的特性，与时代同呼吸，共命运，常常能够引起轰动性的阅读效应。在第二个十年中，夏衍发表的《包身工》被公认为早期报告文学的代表作。而"七七"事变后，许多作家南下流亡，有的人甚至参加了军队，亲历战争，这极大地激发了他们抗日写作的热情。当时，人们渴望文学能更加贴近现实，甚至要求文学能迅速反映战况，担负起传递战斗信息、记录抗战功业的任务，因此，第三个十年的散文创作中，报告文学类的发展尤为蓬勃 在抗战相持阶段，"中国向何处去"这一问题受到广泛关注，"重新认识与研究民族历史与文化"的文化思潮也随之出现，戏剧领域历史剧创作出现高潮。这一时期的历史剧具有强烈的时代性、现实针对性、高度政治化等特征，并且在艺术实践中逐渐形成了具有现代中国民族特点与时代特点的历史剧理论、创作经验和审美意识，在现当代戏剧史上产生了深远影响	学生通过课堂讲授、小组讨论，能够在理解第三个十年散文、戏剧创作基本面貌的基础上，结合抗日战争的时代背景理解当时散文、戏剧作品的时代性、现实性、政治性，体会文艺与现实的互动关系，思考当今青年应如何建构自己的社会主体性、历史主体性。勾连当下的"非虚构"写作，鼓励学生扎根现实、观察生活，进行写作实践，表达社会关怀

二、案例节段的教学设计

(一) 对教学对象的分析

1. 对学生知识经验的分析

修习课程的学生为汉语言文学专业大学二年级学生，这部分学生在大学一年级已经学习了"文学概论""语言学概论""古代汉语""现代汉语"等基础课程，具备一定的语言文字、文学理论的基础知识，对开展文学研究和文学批评有了专业视野中的基本认知，进行过初级的写作训练。此外，中学语文教育已经涉及鲁迅小说名篇，学生对鲁迅的创作有一定认识基础。

2. 对学生学习能力的分析

学生通过第一年对古代汉语、现代汉语的学习及对语言学基础理论和文学理论课程的修读，对基本的语言问题、汉语语法特征以及文学理论的基础知识、概念范畴有了一定了解。通过院里开设的专家专题讲授与青年教师组织的文学研究相关问题研讨，学生对中国现当代文学的学科由来与学科建制、主要研究领域以及大致研究路向有了基本认识。同时，学生也通过写作课，了解了论文写作的基本要求和规范，对文学写作作为艺术创造的特点、规律等有了基本把握。以上的课程学习为学生学习中国现代文学史奠定了知识基础并使其具有了一定的学科意识。主要表现为三点：第一，理解了语言系统的现代转换与文学形态的整体变化之间的紧密联系，语言系统的更新对于文学创作，尤其是文学从古典到现代的转变来说不只是工具的变化，更具有"本体"的意味，具有"思想转换"的意义。第二，通过学习文学理论，了解了现代意义上的"文学"是如何作为一种"文化发明"得以创生，了解了各体文学创作的基本类型特征，有了较为明确的专业意识，即研究文学，不仅涉及作品本身，还要在"作家、读者、世界"与"作品"的关系中理解文学，要在生产、传播、接受的整个环节中理解文学活动，理解分析文学创作不能完全脱离时代、个人、媒介、传播接受环节而进行孤立研究。第三，学生通过文学理论的学习、通过参与写作课、新生研讨课，对文学研究的思想理论资源、对文本赏读的基本方法有所了解，具备了开展初步的文学批评活动的能力。

通过对前两章即绪论与五四文学革命的学习，学生已经具备了这样的学科认知和专业认知框架：首先，中国现代文学的"发生"与中国现代语言系统的形成、中国思想文化系统的现代转换相伴生，或者说中国现代文学就是中国追求现代化的进程中，自觉更新思想文化、价值体系的整体活动中的重要环节。其次，中国现代文学在中国向世界开放的过程中获得自身的现代品格与文化价值。既要在中国理解现代文学，更要以世界性的眼光看待中国现代文学，中国现代文学既是开放的，又是多元的。最后，中国现代文学是探求"人"的现代化的文学，具有深刻的"人学"内涵。

3. 对学生思想状况的分析

（1）积极方面：

①学生通过专业学习，已经能够理解文学不仅仅是娱乐休闲性的文化活动，更具有丰富的文化内涵，承载着不同民族融入自身血脉中的深厚文化基因。文学具有社会性，但它更是一种审美意识形态。

②学生通过一年级人文经典导引、文学理论等课程，已经意识到现代社会的发展不能仅靠狭隘的发展主义理念作为指引，也需要人文关怀，否则难以造就和谐的社会与人生，也意识到思想经典与文学经典仍然具有"当下性"，能够启发我们面对群体和个人的"大问题"，探索更为合理的解决方案。

（2）可能存在的问题：

①由于工具理性的流行，学生从这样的思维模式出发，在理解"文学之用"上存在疑惑。

②"内卷说""躺平论"常常让学生面对现实的竞争压力产生意义上的虚无感、个人努力层面的无力感、自我价值实现上的焦虑感，甚至人生方向上的迷茫感。

③文学史课程主要介绍文学发展史上的文学经典和重要作品，然而历史上人的生活、情感、生命经验与今人隔着历史时间的鸿沟和差异性社会语境，"过去"以及作品中的"他者"如何进入"我"的生命存在，跟"我"发生关联，指引"我"的精神发育和思想塑造其实也是学生理解和体认上的困惑所在、思想上的疑难所在。

④《中国现代文学三十年》教材编撰者钱理群先生曾提出"精致的利己主义者"一说，学生经由媒体报道、基于现实生活经验已经意识到现实中这类"精致的利己主义者"的存在。精致地"利己"是不是就能活得更漂亮？这也对学生的价值追求、思想立场的确立等产生一定影响。

（二）对教学目标的分析

1. 知识层面

（1）理解作为"文学家"的鲁迅在小说创作上的"先锋性"，语言与形式上的创造性、开拓性。

（2）理解作为"思想家"的鲁迅在小说创作上体现的思想性，即对于国民性问题、对于现代知识分子的精神处境、对于社会现实的洞察和批判上所表现出的非同一般的思想深度、文化含量。

（3）理解作为"时代先锋"的鲁迅以他的小说创作介入"文学革命""社会变革"的现实体现出的"时代先进性"，即鲁迅把个人的文学事业与"立人"的文化理想、新文化建设和涤除国民性的积弊联系起来，他始终以先进的思想调整自身的文化思路，面对腐朽的思想文化、黑暗的社会现实、反动的政治势力、奴性的思维惯性绝不妥协，同时又始终关怀"无穷的远方，无数的人们"。

（4）由于鲁迅思想的深度及其自我内省的高度自觉，他在文学和文化事业上的成就使他成为伟大的启蒙者，然而他又超越了启蒙。

2. 能力层面

（1）引导学生形成理解文学运动、文学创作的"历史意识"。通过介绍鲁迅小说创作的特色及成就，说明"文学革命"作为观念先行、价值预设的一场文化变革，急需充分展现"现代性"的作品来推进"革命"、树立典范，而鲁迅的创作提供了这样的成果。文学革命与鲁迅创作的知识关联，既帮助学生理解文学革命的特点，又引导学生在文学史的视野中理解鲁迅的文学成就和文学史地位，使学生能够在历史演进的逻辑中理解鲁迅与新文化运动的深层关系，理解鲁迅文学事业的思想基点和价值追求。

（2）通过对鲁迅小说具体文本的分析，向学生展示文本细读的方法与策略，提升学生尝试文学批评实践的学以致用的能力。

（3）通过对具体作品的审美特征的分析，培养学生对艺术作品的审美感受力，体会经典的文学作品如何以艺术的方式传递思想和传达生命经验。

（4）摆脱以往对于作为政治偶像的鲁迅的机械解读，从广阔的文化视野当中理解鲁迅及其创作对于现代中国的文化启示，鼓励学生从个人的生命经验出发与"人间鲁迅"相遇，把鲁迅及其文学内化为个人自身的精神生长点。

3. 思想层面

(1)通过讲授鲁迅的创作经历与分析具体文本，理解中国现代文学的现代文化价值与思想价值，即将艺术分析与思想、文化价值相融合。

(2)经典文学作品是知情意综合贯通的典范，通过讲授，文学知识、文学理论与情感、意义、审美相贯通融合。

(3)如思政导图(见图1)所示，依据"全贯穿""有机融入""思想、知识、生活相连通"三大思政特点，使专业与思政相结合，文学史讲授与"健全的人"的人格培养相结合，形成作品分析线索与思政线索的"双线合流"。通过讲授鲁迅的创作发展和经典文本，启发学生与"伟大的心灵"对话，从文学家的心灵与文学之中浩瀚的精神海洋里汲取丰富的思想资源，建构个人富有精神高度的生活，培养自我健全的人格，形成积极向上的人生态度和以家国天下为己任的使命意识。

(4)从鲁迅的文学创作实践中理解今天应该坚持的文化追求，即"外之既不后于世界之思潮，内之仍弗失固有之血脉"，既以开放的文化胸襟向世界打开，又坚守我们的文化根脉，整理传统、创新发展，以强烈的文化认同、文化自信与文化上的创造力，发展壮大民族文化，乃至贡献于整个人类的文明与文化发展。

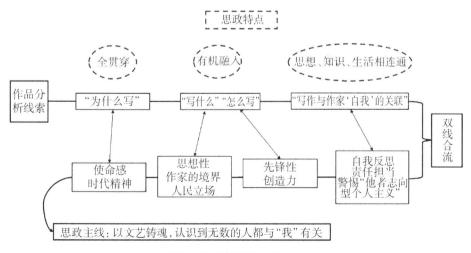

图1　本案例节段思政导图

(三) 对教学内容的分析

1. 本节段在课程中的逻辑位置

如图 2 所示，本节段在本课程"第一个十年"当中的鲁迅专章，讲授节段为"鲁迅的《狂人日记》"。

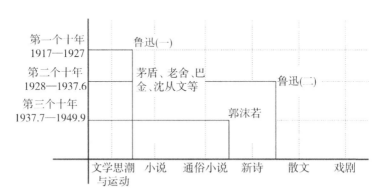

图 2　本节段"鲁迅(一)第二节《狂人日记》"在课程中的位置

2. 本节段的教学重点

(1)《狂人日记》的文学史地位与价值

(2)《狂人日记》独特的叙事方式

(3)"狂人"形象的文化意义

3. 本节段的教学难点及化解难点的方案

(1) 难点：

①"狂人"形象的文化意义与思想价值、狂人形象与鲁迅精神特征的内在关联；

②《狂人日记》的文体特色。

(2) 化解难点的方案：

①利用"比较研究"——古今对比、中外对比的思路进行教学，帮助学生理解作品的文体特色，即通过跟古代文人日记体写作、跟当下"绝对隐私"式的非虚构或虚构性写作以及与果戈理《疯人日记》做比较，引导学生认识《狂人日记》在文体上的"现代特征"以及形式所负载的"价值意义"。

②评点与互动、展示与细读：课前布置小组研读的预习，请学生提前划分文本的叙事层次，在课堂进行展示。然后教师以点评和提问的方式与学生

互动，代入自己对作品内在叙事层次和文体特征的分析，展示文本细读的方法，引导学生深入理解文体特色、认识狂人形象的思想文化内涵与鲁迅精神特征的内在关联。

（四）教学手段与方法

1. 教学方法

课堂展示与点评、文本细读、问题引导、课堂微研讨。

教师讲授与问题引导法、研讨相结合，采用多媒体辅助。同时，制订阅读计划，布置读书笔记。教学手段上将板书与多媒体相结合，努力采取适合当代大学生学习特点的视、听、读、写相贯通的教学模式，活跃课堂气氛，激发学生学习兴趣，强化学习效果。

2. 教学工具

多媒体电脑、投影仪、激光笔、黑板。

（五）教学过程（见表2）

表2 本节段教学过程

章节标题	第三章 第二节《呐喊》选讲：鲁迅和《狂人日记》
教学理念及课程思政理念	

教学理念：通过课前、课中学生研讨与展示等环节，培养学生感受文本、细读文本、分析文本、自主处理文本的能力，提升文学核心素养。课堂穿插互动、问答、小组研讨，体现教师为主导、学生为主体的教学理念，帮助学生树立思辨意识，发展批判思维。同时，将学科前沿问题引入课堂，引导学生树立从事学术研究的"问题意识"，培养学术创新思维

课程思政理念：(1)坚持文学知识与价值引领相结合，运用可以培养大学生理想信念、价值取向、社会责任的文学史题材与内容，全面提高大学生缘事析理、明辨是非的能力，培养学生成为德才兼备的人才

(2)具体而言，将文学专业知识与思政理念相结合，用文学知识激活思政的内在价值，用思政观念引领文学价值理想；将艺术鉴赏分析与思想文化价值相结合，培养健康的审美旨趣，提供积极的人生导向，做到文学教育和价值观塑造相融共进

续表

章节标题	第三章　第二节《呐喊》选讲：鲁迅和《狂人日记》

思政资源

思想政治教育元素	（1）发挥文学教育在精神培养与思想引导中的作用，通过对文学教育、文学作品思想价值的诠释来"立德树人"。中国现代文学的发生、发展，以鲁迅为代表的中国现代文学大家的创作，贯穿于其中的一根思想主线就是建构现代民族精神与思想文化。因此，课程通过讲授中国现代文学史上的鲁迅及其创作，引导学生理解文学教育关乎民族精神与个体人格的培养，通过讲解现代汉语写作在文学上取得的成就，帮助学生树立文化自信、强化文化认同和提升以文化工作参与当下文化建设的自觉意识 （2）通过介绍鲁迅把个人的文化事业、创作道路始终放置于现代中国大转型、大探索、谋求新路与新生的整体趋势中来推进的事实，激励学生以鲁迅为真正的文化榜样，继承鲁迅的精神，把个人价值的实现与中华民族伟大复兴的事业深度结合，积极承担文化使命，厚植家国情怀，活在"历史之中"，而不能"脱历史化"或者陷入"历史虚无主义"的迷思 （3）通过介绍鲁迅在创作中表现的"无穷的远方""无数的人们"都与"我"有关的"远方意识"，引导学生思考如何真正树立"命运共同体意识"，如何为"共同体"的发展贡献个人力量 （4）通过诠释小说创作中鲁迅的"自忏意识"、深刻的自我反思，引导学生破除极端自我中心的"文化偏至"，强调在清醒的反思和与他者、世界的对话关系中形成健全的自我认知、强化个人的作为历史主体、社会主体的"主体性" （5）通过阐释鲁迅在作品中披露的个人痛苦和坚韧的精神探寻，启发学生从寻求意义、价值的个体经验出发与鲁迅"相遇"、与历史中的人及文学中的精神高地相遇，建立更为合理的价值坐标系，在历史、时代、自我和社会的大坐标系中探问生命的价值和奋斗的意义，从而消除迷茫感、焦虑感和因为"内卷"而产生的无力感甚至躺平情绪。只有超脱完全以个人私利为导向的价值系统，人才可能在更开阔的意义空间里安置个我的生命，精致的利己主义者在"内卷"的生活状态里也不可能成为最幸福的赢家，转换价值评判的眼光，将个人与超越性的理想联系起来，才有可能窥见新的价值。引导学生以鲁迅"在路上"的姿态自励，不断地顽强地走下去才能打破历史与个人生命中的重复和循环

章节标题	第三章 第二节《呐喊》选讲：鲁迅和《狂人日记》
学科前沿状态	
	（1）2019年是五四运动100周年，回看对于新文学的研究，受"冲击-反应"说的认知思维的影响，部分学者会强调现代汉语写作艰难生长过程中西方外力的冲击作用，从而认为现代汉语写作具有根源性的缺陷：我们丧失了古代汉语的精良表达，产生"粗鄙化""翻译腔"的流弊。那么，如何在现代小说的体式中保持与发扬汉语的自性与活力？鲁迅作为现代汉语创作的先锋，他的作品能否对此提供借鉴与启示？ （2）2018年是狂人日记发表100周年，百年来，不过数千字的《狂人日记》产生了经久不衰的震撼力。其间，不断有学者试图追溯"狂人"的知识谱系与话语来源，早期讨论有如："狂人是谁？狂人是否真狂？回答不一，一是并未发狂或只是佯狂的战士，二是真的发了狂的战士，三是寄寓了作者思想的普通的精神病患者，四是同样寄寓着作者思想的具有初步民主主义思想的半狂半醒者。"此外，"狂人"是在怎样的历史语境中被指认为"狂人"？"发疯"如何在历史与文学的建构中演变为意味着惊人的洞察力和不可遏制的激情？"狂人"话语与日本明治时期的知识语境有何关联？中外文化资源哪些元素促成了鲁迅笔下"狂人"的诞生？以上都是可以引入课堂的学科前沿问题
教学内容	（1）创作概况与主要内容； （2）《狂人日记》的形式特征； （3）《狂人日记》的思想主题、《狂人日记》的象征与写实及其中的忏悔意识学科前沿探讨："狂人"诞生的思想文化语境与"狂人"知识话语的前源等
预期教学效果	**专业层面：** （1）准确理解《狂人日记》在形式上的创造性与在思想层面的先锋性 （2）突破高中语文教学对于"狂人"形象的单一化理解，理解狂人从呐喊者到自审者的精神演变及其形象的思想价值 （3）从文学史的角度理解《狂人日记》的经典性及文学史价值 **思政层面：** （1）学生通过讲授和研讨以及课堂互动，认识到文学与现实的关系，文学固然不是社会工具，然而文学也不应放弃介入现实、关怀现实的品格 （2）认识到作家的思想境界与文学境界之间的关系，体会鲁迅作品中的"远方意识"，明确当前文学创作应从现代作家那里学习优秀的文学品格，应该坚持人民性立场 （3）从鲁迅的创作实践中总结经验，思考如何提升文学与文化上的创造力：广采博取、融通中西、打磨精品、开阔文化襟怀、创造性地转换传统，形成中国作风、中国气派、中国特色，"中国故事"应该成为人类的共同文化财富，也应该是最好的"世界故事" （4）通过体会《狂人日记》中狂人的自审，认识到"自我"不是封闭的固化的，只有以深刻的内省和自我反思为前提，不断理性地重塑"自我"，这样的自我才不是个人至上的"偏执狂"，才能成为可靠的实践主体，才能在面对急剧变化的世界和生活中的不确定性时，以清明的理性、生命的自觉、不断探求个人与社会良好生活的勇气去做出有价值的选择和进行有意义的承担

续表

章节标题	第三章　第二节《呐喊》选讲：鲁迅和《狂人日记》
课程思政说明	（1）习近平总书记在《在文艺工作座谈会上的讲话》中提出："鲁迅先生说，要改造国人的精神世界，首推文艺。举精神之旗、立精神支柱、建精神家园，都离不开文艺。当高楼大厦在我国大地上遍地林立时，中华民族精神的大厦也应该巍然耸立。"鲁迅正是由《狂人日记》始，开始了他"遵文学革命之将令"的文学创作，用狂人的呐喊惊醒铁屋子里的沉睡者，以现代文艺致力于"国民性"的改造，改变中国人的精神，重塑现代中国人的心灵世界 （2）文学创作、文学教育关乎民族精神。以鲁迅为代表的中国现代文学大家的创作，贯穿于其中的一根思想主线就是建构现代民族精神与思想文化。深刻理解《狂人日记》的文学史价值、思想价值，正可将历史与现实关联，思考如何以文艺创作来凝聚民族精神、塑造刚健而富有生命力的民族文化品格 （3）习近平总书记在《在文艺工作座谈会上的讲话》中特别指出当前文艺创作存在有"高原"而缺"高峰"的现象，而鲁迅从《狂人日记》发表始，中国现代小说既在他手中有了正式的开端，又在他手中成熟，达到"高峰"。这正在于他的创作具有强烈的先锋性和创新性，他的小说创作少有重复，均是经过精心打磨，一篇有一篇的样式。结合鲁迅《狂人日记》的创作，反观总书记提到的当代创作现象，思考如何以鲁迅的创作追求和文学上的创新意识启发学生、年轻的写作者沉下心来，广采博取，化合中西，推出有创造性的作品，打造文艺的"高峰" （4）今天我们强调坚持以人民为中心的创作导向，而鲁迅的创作包括他的《狂人日记》成为现代经典，不只是在于技巧的"先进"和技术的成熟，更在于他的创作富有思想含量和"人学"内涵，他在创作中始终坚持"无穷的远方、无数的人们，都与我有关"的远方意识，这也是他创作的"人民性"的体现。正是为了无数的人而创作，才使鲁迅的作品获得了长久的生命力，而为人民写作的作家，人民也永远不会忘记他 （5）鲁迅在《狂人日记》的最后两节表现了深刻的忏悔意识，这使他达到了现代知识分子向内开掘和进行反省的新高度，也正因为如此，鲁迅的创作就不是诠释偏执的个人主义至上观念的写作，而是真正体现了现代心灵的深度，显现了高尚的人格境界与"个"的自觉，这一点对我们引导今日的青年学子走出自以为是的个人中心主义、功利主义的泥淖具有重要的现实启示意义

教学环节	教 学 内 容	思政融入点	教学过程与方法
课程导入	一、《狂人日记》写了谁？ 　《呐喊》　　　　《彷徨》 　　↓　　　　　　↓ 　中国病人　　　　孤独者 闰土、祥林嫂等　《伤逝》涓生 　　　　　　　《在酒楼上》吕纬甫 　　　　　　《狂人日记》 　　　　　　　　↓ 狂人：既是孤独者又是清醒并痛苦着的"中国病人" **二、引出本节授课主要内容** 1.《狂人日记》的创作情况与主要内容 2.《狂人日记》在格式上的特别 3.《狂人日记》的思想内涵：狂人清醒的"呐喊" **三、指出学习重点** "狂人"形象的思想内涵与文化价值 一、《狂人日记》的创作情况与主要内容 1.《新青年》1918 年 5 月第四卷第五号刊发《狂人日记》 **第一次使用笔名"鲁迅"** 对"鲁迅"这个"笔名"进行说明解释 鲁迅："一个作者自取的笔名，自然可以窥见他的思想。"	思政融入： 鲁迅写"中国病人"，正是站在社会的底层与弱者这一边，为其"悲哀、叫喊和战斗"，写"中国病人"和"孤独者"也是基于以文艺"立人"的理想。结合习总书记对于文艺创作的人民立场的强调，引导学生延伸思考文艺为了"谁"的问题。文艺创作以人民为中心，为了最广大的人民群众，而鲁迅的文学正是"为人民"的文学。今天有志于创作的青年学子不少，应承鲁迅之志，响应时代的召唤，创作"有筋骨、有道德、有温度"的文艺作品，书写和记录人民的伟大实践、时代的进步要求，使作品经得起历史与人民的考验	**提问互动**：《狂人日记》写了一个什么样的人？ 学生可能的回答： 被迫害、妄想狂、吃人者的弟弟、觉醒的人、呐喊者， 说明这些回答的合理性，以及教师的看法的依据 **留下伏笔**：作品讲完以后再次让学生总结《狂人日记》写什么样的人，由此考查学生掌握教学内容的情况，并引导学生深化对作品思想内涵的认识 通过提问互动能够加深和丰富学生对"狂人"形象的理解 **引导**：《狂人日记》与狂人的伟大既在于通过《呐喊》为大多数人、为被吃的被侮辱与被损害者发出了时代最强的反抗之声、批判之声，还在于对于"自我""抉心自食"式的重新发现 **板书**： 狂人的发现

续表

教学环节	教 学 内 容	思政融入点	教学过程与方法
课程主体讲授	(1)鲁迅留学日本时发表文章就取笔名，鲁迅这个笔名何时开始使用？ 1918 年，发表第一篇白话小说《狂人日记》，使用笔名"鲁迅" ↓ 这是第一次使用这个笔名 ↓ 1918 年至 1925 年发表的小说，除《阿 Q 正传》外，后来结集为《呐喊》《彷徨》，基本都署"鲁迅"这个笔名。 (2)来历： 《新青年》编辑部关于署名的新主张 鲁迅　　　　折中的办法 《亡友鲁迅印象记》　（许寿裳） ↓　　　　　　↓ 母亲姓鲁　　愚鲁而迅速之意 周鲁是同姓之国 "牝狼，其子獥，绝有力，迅"(《尔雅·释兽》) ↓ "狼子" 侯外庐先生《韧的追求》："近代启蒙思想运动有一个逻辑规律，即先修改旧时代天经地义的命题，进而否定旧时代这个天经地义的命题。"以"鲁迅"为笔名正符合这一逻辑规律。《孟子·滕文公下》"无父无君，是禽兽也"。"鲁迅"以母为姓，是为无父；以禽兽为名，是为无父无君，这体现了对封建文化和礼教最大的挑战	思政融入： 笔名就表达了作家为谋求中国的新生而迅速行动的自励之意，也表现了反对旧思想、腐朽文化的态度 写作者、文化工作者、新时代的青年应当厚植爱国情怀 通过说明鲁迅笔名的思想旨趣，引导学生理解习近平总书记在关于文艺工作的讲话中提出的看法"除了要有好的专业素养之外，还要有高尚的人格修为，有'铁肩担道义'的社会责任感"	**与学生互动**：《狂人日记》的哪些"第一"？ 通过互动说明《狂人日记》的文学史地位 **强调**：笔名是作者本人主体意识选择的产物，能够折射出作者的个性心理、生活情趣、成长经历、价值取向、思想追求等。鲁迅的笔名还关涉到那一时代特殊的社会文化语境和文化背景，了解鲁迅笔名有助于我们"知人论世""知人论文" **说明**：关于"鲁迅"这个笔名的来历和含义，既有许寿裳作为鲁迅密友的回忆说明，也有学者根据"迅"字的"狼子"之古意及鲁迅彻底的反封建的态度作了延伸性的阐释

教学环节	教 学 内 容	思政融入点	教学过程与方法
课程主体讲授	**现代白话小说** 意义：石破天惊的一笔 沉重的历史天幕上滚动的一声春雷 **现代白话小说奠基之作** 2. 创作的出发点 遵将令的文学，打破铁屋子的希望未必为"无" 　从《呐喊·自序》来说明 我懂得他的意思了，他们正办《新青年》，然而那时仿佛没有人来赞同，并且也还没有人来反对，我想，他们许是感到寂寞了，但是说："假如一间铁屋子，是绝无窗户而万难破毁的，里面有许多熟睡的人们，不久都要闷死了，然而是从昏睡入死灭，并不感到就死的悲哀。现在你大嚷起来，惊起了较为清醒的几个人，使这不幸的少数者来受无可挽救的临终的苦楚，你倒以为对得起他们么？"	思政融入： 中国现代文学历来有介入现实、干预现实的传统，面对整个社会在新时代发生的巨大变化和不断涌现的新事物、新现象，文学不应只甘为休闲娱乐之用，还应面对蓬勃的现实发声、为时代画像，与时代同行	**说明：** 这篇作品回应了文学革命的主张并且在文学革命、新文化运动的大旗之下真正提供了具有说服力的、典范性的作品 **说明：**所谓"遵将令"，正是鲁迅主动选择以创作介入"文学革命""文化更新"的文化实践，也是他作为有文化使命感的知识分子"与时俱进"之作 **强调：**以文艺实践来推动思想文化的现代转换与革故鼎新，是中国现代文学的追求，也形成了中国现代文学的重要特征，鲁迅和他的《狂人日记》也体现了这样的追求和思想特征 **课堂展示与互动：**作品内部可以分为几个层次来理解？这是课前就布置学生组成学习小组来思考的问题，课堂上各组学生展示本组研读之后的结论并简要说明理由。 **评点：**教师进行评点，并在评点过程中带入对作品主要内容和内在叙事层次的分析。 **提问：**从病理学角度看，"狂人"确乎是被迫害妄想狂，也就是俗称的疯子，也有不少学者认为鲁迅的《狂

教学环节	教 学 内 容	思政融入点	教学过程与方法
课程主体讲授	"然而几个人既然起来，你不能说决没有毁坏这铁屋的希望。" 是的，我虽然自有我的确信，然而说到希望，却是不能抹杀的，因为希望是在于将来，决不能以我之必无的证明，来折服了他之所谓可有，于是我终于答应他也做文章了，这便是最初的一篇《狂人日记》 3. 作品的主要内容 **学生分组展示**：对作品的叙述层次的划分。 **教师讲授：** 文言小序：交代人物关系、作品的来历、狂人的去向、发表目的、日记的特点等。 正文部分：开篇 1~2 节，寥寥几笔勾勒了"狂人"的病理性特征，使"狂人"之狂病在病理学意义上站得住脚 狂人的心理：充满被迫害的恐惧、与外部环境对立 3~6 节：所谓的被迫害的恐惧有了更明确的指向，就是对"被吃"的恐惧 对人的迫害就是吃人 凡事总需研究，才会明白，重新翻查历史，重新发现中国的历史——纸缝里的"吃人"二字 进一步发现，不仅家庭之外的社会环境中的人吃人，我的家人也吃人，我的哥哥也是吃人的人，而"我"是吃人的人的兄弟 7~8 节 狂人：认识到改变"吃人"的蛮恶，要从家人开始批判、从家人开始劝转 向众人质询真相——失败 9~11 节：采取行动：狂人看到现实中人人害怕被吃，又各怀吃人的心思，因此，想努力劝转这个世界，结果仍是失败 12~13 节：新的发现带来"反转" 从批判他者、历史到拷问自我		人日记》受到果戈理《疯人日记》的影响，那么，为什么这篇小说没有叫《疯人日记》？小说能不能改成《疯人日记》？《狂人日记》更合适还是《疯人日记》更贴切？ **留下问题，启发思考**，无需学生即刻回答，而是在听课过程中保持思考，可以在课程最后总结 **小结：** 正文内部的叙述逻辑的递进 感受到环境中的恶意、他人的不怀好意—迫害乃是"吃人"—现实中"人吃人"，翻开历史也是"吃人"二字—质询真相—劝转世界的行动以失败而告终—对于"自我"的惊人发现 **板书：** **认识层面**：看清现实—洞察历史—质询世界—重审自我 **提问**：对于这篇小说而言，日记体是最优的形式吗？根据学生的回答引入比较。 **比较**：五四时期日记体小说颇为流行，好处是在"个性解放"的时代能够通过这种抒发强烈主观情绪的文体表达"自我" 《狂人日记》一方面借用日记的形式书写了"独异的个人"的心理感受与发现，又与那些自我抒情小说并不相同，

教学环节	教 学 内 容	思政融入点	教学过程与方法
课程主体讲授	**二、格式的特别：《狂人日记》的形式特征** 1. 日记体："旧瓶装新酒"？ 日记体并非新形式，中国传统文人非常擅长这一体裁，但鲁迅进行了改造，成功地将其改造为现代虚构性文学作品 日记不再是传统文人对个人生活和事物的记录，而是将一个现代觉醒者痛苦的内心世界坦陈于人前 体现了鲁迅式的文学命题：写作与"白心" 2. 文言小序与白话正文的互文 信息上互相补充，又在意义上形成对峙、甚至消解 小序中的狂人已然病愈，成为了"正常人"，甚或如其兄所言赴外地候补，回到了"正常世界"与"旧秩序"之中，而日记中的狂人则是异类、呐喊者、反抗者、失败者、挣扎者 3. 以新旧并置的形式向读者提出了问题，应该认同文言小序代表的思想与世界，还是认同狂人的选择，选择白话正文表征的世界呢？ 小序与正文之间的张力——文言与白话、新与旧、吃人的正常人与反对吃人的狂人并置、对立的两个世界	思政融入： A. 结合《狂人日记》的日记体具有的思想容量和社会意义反思当前文学创作中存在的浮躁之风 这里"格式的特别"，不是为了用特别的形式博眼球。20世纪末，由于经济大潮的冲击和消费文化的盛行，有些作家写作心态浮躁，以经济利益为导向创作作品，热衷于以日记体兜售"绝对隐私"，在日记体作品中大肆宣扬私密的身体经验，发出"欲望的尖叫"，刺激大众的窥视欲。这样的创作既"表德"也"无品"。《在文艺工作座谈会上的讲话》曾提出："急功近利、竭泽而渔、粗制滥造，不仅是对文艺的一种伤害，也是对社会精神生活的一种伤害。低俗不是通俗，欲望不代表希望，单纯感官娱乐不等于精神快乐。"好的作品需要有好的形式来表达，更需要写作者本人的精神境界作为支撑。形式、内容与精神乃是三位一体。《狂人日记》形式上的特别正是与它"内容的深切"紧密结合的	不完全把写作的重心放在个人心绪的诉说、情感的宣泄与灵魂的自我暴露，而是指向了严肃重大的社会历史命题。在某种意义上，这也跟《狂人日记》的象征性有关 **升华与深化：**(1)鲁迅创作的先锋性在形式创造层面鲜明地体现出来，文体颠覆，对传统文体做"陌生化"的改造，从而达到"撄人心"的效果。(2)鲁迅本人博通中西，虽然积极向域外汲取新的思想养料，开眼看世界，然而又对传统文化有深入的了解，他的创作并非跟在西方文化之后亦步亦趋地模仿，而是对传统和西方都有借鉴有改造。《狂人日记》正是以文言和白话并立的写法，以在中国文化语境中的独特发现，写出了完全不同于西方文学人物的"狂人"，而文言也作为小说的有机部分融入作品当中。因此，他的创作是果戈理《疯人日记》之外的另一创造 **提问互动：**鲁迅创作对于当前文学提高创造力、实现对传统的现代转化的启发。教师结合思政融入点跟学生一起讨论

续表

教学环节	教学内容	思政融入点	教学过程与方法
课程主体讲授	三、《狂人日记》的思想主题 1. 狂人清醒的"呐喊" **从古到今人吃人的历史真相** **批判旧中国**："所谓中国者，其实不过是安排这人肉的筵宴的厨房" A. "吃人"的写实 B. "吃人"的象征性 **谁是"吃人者"？** 矛头所向，包括全体中国人 ↓　　↓ 治人者　治于人者 ↓ "也有给绅士掌过嘴的，也有衙役占了他妻子的，也有老子娘被债主逼死的" "暴君治下的臣民，大抵比暴君更暴" "暴君的臣民，只愿暴政暴在他人的头上，他却看着高兴，拿'残酷'做娱乐，拿'他人的苦'做赏玩，做慰安" **石破天惊的呐喊："从来如此，便对么？"** 新文化运动的思想主旨："重新估量一切价值"	B. 结合鲁迅推出《狂人日记》即体现了现代小说的"高峰"水准，来谈当前文学创作如何从高原走出并追求"高峰" 结合《狂人日记》的先锋性谈文学创新、文化创造力问题	**请学生举例**："吃人"的写实指什么？ "吃人"的象征指向什么？ **引申**：鲁迅的小说创作并非单纯的写实主义的，不少作品往往融合写实与象征。许子东："从《狂人日记》开始，鲁迅的小说总有象征/写实两个层面并行" **说明**：在旧中国的社会环境中只有成为狂人，"发疯"才能看出并说出现实，这对现实形成了有力的反讽 狂人实乃觉醒者，有着清醒的认知：洞察吃人的历史以及"人间"由于"吃人"而"非人化"的真相 **鲁迅的深刻在于**：他不仅具有平民立场，以弱者和幼者为本位，但也对他们身上的"劣根"有洞察与批判 **引导学生思考**：为什么说《狂人日记》发出了时代的最强音？ 作品是向整个中国文明、向整个传统、向历史与现实宣战。当"吃人者"先是模模糊糊、敷衍地面对狂人关于吃人真相的质问，而后以"从来如此"做辩护时，狂人发出呐喊，质疑并否定了"从来如此"

续表

教学环节	教 学 内 容	思政融入点	教学过程与方法
课程主体讲授	**独异的个人与"庸众"的对立** 2. 绝望的挣扎 **怎样结束这吃人的历史** "大家喊一二三四，一起悔改""从真心改起！" "无我的爱""自己牺牲于后起的新人"的爱 后起的新人——或许还有那没有吃过人的孩子 鲁迅：救救孩子→背着因袭的重担，肩住了黑暗的闸门，放年轻人到宽阔光明的地方去	思政融入： 鲁迅的思想以"幼者""弱者"为本位，他以自我的全部生命去对历史与现实做担当的态度，显示了大作家的境界。占有生活并不等于真正拥有生活，唯利是图不可能使作家的"人与文"成为"大写的"。伟大的作家往往是对着全人类、对着一切人发言，他们并不把写作当作幸福的必然交换，而是以文学艺术作为关怀全部人的重要方式。今天我们不断谈青年的使命担当，谈文化工作者的人格素养，而鲁迅正是最好的示范。优秀的文艺作品绝不是对个人"精神分泌物"的咀嚼 谢有顺："鲁迅能成为二十世纪的民族灵魂，实在是跟他背负着个人与群体双重的使命有关。"	**引申**：许子东先生谈五四新文学之"新"时提到《狂人日记》，认为《中国现代文学三十年》里提到的"看与被看"的模式同样适用于"狂人"的经历 狂人从小说白话正文开篇就时时感受到自己被看，一方面他看"他者"，感受到敌意，另一方面他也意识到自己被看 许子东：看到自己被看，有两种可能，一是神经过敏，被迫害妄想，这是小说的写实层面，医生角度解剖病人。二是思维敏捷，看穿别人的好奇、关心、照顾后面，其实是窥探、干涉与管制。"看"与"被看"，可以引申到另一组关键词，"独异"与"庸众"。很多人围观一个人，这是鲁迅小说后来反复出现的基本格局 **说明**：此时的鲁迅还没有接触和吸收新的革命思想资源，把希望寄托于人类心思的"转"与"改"。劝转"吃人者"以改变吃人的连环是他寻找到的可能的解决方案。他当时最深的认识和自思能做出的担当在于"自己牺牲于后起的新人"的那种"无我的爱" 五四时期的鲁迅期待唤醒国人以这样的"爱"来代替吃和被吃的"连环"，锻造新的"人伦的索子"。他把希望放在"后起的新人"身上，而愿意以自我牺牲于新人，肩住黑暗的闸门。黄金世界与光明，鲁迅从不指望与其订约，他将与黑暗一起隐没

续表

教学环节	教学内容	思政融入点	教学过程与方法
课程主体讲授	**吃了"妹子的几片肉" →从指责"吃人"到自我忏悔** 狂人的自审使他无法认为自己就是"真的人" 从罪恶的攻击者到罪恶的承担者：真正伟大的自觉 从攻讦"恶"到真诚地忏悔 许子东："这是 20 世纪中国小说中的一种比较深刻的忏悔意识，之前少见，之后也不多" 小结与延伸： A 两个狂人：第一节到第十一节，作为被迫害者、觉醒者、批判者的狂人 第十二节到第十三节，作为忏悔者的狂人 B. 两种意义上的"揭露"： ↓ ↓ 揭露"吃人"真相 忏悔"我的罪" 延伸： A. 对别人的痛苦与不幸"有份"的亏欠感 B. 无穷的远方，无数的人们，都和我有关	思政融入： 通过诠释小说创作中的"自忏意识"、深刻的自我反思、自我解剖，引导学生破除极端自我中心的"文化偏至"。唯我独尊、唯我中心并不是真正有力的个人主义和个性解放，固化的"自我"绝非可靠的"思想支点"，应该在清醒的反思和与他者、世界的对话关系中形成健全的自我认知 鲁迅的"远方意识"对于我们今天构建"命运共同体"的启示	"没有吃过人的孩子，或者还有？ 救救孩子……" 这与其说是乐观的呼唤，不如说是沉重的悲慨和凝思 **升华与深化：** 狂人最深刻的地方在于作为一个觉醒者、反叛者对自身绝望处境的发现、对自身的罪恶性的发现——"我"可能也是吃人者。于是他不再是站在道德制高点的攻击者、批判者，而必须对自我展开灵魂的审判 要把他人的罪和四千年吃人的履历、要把群体的罪也承担下来 **板书：** **狂人形象**：被吃者—发现者—质询者—忏悔者 **展示引用**：鲁迅晚年时还在病中，一天夜里，他让许广平扶他起来，说他要在屋子这里那里看一看，于是他有了这样一段描写：街灯的光穿窗而入，屋子里显出微明……外面的进行着的夜，无穷的远方，无数的人们，都和我有关(选自《这也是生活》《鲁迅全集》——《且介亭杂文附集》) 结合《呐喊》《彷徨》的总体特色，介绍学者伊藤虎丸的观点：

续表

教学环节	教学内容	思政融入点	教学过程与方法
课程主体讲授	**四、学科前沿问题讨论** 1. 狂人的去向 复旦大学张业松教授：文言小序中关于狂人的去向由狂人的哥哥提供，而《狂人日记》则由"余"撮录而成，这意味着恢复正常的狂人没有自己发声，狂人的日记经他人之手问世，是"信息被污染"的版本 狂人的下落值得重新探究：他真的恢复正常，认同于病态的社会，还是被"吞噬"了？所谓"候补"可能是其兄提供的被污染的信息 张业松教授的相关论述对于狂人下落的追索、关于候补的解释以及对于狂人精神前史的考察富有启发性 引导：如果没有一个精神前史，狂人是无法被指认为狂人的；发疯如何演变为意味着惊人的洞察力和不可遏止的激情，尤其是发疯指向了内在的和外在的双向审视——语境嬗递发展的历史 2. 狂人与男权社会 杜克大学罗鹏教授：男权社会的狂人 男性狂人 狂人之狂里面的性别区分 引导：吃了妹子的几片肉——注意到女性被男权迫害与压抑的状况 3. 狂人与明治时期的文化语境和思想资源 李冬木教授从鲁迅精神史探源出发，探讨个人、狂人、国民性问题，说明狂人的出现有着异域的知识前源 而张业松教授则指出考察狂人的出现不能忽略晚清至民初本国知识环境的影响，比如章太炎关于"神经病"的言说		在鲁迅看来，他的生命和其他的生命是息息相关的，别人的苦难和凄哀他都觉得跟自己有关 日本学者伊藤虎丸说鲁迅就这样抵达了亚洲近代的"个"的真正自觉 **引申与说明**：2018 年是《狂人日记》问世 100 周年，许多学者重读《狂人日记》，发现了文本中新的罅隙，进一步追问"文本意义"的生成机制，也运用知识考古的方法，采取"左顾右盼""上下勾连"的方式，厘清"狂人"话语的知识谱系，探问"狂人"诞生背后的文化脉络。新的方法、新的问题意识，以及我们所处的现实语境中新的文化生态都激活了"重读"的思维，催生新的阐释成果，而这也正说明《狂人日记》作为一部经典是在与现代社会、现代人生的不断对话中体现出其不可磨灭的文化价值和生命力的 **引导**：通过学科前沿问题的讨论，向学生指示研究方法和路径，启发学生在研究中以问题意识为导向展开探究并给出独立的富有说服力的解释

续表

教学环节	教学内容	思政融入点	教学过程与方法
课程总结	1. 双重先锋性：形式创造上的先锋与思想上的先锋 2. 古为今用、洋为中用创造的现代经典 3. 狂人作为时代新人的多重意义 启蒙意识、觉醒者、反叛、呐喊、自忏 与庸众对立的"独异"的个人，然而又是痛苦的自我审判者 从启蒙的呐喊走向个体灵魂的"深" **课后延伸思考**：在本节课后再细读《狂人日记》，结合学科前沿问题的探讨，重新探究狂人的下落 **板书设计：** 狂人的发现 认识层面： 看清现实—洞察历史—质询世界—重审自我 狂人形象： 被吃者—发现者—质询者—忏悔者	思政融入： 习总书记指出："要坚持古为今用、以古鉴今，坚持有鉴别的对待、有扬弃的继承，而不能搞厚古薄今、以古非今，努力实现传统文化的创造性转化、创新性发展，使之与现实文化相融相通，共同服务以文化人的时代任务。"在新的历史条件下，如何继承又化用传统，赋予传统新的时代内涵，同时向世界优秀文化汲取养分，"昌明国粹""融化新知"，融通中西，建设适应社会和时代发展的当前文学与当代文化，这是每个新青年、当代知识分子应该认真思考和回答的问题。而鲁迅正以其创作给予我们启示。A. 深厚的传统学养与现代视野结合；B. 对传统进行辨析，去粗取精，批劣而扬优，并进而对优秀传统文化进行转化，推陈出新 C. 面对世界文化的"拿来主义"，然而要"为我所用"。 冯雪峰："鲁迅是在民族文化的基础之上和为着革新的目的去吸收外国文学的广泛的和深远的影响的"	**互动与呼应**：在总结狂人作为时代新人的多重意义时，回应最初的提问，即《狂人日记》写了谁，让学生再次描述狂人的形象 同时引导学生通过探究去回答前面的设问：为什么是《狂人日记》，《狂人日记》之名比《疯人日记》好在哪里？狂人的象征意味，狂人>疯人的意涵

续表

教学环节	教 学 内 容	思政融入点	教学过程与方法
本节结课寄语	虽然大家会说"此心安处是吾乡"，但这是另外一重意义。我反而希望一个人永远不是心安理得的，希望你们常怀一种被批判性的思考所搅动的不安，我希望这种不安就像鲁迅在他生命的沉湖里始终具有的内在思想紧张那样，永远保持思想的张力。我希望这样的不安永远搅动你的灵魂，希望你因为这样的不安，去正视自我和反思外部世界，然后面对现实和难以预测的未来，去做有意义的选择和负责任的担当。以这样一种理性的不安去引领我们朝向更加完善的道德生活和社会生活展开永不停歇的追索	专业与思政深度融合	
作业与思考题	A. 结合前次课所讲的十年沉默期的鲁迅和他的"第二次觉醒"，谈谈具有自忏意识的"狂人形象"的诞生和鲁迅个人思想发展的内在关联 B. 简述鲁迅《狂人日记》在中国现代小说史上的开创性意义 C. 结合课上所讲，重新探究狂人的下落，并给出理由与说明 请在学习通中提交个人思考与回答 **布置下一次课的预习任务**		
参考资料	著作： [1]王富仁.中国反封建思想革命的一面镜子[M].北京：北京师范大学出版社，1986. [2]李欧梵.铁屋里的呐喊[M].长沙：岳麓书社，1999. [3]伊藤虎丸.鲁迅与日本人——亚洲的近代与"个"的思想[M].石家庄：河北教育出版社，2000. 研究文章： [4]王桂妹."白话+文言"的特别格式——《新青年》语境中的《狂人日记》[J].文艺争鸣，2006(6). [5]李林荣.《狂人日记》与中国现代人格的生成(上、下)[J].鲁迅研究月刊，1998(1)(2).		

（六）教学评价

1. 评价

就本节段课堂教学而言，根据教师的提前布置做课堂展示既能够带动学生自主学习，也可以形成对学生课堂活动表现的过程性评价。互动与引导能够激发学生的探究兴趣，使其保持好奇心，并始终在思考的兴奋状态中，这有利于提升教学效果，也避免了把果子喂给学生吃，而是跟学生一起跳起来摘取思想的果实。

就**"中国现代文学史"**课程整体而言，本课程改革评价体系，针对能力培养，细化考核项目，综合评估学生在知识、能力、价值层面的表现。本课程不以期末考核成绩"一锤定音"，注重过程性评价，对学生的阶段性学习表现进行跟踪评估，对学生的综合能力进行评价，注意通过及时反馈评估与考核情况来帮助学生调整学习节奏与方法，提高学生的学习参与度。当然，不同的评价目的决定了评价方法的选择也不尽相同，本课程采取词云分析、树状图对比评价、半结构化访谈、调查问卷、引入教育学相关量表施测等方式对学生的学习发展情况进行评估。

2. 反思

教学层面，注重引导和探究，讲授层层递进，能够引导学生把作品思想内涵吃透，同时对于学科前沿问题的引入能够使学生认识到《狂人日记》是开放的文本，而不是在阐释层面被完成的文本，新的问题意识和研究方法可以打开新的阐释空间，课后思考题的提出能够让学生在课下继续思考没有终结的问题。

思政层面，围绕作家的境界、文学创新、文艺创作的人民立场、"自我"的扩充与完善等问题结合鲁迅的思想、创作上的先锋性、文化使命感、忏悔意识等做了有机融合和有现实针对性的发挥，强调了鲁迅及其作品的内在精神对当代青年思想品格塑造、对当前文艺创作寻求新突破的启示。

三、教师对课程思政的感受与认识

1. 树立协同育人观

课程思政为形成开放的教学空间和完善教学体系提供了驱动力。课程思政可以彰显中国特色，呼应时代召唤，打开教育教学创新的空间，教师要做的就是让课程与思政协同，打造立德树人的课堂。

2. 坚持有机整体观

文学类课程的课程思政应该坚持有机整体观，追求思政逻辑与知识逻辑的水乳交融，课程思政乃是系统性建构和"结构性"传导，而非碎片化播撒。课程思政并非"课程加思政"，并非在原有之物的基础上增加内容；"课程思政"也不是由偏正结构组成的词，它本身就是一个不可拆分的完整的词，这意味着课程与思政是一个有机整体，对文学类课程、对文学教育而言尤其如此。教学本身具有的教育性，决定了教学应遵循教书与育人相统一的原则。"教书与育人统一的原则，是指教师在教学过程中使思想品德教育与知识教学有机地结合起来，二者相辅相成、相互促进……教学是对学生进行思想教育的主要途径，不仅时间长，而且影响面广，在学习各科知识的同时潜移默化地影响学生的思想行为……教书与育人相结合，既有利于知识的教学，又使思想教育充满活力，二者相得益彰。"①中国自古以来就有传道与授业紧密结合的教育传统，而文学作品、文化经典不仅言志、抒发性灵，同样也"载道"，因此，受教育者在师者的指引下修习文学、文化典籍不只是为了伸张个人的情志、培养审美情趣、养成文化趣味，更是体道、悟道、习道、释道的过程，而理想的学习结果就是"知行合一"，以对"道"的整体把握、深刻认知去统合人的知识系统和心智结构。今天的文学教育、文学课程以有机整体观为原则进行课程思政的实践，正是继承传道与授业一体、把客观知识世界纳入个体自我修养过程的传统，同时又回应新时代人才培养要求，在现代教育理念的烛照下，运用现代教育的科学方法实现教育教学模式上的更新和与时俱进。课程思政以活化中国教育传统、文化传统、适应中国社会发展现实和未来趋势的方式探索知识话语与价值话语的深融，追求课程与思政的有机统合其实也是在凝练中国高等教育自身的"中国特色"，并以此向世界高等教育贡献"中国经验"。

总体而言，课程与思政形成有机整体就是教育教学的内在统一。文学类课程兼具建构学生知识体系和价值体系的作用，这意味着在课程教学中孕育思政教育有其必要性与合理性。就文学类课程而言，知识与道德、意义与文

---

① 余文森、王晞主编：《教育学》，北京大学出版社2009年版，第128页。

体形式、精神引领与文学探求有着内在统一性，这使得我们的课程思政不必如在烧饼上撒芝麻那样进行"思想"点缀，而是在知识逻辑的建构和显豁中自然地形成思政逻辑——思政是有内在逻辑的价值结构。文学是人学，文学课程的课程思政既要调用、发扬现代以来的中国文学以文学书写唤起人民的奋斗意志、宣扬社会理想、塑造思想纯正的社会建设者的传统，又要召唤个体承担和完成"成人"的命运——既然文学艺术从"人"出发，以"人"为目的，并最终回到"人"，那么在阐释文学文本和文学之发展历程时，课程与知识也应在人的价值的维度确认自身的意义，对于文学的种种描述、解析、评价在学理层面获得落实以后，理应通向更高更远之处——唤起个人"改善人生、把人类生活提高到至善至美的境界的那种热切的向往和崇高的理想"①，激发学生内图个性之发展、外图贡献于其群的强烈意志。

3. 传递积极价值观

通过章节或全课的"结课寄语"传达积极的生命态度，传递积极的精神价值。

笔者所教课程是中国现代文学史，在课上要讲作品、讲文学现象，讲现代中国文学发展的流脉，要建构一种文学发展的历史，为学生理解中国文学如何实现现代转型、理解中国现代文学演进变迁的大势提供一个认识框架。但在我看来，无论是讲文学史还是导读名家经典，文学类的课程永远需要扣住"文学是人学"的根本特点。在文学的历史发展和变动过程中，必然蕴含着人的生命和情感的温度，文学史实际上也是由作家的生命史和作家以生命为支撑的创作史共同构成的。一部文学史里必然会有人生命中的挣扎、苦斗、欣喜、悲欢的"长日留痕"——生活的跌宕、经验的复杂、情感的波澜、人性的幽深都会印刻在作品的字里行间，当然也就沉积凝结在文学史之中。笔者希望通过"寄语"这种形式让学生理解，学习文学史课程，不仅是要获得所谓符合历史规律的认知或者符合逻辑的学理判断，还需要以自我的生命经验、阅读经验与文学史里的人和"人间世"形成"生命的交互"。笔者也参加了武汉大学人文经典导引通识课程教学团队，学校通识教育的理念就是"博雅弘毅，文明以止，成人成才，四通六识"，不仅通识教育，文学教育亦是"使人成为

---

① 钱谷融著：《论"文学是人学"》，人民文学出版社 1981 年版；郭冰茹编选：《中国当代文学批评大系 1949—2009 卷 1》，苏州大学出版社 2012 年版，第 406 页。

人"的教育。卢卡奇曾说"艺术形式把人提高到人的高度"①，我们并非要完全回到原初语境和文本去对这句话进行还原性理解，但可以确定的是，艺术、文学包括文学教育的重要意义和价值就在于"使人成为人"。那么，笔者希望学生通过课程主干内容的学习，通过"寄语"，通过教师在段落性讲授结束或全课告终之际延伸性的交流有所领悟；除了追求知识，还应该在课程学习中去扩充人格，去扩大我们的胸襟，去丰富我们的心灵和精神。笔者认为这是能陪伴学生一生的东西，是课程在有限时长的讲授结束以后，需要依靠学生自身生命经验的拓展逐步内化、被他们的思想情感激活、以无限丰富的方式得以"continue"的部分。

平时，"结课"意味着结束与终止，课程内容讲完就讲完了，但有了"寄语"赋予的仪式感后，学生会意识到课上所学，我们在课上的一切经历在此结束，但又并非就此终了。"寄语"意味着我们还要寄望于未来，课上所学在未来的日子里还可以以各种方式在课下延续。一颗种子埋下了，未来我们用热满之心血去浇灌，就能期待花开。教师和学生的互动，学生和文学史上作家、作品的心灵交流、生命邂逅，并不会随着课程的结束而结束，它其实可以在个人生命的不同时刻焕发华彩。"结课寄语"也蕴含了笔者对课程教学效果的一重期待——笔者希望这门课对学生而言不是一个分数的对应物，不是"绩点"的依据，不是一堆人名和书名，而是个人可以在未来生活中通过持续的"反刍"汲取养分、建设自我精神生活的园地，希望这门课可以参与一个个体的生命史诗的建构。一般来说，"结课"是很平常的"收束"，但通过"寄语"，教师得以将课程内容与个人生命领悟结合起来做一点阐发，为普通一课"赋义"，"结课"因此成为一个起点——成为一个人的文学史、生命史被"有意"理解的起点。笔者曾在一次"结课寄语"里说："我并不是希望讲得最多，而是希望笔者所讲的是我所相信的"，所以，对笔者而言，这不仅是学生单方面倾听学习的过程，也是笔者不断扩充自身的人格和精神的过程。

4. 坚守"人师"之道

传统上关于"师者"有所谓"经师""人师"之说。笔者觉得自己与真正好的"经师"之间距离颇远，遑论"人师"。参观湖南醴陵的渌江书院时，笔者看到

---

① [匈]卢卡奇：《审美特性》第一卷、徐恒醇译，中国社会科学出版社1986年版，第443页。

这样一句话："经师易得，人师难求"。我们固然可以从人格完美、道德典范、品行学养超凡出众等角度去理解何谓"人师"，但笔者想，我们是否能不求完全回到"原义"，而是采取一种更加日常化、扩充性的理解——"人师"也是帮助人成为人的"师者"，由此，我们不把"为师之道"限定在讲授知识，不把课程教学单单视作"传经解义"式的传授。笔者希望通过教书育人的课程思政，实现教师和学生之间的心灵交流，寻求彼此间深层生命经验的呼应和联通，借此来帮助学生"成人"；通过这样的教育，引导学生形成更完善、健全的人格，进而达到一种道德境界，教师跟学生一起在众声喧哗中探求理解生命本质的路径与方法，共同思考我们怎样在充满未知数和不确定性的世界中寻找生命的支点，做出有意义的选择。课程思政促使我在履行"经师"之责以外，去做进一步的探索。在这一意义上，课程思政正是教师由"经师"向"人师"提升的过程中可循的道路。

"汉语国际教育概论"课程思政教学案例
发展汉语国际教育的意义

欧阳晓芳①

课程名称：汉语国际教育概论　　**课程性质：**专业必修课程

学分/学时：2/32　　　　　　　**授课对象：**汉语国际教育专业(大二下)

课程简介：汉语国际教育概论是本专业必修的一门基础理论课，也是一门行业与职业启蒙课。主要通过系统、概括地介绍汉语国际教育的学科理论体系以及行业发展状况，一方面帮助学生了解最基本的汉语作为第二语言教学的相关理论和方法，为系统学习本专业课程奠定基础；另一方面引导学生全面了解汉语国际教育的价值和当前形势，激发家国情怀、职业认同和专业学习热情。

一、本门课程的总体设计

(一)课程思政的目标

(1)致知：理解人类命运共同体的深刻内涵以及构建人类命运共同体的重大意义，深入了解汉语国际教育的使命价值；

(2)育情：坚定"四个自信"，高度认同中华优秀传统文化和中国特色社会主义建设卓越成就，以及实现中华民族伟大复兴的中国梦，厚植家国情怀；

(3)立意：进一步坚定职业理想，立志讲好中国故事、推动中外文化交流与文明互鉴，培养奉献精神和开拓、创新意识；

(4)践行：将对家国情怀和远大理想的认知、情感、意志转化为行为习

---

① 作者简介：欧阳晓芳(1981—)，女，湖南平江人，研究生学历，博士学位，武汉大学文学院，副教授，主要研究方向包括汉语国际教育、汉语语言学等，bbrirao@126.com。

惯，融入个人职业规划，并贯彻到专业学习中，做到脚踏实地、行稳致远。

(二)课程思政的主线

通过综合考虑高校思政教育工作的总体要求、专业人才培养目标的特殊指向以及学生的成长发展需求，本课程以满足多方需求为指向，构建了内容"三维"(为人类进步+为国家发展+为个人成才)、过程"四段"(致知→育情→立意→践行)的课程思政主线，希望帮助学生在理解使命价值的基础上激发家国情怀，由此坚定职业理想，以饱满的热情投入专业学习，最终立志实现个人成才与国家发展、人类进步的同向同行。

(三)课程各章节的思政元素

本课程结合专业特色挖掘出九大思政元素，分属以下三个维度：
(1)为人类进步：人类命运共同体意识、多元文化意识；
(2)为国家发展：中华民族共同体意识、"四个自信"、家国情怀；
(3)为个人成才：理想信念、职业认同、政治素养、奉献精神。

这些思政元素的融入采取"先整体铺开，再化整为零"的策略。第一章"概说"集中融入九大思政元素，然后在后续章节中分散推进，每一讲都至少涵盖两个思政元素。本课程的思政元素分布如图1所示：

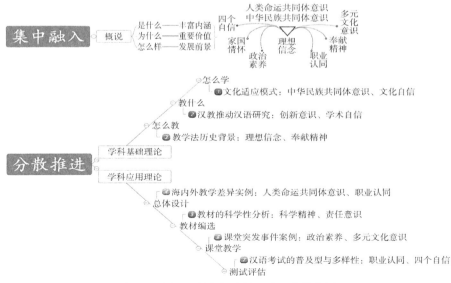

图1　汉语国际教育概论的思政元素分布图

二、案例节段的教学设计

（一）对教学对象的分析

本课程实行小班教学，授课对象为汉语国际教育专业大二学生（大二上学期完成专业分流），通过第一周的课程学习，学情较之开课前有所改善。

【知识经验】已初步认知汉语国际教育的丰富内涵和外延，以及汉教事业发展与国家战略的紧密联系，但对专业理论和方法仍知之甚少，且缺乏实践经验。

【学习能力】信息素养和认知能力较强，但辩证分析问题的能力较弱；国际视野初步打开，开始从接受者视角考虑问题。

【思想状况】对专业前景仍存在疑虑，因而职业理想不明确，专业思想浮动，学习动力不足。

（二）对教学目标的分析

【知识目标】能够多角度认识汉语国际教育的重要价值，并理解开展汉语国际教育的多层次目标体系。

【能力目标】能够辩证分析汉语国际教育前沿动态以及外界的不同声音；能够自觉关注国际局势和国家战略方针政策，学会分析其可能给汉语国际教育事业带来的影响。

【思政目标】能够在理解汉语国际教育行业的基础上，找到专业归属感，初步激发家国情怀和职业认同感，提升课程学习兴趣。

（三）对教学内容的分析

1. 本节段在课程中的逻辑位置

第一章"概说"通过汉语国际教育"是什么""为什么"和"怎么样"三个问题，集中融入九大思政元素。本节段集中于"为什么"，包括两个板块，先从多方需求出发来呈现汉语国际教育的价值，在此基础上提炼出汉语国际教育的多层次目标体系，完整呈现发展汉语国际教育的重要意义，引导学生辩证思考，从不同角度发现汉语国际教育的重大意义，初步激发学生的家国情怀和职业认同。

2. 本节段的教学重点

【教学重点】发展汉语国际教育助力构建人类命运共同体。

【解决方法】

首先，运用案例分析，结合时事热点，指明全球化时代各国之间开展交流合作和文明互鉴的重要性，引导学生发现汉语国际教育在其中发挥的重要作用。

然后，举出近年来全球化带来的机遇和挑战实例，引发学生的进一步思考与共鸣，得出结论：汉语国际教育通过畅通沟通渠道、推动文明互鉴，助力构建人类命运共同体。

最后，在梳理汉语国际教育的多层次目标体系时，通过师生共同总结来强调汉语国际教育的终极目标是推动中外民心相通，助力构建人类命运共同体。

3. 本节点的教学难点及化解难点的方案

【教学难点】如何帮助学生强化汉语国际教育的受众视角，培养辩证思维。

【解决方法】

首先，结合微助教作业生成的词云，表扬有同学开始关注受众，以此作铺垫。

然后，基于海外对中国抗疫措施的误解，引出中国对海外抗疫状况的不理解，引导学生认识到，在不同国家和文化背景的民众之间，不理解乃至误解是双向的，我们需要促成的文化理解也是双向的，进一步结合国外的"文化入侵说"引导学生进行反思，汉语国际教育不应是"以中国为核心的单向推广传播"。

最后，在分析汉语国际教育满足时代需求和学习者需求时，通过海外多国对汉语的重视以及不同类型的学情案例来直观展示受众需求，引导学生关注受众视角，辩证看待汉语国际教育事业，做到立身中国，放眼世界。

四、教学手段与方法

1. 教学方法

【问题驱动法】课前利用微助教发布讨论主题，引导学生预习思考，通过词云分析了解学生的认知起点；选用争议话题，辅以图片、视频对比来引导学生辩证思考。

【案例分析法】结合案例，用故事讲清道理，以共情取代说教；聚焦时事，以热点引发关注，在讨论中赢得认同。

【任务驱动法】结合专业特色设计轮岗助教任务，引导学生观摩课堂、评价教学、反思学习；将案例收集任务融入课后作业，促使学生关注行业前沿动态，并结合课程所学开展分析。以上两个任务都有助于实现教学相长。

2. 教学手段

【信息化手段】智慧教室：多媒体设备播放 PPT 和视频素材；微助教：利用讨论区促使学生预习思考，既可以了解学生对新课内容的认知起点，又能利用发言生成词云提炼学生主要观点，帮助导入新课；课程 QQ 群：师生沟通，分享课堂反馈、视频资源，开展任务分配、在线答疑、作业反馈等多种形式互动。

【视频影音】汉语学习者为中国加油、向海外介绍真实中国的短视频，以及中文歌曲表演视频；海外汉语课堂视频。

【图文案例】海内外汉语学习者的学情案例；教师本人海外教学照片；全球时事热点相关图片；本专业点师生的海外汉语教学照片和教学点全球分布图。

【行业报道】权威部门发布的国际中文教育行业相关动态和数据。

(五) 教学过程

1. 教学流程图(如图 2 所示)

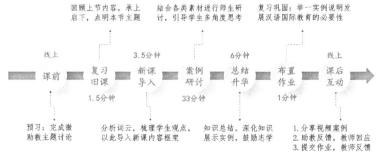

图 2 "发展汉语国际教育的意义"节段教学流程图(45 分钟)

2. 具体过程设计（如表 1 所示）

表 1　　　　　　　　　　　　　具体过程设计

阶段	教学环节与教学内容	师生活动		设计意图
		教师	学生	
课前	【微助教】 开放预习讨论"为什么要发展汉语国际教育"，学生线上提交，教师查看并统计结果。如下图所示 图微助教讨论区截图	教师微助教开放预习讨论主题，督促学生完成后，分析答题结果	学生线上发言	一是了解学生对新课内容的认知状况，作为教学起点；二是提升学生的主体意识，激发学习兴趣，营造良好课堂氛围；三是让学生熟悉微助教平台，为后续的线上互动做准备
课中	第一环节：复习旧课(1.5 分钟) 1. 复习旧课，回顾内容框架 2. 承上启下，点明本节主题 解决了"汉语国际教育是什么"之后，今天主要围绕"为什么"这个问题来研讨发展汉语国际教育的意义	教师主讲	学生听讲	复习巩固，以旧知识引入新知识
	第二环节：新课导入(3.5 分钟)			
	分析词云，构建框架 结合课前布置的微助教预习讨论"为什么要发展汉语国际教育"，分析学生发言生成的词云，以此构建本课内容框架，如下图所示 微助教讨论区发言生成的词云	教师表扬学生作业，展示微助教讨论区截图，结合词云梳理学生观点，引出新课内容框架	学生听讲，并作出回应	立足学生当前的认知状况来引入教学内容，可使教学更具针对性，并且激发学生的课堂主体意识与参与热情，营造良好课堂氛围

阶段	教学环节与教学内容	师生活动		设计意图
		教师	学生	
课中	第三环节：案例研讨(33分钟) 结合各类素材进行师生研讨，引导学生从不同角度来思考汉语国际教育的价值 1. 利用争议话题引导辩证思考 价值一：服务国家发展需求： 推动国际理解和中外良性互动 (1)素材对比：疫情期间某些海外媒体对中国防疫措施的歪曲报道、BBC纪录片的"阴间滤镜"和泰国汉语学习者给中国加油的视频、以色列网红博主高佑思记录真实中国的短视频。① 师生研讨得出结论：汉语国际教育能够推动国际理解和中外良性互动 (2)素材分析：美国网红博主郭杰瑞在美国街头采访视频的两张封面截图——《实地采访美国反口罩运动，现场差点打起来》②《为何美国疫情死十万人，社会震动不如一个非裔之死?》③，与高佑思的视频结合起来进行分析。师生研讨得出结论：在不同国家和文化背景的民众之间，不理解乃至误解是双向的，同样我们需要促成的文化理解也是双向的	(1)教师展示图片，播放短视频，稍作解说后提问引导学生思考，并结合学生发言进行梳理 (2)教师展示照片，稍作解说后通过提问引导学生思考	(1)学生听讲、观看图片和视频，思考并发言表达观点 (2)学生听讲、观看照片，结合之前的视频进行思考，并发言表达观点	选用争议话题，以图片、视频对比来引导学生思考，培养学生的受众视角和辩证思维

---

① 王嘉怡：《高佑思：我想改变外国人对中国的偏见和刻板印象》，中国新闻网视频，2021年11月19日：https：//www.chinanews.com.cn/sh/shipin/cns-d/2021/11-19/news907668.shtml.

② 郭杰瑞：《实地采访美国反口罩运动，现场差点打起来》，Bilibili，2021年1月13日：https：//www.bilibili.com/video/av756188416/.

③ 郭杰瑞：《为何美国疫情死十万人，社会震动不如一个非裔之死?》，Bilibili，2020年6月8日：https：//www.bilibili.com/video/BV1124y1w77n/.

续表

阶段	教学环节与教学内容	师生活动		设计意图
		教师	学生	
课中	2. 展示行业动态，启发研讨 价值二、适应时代需求： 越来越多的国家将二语能力及多元文化意识纳入国民素质范畴，全球化带来的机遇和挑战都需要畅通沟通渠道、加强文明互鉴 (1)权威报道+行业数据：2020 年 12 月 15 日《光明日报》：全球已有 70 多个国家将中文纳入了国民教育体系，4000 多所国外大学开设了中文课程。① 提问引导学生思考，阐释"中文进入国民基础教育体系"的意义和具体表现（基础性、国民性、体系性），得出结论：发展汉语国际教育是满足各国提升国民素质需求（二语能力和多元文化意识），也是适应当今全球化时代的需求 (2)时事热点(详说)：2021 年 2 月 22 日《中文成为联合国世界旅游组织官方语言》②；2020 年 3 月 22 日《中英意三语接力交传，中国援助意大利医疗队新闻发布会》③。提问引导学生发现汉语国际教育与这两个时事热点的内在联系，得出结论：面对机遇，汉语国际教育助力世界旅游发展，潜力无限；面对危机，助力应急语言沟通，汉语国际教育大有可为 (3)时事热点(略说)： 挑战：北极熊的生存困境、非洲蝗灾波及亚洲；机遇：中欧班列的开通、中非农业合作。由此说明畅通沟通渠道，推动文明互鉴，是大势所趋，而汉语国际教育正是顺应全球化需求，用实际行动来推动语言沟通、文明互鉴，践行构建"人类命运共同体"的伟大使命	(1) 教师展示行业动态及权威报道的截图素材，补充海外中文教育发展素材，提问引导学生思考，并结合学生观点进行梳理 (2) 教师展示时事热点报道截图，稍加解说后提问引导学生思考，并结合学生观点进行梳理 (3) 教师展示时事热点相关图片，进行总结	(1) 学生观看图文素材、听讲，思考并表达观点 (2) 学生观看图文素材、听讲，思考并表达观点 (3) 学生听讲	结合行业动态和时事热点的研讨进行隐性的思政浸润，用热点引发关注，以讨论赢得认同，在引导学生结合时代特点、全球形势和外部需求来思考汉语国际教育价值的同时，深入理解多元文化意识的重要性、人类命运共同体的深刻内涵以及构建人类命运共同体的重大意义

---

① 新华社北京：《全球已有 70 多个国家将中文纳入国民教育体系》，《光明日报》2020 年 12 月 15 日，第 1 版：https：//epaper.gmw.cn/gmrb/html/2020-12/15/nw.D110000gmrb_20201215_3-01.htm.

② 《中文正式成为联合国世界旅游组织官方语言》，中华人民共和国文化和旅游部政府门户网站，2021 年 2 月 20 日，"信息发布"-"焦点新闻"：https：//www.mct.gov.cn/whzx/whyw/202102/t20210220_921699.htm.

③ 译匠：《中英意三语接力交传：中国援助意大利医疗队新闻发布会》，搜狐网，2020 年 3 月 22 日：https：//www.sohu.com/a/382018913_664564.

续表

阶段	教学环节与教学内容	师生活动		设计意图
		教师	学生	
课中	3. 分享故事，发现学情差异 价值三，满足学习者需求： 中国经济高速发展及对外交流合作不断加强，大大激发了世界各地的汉语学习需求，包括知识需求、发展需求、情感需求，等等 (1)投资家罗杰斯的采访和他两个女儿在央视《经典咏流传》的表演视频① (2)非洲中小学汉语课堂及南非基础教育负责人采访视频② (3)教师所教美国华裔学生的故事+照片 提问引导学生对以上三类学情进行对比分析，发现海外汉语学习者的需求具有多样性。得出结论：发展汉语国际教育能够更大程度地满足海外多样化学习需求。强调从受众角度来谈汉语国际教育的价值	教师展示报道截图、播放视频、分享教师本人亲身经历，引导学生思考，并结合学生观点进行梳理	学生观看视频、照片，倾听教师讲述海外汉语教学故事，思考并表达观点	通过选择不同类型的学情案例，用故事来讲清道理，以共情来取代说教，引导学生在看到学习者多样化需求的基础上，进一步认同中国特色社会主义建设卓越成就和实现中华民族伟大复兴的中国梦，坚定"四个自信"，厚植家国情怀
	第四环节：总结升华(6分钟)			
	1. 师生总结，深化知识 基于第三环节的研讨所得，引导学生立足多方需求来逐层梳理汉语国际教育的多层次目标体系，强调终极目标是推进跨文化理解、跨文明互鉴、中外民心相通，构建人类命运共同体。外在的多方需求，加上内在的多层次目标体系，完整体现了发展汉语国际教育的价值和意义	教师引导学生梳理总结，提炼观点	学生思考并发言	激发学生对国际中文教育事业的热爱，帮助其初步理解国际中文教师职业价值，形成光荣感和使命感

————————

① CCTV-1：经典咏流传第三季：《快乐·罗杰斯、小蜜蜂·罗杰斯为你唱经典〈西游记〉》，央视网，2020 年 1 月 27 日；https://tv.cctv.com/2020/01/27/VIDEcvPqv8Rn5BlR5VerQFr4200127.shtml.

② 《非洲汉语热＝"中国文化入侵"？听听非洲人自己怎么说》，参考视频，2019 年 4 月 12 日；https://baijiahao.baidu.com/s？id＝1630601488272602795.

续表

阶段	教学环节与教学内容	师生活动		设计意图
		教师	学生	
课中	2. 展示实例，鼓励"志学" (1)本专业点师生在海外从事中文教学的图片及教学点全球分布图 (2)教师本人在美国超市偶遇的"青龙词典爷爷"照片及"青龙词典"网站 通过讲述以上这些身边的故事，引导学生看到：作为汉语国际教育专业的学生，的确可以做到自我实现与国家发展、人类进步同向同行。而且这一目标并不遥远，只要心存热爱、做好规划、身体力行，就能一定能够实现	教师展示照片和图片，讲述身边的故事，鼓励学生树立职业理想	学生观看并倾听	用身边的故事来说明要实现职业理想并不遥远，降低学生的畏难情绪，稳定专业思想，坚定信心

第五环节：布置作业(1分钟)

复习巩固：请举一实例说明发展汉语国际教育的必要性。
备注：
(1)可以结合本节内容中的某一个点；
(2)可以是一篇报道、一组数据、一个视频、一张照片、一件身边发生的事情……
(3)QQ私信提交"实例+说明文字"，下次课堂分享

课后	线上师生互动： 【QQ私信+QQ群】 (1)分享美国网红博主郭杰瑞短视频2条和埃及汉学家大海的访谈视频	(1)教师分享短视频和访谈链接	(1)结合视频观看复习本课知识点	(1)精挑细选兼具知识性和趣味性的视频，通过线上分享、课后观看，既节约课堂有效时间，又可用于复习巩固
	(2)学生提交作业，教师逐一反馈，将作业分类并确定课堂分享顺序(利用课间进行)	(2)接收作业并逐一反馈，整理作业	(2)提交素材收集作业及说明文字	(2)学生结合所学来搜集对应实例，既有助于复习巩固，理论联系实际，又可以为教学提供备选素材
	(3)助教提交课堂反馈，教师批注，围绕本节课教学进行师生总结与反思，并分享至QQ群	(3)教师接收并批注课堂反馈，及时查漏补缺，答疑解惑，给予肯定的同时提供改进建议	(3)助教提交课堂反馈；全体学生下载阅读教师批注后的课堂反馈	(3)助教在任务驱动下充分观察课堂、反思学习、评价教学，教师批注以查漏补缺、答疑解惑、反思教学，其他同学也可以充分参考学习，有效实现教学相长

（六）教学评价

1. 教师自评

【教学目标设定】基于学情分析来设定教学目标，具有针对性；从"知、情、意、行"等方面设置的思政目标明确且体现专业特色。

【教学内容安排】内容框架清晰，紧扣行业和学科前沿，并能将思政元素与专业知识点紧密结合，使用了丰富的思政素材。

【教学方法运用】以案例分析法和问题研讨法进行思政浸润，在融洽、启发式的师生互动中实现认知深入与思想升华；轮岗助教有利于及时反馈总结、师生交流和教学相长，还可以提供过程性评价依据；"微助教"课前预习讨论有助于了解学生认知起点，督促预习。

【教学效果评估】

从课堂互动及课后作业完成情况来看，学生学习投入度高，课堂互动参与率较第一周有了明显提升，作业有效提交率100%，而且完成质量比较理想，可以看出学生对汉语国际教育的价值和目标有了更为全面深入的了解，并且能够结合行业前沿动态及热点事件进行分析，有理有据。

从本周助教的课堂反馈内容来看，课堂记录细致全面，且有评有悟，既表达了对课程内容、教学方法的高度认可，也表现出基于认知深入所激发的职业认同感。

2. 学生评价

以下学生评价内容主要摘自本次课堂轮岗助教的教学反馈，该篇反馈在发布到课程QQ群后，获得了全班同学的点赞认同。后附两条来自教务系统的学生匿名评教。

学生一(本次课程轮岗助教)：

【教学方法】在课前，老师便开始根据大家的自我介绍熟悉班内同学。这种行为在其他课上鲜有发生，所以作为学生能感到一种别样的课堂参与感。课堂上老师不断提出问题引领大家积极独立思考，环环紧扣，教学氛围轻松愉快的同时效率也很高，效果很不错。在课上，老师会关注到大家的听课表情变化并作出反应，这与教学"以学生为中心"的核心思想遥相呼应，老师也用实际行动证明这不是一句口号，我们也必须时时牢记和贯彻。

【教学素材】老师的教学材料丰富多样，视频、图片、故事穿插使用。课前分享的视频能让同学们较快地进入学习状态；课程中插播视频以此代替单一的口头讲解，让大家的注意力更加集中了；通过分享具体的例子来讲解课程内容，更加直观、生动，易于理解。老师分享的 PPT 内容清晰、排版简洁，以明确的 PPT 内容带动课程节奏，便于同学们集中注意力，将重要观点标红，便于理解和掌握。

【教学效果】通过本节课对于"发展国际中文教育意义"的深入探索和学习，的确是重新构建了我对这门学科、这项事业的认知。发展国际中文教育可以说是"功在当代，利在千秋"，它也是最符合国家发展战略和时代发展趋势的工程之一。

本节课，我印象最深刻的是 BBC 纪录片的图片和泰国友人的视频。对比之强烈，感受之深切，世界上对于中国的误解是切实存在的，并且有可能因为媒体的传播而不断发酵。而接受了国际中文教育的泰国友人却愿意在中国的困难时期发声，在嘈杂的非议和漫天的误伤中给予中国信任和支持。我想，看到这，不得不承认国际中文教育的培养对学习者的功力之深厚，从语言到文化，且二者兼顾的浸润，像春雨，像和风。

其三是"青龙词典爷爷"的例子：一位没有中华民族血脉的外国友人，凭借自己的热爱和向往，创立了如此浩大的文化工程。其实也是在凭借一己之力做着发展国际中文教育应该做的工作，这又何尝不能提醒我们，现在的所学所思，以及未来可能投身的事业都不是空想和口号，而是具有重大意义的。并且在看了前人在世界范围内留下的"足迹"后，也让我相信了：我们不能低估热爱，也不应该妄自菲薄，而是需要时时反思，刻刻准备。总有一天，发展的路途该由我们来走，未来仍在书写，并且永远都是进行时。

学生二(教务系统匿名评价)：

这是一门我觉得我没有白上的课程，经过老师的讲授，我更加想投身汉语教学行业，感谢老师。

学生三(教务系统匿名评价)：

晓芳老师会让我对自己的专业越来越有归属感！

三、教师对课程思政的感受与认识

汉语国际教育作为一个新兴专业，其产生和发展始终服务于推动中文和中华文化走向世界的国家战略，承担着促进多元文化平等交流、增信释疑、互学互鉴，进而推进"人类命运共同体"建设的重任。无论是从服务国家发展战略的外部需求，还是从专业自身天然的思政属性以及内涵式发展的内部需求来看，汉语国际教育专业开展课程思政教学改革都势在必行。

课程思政设计首先需立足专业特色、课程特点和学情分析来确定思政需求，融入教学目标后，对教学大纲进行完善并整合具体教学内容，融入思政元素、精选思政素材，然后根据重点突出、难点分散的原则来安排教学顺序、设计教学环节，构成完整的教学过程，同时根据学情来进行具体的教法学法设计，设计中注重线上拓展和课外延伸，完成教学之后根据学生的课堂表现、课后反馈乃至后续表现来检测教学效果，师生共同总结反思，为下一轮课程开展提供参考。

本专业的教师都发自内心地尊重学生、爱护学生，在各自岗位上积极探索育人方式、践行育人使命，师德师风建设卓有成效，只需在思政意识上加以强化，在机制导向上作出适当调整，就能够成为课程思政的有力践行者。下一步是做好专业思政统筹规划布局，让教师们实现目标一致和行为统一，同时加强课堂情境资源和行业实践资源的开发与利用，推动德育教研课题的深度开发以及教学实践的充分协作，以此推动师生共同发展。

"古代汉语"课程思政教学案例
汉字的产生、演变及构造规律

王统尚①

课程名称：古代汉语　　**课程性质**：专业必修课

学分/学时：2/48　　**授课对象**：中国语言文学专业一年级本科生

课程简介：解字、析文、通经、明理，学习有用、有趣、有内涵的古代汉语，领略中国古代语言的恒久魅力。古代汉语是一门语言基础课与工具课，具有较强的学科平台性、理论性、实践性和应用性。本课程主要学习文字、音韵、词汇、语法、训诂、诗词格律等基础知识，通过解读甲金文出土文献和经史子集等传世文献，坚定文化自信，培养和提升阅读中国古代文献以及研究古代汉语的初步能力。

一、本门课程课程思政的总体设计

1. 课程思政的目标

语言文字作为文化传承、发展、繁荣的重要载体，关系到历史文化认同和传承、国家文化软实力的提升。武汉大学既是中国传统语言文字学派"章黄学派"的重镇，也是教育教学改革的先锋。文学院在这方面始终同学校的办学定位和国家的人才需求保持同频共振，古代汉语课程也将思政元素融入教学的全过程，以达到"冷门变热，绝学变活，古为今用，创新发展"课程思政目标。

---

① 作者简介：王统尚(1981—)，男，河南长垣人，武汉大学文学院副教授，主要研究汉语史及语言类型学。wangtongshang@ whu. edu. cn。

2. 课程思政的主线

"解字、析文、通经、明理、敬业、创新、爱校、爱国"是古代汉语课程思政的主线。

解字、析文、通经、明理：古代汉语要求学生掌握扎实的语言文字知识，在此基础上，解析古代文献，通达古代经典，明了古今事理。

敬业、创新、爱校、爱国：在古代汉语学习的过程中，将知识学习和实际运用结合起来，使他们热爱自己的专业，养成创新意识，形成创新能力，达到创造性继承，创新性发展；通过课程思政元素的嵌入，使他们热爱自己的学校，热爱伟大的祖国

3. 本课程各章节中的思政元素

本课程分基础知识与作品选读两大板块。基础知识分为文字、词汇、语法、音韵四个部分，作品选读主要为《左传》《战国策》《论语》《孟子》等经史子集的经典篇章和甲骨文金文等出土文献的代表篇目。古代汉语包含丰富的思政元素，如作品选读部分的教给人们善恶是非、礼义廉耻、进退有止，基础知识部分可以体会到造字的智慧、创新的力量、变化的规律。

二、案例节段的教案设计

本节段是汉字教学的一部分，主要内容为汉字的构造规律及汉字的发展变化。本节段的教学将为学生展开学习甲骨文金文等出土文献和后续的作品选读打下文字学的基础，也将为学生热爱专业、热爱传统文化埋下一颗种子。

1. 对教学对象的分析

【知识经验】具备基本的文言文阅读能力，但对古代汉语的知识系统尚无全面了解，对文字、语音、语法、词汇的掌握还呈现碎片化状态，对文字尤其是古文字在解读中国历史典籍的意义、作用认识不足，知识储备不足。

【学习能力】学生学习能力都不存在问题，但是欠缺从知识到实践的转化意识和能力，对利用所学知识进行创新并创造新作品的自信力欠缺。

【思想状况】学生们学习热情高，渴望在高中学习的基础上能有新的飞跃；学生们爱国爱校热忱高，但爱专业的热情尚需提高。只有建立在扎实爱专业的基石上的爱校爱国，才能把他们培养成真正对国家有用的人才。

2. 对教学目标的分析

【知识目标】(1)在甲骨文、金文学习的基础上，通过观看线上视频和线下讲解练习，了解汉字的性质、产生和演变过程；(2)理解并掌握东汉许慎给"六书"象形、指事、会意、形声、转注、假借所下定义和例字；(3)掌握常见的典型"六书"例字古文字形体，思考唐兰、裘锡圭等现当代学者对"六书说"的质疑。

【能力目标】(1)能够运用"六书"对古文字进行归类分析，指出其造字法；(2)学会知识迁移，能在之后文选的学习中对相关文字的形体进行分析，准确地把握古籍的词义，更好地理解相关文献；(3)学会利用古文字创造文化创意产品，养成"在传统中创新，在结合中创造，在探索中创业"的意识和能力。

【思政目标】(1)认识中国文化的源远流长，博大精深，树立中国文化自信；(2)坚定专业信念，做到"三爱一结合"，即：爱专业，爱学校，爱国家，结合时代精神发扬中国传统文化。

3. 对教学内容的分析

【教学知识点】(1)汉字的起源诸说法；(2)汉字的主要字体；(3)汉字的构造规律"六书"说及其他观点。

【教学重点】汉字的构造规律"六书"说。

【教学难点】"六书"说象形和指事的区别；会意和象形的区别。

【思想政治教育素材】古文字图片；刑天舞干戚的故事；夸父逐日的故事；二十八宿的知识；于省吾、裘锡圭等学者刻苦钻研古文字的事迹。

【思想政治教育元素】中国孝文化；中国古代的奋斗精神；中国古代的创意精神；中国古代的科学精神；中国古代的饮食文化。

4. 教学手段与方法

本章节线上、线下一体设计，高度混合。线上为辅，线下为主，发挥教师的主导作用，尊重学生的主体地位，充分讲解重点，讨论疑点，解决难点，挑战高点，打好知识基础。之后再通过"古文字临摹"常规作业和"手塑古文字"创意作业让学生合作学习。学了用，用中学，讲练结合，动手动脑，活学活用，学以致用。将理论联系实际原则、启发性原则、直观性原则、巩固性原则、可接受性原则等教育教学原则融入特色教学活动设计之中，通过"学—教—思—做"四个阶段的学习，完成知识掌握、知识迁移、能力提升、作品制作，让学生完成有挑战性的创意作业，对学生进行润物细无声的专业知识教育，培养学生的团队合作意识、知识迁移能力和动手能力。

（1）线上资源：

https：//www. icourse163. org/course/WHU-1002922024? from = searchPage 古代汉语慕课（中国大学 MOOC）

http：//mooc1. mooc. whu. edu. cn/course/219043236. html 古代汉语慕课（珞珈在线）

小学堂字形演变（sinica. edu. tw）

汉语多功能字库（cuhk. edu. hk）

（2）使用模式：

充分利用线上与线下资源开展混合式教学，学以致用。

课前学生自学老师指定的古代汉语慕课相关视频、PPT，完成讨论题和测验题，疑难问题在学习通上提交或在 QQ 群提交，老师解答。

课中老师补充讲解慕课中没有的内容和重难点问题，深化同学们对本章节知识点的理解。

布置课后作业"临摹古文字"及"手塑古汉字"。给出"小学堂"和"汉语多功能字库"两个参考网站，将《古文字趣谈》《古文字释要》等书籍资料上传至 QQ 群和学习通资料库，供同学们拓展。

5. 教学过程

教学过程	专业知识与思政元素的融合
章节教学内容：人类文字的起源；人类几种主要的早期文字；几种汉字起源说（八卦说、结绳说、仓颉造字说、起一成文说、图画说）；汉字的主要形体演变（甲骨文、金文、篆书、隶书、草书、楷书、行书）；传统的汉字构造规律学说"六书"（象形、指事、会意、形声、转注、假借）；当今学术界的构形分析研究法及对"六书"理论的重新认识	（1）结合习近平总书记关于古文字"绝学"的讲话精神、中国文字博物馆古文字的"悬赏"公告、日升昌老字号招牌以及学生古文字手工作品，向学生传达"汉字美妙神奇"的理念，树立文化自信，坚定专业理想 https：//m. weibo. cn/status/4691921408886509? wm = 3333 _ 2001&from = 10B9493010&sourcetype = qq&featurecode = newtitle
章节教学资源的选取、制作与使用：①利用中研院字形研究平台"小学堂"，下载高清古文字 PNG 图片，网上搜索与汉字本义相关的图片，制作教	2021 年 10 月 13 日武汉大学官方微博报道了古代汉语课程一位学生"痴迷"于临摹古文字作业的事情 （2）结合"走"字的古文字图片，融入"夸父与日逐

续表

教学过程	专业知识与思政元素的融合
学 PPT 和教学动画；②推荐香港中文大学人文电算研究中心的"汉语多功能字库"和综合学习平台"国学大师"，帮助学生拓展学习与自我学习；③选取中国大学 MOOC 平台三门慕课相关内容让学生预习、自学：《古代汉语》课程第二单元"出土文献甲金文选读"与第三单元教学内容"文字与词汇基础"、《古文字学》第十单元"古文字学之古文字形体结构"、《说文解字与上古社会》第十二单元"六书"。④教师本人自制"古文字临摹"表 3 页，列出常见典型古文字字形 231 个，让学生摹写练习 **主要教学过程：** ①线上预习与自学：选取中国大学 MOOC 平台《古代汉语》《古文字学》《说文解字与上古社会》三门慕课相关内容让学生预习、自学； ②线下课堂讲解汉字的起源与演变，重点阐释、讨论"六书"理论的内涵、价值与适用性； ③布置学生摹写"古文字临摹"(231 个古字形)作业，学生完成之后扫描上传到线上学习平台进行互评互改； ④学生线上自我测验与课前测验相结合，及时了解学生对教学内容的掌握情况； ⑤利用艾宾浩斯遗忘曲线，在学生即将遗忘时让学生对照"古文字临摹"表，利用线上工具"汉语多功能字库"和综合学习平台"国学大师"，查询 231 个古字形的构形分析，以及字形与意义的关联； ⑥在以上学习的基础上，布置古文字活学活用作业"手塑古文字"。每 4 人为一个学习小组，自选甲骨文、金文或小篆作为本小组的主题汉字，发挥想象力，用橡皮泥、黏土、陶土等任意材料把	走"的故事；结合"天"的古文字图片，融入"刑天舞干戚"的故事。把字义解释和传统故事结合起来，渗透中国先民不屈的奋斗精神 "走"的本义是奔跑，如图 1 所示 "天"的本义是人头，如图 2 所示  图 1　　　图 2 (3)结合"老""长""夶"等古文字图片，融入中国的孝道文化 "老"(见图 3)、"长"(见图 4)都描摹年长者手拄拐杖的形象 "夶"(见图 5)就是后代的"伴"字  图 3　　图 4　　　　图 5 学生作品：《相伴一生》孝文化明信片 (4)结合"昃"(见图 6)、"参"(见图 7)等字，融入中国古代科学精神的讲解 "昃"字表现太阳午后日影的倾斜 图 6

续表

教学过程	专业知识与思政元素的融合
古文字塑出来。小组成员要对手塑古文字作品进行综合设计，做到科学、美观、方便移动和展示。要求用图画或文字把古文字的造字意图和文化内涵解释出来，配一个能揭示其内涵的古诗词、对联、三行诗、新诗等。古诗词、对联、三行诗、新诗等文学作品最好是原创。并配以解说视频和音频； ⑦把"手塑古文字"作品照片、解说视频(音频)上传到本校在线教学平台，供同学们互相切磋学习；http://mooc1.mooc.whu.edu.cn/nodedetailcontroller/visitnodedetail? courseId=219043236&knowledgeId=483660556； ⑧线下组织举办"手塑古文字"文化创意作品展。让学生负责把自己小组的作品展示、讲解给观众，把所学文字知识普及给其他人，体验活学活用、学以致用的成就感 **本章节评价与反馈方式：** ①线下课前背诵六书定义，黑板上识写古文字形并用六书理论分析； ②线下用雨课堂、学习通等辅助手段开展即时测验与反馈； ③线上教学用互相观摩手塑古文字作品、互评互改古文字临摹作业、线上单元测验题与讨论题等多种形式评价学生的学习活动，反馈知识掌握情况与能力养成情况； ④线下举办"手塑古文字"文化创意作品展，查看小组同学对本组作品的熟悉程度、讲解深度、拓展广度，以及专家组和观众对小组作品的评价	 "参"字表现古人对心宿三星的观察。 图7 顺带讲解二十八宿，在曾侯乙墓就出土了绘有二十信宿的衣箱。 (5)结合"即"(见图8)、"既"(见图9)二字，融入中国古代的饮食文化 图8 "即"是人肚子饿的时候靠近食器吃饭 图9 "既"是人吃完饭后将嘴巴扭到一边 通过这两字，顺带讲解中国的跪坐、饮食礼仪、食器制作及使用制度 (6)通过古文字构形的分析、讲解、讨论，使学生体会到中国先民造字的观察视角、创意精神、创造能力。"陟"(见图10)脚趾朝上，意为上山；"降"(见图11)脚趾朝下，意为下山。通过"陟""降"两个字的对比，使学生体会古人在造字时的创意 图10　　　　图11

教学过程	专业知识与思政元素的融合
	(7)展演之前学生手塑古汉字作品，让学生树立"自己也能做弘扬传统文化的使者"这一信念，从而爱专业、爱学校、爱国家、爱文化 ①爱国作品：《山河之约》团扇(见图12)  图12 ②孝文化作品：《孝行天下》十字绣(见图13)  图13 (作品用字：孕、乳、老、孝) ③山水文化作品：《明月照山林》灯箱(见图14)

续表

教学过程	专业知识与思政元素的融合
	 图 14 (作品用字:木、舞、明) ④饮食文化作品:《与卿对饮》陶罐(见图 15)  图 15 2018 年《楚天都市报》的报道: 链接:https://pan.baidu.com/s/1TpGlaalKdXKWY 3j-7QEQiQ 提取码:1234

6. 教学评价

【教师自评】

通过学习通、雨课堂等教学手段,实现和学生的及时互动反馈,及时解答学生疑难问题;在学校教务部门的学生评教系统里,学生对本课程的满意度比较高,近几年本课程学生评教平均分为 96 分,学生对老师古文字、古字词的教学感到非常满意,对中国传统文化和学术有了发自内心的喜欢和热爱。

【学生评价】

(1)老师讲课注重知识点的迁移，引导我们思考，注重课堂与学生的互动，也常举与课堂知识有关的生活实例。

(2)讲课时逻辑性很强，按照教学日历，MOOC学习和课堂互动相结合。

(3)有许多有趣的将古代知识付诸于实践的教学活动，非常有趣。

(4)知识点讲解深刻、有条理，老师幽默风趣又文雅，喜欢创新，大爱尚尚子！

三、教师对课程思政的感受与认识

教学过程中要立德树人，知行并重，导学赋能，能力养成。所谓导学，就是充分发挥教师的引导作用，合理创设教学情境，编排教学活动，让学生好学乐学；所谓赋能，就是赋予学生某种能力和能量。能力的养成是教学活动的终极目标。学生自己掌握学习的方法，形成继续学习的能力才是教学活动的要义所在。我们通过学习小组，开展多种活动，锻炼养成学生的能力。

教师教学要让学生有学以致用的感受，爱专业是课堂有效教学、学生成人成才的基础。因此，古代汉语以"融通古今，活学活用，创新创造，能力养成"为教育目标，把"以用促学，导学赋能"作为教学理念，以达到"冷门变热，绝学变活"的教学效果。在"古代汉语"的课程教学中，我们把古代知识和文化融入今日现实生活，以实际应用促进学习，以实际应用引导学习，最终养成学生自我学习、自我发展、创新创造的能力。2019年，指导学生举办武汉大学首届手塑古汉字创意设计大赛作品展，把古文字、文化活学活用到现代生活，在校内外引起了巨大反响，多家媒体予以报道。

"当代中国话题"课程思政教学案例
话题六：去除偏见，求真务实

——日本导演竹内亮

刘莉妮①

课程名称：当代中国话题　　**课程性质**：公共基础必修课

学分/学时：2/32　　　　　　**授课对象**：全校本科各专业留学生

课程简介：本课程的教学内容采用中国主流媒体上的新闻报道等语料，辅以丰富的视听材料，突出反映当代中国的真实风貌，引导学习者直观感知当代中国，了解中国在政治、经济、文化、外交、生态等领域的最新发展，理解新闻热点中蕴藏的中国社会主流价值观和公共道德观。本课程采用教师讲解与学生展示汇报相结合的形式，两次课完成一个主题，以高级阅读和表达训练为依托，帮助学习者提升中文理解和成段表达能力。

一、本门课程的总体设计

（一）课程思政的目标

1. 知识目标

学生能对围绕中国社会、经济、政治、文化、教育、科技、农业、生态等主题构建的话题有较为全面的了解，扩展相关话题的高级汉语词汇量，进

---

① 教师简介：刘莉妮，武汉大学国际教育学院副教授，长期从事国际中文教育有关的教学和研究工作，担任教育部中外语言交流合作中心面试官，参与教育部语合中心重点项目和资助项目多项，参编教材多部。

一步学习成语、四字格词组等书面语体的表达。

2. 能力目标

学生能养成以汉语为媒介了解当代中国一手信息的能力，在此基础上进一步提升高级中文读写技能。能综合运用各种阅读、写作的策略与方法，重点提高对时政话题类语料的阅读理解能力，新闻采访的听力输入能力及围绕有关话题用中文进行有深度的沟通与写作等能力。

3. 价值目标

国际学生能直观感知当代中国的发展变化，对在全国两会上备受关注的话题比较熟悉，如2022年的"科技创新""乡村振兴""教育改革""社会保障""健康中国"等，在此过程中对中国国情和制度政策有基本的了解；能有将中国社会即时发生的新闻热点与国情政策相对应的意识，并能读懂中国发展背后的核心价值，如自强不息、团结互助、爱国敬业、勤劳质朴、感恩诚信、求真务实、甘于奉献等。同时，结合学习者自身的文化背景，从国际视角客观、全面、积极地解读当代中国，促进中国国际传播，增强国际学生对中国的文化认同感。

(二)课程思政的主线

本课程课程思政的主线围绕话题展开，话题的核心是讲述中国人物故事。在叙事策略上，选取微观视角关注普通人的生活和想法，从当代社会生活场景中挖掘国际学生喜闻乐见、易于理解和接受的中国传统文化内涵。让他们接触故事背后蕴藏的中国智慧，体现的中国精神，展示的中国价值和力量，以达到润物细无声的教育效果。

故事和话题紧跟当下，实时更新，其中折射出的中华民族传统美德是永恒的主题。课程中充分利用叙事过程中故事本身的教育价值，帮助学习者增强对中国文化和价值观的认同感。

(三)课程各章节的思政元素

表1和表2以时间线排列，较直观地展示了在2021年和2022年两轮教学实践过程中，各章节的话题内容与思政元素相结合的设计：

表 1 　　　　　　　　**2021 年当代中国话题教学内容及思政元素设计**

	授课时间	核心人物	选文及出处	中国精神
话题 1	3 月 5 日	就地过年的中国人	《人生第一次，我们这样过年》 三联生活周刊，2 月 16 日	团结一心 舍小为大
话题 2	3 月 19 日	武大师生、 抗疫医护人员	《樱花之约，英雄归来》 湖北日报、长江日报，3 月 13 日	知恩图报 信守承诺
话题 3	4 月 2 日	女高校长张桂梅	《她的温情，是默默的》 人民日报海外版，3 月 31 日	鞠躬尽瘁 无私奉献
话题 4	4 月 16 日	传统民俗与李子柒	《我做了件挺有意义的事》 新华视点，1 月 17 日	勤劳灵巧 宁静质朴
话题 5	4 月 30 日	宿管周大叔	《宿管大叔考取二级建造师》 中国青年报，4 月 28 日	自强不息 学无止境
话题 6	5 月 14 日	日本导演竹内亮	《希望减少对中国的偏见》 新浪财经，5 月 11 日	去除偏见 求真务实
话题 7	5 月 28 日	国士无双袁隆平	袁隆平的两封信： 1.《2019 新生开学典礼讲话》 2.《稻子熟了，妈妈我想你了》	心怀梦想 脚踏实地

表 2 　　　　　　　　**2022 年当代中国话题教学内容及思政元素设计**

	授课时间	核心人物	选文及出处	中国精神
话题 1	2 月 22 日	冬奥会的运动员	《奥林匹克，真好》 人民日报，2 月 15 日	超越自我 世界大同
话题 2	3 月 8 日	感动中国江梦南	《访 2021 年度人物江梦南》 央视新闻，3 月 3 日	自强不息 乐观积极
话题 3	3 月 22 日	英国导演柯文思	《百姓的柴米油盐，大国的民生关切》 今日中国，3 月 12 日	去除偏见 求真务实
话题 4	4 月 12 日	武汉护士程芳	《上海人不用跟武汉人客气》 新华社，4 月 5 日	知恩图报 团结互助
话题 5	4 月 26 日	航天员王亚平	《用知识点亮浩瀚星空》 人民日报，4 月 22 日	勤奋好学 求知若渴

续表

	授课时间	核心人物	选文及出处	中国精神
话题6	5月10日	网红帅农鸟哥	《会魔法的帅农鸟哥》 1818黄金眼，5月4日	勤劳灵巧 热爱家乡
话题7	5月24日	村湾里的艺术家	《留法硕士建起村湾文艺部落》 学习强国武汉平台，5月13日	安居乐业 诗意人生

二、案例节段的教学设计

（一）对教学对象的分析

学生语言背景分析：我校留学生的语言背景一般分为两种情况：一是来自非汉字文化圈的学生，汉语水平为中级（HSK4级左右），学习汉语两三年；二是华裔及汉字文化圈的学生，汉语水平为高级甚至母语水平（HSK6级），在汉语环境中生活10年以上。就学生的语言水平而言，两极分化现象比较严重。

学生学习能力分析：学生对汉语课程的学习能力，很大程度上受制于其汉语水平。汉语水平的高低决定了学生的书面阅读能力和口语表达能力。学生汉语水平不均衡，说明了有分层教学的必要性。所以在文本的选择上，应多加斟酌，兼顾中级和高级水平学生的阅读需求。

学生思想状况分析：来自华裔家庭的学生，大多对中国文化比较熟悉，思想情感上容易产生共情；而来自其他文化背景的学生，则对中国社会和文化比较好奇，有新鲜感。他们的共同点是都对当代中国的热门话题充满兴趣，特别是对其中映射出的中华民族传统美德十分认同，愿意接纳。

（二）对教学目标的分析

教学目标不仅是让留学生在更高层次上理解和欣赏汉语丰富多彩的语言现象，更要帮助他们读懂当今中国，与中国人、中国社会和中国文化建立积极的情感连接。在本节段，通过同为外籍人士的竹内亮的示范做法，激发学生"我也能学好汉语、用汉语讲好中国故事"的信心，产生消除国际偏见、向同胞传递中国正面形象的愿望。

（三）对教学内容的分析

1. 本节段在课程中的逻辑位置

本课程以讲中国故事的形式，展示"可信、可爱、可敬"的中国形象。本节段选取日本纪录片导演竹内亮以镜头记录真实中国的故事，重点表现"可信的中国形象"的一面。在前面几期话题以中国人物角度来讲述的基础上，本节段从国际视角出发看中国，引起留学生的情感共振。

2. 本节段的教学重点

学生通过了解竹导其人及其作品，学习他客观真实展现中国的做法，以及以"求真"消除偏见的方法。

3. 本节段的教学难点及化解难点的方案

难点在于引导学生能结合自身实际，成段表达出自己关于"偏见"的经历和看法，培养对待文化多样性的包容的意识。

解决方案为借鉴"对分课堂"的形式，将教学分为"讲授—内化—分享"三个步骤，共两次课完成。两次课之间有一周的时间，是学生内化形成观点输出的环节。在此过程中产生共情，认识到偏见的普遍性。

（四）教学手段与方法

由于本课程的时效性，因此教学内容是实时更新的，选择怎样的文本语料至关重要。我们应充分运用泛在的电子化教学素材，选取最热门的事件和最新鲜的语料；同时以多维的交流方式，有效开展线上教学。

（1）案例分析法：对于要"讲好中国故事"的课，叙事性教学是这门课的底层逻辑和基本思路。不采用宏大叙事，而是从微观视角选取案例，每个社会热点案例都要聚焦到具体的人身上，讲普通百姓的故事。本节段选取的话题人物是日本的纪录片导演竹内亮，他是久居南京的中国女婿，是关注中外文化比较的音像作品的创作者，也是多次被中国外交部点名称赞的国际友人。从他身上，折射出知华友华人士希望国际社会能正面、全面、积极看待中国的态度。

（2）价值提炼法：在《国际汉语教学通用课程大纲》关于文化能力的目标描述中，从一级到六级，都有关于了解中国文化价值观的部分。我们应该充分利用叙事过程中故事本身的教育价值，在主题阅读和视听资料观看结束后，讨论开始前，安排十分钟的价值提炼环节。引导同学们根据本节段的学习，提炼出两个四字词：去除偏见，求真务实。这是竹内亮导演在对待本职工作、对待中国问题的基本态度，同时也与中国人在国际交往中一贯秉持的行为方式相契合。

（3）启发讨论法：所选取的内容应能启发思维，容易产生共情，激发讨论；最好能包含多个观察视角供学生对比或联系自身，帮助学习者建立多方连接（hyperlinks）。

另外，阅读文本要避免文字上的艰涩难懂，让学生留出精力感知中国，产生情感共鸣。比如本节段选取的语料来自于《新浪财经》2011年5月11日对竹内亮的专访，为口语元素较多的正式体文本，篇幅1500字左右，中高级水平的留学生阅读大约需要6分钟。

（五）教学过程

1. 教学步骤及目的

两次课完成一个话题，教学分三个步骤：讲授—内化—分享。

第一次课"讲授"，教师事先准备好资源包，包括：

（1）新浪财经微信公众号文章《希望减少对中国的偏见》（课前发到课程群供预习和课后复习）。

（2）包含完整授课流程的PPT课件（自制，上课时共同阅读）。

（3）3分钟内的短视频1：北京大学以色列留学生高佑思对竹内亮的采访短片，来源"爱奇艺"；短视频2：凤凰网视频《七日谈·对话竹内亮》，来源bilibili（供上课时导入预热或教学环节衔接时观看）。

（4）长视频：竹内亮作品《武汉，好久不见》《南京抗疫现场》《你住在这里的理由》《华为的100张面孔》《走近大凉山》等（提供网址或名称供学生课下查找和观看）。

（5）作业设计（为第二次分享课设定讨论范围）。

（6）其他相关文章、报道或视频、图片等（供课下延伸阅读）。

第二次课"分享"，学习材料由学生提供。学生在两次课之间，围绕第一次课的主题，进行更广泛的资料收集与扩展阅读，同时与本国国情文化进行比较，在此基础上以书面形式提交作业，形成的文字即为第二次课的教学内容。

两次课中间有一周的时间，是学生内化的过程。

这一周的时间分为三段，任务分解步骤如下：

（1）资料收集和获取。

（2）形成文字发给教师。

（3）教师批阅修改后发给学生，并从中精选4至6篇文章，指定为本期分享。

（4）学生再次修改完善文章，部分学生朗读、录音，以指定格式发给教师。

（5）所有同学的作品分享到"学习通——讨论"区，供同学们互相传阅。每位同学至少在2篇文章下留言互动，并回复其他同学给自己的留言。

在实际操作中，因为线上教学在语音分享方面的不确定因素太多，如时差、气候影响到供电、实时的网络波动、当值同学生病或请事假等，都会导致课堂环节不流畅，甚至出现空窗，教师可及时用同学提前录制的音频代替现场语音发言。

语音发言和录音分享各有千秋。语音分享能确保课堂的顺利进行，发音清晰稳定、杂音少；允许配背景音乐，鼓励表演性朗诵，激发中文表达的趣味性；即时的课堂语音连麦，则互动性更强。

2. 第一次课的教学活动示例

（1）课堂导入。播放北京大学以色列留学生高佑思对竹内亮的采访短片，以预热课堂。在这段短视频中，无论是采访者还是被采访者，都是外国人，都说汉语，也多少都有一些洋腔洋调的口音。增强学生们的代入感。（5分钟）

（2）背景延伸。看完后请同学们自由发言，谈通过短片，对竹内亮的了解有多少，素描式勾勒出有关他的基本情况：国籍、职业、家庭、昵称、定居地、汉语水平、拍过的作品等，让每个人都可以有话可说。教师作简短小结，对竹内亮的其人其事和影响力作进一步说明。以图片形式补充他在新浪微博上发布的最新作品《走进大凉山》，以及他的系列纪录片《我住在这里的理由》《华为的一百张面孔》等，使话题形象更丰满，也给学生课下查找资料提供路径。（10分钟）

（3）文本阅读。阅读文本来自《新浪财经》对竹内亮的专访。教师提出三个思考题：

①竹导拍摄中国的理由是什么？

②竹导记录中国的方式是什么？

③竹导对待偏见的态度是什么？

以此为中心进行快速阅读，教师提示，引导学生找出每部分的关键词，来抓住文章主旨。如"了解""理解""误解""坦言""直言""真实"等字眼，为后面的讨论和价值的提炼做铺垫。（用时30分钟）

（4）组织讨论。就"消除偏见"为话题，引导学生展开讨论。

首先，教师讲述一个自己亲历的偏见案例，鼓励学生联系自身经历，产生共情，认识到偏见的普遍性。（20分钟）

引导学生开展讨论，引导语示例如下：

①我们为什么要让大家分享自己关于偏见的经历。

②讨论偏见是为了消除偏见。

③偏见是普遍存在的，每个人都不可避免。

④形成偏见的原因是什么。

⑤偏见对双方都是不良的。

⑥消除偏见的方法就是"求真务实"。

最后，播放竹内亮的一段发言视频（59秒），来结束讨论。听话题人物亲口说明他"求真务实"的做法，点题。（竹内亮："现在在国际上有很多黑中国的报道，让人误会中国。我喜欢中国，希望把真实的中国拍给别人看，这是我在中国拍片子最大的动力。"）

（5）提炼价值。最后10分钟，进入关键的点题环节，教师带领学生总结主题，提炼价值，用两个四字词语，对今天的故事进行概括，挖掘热点之所以成为热点的深层文化根基。在这次课上，经过讨论，学生对竹内亮的评价最终定为这样八个字：去除偏见，求真务实。这八个字也契合了中国在国际交往中的态度。

（6）布置作业。

话题写作：在观看了至少一部竹内亮导演的纪录片后，完成小作文。

中级：概括分享你看到的影片内容，说说你从中感受到了什么（300字以上）。

高级：围绕"求真务实"，谈谈你对偏见的看法（500字以上）。

（六）教学评价

本课程教学内容的时效性、真实性和本土性，可以让学生领会到中国的变化日新月异，这样温暖的故事每时每刻都在发生，可信、可爱、可敬的中国人就在我们身边。学生们普遍深受感动，作业中的反馈留言如下：

"很多感动的故事，给予我要努力的精神。"（日本）

"了解到了竹内亮那样的人，我也希望自己可以像他一样，学好汉语，拍摄中国给我的同胞看。"（巴基斯坦）

"让我想去看看更多角度的新闻，更了解中国。"（巴西）

"能更了解中国最新时事，对中国人看待事物的角度以及价值观有更深入的了解。"（俄罗斯）

"可以看到中国人有感兴趣的故事或中国人喜欢的内容是什么样的，平时没机会听到的故事也可以接触……"（韩国）

在此特别要分享一名土耳其学生的课后反馈：

"多亏了这门课，我意识到了我真要关注新闻，这样我才能了解中国的发展和社会结构。我还意识到的新发现就是——是的，我正在学习中文，但我正在学习的课本或者书会留在我的桌子上，但是新的信息和新闻会不断地变化。如果我不关注中国新的发展和新闻，我既不能质疑过去，也不能预测未来。"

除了常规的书面作业和期中、期末考试外，还有其他评价方式如下：

小组调查报告：3~5人一组，根据课堂所讨论的话题制定访谈或调查计划，分工确定线上或线下调查方式，形成小组报告，并选派代表向全班汇报，回答老师和同学的提问。

视频号的制作和维护：以汉语、英语或母语，介绍自己眼中的中国和中国人，积极正面向同胞和世界传播中文、中国文化和中国相关话题。

积极参加语言文化交流活动：如教育部、省市或学校为留学生举办的各种演讲、征文、诗朗诵、歌唱比赛等，积极向以《中国日报·海外版》为代表的报刊投稿，讲述自己与中国的故事。

三、教师对课程思政的感受与认识

根据2002年教育部的大纲，"当代中国话题"是一门语言技能课，重在

"高级阅读及口头表达"。武汉大学"当代中国话题"课最初是作为来华留学生汉语言专业的必修课程，2013年调整为专业选修课，兼向全校的国际本科生开放，在最新一轮的本科生培养方案中，即将于2024年调整为公共基础必修课程。在当前的教学实际中，我们也随之对大纲进行了修订调整，将课程性质由语言技能课调整为中国国情文化课。这种调整基于以下原因：

第一，教育部的人才培养目标。在2018年《来华留学生高等教育质量规范（试行）》中，明确提出留学生应当熟悉中国国情和文化基本知识，理解中国社会主流价值观。

第二，新时代中国国际传播的需要。中央对此有一系列的讲话可以参考，尤其是习总书记在2021年5月31日的讲话。

第三，留学生的学习需求。留学生们渴望获得中国更鲜活的信息，但传统教材中的话题时效性不强，难以让留学生产生共情；一些教师不得不临时在新闻报刊中自选教学素材，但这种做法随机性大，在篇幅、难度和立意上都缺少明确的标准。

所以，我们在2021年春季学期对这门课进行了课程创新，将课程思政目标、思政方法与课程知识点相融合，教学内容本身蕴含丰富的思政资源，思政目的设置明确，通过指导学生阅读和分享隐含思政要素的教学资料实现教书育人。

在两年的教学实践中，我们着重培养留学生的四大关键能力：(1)获取力：学生能够以汉语为媒介语，以中国的主流媒体为途径来获取与中国相关的信息；(2)感受力：学生能从热点事件中感知中国的思想文化和中国人的精神气质，理解中国社会的核心价值观和公共道德感；(3)评判力：学生能具备对新闻报道的甄别评判能力，从而去除偏见，促进民心相通；(4)传播力：留学生应该在本国同胞中发挥"意见领袖"的作用，要有"把我看到的真实的中国告诉世界"的愿望和能力。从教学效果来看，这种课程思政的探索是成功的、鼓舞人心的。

"马克思主义新闻观"课程思政教学案例
学习和践行马克思主义新闻观的当代意义

王　敏①

课程名称：马克思主义新闻观　**课程类别**：大类平台必修课程

学分/学时：2/32　　　　　　**授课对象**：新闻传播学大类本科生(大一下)

课程简介：马克思主义新闻观课程，坚持以马克思列宁主义、毛泽东思想、邓小平理论、"三个代表"重要思想、科学发展观、习近平新时代中国特色社会主义思想为指导，以马克思主义经典原著、马克思主义经典作家论新闻与出版、马克思主义经典作家对新闻媒体和新闻舆论工作的重要指示等为理论基础，理论联系实际，推动"厚基础、重实践、强融合"的授课模式创新，引领学生深入理解马克思主义新闻观的精神实质和核心意涵，切实掌握马克思主义新闻观的立场、观点与方法，并能运用其指导新闻舆论工作、解决新闻实践难题。

一、本门课程的总体设计

2016年2月19日，习近平总书记在党的新闻舆论工作座谈会上的讲话中强调，"要把马克思主义贯穿到新闻理论研究、新闻教学中去，使新闻学真正成为一门以马克思主义为指导的学科，使学新闻的学生真正成为牢固树立马

①　教师简介：王敏，武汉大学新闻与传播学院副教授，武汉大学媒体发展研究中心研究员。本文系湖北省高等学校马克思主义中青年理论家培育计划(第九批)(省社科基金前期资助项目)(22ZD201)的阶段性成果。

克思主义新闻观的优秀人才"①。这是总书记首次直接论述新闻院系的教学方式和新闻传播人才的培养方式，其指导性、针对性、前瞻性不言而喻。为贯彻习近平总书记讲话精神，深入落实《中共中央关于加强和改进党的新闻舆论工作的意见》，教育部、中共中央宣传部于 2018 年 9 月 17 日发布《关于提高高校新闻传播人才培养能力 实施卓越新闻传播人才教育培养计划 2.0 的意见》，旨在"坚持马克思主义新闻观，用中国特色社会主义新闻理论教书育人，培养造就一大批具有家国情怀、国际视野的高素质、全媒化、复合型、专家型新闻传播后备人才"。这一总体目标为马克思主义新闻观的课程思政建设提供了顶层设计。

（一）课程思政的目标

（1）培养学生运用马克思主义的立场观点方法分析、解决新闻实践难题的能力；

（2）增强学生对中国特色社会主义新闻理论的现实认同，推动中国特色社会主义新闻理论进教材、进课堂、进头脑；

（3）引导学生深入了解世情国情党情民情，增强学生的家国情怀和问题意识；

（4）增强学生的国际视野，提升其国际传播能力；

（5）弘扬中华优秀传统文化以及中华名记者文化。

（二）课程思政的主线

基于课程思政目标，本课程的总体设计包含两条主线：

一是思政主线，围绕马克思主义新闻观在内容体系方面的与时俱进，突出其当代意义，从而驳斥"马克思主义过时论"，帮助学生树立"四个自信"。

二是专业主线，围绕马克思主义新闻观在本质上的世界观与方法论，提升学生运用马克思主义立场观点方法分析和解决新闻实践难题的功力。

---

① 习近平：《在党的新闻舆论工作座谈会上的讲话》，载《习近平总书记重要讲话文章选编》，人民出版社 2016 年版，第 438 页。

(三)课程各章节的思政元素(见表1)

表1　　　　　　　　　　　　课程各章节的思政元素

章节	主题	学时数	思政元素
绪论	学习和践行马克思主义新闻观的当代意义	4	(1)中国特色社会主义新闻理论的现实意义 (2)道路自信、理论自信、制度自信、文化自信
史论	马克思、恩格斯、列宁的报刊实践活动	4	(1)马克思主义经典作家的人民情怀与革命理想 (2)马克思主义经典作家的爱国、敬业、诚信、友善等品质修养
	中国共产党新闻事业发展史	4	(1)中国化时代化的马克思主义为什么行 (2)弘扬中华优秀传统文化以及中华名记者文化 (3)世情、国情、党情、民情
观点论	马克思、恩格斯、列宁的党报思想	4	(1)马克思主义为什么行 (2)解放思想与实事求是 (3)人民情怀与群众路线 (4)创新意识
	毛泽东、邓小平、江泽民、胡锦涛对新闻工作的指示和要求	4	(1)世情、国情、党情、民情,家国情怀和问题意识 (2)坚定中国特色社会主义道路自信、理论自信、制度自信、文化自信 (3)国家的富强、民主、文明、和谐和社会的自由、平等、公正、法治 (4)社会主义核心价值观
	习近平总书记关于新闻舆论工作的重要论述	8	(1)增强学生的国际视野,提升其国际传播能力 (2)弘扬中华优秀传统文化以及中华名记者文化
实践论	马克思主义新闻观在新闻实践中的贯彻、落实与践行	4	(1)运用马克思主义的立场观点方法来分析、解决新闻实践难题的能力 (2)职业道德和伦理 (3)社会主义核心价值观

二、案例节段的教学设计

(一)对教学对象的分析

教学对象为新闻与传播学大类的大一学生。前期调研显示，部分学生基于高中灌输式的学习经历，对马克思主义相关课程存在以下认知误区：

(1)认为马克思主义已经过时；

(2)运用马克思主义立场、观点、方法的功力不足；

(3)马克思主义在学习中被"边缘化""空泛化""标签化"；

(4)马克思主义在一些课程中"失语"、教材中"失踪"、论坛上"失声"；

(5)"在马不信马""在马不爱马""在马不学马""在马不言马""在马不研马""在马不用马"等问题。

2021年，本人和研究生调查了湖北省12所高校新闻传播专业的1123名学生，发现：

(1)马克思主义新闻观课堂中学生的表现，包括积极参与讨论、认真完成学习任务、上课时不做其他事情，这三项指标的平均认同度在47.9%，总体认可度较低；

(2)虽然课堂活跃程度与投入程度都较低，但课后表现不错。

另外，2020—2021年武汉大学《马克思主义新闻观》课程部分学生反馈调研(N=148)，结果如下：

(1)在价值引领方面，73%回复者认为，马克思主义新闻观课程对于增强爱国情感是有效的，但不理解的是，"新闻观就是新闻观，为何要加上马克思主义"；

(2)在学术内涵方面，90%回复者对教师的专业理论水平较为满意，而73%的回复者对自身的学术水平给出偏否定的评价；

(3)在教学方式方面，超过80%回复者更愿意接受案例分析与讨论的授课方式，其次是课堂讨论，再次是PPT和口头讲授；

(4)在内容载体方面，近半数人对教材评价较低，认为"案例少""过时""实用性差"是目前教材存在的最大问题。

（二）对教学目标的分析

案例：第一讲——学习和践行马克思主义新闻观的当代意义。本节段教学目标包括：

第一，消除学生对马克思主义新闻观的偏见，增强学生自主学习的兴趣，让学生真学、真懂、真信。

第二，帮助学生理解马克思主义新闻观的当代意义，能够有力驳斥马克思主义新闻观"过时论"。

第三，帮助学生运用马克思主义的立场观点方法来分析和解决新闻实践难题。

（三）对教学内容的分析

1. 本节段在课程中的逻辑位置

针对以上学情和教学目标，这门课第一讲非常重要，起到统领作用，重在激发学生主动、自主学习的兴趣，消除对这门课的偏见，从而做到真学、真懂、真信。

2. 本节段的教学重点

（1）为什么要学习这门课程？（国家战略、个人发展）

（2）是否存在认识上的误区？（个性误解、共性偏见）

（3）马克思主义新闻观有何当代意义？（学理层面）

（4）如何运用马克思主义新闻观指导新闻实践？（实践层面）

3. 本节段的教学难点及化解难点的方案

基于教学目标，本节段的教学内容主要包括：

（1）从国家战略、个人发展的角度，谈为什么要学习这门课程；

（2）从中美比较视野讨论学生对于思想政治教育认识上的误区；

（3）从学理层面探讨马克思主义新闻观的当代意义；

（4）从新闻实践层面学习如何运用马克思主义的立场、观点、方法解决新闻实践难题。

（四）教学手段与方法

1. 课堂讲授法

案例节段围绕"为什么要学习马克思主义新闻观"，从国家战略层面、个人发展层面，讲授马克思主义新闻观对于国家、媒体、新闻工作者的重要意义，强调正确的新闻观是新闻舆论工作的灵魂，学习和践行马克思主义新闻观有利于个人的全面发展。①

2. 焦点讨论法

案例节段围绕"对思想政治教育的个性误解和共性偏见""美式思想政治教育的本质"以及"马克思主义新闻观的当代意义"开展课堂焦点讨论，结合自己的亲身经历，讲清楚美式思想政治教育的本质。

3. 案例教学法

案例节段主要从教学案例库中选取与马克思主义新闻观当代意义相关的报道案例，阐释马克思主义新闻观在政治、历史、现实、风险、管理等五个维度的现实意义。另外，前期已采取"经典+热点""正面+反面"相结合方式分类建构教学案例库，包含 200 多个新闻报道或实践案例，并按标题、摘要/关键词、简介、分析等六个方面撰写教学报告。

4. 实践教学法

案例节段引导学生在课外开展融媒体报道实践，学习如何践行马克思主义新闻观，即以英文采访视频+英文深度报道+新闻图片图示的方式，开展以"面向在华外籍人士讲好中国故事"为主题的英文融媒体报道。

（五）教学过程

1. 运用课堂讲授法，分析"为何要学习马克思主义新闻观"

（1）国家战略需要：

①习近平总书记"2·19"讲话与马克思主义新闻观；

②卓越新闻传播人才教育培养与马克思主义新闻观；

③"部校共建"新闻学院模式与马克思主义新闻观。

（2）个人发展需要：

①正确的新闻观是新闻舆论工作的灵魂。作为新时代的新闻传播后备人才，青年学子应树立正确的新闻舆论观，深入学习和践行马克思主义新闻观，不断增强"四力"，才能做党的政策主张的传播者、时代风云的记录者、社会

---

① 本书编写组：《马克思主义新闻观十二讲》，高等教育出版社 2019 年版，第 1 页。

进步的推动者、公平正义的守望者。①

②马克思主义新闻观利于个人全面发展。学好马克思主义新闻观，对于个人求职升学、成长发展大有裨益。在"党管媒体"原则的指导下，人民日报、新华社以及中央广播电视总台等主流媒体的招聘启事都明确强调"坚持马克思主义新闻观"。

2. 运用焦点讨论法，探讨"对于马克思主义新闻观的认知误区"

（1）个性误解。基于以下亲身经历，讨论不同类型学生对于课程可能存在的认知误区。

亲身经历1：三年前，我第一次上这门课时，有位同学在交给我的读书报告中写道："上课之前，我对这门课很反感，觉得新闻观就新闻观啊，为什么要加上马克思主义。"还有学生提到，对思想政治教育、意识形态教育缺乏兴趣。我意识到，逆反心理可能普遍存在，必须直面这个问题。尤其是学生中有很多港澳台以及留学生。

（2）共同偏见。结合以下亲身经历，讨论美式思想政治教育本质。

亲身经历2：美国修改 SAT 大纲，向全球输出意识形态；美国学生每天早上举起右手，左手按住胸膛，进行国旗宣誓；还有，美国"国父"乔治·华盛顿的弗农山庄上的"红色教育"。美式思想政治教育披着法治教育、军事教育、公民教育、宗教教育的外衣，以一种潜移默化、贯穿始终的方式影响着美国乃至世界的青年学子。

3. 运用案例教学法，从学理层面探讨马克思主义新闻观的当代意义

这是第一讲的主体部分，分为五个方面，包括政治、历史、现实、风险、管理等维度，每一个维度都通过大量实例和数据来证实。

（1）政治维度：社会主义国家媒体的基本规律和政治规范；

（2）历史维度：反思前"苏联"新闻政策与改革失败的教训；

（3）现实维度：习近平网络空间治理思想的重要指导意义；

（4）风险维度：新媒体时代意识形态与舆论引导的极端重要性；

（5）管理维度：马克思主义新闻观对于媒体管理问题的指导。

4. 综合运用案例、实践教学法，学习如何践行马克思主义新闻观

（1）通过 200 多个正面、负面新闻报道案例探讨践行情况。

---

① 习近平：《在党的新闻舆论工作座谈会上的讲话》，载《习近平总书记重要讲话文章选编》，人民出版社 2016 年版，第 422 页。

①马克思主义新闻观在新闻实践中的贯彻、落实、践行情况。例如，党性和人民性如何体现？政治性和真实性有冲突怎么办？

②如何运用马克思主义的立场、观点和方法解决新闻实践中遇到的困境和问题。例如，舆论引导、职业伦理和虚假新闻治理等。

（2）通过实践教学法指导学生开展确定课外融媒体报道实践。

理论依据：

①王敏、王令瑶：《中国故事的传播中介、传受偏差与传声纠偏——以在华留学生为中介的研究》，载《新闻记者》2020年第12期，第56~68页。

②王敏、王令瑶：《为何没能"击中""他者"：中国故事"破圈""出海"的偏差与局限》，载《传播与社会学刊》2022年第61卷，第127~159页。

③核心要点：从公元15世纪到中华人民共和国成立前，从利玛窦、龙华民、熊三拔、汤若望、马戛尔尼到史沫特莱、赛珍珠、李约瑟和斯诺等来华人士，深入了解中华文明、体验中华文化，而后向西方社会讲述方方面面的中国故事。整个西方感知的中国国家形象很大程度上取决于这些来华外籍人士讲述的中国故事。在社交媒体时代，在华外籍人士的双向接近性以及"陌生人""边缘人"属性，使之可以成为中国故事的传播中介、中华文化的布道者。

实践操作：

①实践主题。本课程坚持以"面向在华外籍人士讲好中国故事"为主题，通过组长负责制、深入采访、视频录制、开展英文深度报道等方式展开融媒体课外实践。

②项目简介。本课程面向新闻传播大类全体本科生，课外作业的主题均为"面向在华外籍人士讲好中国故事"，即以"一篇英文深度报告+一则英文采访视频"的形式提交融媒体作业，深度报告围绕采访展开，采访对象是在华外籍人士(见表2)。目前，已带领三届学生在课程微信公号上发布164期融媒体推送，吸引大批中外读者，每期的平均阅读量在2000左右。本课程将继续推进"面向在华外籍人士讲好中国故事"的报道实践和理论研究，旨在培养更多国际传播后备人才。

5. 如何检验预期教学效果

（1）课后思考题。除了已讲到的政治、历史、现实等维度，你认为马克思主义新闻观还有哪些其他的现实意义？

这部分主要检验学生对世情、国情、党情、民情的了解程度，考查其批判性思维与问题意识。

表2　　　　　　　　　　学生融媒体报道情况概述

学生融媒体作品	数量	篇均字数或时长	总字数/时长	阅读/播放量
英文国际报道	164 篇	2000+字/篇	30W+字	75W+
英文采访视频	164 个	10+分钟/篇	27+小时	100W+

（2）马克思主义新闻观读书报告。报告可以是基于一本书的精读，也可围绕同一主题比较阅读几本书，形式不拘一格。基本要求如下：

①报告可以是基于一本书的精读，也可围绕同一主题比较阅读几本书；

②报告内容不是人云亦云或照搬他人想法，而是基于个人读书的真情实感。真情实感是指对书中某句话、某段话、某个观点或总体思想的真实心得体会，可赞同、质疑、批判、反思、补充、修正、阐释、说明、强化、解读、类比、摘录、活用、引证、证伪、引申或发展等，形式不拘一格。

这部分主要检验学生运用马克思主义的立场、观点、方法分析新闻传播问题的能力，考察其批评性思维，并通过阅读帮助学生提升马克思主义理论水平。

（六）教学评价

最近一学期（2022—2023 学年第二学期），两个班《马克思主义新闻观》课程的学生评教分数分别为 94.82（109 名学生）、92.49（124 名学生）。评教意见前几条归纳起来有以下优缺点：

其一，学生评教好的方面主要体现在"对课外新闻实践的认同""世情国情党情民情教育效果"以及"问题意识和批判性思维的培养"等方面。例如，学生认为"这门课的亮点就是让我们一手一脚来搞一个公众号推送，有点像一个记者去实地采访而后报道的感觉，挺有趣""虽然做推送有点麻烦，但是做好了还是很有成就感""实践教学与时事热点结合，富有新意，生动有趣""通过这门课学会了对新闻报道的批判"。学生的这些评价在一定程度上表明，课程教学有助于实现课程思政目标之一："培养学生运用马克思主义的立场观点方法分析、解决新闻实践难题的能力"，以及实现目标之三："引导学生深入了解世情国情党情民情，增强学生的家国情怀和问题意识"。

其二，学生评教好的方面还体现在对课程体系和逻辑框架的认同。例如，学生"老师对教学安排上整体与局部的把握非常好，上课生动易懂，经常与学生互动""老师课程的讲解非常有逻辑，有框架，有体系"。这表明，课程教学有助于达到课程思政目标之二："增强学生对中国特色社会主义新闻理论的现实认同，推动中国特色社会主义新闻理论进教材、进课堂、进头脑"。尤其是，一些学生提到"原以为马克思主义新闻观是枯燥的，没想到还能从这个角度考虑问题"。

其三，教学评价也体现了学生对教师"认真负责"、教学"生动有趣"等特点的认可。例如，学生提到"老师非常认真负责，辛苦批改作业并给予合理有效反馈，激发了我对该课程的学习兴趣""老师又认真又负责又活泼又博学""严谨，认真，负责，不提倡'卷'""老师课堂生动活泼，作业布置生动有趣""老师的知识储备丰富，讲课生动有趣"。教师处理两百余名学生的公号作业、读书报告及考试试卷，尤其需要严谨认真、对教学和学生负责的态度。这在某种程度上说也是言传身教、身体力行地践行社会主义核心价值观的一种方式。

其四，教学评价中体现的不足之处，较为集中的是，部分同学反映"听不太清"。这一方面是由于课堂太大、人数较多、教学设备限制，另一方面也是由于教师本身在音量、语音、语调上的局限。尽管每次上课都意识到可能有此问题，并努力弥补，但依然没能很好地照顾到所有的两百余名学生。这些在一定程度上影响到课程思政目标的有效达成。

三、教师对课程思政的感受与认识

（一）课程思政理念

思政目标与专业目标有机融通、理论功力与实践能力相得益彰。

对于马克思主义新闻观这门课程而言，思政目标与专业目标的融通之处，在于培养造就一批具有家国情怀、国际视野的高素质、全媒化、复合型、专家型新闻传播后备人才。因此，本课程将国际传播能力培养作为教学与实践的重要内容，不断更新和优化国际传播课程内容，并持续开展"面向在华外籍人士讲好中国故事的"融媒体报道实践，形成实践成果汇编 *Tell a good story of*

China to internationals，提升学生用英语讲好中国故事的能力，以展示真实、全面、立体的中国，实现理论与实践相统一。

(二)课程思政感受

直面问题和挑战，承认并把矛盾讲清楚，才能让学生真学、真懂、真信。

马克思常引征一句古罗马名言："人所具有的，我都具有。"马克思主义新闻观中也存在着一些矛盾，主要体现在：不同的经典作家看待同一问题时的矛盾；同一个经典作家在其不同人生阶段观点的矛盾；同一问题在不同对象上体现出矛盾。我们尤需要扬弃的精神、发展的眼光和批判性思维。只有承认并把矛盾讲清楚，才能让人心悦诚服地接受、信仰。这本身也符合马克思主义的认识论和辩证法。这部分的重点是，系统讲解批判性思维，并将其正确应用于新闻阅评与媒介批评。

(三)课程思政认识

课程思政倡导"真、善、美"，切忌"假、大、空"。所有"真、善、美"的东西，都是课程思政的好内容、好方法、好机制。上乘的课程思政，就是要坚持"真"、彰显"善"、追求"美"。引导学生了解世情国情党情民情时，要力求实事求是，不可夸大、缩小或掩饰，确保数据、论据、案例真实而新鲜，任何时候都不能出于教育、引导学生的目的而胡编乱造、文过饰非。缺了"真"，任何道义上的高楼都是虚妄。在求真唯实的基础上，努力引导学生在世界观、人生观、价值观的抉择中努力向"善"。并且，爱国是最大的善。最终，在"真"和"善"的基础上不断追求"美"、趋向"美"、靠近"美"。

二、社会科学类

"国际经济学"课程思政教学案例
关 税 政 策

郭　凛①

课程名称：国际经济学　　　　**课程性质**：专业选修课程

学分/学时：3/48(理论学时40)　**授课对象**：经济类专业(大二上)

课程简介："国际经济学"是面向二年级本科生开设的经济类基础理论课程，本课程系统训练国际经济学理论和研究方法，要求学生掌握国际贸易理论和汇率决定理论的基本原理和分析方法，主要教学内容包括：李嘉图模型，赫克歇尔-俄林模型、垄断竞争贸易模型、利率平价理论、购买力平价理论、费雪理论、DD-AA模型等。在国际经贸联系日趋紧密和中国经济世界影响力日益增强的背景下，培养全球视野和独立思维习惯，训练通用的国际经济学研究思路和研究方法，锻炼在开放经济环境中观察和分析国际经济现实问题的能力，理解和阐述中国对外开放特色举措。

该课程是经济类指定专业课程，是经济与贸易类专业的入门级理论基础课程。武汉大学是国内第一批在该课程引进国际经典教材的高校之一，但随着世界经济格局的发展变化，课程教学与时俱进。通过学习该课程，希望学生理论分析的步骤能符合国际经济学通用的研究范式，能依据国际经济学理论框架观察和分析国际经济现实问题，运用相关理论机制判断国际经济事件发展趋势或评估国际经济政策效果，能知晓、理解并阐述中国对外开放举措的特色，具备符合开放型世界经济理念的全球视野。

---

① 教师简介：郭凛，武汉大学经济与管理学院副教授、硕士生导师，湖北省楚天学子，长期从事世界经济教学与科研工作，获全国教师教学创新大赛二等奖、湖北省教师教学创新大赛一等奖等。

一、本门课程的总体设计

（一）课程思政的目标

中国作为世界经济大国、贸易大国、人口大国，我国培养的世界经济学科的人才肩负着建设未来世界经济的历史使命，当今在校大学生将成为未来世界经济的建设者。我们希望通过该课程的教学，培养能运用学科通用规范，为建设未来世界经济阐述中国方案的国际经贸人才。

（二）课程思政的主线

该课程对世界经济学科人才培养应该做出两方面的贡献，即专业规范与专业素养。希望学生学完该课程后，能运用世界经济学科通用的研究范式，论证建设新型世界经济的中国思路。

和教学目标相比，学生的认知、能力和思想状态需要三个"增强"：增强对世界经济现实问题的关注度，增强学以致用、分析国际经济复杂问题的能力，增强大国经济政策的责任感。因此，课程思政的逻辑主线有三个关键词：一是关注，即引导学生关注国际经济现实，塑造正确的世界观；二是认同，即理论联系实际，培养学生对中国经济开放的理论认同和思想认同；三是责任，即推广中国经济开放的大国战略和话语体系，培养经世济民的专业素养。

（三）课程各章节的思政元素

围绕课程思政，我们原创开发了一系列教学素材："时事政策专题"结合各国部委发布的报告，让学生看到理论研究对分析解决重大问题的现实意义；"数据应用专栏"基于国际机构的权威发布，帮助学生运用国际经济运行的客观数据验证理论；"课程思政案例"运用我国哲学社会科学话语体系中的优质资源，帮助学生理解建设新型世界经济的中国思路。课程各章节的思政元素包括：

（1）综合运用第一课堂和第二课堂，引导学生了解世情和国情，关注国际经济重大现实问题；

（2）推动中国特色哲学社会科学话语体系进课堂，增强理论认同和思想认同，坚定制度自信；

（3）运用国内外官方权威资料，拓宽国际视野，提升大国责任感，寓价值观引导于知识传授和能力培养之中，帮助学生塑造正确的世界观；

（4）宣传中国开放经济的国家战略，培育经世济民的专业素养。

二、案例节段的教学设计

（一）对教学对象的分析

1. 学生知识经验分析

学生在第一课堂已经完成了贸易理论部分的学习，学习了最普遍的三种贸易模式及其贸易所得；学生通过第二课堂进行了理论联系实际的参访活动，国内外学生一同前往江汉关参观学习，实地见证我国对外贸易兴衰荣辱的历史和现状。但了解到学生表达第一课堂和第二课堂相结合带来前所未有的新奇感和震撼感的同时，也反映出学生课外对此类问题的关注其实偏少，需要更多教学引导。

2. 学生学习能力分析

学生在课后常规任务中对贸易理论的系统梳理体现了学科思维范式和专业研究规范，能综合评价贸易的得失利弊，辩证地评估贸易所得，体现了较强的专业能力，具备分析贸易挑战与机遇的理论框架。但学生尚未进行理论联系实际的批判性思维，缺乏经世济民的专业意识和专业自信。

3. 学生思想状况分析

学生实地参观国际贸易地标性博物馆，见证我国对外贸易的兴衰荣辱后，对贸易政策带来的影响产生了直观的情感共鸣，由衷地产生了民族自豪感，国内外学生对中国贸易政策的由来自然而然地产生了相互理解和互相认同。

学生在第二课堂与留学生混编学习，建立了友谊也产生了共情。但随着世界经济力量对比的深刻变动，我国面临的外部不确定性增强，中国经济面临"百年未有之大变局"。学生尚未意识到国际经济现实争端的复杂性和当代大学生的历史使命。

（二）对教学目标的分析

1. 知识目标

（1）能识别关税工具及其使用场景；

（2）能辨析关税对价格的影响。

2. 能力目标

（1）能够运用生产者剩余和消费者剩余分析关税带来的福利变动；

（2）能区分大国或小国对关税政策的成本和收益进行评估；

（3）能运用国际贸易理论评价国际贸易政策的不同立场。

3. 价值目标

（1）能关注贸易政策对国际经济带来的多方面影响；

（2）能对大国贸易政策的国际影响产生责任感。

（三）对教学内容的分析

1. 本节段在课程中的逻辑位置

本课程分国际贸易和国际金融两大部分，其中国际贸易包括贸易理论和贸易政策，先完成贸易理论部分的学习，再进行贸易政策。本节段属于贸易政策。

2. 本节段的教学重点

（1）教学重点：运用福利分析工具，测度采用关税政策的成本与收益；

（2）教学难点：区别大国和小国对关税政策的影响进行评估，理解关税政策带来的多方面的影响。

3. 本节点的教学难点及化解难点的方案

（1）在讲解关税政策的影响时，将影响转换为图形分析，用相关面积的变动直观展示分析方法，易于理解，便于学生将分析结果内化。

（2）通过随堂测试题与学生互动，引导学生自主反思和互助学习，主动就所学理论开展思辨性自测，及时化解可能产生的混淆。

（3）用层次递进的三轮案例讨论（美方观点、理论视角、中方立场）引导学生从理解冲突、到分析冲突、最后到尝试解决冲突，帮助学生化解难点，从而理论联系实际，理解关税影响的多面性和政策评估的复杂性。

（4）延续随堂测试题的内容，留给学生验证性复盘的练习题作为课后常规任务，巩固所学并验证理论结论，从而强化重点的掌握，提高运用知识和技能的熟练度。

（5）给学生提供课后思考题作为专题任务，引导学生自主探索。

（四）教学手段与方法

【启发式教学法】

（1）紧扣认知冲突。在引入新问题和重难点讲解时，通过激疑、提问、揭示矛盾启发学生思考，激发学生探究的好奇。

（2）注重课堂互动。对于学生兴趣集中的问题及难点问题，积极营造分享和探讨的氛围，通过讨论让学生真正地参与学习，实现人机互动、生生互动、师生互动。

【探究式教学法】

（1）生成式建构过程。通过建立新旧知识的关联，产生应用、拓展与迁移，形成学科思维范式。

（2）自主探究体验。让学生经历思维过程，主动建构知识体系，培养解决复杂问题的综合能力。

【课堂讨论法】

（1）互教互学。让学生在反思重难点的节点，获得学习共同体的共鸣与支持，通过学习圈的互补与互助，发挥同侪学习的优势。

（2）分组任务。通过小组讨论接触多元化观点和不同的立场，将案例教学与课堂讨论相结合，增强学生参与度的同时帮助学生进一步加深对教学重难点的理解。

【案例教学法】

（1）案例教学贯穿课程始终，力求情境化和问题导向，理论学习指向解决现实问题，培养学生解决问题的综合能力。

（2）通过案例鼓励学生拓展性阅读，接触具有时代性、前沿性、思辨性的资料，掌握实事数据，验证依据理论分析评价时事政策的可行性和可靠性。

（五）教学过程

第一节　关税的局部均衡分析框架

通过 CCTV2 中国财经报道的新闻导入现实问题案例："美国对华加征

关税"。

视频激疑：加征关税有什么其他经济动因吗？加征关税带来怎样的影响呢？

【思政设计之一：**世情国情**】了解国际经济形势，关注国际经济重大现实问题，尤其是与中国密切相关的国际经济事件。

(1)学习通随机选人在模型中表达关税的概念；

(2)学习通随机选人用公式图形两种方式构建局部均衡模型；

(3)学习通随机选人用模型语言表达关税对价格的影响

(4)学习通填空题用公式求解关税前后的局部均衡模型。

第二节　关税的福利变动分析

(1)推导关税前后的福利变动；

(2)用公式和图形两种方式测度消费者剩余、生产者剩余、政府收入；

(3)学习通判断题辨析用图形面积表达福利变动的明细；

(4)用图形分析结果总结关税对福利的影响情况。

【思政设计之二：**理论认同**】坚定理论自信，以国际通用的理论分析框架评价关税对福利影响的复杂性，用专业能力证明征收关税会让各国都付出代价。

第三节　关税政策的成本与收益

(1)学习通随机选人推衍关税的成本及其产生的原因；

(2)学习通随机选人推衍关税的收益及其产生的原因；

(3)学习通随机选人推衍大国或小国对结论的影响；

(4)学习通选择题区别大国和小国对关税政策的影响进行评估。

【思政设计之三：**思想认同**】坚定制度自信，大国征收关税可能损人利己，也可能损人不利己。

第四节　贸易政策的得失分析

学习通发放"美国对华加征关税"案例讨论

(1)第一轮讨论：美方观点。

【时事政策专题】从美国贸易代表办公室报告中总结其观点，提一个与其他组不一样的保护理由。

【思政设计之四：**塑造正确的世界观**】拓宽学生的国际视野，引导学生理解国际贸易政策带来多方面复杂的影响，理解各国的不同立场和观点，养成学生依据理论观察现实、评价现象的习惯。

（2）第二轮讨论：反驳论据。

【理论联系实际】结合贸易理论对比，提出一条反驳以上理由的论据，并做总结陈词。

【思政设计之五：**了解中国开放经济的国家战略**】提炼专业知识体系中所蕴含的思想价值和精神内涵，引导学生理论联系实际，实现思想启迪和价值引领。

（3）第三轮讨论：中方观点。

【数据应用专栏】阅读《关于中美经贸磋商的中方立场》，寻找支撑以上论据的事实和数据。

【思政设计之六：**推动中国特色哲学社会科学话语体系进课堂**】在专业问题的讨论中激发情感共鸣和态度转变，激发学生对担当大国责任的使命感，隐性地开展以学生为主体的课程思政。

（4）延伸思考：学习通讨论版发布讨论贴，提出自己关于对外经贸磋商的中国大学生立场。

【思政设计之七：**培育经世济民的专业素养**】学生经过课上理论学习和层层递进的讨论，对中美经贸摩擦形成了一定的立场态度。但批判性思维不是"矛头对外"，而是独立思考。通过提出"换位思考"，引导学生转变站位，设想代表中国这一贸易大国参与贸易政策制定，为课堂学习和讨论留下"余韵"和思考空间，促成学生情感态度的转变和责任意识的增强。

（六）教学评价

该课程平时成绩占比 45%～60%，由课上学习活动、课下常规任务和学期专题任务等构成。在本次课程中也分别涉及了以上三个类型的学习评价环节。由于情感态度的形成是学习个体体验自身改变的过程，因此，注重过程性和发展性的学习评价能促成课程思政目标的达成。课上学习包括点答、抢答、随堂练习等客观活动，用于识别知识和能力目标的达成度；也包括投票、讨论、分组任务等主观活动，用于学生表达和分享情感态度。

客观题针对教学重难点设计，不仅用信息平台发布，自动按正确率计分，更重要的是，通过正确率数据揭示学生专业知识和能力的发展，及时化解学生在辨析和解读现实问题时可能存在的混淆或偏差，从而培养学生的专业自信。尤其是，只有当学生能正确运用专业知识，推导得出经得起现实检验的结论，学生才能产生理论认同。

学生在引导下接触情境、表达观点、获得反馈也是"情感-态度-价值观"形成的必要过程。此类活动不以是非计分，而以参与度和投入度积分。学生在参与小组任务讨论的过程中自我表达和相互认同的程度，可以通过信息化讨论版的发帖数和点赞数记录。更重要的是，学生的发言发帖的内容分享，体现、也促成了学生思想状态的自我发展与演变。通过学生讨论内容，我们看到学生在"关注""认同"和"责任"三个维度都有所感悟，学生理解、认同并接受了课程传递的思政元素。

该教学节段结束后，学生还将完成课后常规作业和"时评中美贸易战"等专题任务。在这些任务的评量表中，评价维度包括："能依据国际经济学理论框架观察和分析国际经济现实问题，运用相关理论机制判断国际经济事件发展趋势或评估国际经济政策效果（15%~30%）"；"理论分析的步骤符合国际经济学通用研究范式（15%~30%）"；"能知晓、理解并阐述中国对外开放举措的特色，具备符合开放型世界经济理念的全球视野（10%~15%）"等。

三、教师对课程思政的感受与认识

课程思政体现了教育面向未来、点燃启迪的根本使命，也体现了专业课程中师生对专业为谁用、用在哪、怎么用的共同探讨。

课程思政是面向未来的教学创新方向之一，要求教学的几大转变：

（1）教学目标的转变：既要强化素质目标，也要更新知识和能力目标，使之与素质发展相适应；

（2）教学内容的转变：甄选教学素材，让教学内容不仅专业，而且有温度、有广度、有深度；

（3）教学方法的转变：有机融合知识、能力和素养，不偏重知识或能力，而是以知识和能力促成素质发展；

（4）教学评价的转变：从总结性评价转向发展性评价，关注学生自身的状态和转变，而不是在学习个体间区分高下。

"用户体验设计"课程思政教学案例
用户体验设计框架

赵　杨[①]

课程名称: 用户体验设计　　　　**课程性质:** 创新创业类专业课程

学分/学时: 3/48(理论学时 12)　　**授课对象:** 信息管理类专业(大二上)

课程简介: "用户体验设计"是面向信息管理类本科专业学生开设的一门创新创业类课程。主要围绕互联网产品的用户体验设计,通过信息科学、管理学、心理学、工业设计等多学科知识交叉融合,系统讲授用户体验的基本理论、设计思维、设计方法与测试评价,帮助学生建立系统的用户体验设计理论与方法体系,并通过创新创业实践,培养学生的创新精神与创业能力。同时,围绕立德树人根本任务,通过课程思政教学,实现知识传授、能力培养与价值观引导的有机融合,培养德才兼备、全面发展的一流专业人才。

一、课程思政总体设计

(一)课程思政目标

知识目标:明确用户体验设计的目的与作用;掌握用户体验设计的基本理论、思维模式与主要方法,学习用户体验测评与优化工具的应用。

能力目标:通过理论学习、项目实践和创新创业相结合,培养学生运用

①　作者简介:赵杨,女,武汉大学信息管理学院教授,博士生导师,武汉大学珞珈青年学者,武汉大学人文社科青年学术团队负责人,长期从事人机交互与用户体验设计方面的教学与科研工作,获湖北省高校教师教学创新大赛三等奖、武汉大学青年教师教学竞赛一等奖、教师教学创新大赛一等奖、课程思政说课比赛二等奖等荣誉。

体验设计思维和方法开展互联网产品设计的能力，增强学生的创新意识与创业能力。

价值观目标：坚持立德树人，以学生发展为中心，帮助学生树立正确的世界观、人生观、价值观。通过课程学习，使学生明确互联网产品用户体验设计的目的与意义，提高学生的民族自豪感、历史使命感、社会责任感和专业认同感。

(二)课程思政主线

本课程以完整的互联网产品设计项目生命周期为逻辑主线，将零散的知识点进行重新整合，形成了"导论""设计思维""设计方法""测试与优化"四大知识模块。使学生在项目的每一个阶段都能学习到对应的知识和方法。在此基础上，进一步围绕用户体验设计的价值理念，将原有的四大知识板块凝练为三大思政篇章，如图1所示。

(1)大道行思：深入反映如何通过用户体验思维助力我国社会经济行稳致远；

(2)匠心筑梦：全面展现如何通过用户体验设计实现中华民族伟大复兴的中国梦；

(3)臻于至善：着重强调如何通过用户体验优化改善民生，提高人民的幸福感。

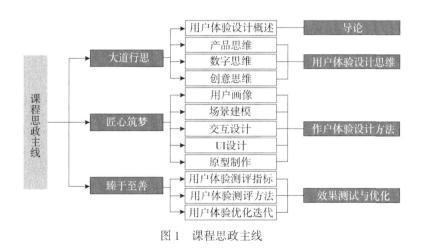

图1　课程思政主线

(三)课程各章节的思政元素

根据课程思政主线,进一步梳理出 7 个思政维度和 19 项具体指标,如图 2 所示。

图 2 课程思政元素

二、案例节段的教学设计

(一)对教学对象的分析

为了准确掌握学生的基本情况,真正做到因材施教,我们在授课前通过统计分析、问卷调查等方式,了解了选课学生的专业背景、知识能力及其对本课程的了解程度和学习需求,由此明确课程讲授的重难点、知识体系,并有针对性地选择相应的思政教学案例,旨在体现教学内容的交叉性、前沿性、思想性,如图 3 所示。

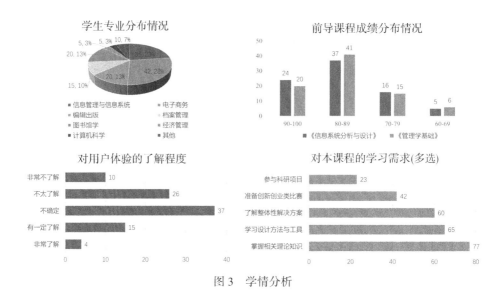

图 3　学情分析

(二) 对教学目标的分析

通过课程学习，使学生明确互联网产品用户体验设计的目的与意义，了解用户体验设计的发展历程，掌握用户体验设计层次框架结构，并能应用该框架进行互联网产品设计与体验优化实践。同时，将思政教育有机融入课程教学，通过知识传授、能力培养与价值塑造，引导学生进行自主性、探究式与个性化学习，培养学生应用所学知识解决国家重大战略和国民经济发展中关键问题的能力，激发学生为国家学习、为民族学习的热情和动力，帮助学生在创造社会价值过程中明确自身价值和社会责任。

(三) 对教学内容的分析

1. 本节段在课程中的逻辑位置

本节内容在课程知识体系中起到提纲挈领的作用，既为学生开展用户体验设计实践提供整体理论框架，也为后续具体知识节点的学习建立逻辑主线。课程将分别围绕用户体验设计框架的战略层、范围层、结构层、框架层、表现层依次讲授互联网产品用户体验设计的目标定位、用户研究、交互设计、原型制作和 UI 设计，帮助学生建立起完整系统的知识体系。

2. 本节段教学重难点

教学重点：掌握用户体验设计的基本概念与作用；明确用户体验设计框架的层次结构及各层次的设计要素；

教学难点：厘清用户体验设计框架各层次间的逻辑关系，能够基于该框架开展产品设计与优化。

3. 本节点的教学难点及化解难点的方案

"用户体验设计"是一门实践性很强的创新创业类专业课程，既注重学生对理论知识的掌握，又强调实践应用与创业能力的培养。如何实现理论学习、实践应用和创新创业的紧密衔接，发挥三者的协同效应，是教学过程中面临的难点。与此同时，用户体验设计是一项复杂的工作，需要严密的逻辑思考、广泛的思维碰撞和持续的实践探索。如何改变以课堂讲授为主的单向式知识传递，充分激发学生主动思考与深度参与的意愿，是教学过程中亟须解决的关键问题。

（四）教学手段与方法

综合应用讲授法、启发法、探究法、案例分析、头脑风暴、情境创设、角色模拟等方法手段展开教学。

（五）教学过程

"用户体验设计"课程的思政教学过程设计如表 1 所示。

表1　　　　　　　　　　　思政教学过程设计

1.2节　用户体验设计框架

教学内容和教学过程	思政教育与专业知识融合
线上 1：学生基于学习通 App 进行课前预习 **线下 1：课堂讲授+分组讨论** 　1. 知识回顾 　复习"体验"在心理学领域、商业领域与设计领域的定义，以关键词简要呈现不同领域对"体验"的界定，并附以相关案例图片；讨论用户体验与用户体验设计的含义，请学生发表自己对于上节课对于用户体验定义的理解	温故知新，承上启下。引领学生进入本节课程的教学情境和学习状态

续表

1.2节 用户体验设计框架

教学内容和教学过程	思政教育与专业知识融合
2. 课程导入 产品设计与体验设计的概念辨析：用户体验涵盖了从初始想法到产品最终落地的整个过程，还包括产品投入使用后的体验优化环节，不只停留于可视化层面，须将用户体验设计有机融合至产品的设计过程中，如下图所示 **产品设计 ≠ 体验设计** 设计产品是为了给用户使用 设计体验是为了让用户喜欢使用 产品设计与体验设计的概念辨析 **3. 用户体验设计框架讲解** 美国著名的交互设计专家詹姆斯·加瑞特按照产品设计的思路，依次从战略层、范围层、结构层、框架层、表现层五个层面，提出了产品设计中包含的用户体验具体要素。通过对这些要素的关注和研究，来完成各层面的用户体验设计任务 基于该框架，具体讲解各层次的用户体验要素和设计任务，如下图所示  用户体验设计框架 从战略层、范围层、结构层、框架、表现层五个层面，循序渐进地讲解各层面的设计任务。明确各层次间的逻辑关系，帮助学生建立从抽象到具体的认知 **4. 战略层的用户体验设计任务** 这一层是用户体验设计的起点，着重关注的用户体验要素是产品目标与用户需求，如下图所示。其中，产品目标可以通	【讲授】通过列举实际生活中的例子，帮助学生建立对用户体验设计的直观认知；引导学生探究产品设计与用户体验设计的区别；启发学生思考如何实现两者的有机融合；吸引学生带着问题听课 【思政要点】好的体验和差的体验都来源于对生活的观察与感悟，要善于思考，热爱生活 【讲授】从用户体验设计框架着手，具体讲解各层次的用户体验要素和设计任务，帮助学生建立直观认识 【启发与探讨】用户体验设计应包含哪些重要工作？产品设计与体验设计之间的逻辑关系是什么？如何有序开展用户体验设计？ 【思政要点】帮助学生在面对复杂问题时，形成从抽象到具体、从宏观到微观的逻辑分析能力 【讲授】战略层用户体验设计要素、具体任务与关键环节 【思政要点】引领学生体会用户需求才是互联网产品设计的原始动力和基础。教授学生如何综合应用多种用户研究方法来准确把握、挖掘、呈现用户对产品或服务的具体需求

1.2节　用户体验设计框架

教学内容和教学过程	思政教育与专业知识融合
过了解企业的战略规划、商业目标或设计者个人的想法来明确；用户的需求则需要明确谁是我们的目标用户  战略层的用户体验设计任务 **5. 范围层的用户体验设计任务** 　　针对战略层提出的用户需求，我们需要根据可行性进行需求取舍并合理排列优先级，从而确定设计范围 **6. 结构层的用户体验设计任务** 　　结构层包括产品的交互设计和信息架构设计两大部分，目的是确定将要呈现给用户的产品功能(内容)元素的"模式"和"顺序"，如下图所示  结构层的用户体验设计任务 **7. 框架层的用户体验设计任务** 　　框架层通过界面设计、导航设计和信息设计三个环节，来有效地呈现出产品的功能、交互方式和使用流程，如下图所示。其中，界面设计是让用户可以通过产品界面上的交互控件来实现前面结构层定义的交互模式，顺利地完成各项功能操作；导航设计是对信息架构设计结果的可视化呈现，实现了网站或App不同页面间的逻辑连接与跳转；信息设计主要是选择合适的图标对我们确定的功能和内容模块进行界面布局与可视化呈现，目的是让用户更加清晰、直观地理解和使用产品，获得可用性、易用性体验	【讲授】范围层、结构层用户体验设计要素、具体任务与关键环节 【比较分析】功能型产品和内容型产品的用户需求关注重点 【启发思考】交互模式的演变历程及其对交互设计的影响？ 【思政要点】强调互联网产品用户体验设计随着技术发展和用户需求变化不断创新拓展，使学生立足学科前沿，具备前瞻视角 【讲授】框架层用户体验设计要素、具体任务与关键环节 【思政要点】人工智能、大数据、物联网等新兴信息技术的发展对传统用户体验设计理念和方法的影响，进一步明确在国家大数据与"智能+"战略下，提升互联网产品用户体验的重要性 【讲授】表现层用户体验设计要素、具体任务与关键环节 【启发思考】沉浸式体验设计理念的内涵 【案例分析】以华为、小米等民族企业的互联网产品为例，介绍表现层设计的相关理论知识

续表

1.2节　用户体验设计框架

教学内容和教学过程	思政教育与专业知识融合
 框架层的用户体验设计任务 **8. 表现层的用户体验设计任务** 　　表现层注重用户体验的视觉传达，将以上战略层、范围层、结构层、框架层四个层次确定的功能、内容、元素、模式、顺序、界面等汇集到一起，通过符合产品特性的视觉设计风格，对产品进行完美的可视化呈现，让用户产生美好的视觉体验，如下图所示 表现层的用户体验设计任务 **案例分析：复工复产 MAP 小程序的用户体验设计** 　　以主讲教师在抗击新冠疫情期间指导学生完成的一个复工复产服务类微信小程序为例，详细分析用户体验设计框架在互联网产品设计过程中的实际应用，如下图所示。让学生思考产品涉及哪些交互操作、操作的逻辑顺序该如何设计  复工复产 MAP 小程序的用户体验设计框架	【思政要点】培养学生应用所学知识解决国家战略和国民经济发展中关键问题的能力，激发学生为国家学习、为民族学习的热情和动力，帮助学生在创造社会价值过程中明确自身社会责任 【案例教学】以教师指导学生利用本课程所学知识完成的实践成果为案例，强调理论学习与实践应用、创新创业的紧密结合 【思政要点】围绕科技抗疫，将学生个人发展与国家发展、社会发展紧密结合起来，将中国特色社会主义和中国梦教育、社会主义核心价值观教育融入其中，为学生强基固本、讲好中国故事、厚植人文情怀 【头脑风暴】通过头脑风暴与课堂讨论环节，活跃课堂气氛，由浅入深地引导学生思维发展，启发学生对设计难题的思考，培养学生分析问题、解决问题的能力。 【课堂互动】应用学习通 App 开展课堂数字化教学，实现信息技术与教学过程的深度融合。帮助学生巩固课堂所学的理论知识，并进一步拓宽专业视野

续表

1.2节 用户体验设计框架

教学内容和教学过程	思政教育与专业知识融合
案例分析 范围层 功能规格 内容需求 复工复产 MAP 小程序的用户体验设计应用 **战略层**：通过市场调研、用户需求分析，确定产品目标定位。**范围层**：通过对用户需求调查结果的统计分析，确定该应用准备提供的信息内容。**结构层**：按照信息架构设计中的信息组织与标签设置对产品提供的各类复工复产相关信息进行了细化和分类梳理，建立了具体的信息架构层级。将涉及的交互操作方式按照产品功能逻辑线路显示，得到产品的任务流图。**框架层**：按照确定的任务流图，利用原型工具把它进一步抽象成具体的页面流，用来描述用户完成一个操作行为需要经过哪些页面，让用户在产品使用过程中有非常清晰的位置感。**表现层**：将以上四个层次确定的功能、内容、元素、模式、页面等汇集到一起，通过符合产品特性的设计风格进行可视化呈现，实现在战略层中提出的清晰美观的视觉体验目标 对本节课程的知识点进行总结回顾，让学生从整体上掌握用户体验设计框架的基本结构与设计流程，激发学习的兴趣	【思政要点】通过组织学生钻研用户体验设计领域的社会难题、面向国计民生重要领域的用户体验应用场景、学习社会热点问题相关的用户体验设计案例、调研民族企业互联网产品应用现状、展示服务国家战略和社会经济发展的课程实践创新成果，将思维方法、科学精神、价值取向和职业操守等思政元素深入渗透进各项教学环节，领会勇于探索的科研精神和报效祖国的责任担当 【思政要点】温故知新、及时总结，启发思维

(六)教学评价

通过课程学习，学生普遍认为课程引导自己树立了正确的人生观、价值观和世界观，培养了创新思维、批判性思维以及分析问题和解决问题的能力，很好地激发了学习热情和深度学习的兴趣，如图 4 所示。

教师注重引导学生树立正确的人生观、价值观和世界观(单选题)	★★★★★(94.44%) ★★★★(5.56%) ★★★(0%) ★★(0%) ★(0%)
培养了我创新思维、批判性思维、分析问题和解决问题能力等(单选题)	★★★★★(94.44%) ★★★★(5.56%) ★★★(0%) ★★(0%) ★(0%)
帮助我树立了正确的人生观、价值观和世界观(单选题)	★★★★★(91.67%) ★★★★(8.33%) ★★★(0%) ★★(0%) ★(0%)
激发了我的学习热情和深度学习兴趣(单选题)	★★★★★(91.67%) ★★★★(8.33%) ★★★(0%) ★★(0%) ★(0%)

图 4　学生教学评价

三、教师对课程思政的感受与认识

本节课程通过系统讲授用户体验设计框架理论，帮助学生有效建立起了对用户体验设计的整体认知，同时结合学习、生活中的实际案例，提高学生开展用户体验设计学习与实践的积极性与主动性。在理论学习的基础上，将学生完成的实践成果作为案例分析对象，以科技抗疫为主题，将学生个人发展与国家发展、社会发展紧密结合起来，将社会主义核心价值观教育融入其中，为学生讲好中国故事、厚植人文情怀。与此同时，通过组织学生钻研用户体验设计领域的社会难题、面向国计民生重要行业领域的用户体验应用场景、学习社会热点问题相关的用户体验设计案例、实地调研民族企业互联网产品应用现状、展示服务国家战略和社会经济发展的课程实践创新成果，将思维方法、科学精神、价值取向、伦理规范和职业操守等思政元素深入渗透进各项教学环节，让学生在专业学习过程中潜移默化地提高了自身的知识能力、思想水平、政治觉悟、道德素质和文化素养，领会勇于探索的科研精神和报效祖国的责任担当。

"当代西方政治学说"课程思政教学案例 民粹主义及其反思

吕普生①

课程名称：当代西方政治学说　　**课程性质**：专业必修课程

学分/学时：3/48　　　　　　　　**授课对象**：大三年级本科生

课程简介："当代西方政治学说"是政治学与行政学专业本科生的专业必修课程，是与"西方政治思想史"相衔接的专业课程，也是帮助学生了解和评析当代西方政治学说、提高理论思维水平和问题分析能力的重要课程。

本课程以 19 世纪末 20 世纪初以来西方主要政治思潮和政治理论为教学内容，包括自由主义、保守主义、社会民主主义、民粹主义、多元文化主义、法西斯主义、基督教民主主义、无政府主义、新左翼激进主义、女权主义、社群主义、共和主义、生态主义，等等。其中，自由主义、保守主义和社会民主主义是影响西方社会政治生活的三大主流政治思潮，本课程予以重点讲授；对于历史上和当前比较有影响力的民粹主义、多元文化主义、法西斯主义、新左翼激进主义、共和主义，本课程也逐一进行介绍，其他政治思潮以学生自学为主。

本课程贯彻教学评一体化教学方法，综合运用情境教学法、案例教学法、比较分析法、启发式讨论和参与式教学等方法，以更好地促进学生对于西方政治学说的认知与反思。通过本课程教学，旨在达到以下教学目的：一是准

---

① 教师简介：吕普生，武汉大学政治与公共管理学院教授、博士生导师，珞珈青年学者，入选湖北省高校马克思主义中青年理论家培育计划，长期从事政治学基础理论、中国政府治理创新领域的教学与研究工作，专著《纯公共物品供给模式研究》获第十届湖北省社会科学优秀二等奖，专著《政治泡沫》获中国政治学会首届青年政治学优秀成果奖，另获武汉大学首届本科优秀教学业绩奖、武汉大学教学研究论文一等奖、武汉大学 2021 年度课程思政说课比赛二等奖。

确把握 19 世纪末 20 世纪初以来西方主要政治思潮的发展演变与基本特征、流派分支、代表人物及其代表著作，代表性政治思潮的基本主张与主要内容；二是正确认识 19 世纪末以来西方政治思潮流变与西方政治、经济、社会发展之间的内在联系；三是能够中肯分析西方主要政治思潮的理论得失，正确评价西方主要政治思潮在西方社会发展和人类认识深化中的地位和作用；四是增进学生对公共政治和国家治理的认识与了解，提高学生对政治学基本理论问题的认知水平和对现实社会政治问题的分析能力，在反思西方理论与实践基础上，坚定中国特色社会主义道路自信、理论自信和制度自信。

一、本门课程的总体设计

1. 课程思政的目标

作为一门具有鲜明的思想性和理论性特点的专业必修课程，本课程力图实现以下四个方面的思政教育目标。

一是知识目标。通过本课程学习，学生能够绘制西方主要政治思潮的基本学术谱系，写出自由主义、保守主义、社会民主主义、民粹主义等代表性政治思潮的核心观点，列举每种政治思潮的若干代表性学者，口述三种以上有影响力的西方民主理论，比如自由民主理论、多元民主理论、精英民主理论等。

二是能力目标。通过本课程学习，学生能够写出自由主义、保守主义、社会民主主义、民粹主义、法西斯主义等代表性政治思潮背后的哲学基础和方法论基础，能够推导相关思潮得以产生和流行的原因，还能够中肯评价并说出西方主要政治思潮的贡献与不足。教师力图通过学理分析，培养学生穿透政治现象的思维方式和治学精神，引导学生破除西方道路迷信特别是西方民主迷信。

三是价值目标。通过列举西方国家发展不均衡、贫富差距、政治和社会动乱、失业率高企、族群冲突、金融危机、欧债危机、难民危机、局部战争、人权缺失等实际案例和数据，讲述西方政治实践与政治理想之间存在的差距，引导学生正确反思和认识西方政治学说的局限性；通过比较中西方道路的治理绩效，引导学生坚定社会主义道路自信、理论自信和制度自信。

四是情感目标。组织学生围绕贫富差距、高失业率、族群冲突、难民危机、气候变暖等全球治理挑战展开讨论，引导学生关注世界重大治理议题，关心这些全球治理挑战背后一个个的生命个体，形成正确的人生观和世界观。通过课堂讨论和参与式教学，学生能够列举出改善当今世界面临的突出治理困境的主要途径。此外，教师还会引导学生关注中国国家治理的重要议题，滋养学生的家国情怀。

2. 课程思政的主线

本门课程通过结合历史事件分析和反思西方代表性政治思潮的可取性和局限性，培养学生穿透政治现象理解政治逻辑的思维方式和治学精神；在比较中西治理模式的有效性差异并运用中国经验检验西方政治学说的基础上，引导坚定中国特色社会主义的道路自信、理论自信和制度自信。

3. 课程各章节的思政元素

第1讲为导论即知识谱系。通过明确现代西方政治思潮的研究对象，回顾19世纪末以来世界重大历史事件，梳理现代西方政治思潮的发展演变、基本特点和学习方法，帮助学生尽快建立起当代西方政治学说的历史背景和知识谱系，引导学生基于历史资料去理解和分析西方政治学说，使学生了解科学研究需要建立在坚实的经验基础之上，培养学生实事求是、科学严谨的治学态度，引导学生形成宏大的历史视野。

第2~4讲为自由主义。通过学习自由主义的起源及发展历程，比较中西方公民自由权的差异，引导学生树立正确的自由观；通过学习不同自由主义分支的理论分歧，加深学生对于自由主义的理解，认识到西方自由主义的内在矛盾性，培养学生的辩证思维，引导学生破除对于西方自由主义的盲目崇拜。

第5~7讲为保守主义。通过对于保守主义起源、发展以及其与自由主义关系的学习，带领学生认识西方社会发展中存在的保守面向，并通过对中国持续推动改革的介绍，增强学生对于中国特色社会主义发展道路及其进步性的认识，引导学生坚定社会主义道路自信和制度自信。

第8~9讲为社会民主主义。通过对于社会民主主义历史演变及思想体系的学习，引领学生正确认识社会主义发展道路及社会主义崇高理想信念，同时通过对于当前社会民主主义面临的困境及其内在矛盾性的分析，指出其道路选择的错误性，培养学生通过阶级分析方法解析社会问题的能力，引导学生坚定对于中国特色社会主义的理论自信。

第 10 讲为民粹主义。通过学习民粹主义的本质及其与民主的关系，比较中西民主的差异，引导学生树立科学的民主观；通过从学理层面推导 21 世纪民粹主义的根源，培养学生穿透政治现象的思维方式和治学精神，引导学生破除西方民主迷信；通过比较中西方道路的治理绩效，引导学生坚定社会主义道路自信。

第 11 讲为多元文化主义。通过对于多元文化主义的主要内涵、核心主张的学习，培养学生尊重和理解不同文化的意识观念，引导其树立正确的文化观，形成包容的胸怀和格局，同时加深学生对于中国文化的认识，坚定学生的文化自信。

第 12 讲为法西斯主义。通过追溯法西斯主义产生的实践背景和思想背景，引导学生正确认识法西斯主义与马克思主义的根本区别；通过揭示法西斯主义的内在本质和深层根源，帮助学生拨开法西斯主义的层层迷雾，引导学生运用马克思主义立场、观点和方法，特别是运用阶级分析与经济分析方法去深入认识法西斯主义驯服工人阶级、融阶级于民族、反对工人阶级革命，最终维护资本主义制度体系特别是捍卫资产阶级财产权的真面目。

第 13~16 讲为其他政治思潮。通过对新左翼激进主义、社群主义、共和主义等其他政治思潮的发展演变、基本主张等知识内容的学习，拓展学生的政治视野，培养学生的政治思维；通过比较中西方社会发展观念、道路、治理绩效的差异，加深学生对于中国特色社会主义事业的认识，坚定中国特色社会主义道路自信。

二、案例节段的教学设计

本案例节段为"当代西方政治学说"课程第十讲"民粹主义及其反思"。关于本案例节段的课程思政教案设计主要涉及以下六个方面。

1. 对教学对象的分析

本节段的授课对象是政治学专业大三年级本科生，他们有四个方面的特点：在知识积累方面，他们已经修完"政治学原理""西方政治思想史"这两门前导性课程，了解民主理论是政治学科的核心专业知识，也学习了本课程中的自由主义、保守主义、社会民主主义三种西方主流政治思潮，对于如何把握政治思潮的基本脉络、基本主张和主要内容，已经有一定了解。在课堂表现方面，作为新生代大学生，他们有较强的表达欲，也有很强的表达能力，课堂参与度高，所以课堂设计需要考虑增加学生的参与度。在思维特点方面，授课对象大都知识面广，思维跳跃性强，但总体而言，他们的思考深度相对有限。在价值观念方面，经过三年专业学习之后，他们接触过多种政治学说，但对不同政治学说的辨别力和判断力相对有限，价值观尚不稳定，倾向于通过学理分析形成稳定的价值观。

2. 对教学目标的分析

基于上述学情，本节段贯彻教学评一体化的教学设计方法，力图实现四个方面的思政教育目标：一是知识目标。通过本专题学习，学生能够写出民粹主义的本质及其与民主的关系；通过比较中西民主的差异，授课教师引导学生树立科学的民主观。二是能力目标。通过本专题讲授，学生能够推导21世纪民粹主义的根源；教师力图通过学理分析，培养学生穿透政治现象的思维方式和治学精神，引导学生破除西方民主迷信。三是价值目标。通过本专题学习，学生能够从不同层面说出民粹主义已经产生和可能产生的消极效应；通过比较中西方道路的治理绩效，授课教授引导学生坚定社会主义道路自信。四是情感目标。通过课堂讨论和参与式教学，学生至少能够列举出避免民粹主义困境的三种途径；授课教师引导学生关注国家治理的重要议题，滋养学生的家国情怀。

3. 对教学内容的分析

第十讲"民粹主义及其反思"的教学内容主要包括五个方面：一是21世纪民粹主义政治事件，旨在梳理21世纪以来在全球发生的具有代表性的民粹主义政治事件，具体包括英国脱欧公投、意大利修宪公投、法国黄马甲运动、美国国会暴乱等。二是民粹主义的内涵和形态，旨在分析民粹主义的核心要义与多重主张、民粹主义与民主主义的关系、左翼和右翼两种民粹主义基本形态，以及民粹主义的内在悖谬。三是民粹主义的根源分析。这部分力图引用前沿学术研究成果，从新自由主义视角分析左翼民粹与右翼民粹同时兴起的根源，从学理层面揭示新自由主义同时导致左右翼民粹主义的内在逻辑链条。四是民粹主义的消极效应。这部分通过情境教学方法呈现民粹主义已经和可能产生的各种消极后果。五是如何避免陷入民粹主义困境，旨在深入讨论改革社会经济结构从而避免陷入民粹主义困境的主要路径。

(1)本节段在课程中的逻辑位置。根据本科生培养方案，"当代西方政治学说"这门课程是政治学与行政学专业的必修课，总共 48 学时，本节段占 4 个学时。整个课程包括 16 讲，其中第一讲是导论，第二～九讲分别是自由主义、保守主义和社会民主主义这三大主流思潮，第十讲为本节段"民粹主义及其反思"，后面陆续讲授多元文化主义、法西斯主义等政治思潮。

在本课程内容的编排体系中，自由主义、保守主义、社会民主主义是影响西方世界的三大主流思潮，在整个知识体系中占核心地位。但是，进入 21 世纪以后，西方新一轮民粹主义浪潮兴起，在西方世界产生了重要影响，所以本课程将其设置在三大思潮之后的首位。

既有教材对民粹主义的介绍相对有限，本节段将结合权威教材、学术专著和主讲教师的研究成果来设计和讲授民粹主义。本阶段内容在整个课程知识体系中的作用主要有两个方面：一是及时更新课程知识体系，弥补教材的不足；二是及时跟进实践前沿和学术前沿。

(2)本节段的教学重点。本节段的教学重点有三个方面：一是通过厘清民粹主义的内涵与形态，比较中国式民主与西方式民主的本质差异，揭示民粹主义的本质和内在悖谬性，引导学生树立科学的民主观。任何一种政治思潮，它的基本内涵、内在本质、流派分支和理论主张，都是教学过程中的重点内容。二是通过深入分析民粹主义的经济、社会和思想根源，反思西式民主失灵问题，引导学生基于学理分析破除对西式民主和自由主义的迷信。只有从学理层面揭示民粹主义的深层次根源，才能形成正确的价值判断。三是通过客观呈现民粹主义的消极效应，比较中西治理模式的差异，对比西方之乱与中国之治，引导学生坚定社会主义道路自信。

(3)本节段的教学难点及化解难点的方案。本节段的教学难点主要有两个方面：一是理解民粹主义与民主主义之间的关系，揭示民粹主义的不同形态及其内在悖谬性。民粹主义与民主主义有着同样的逻辑前提和不同的民主目的。为了让学生更好地理解民粹主义与民主主义的关系，本节段运用图表呈现的方式，采用比较分析方法讲授二者之间的联系与区别。另外，在 21 世纪，民粹主义表现出左翼和右翼两种不同形态，为了澄清二者的区别，本节段将比较分析法与案例教学法相结合，讲授左翼民粹与右翼民粹之间的差异。在比较分析基础上，进一步总结提炼民粹主义的本质和悖论，这样可以加深学生对于民粹主义这种西方民主形式的认知与理解。二是民粹主义的根源分析。这是本节段开展学理分析的重点内容，也是难点之处，其关键是揭示清楚左翼民粹和右翼民粹共同的思想根源和不同的形成机制。考虑到学情分析中提到的学生的认知特点和价值观形成规律，为了化解难点，让学生能够更好地理解民粹主义产生的逻辑，本节段将整合学界前沿研究成果，把学理推导和案例分析结合起来进行讲授。

4. 教学手段与方法

如图1所示，本节段贯穿教学评一体化的教学理念，始终把学生作为教学过程的主体，既强调教师的知识讲授和价值引导，也突出学生的启发式讨论和参与式教学，还注重教师与学生之间的教学相长与正向反馈。为实现前述教学目标，本节段具体采用情境教学法、案例教学法、比较分析法、启发式讨论和参与式教学等方法，所有这些方法的采用，其目的都是更好地促进学生对于民粹主义及其相关问题的认知与反思。这也体现出以生为本的教育理念。

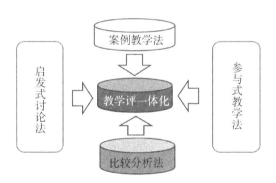

图 1 案例节段的教学手段与方法

5. 教学过程

为实现上述教学目标，本节段以专业知识体系为基础来设计教学过程，自然地呈现专业知识中蕴含的思政教育元素。具体的教学过程包括五个逻辑一贯的环节(见图2)。

第一个环节是梳理21世纪民粹主义政治事件。考虑到授课对象对民粹主义政治事件略有所知，本节段导入一个问题："民粹主义政治事件有什么样的典型特征?"让学生带着问题进入课堂。接着运用情境教学法，播放两段小视频，把学生带入民粹主义政治事件的仿真情境当中。其中一段视频是英国脱

图 2　案例节段的教学流程

欧公投，另一段视频是法国黄马甲运动。在观看视频之后，启发学生讨论"英国脱欧公投和法国黄马甲运动的共同特征"。在总结学生讨论的基础上，辅以影音、图片和学术文献，梳理 21 世纪以来具有代表性的民粹主义政治事件。

通过梳理这些事件，提出一个过渡性问题："民粹主义政治行为背后隐含着什么样的政治观念?"将授课内容从作为一种政治现象的民粹主义运动过渡到作为一种政治学说的民粹主义政治思潮。

第二个环节即是分析民粹主义的内涵和形态。为此，本节段引导学生思考"民粹主义与民主之间的关系"。为了深入分析这个问题，本节段将学习民粹主义的内涵、民粹主义与民主主义的关系、民粹主义的不同形态及其内在的悖谬性。这部分内容既是重点，也是难点。为了让学生更好地理解民粹主义的本质及其不同形态，本节段运用比较分析法讲授民粹主义与民主主义之间的联系与区别，同时运用比较分析法和案例教学法讲授左翼民粹与右翼民粹的差异。在比较分析基础上，进一步总结提炼民粹主义的本质和悖论。随后，引导学生运用比较方法来讨论西方式民主与中国全过程人民民主的差异，自然地呈现出专业知识中蕴含的思政教育元素。专业教育与思政教育的融合点在于，通过揭示民粹主义的本质，引导学生正确认识和深入反思西式民主的问题，增强对中国全过程人民民主的理论和制度自信。

以上两个环节分别从客观事件和理论内涵上介绍民粹主义政治现象，接下来过渡到第三个环节，即分析民粹主义产生的根源。这是本节段开展学理分析的重点和难点内容，其关键是揭示清楚左翼民粹和右翼民粹共同的思想根源和不同的形成机制。考虑到学情分析中提到的学生的认知特点和价值观形成规律，为了让学生能够更好地理解民粹主义产生的逻辑，这部分会把学理推导和案例分析结合起来。通过学理推导，使得学生能够对西方民主形成更为准确的判断，自然地引出专业教育与思政教育的融合点。一方面，培养学生形成一种穿透政治现象的思维方式和治学精神；另一方面，基于学理分析破除对西式民主和自由主义的迷信，让学生从理论上认识清楚，西方民主是存在很多内在缺陷的。

完成根源分析之后，提出一个过渡性问题："民粹主义看似民意至上为何动荡丛生？"这就从根源分析过渡到民粹主义的消极效应，即本节段的第四个环节。为解答这个问题，我们结合第一部分案例，运用情境教学和案例分析相结合的方法，讲授民粹主义的消极效应。民粹主义所产生的消极影响，只是当下西方之乱的一种体现。在此，可以引导学生结合具体案例，从多个方面比较分析西方之乱 与中国之治，特别是结合新冠疫情防控，启发学生着重讨论中西抗疫的差别，进而引出专业教育与思政教育的另一个融合点。也就是，通过比较中西治理模式的绩效差异，坚定中国特色社会主义道路自信。

既然民粹主义存在这么多消极效应，那么一个国家如何避免陷入民粹主义困境当中呢？于是，我们从民粹主义的影响过渡到**第五个环节**"预防对策"。考虑到学生表达欲强和参与度高的特点，我们借助分组讨论与课堂展示这种参与式教学方法，引导学生思考和讨论避免陷入民粹主义困境的有效途径。根据学生的讨论，总结并讲授预防对策，引导学生关注国家治理前沿议题，滋养学生的家国情怀。

以上五个部分环环相扣，共同构成了教学过程的主体内容和教学过程，也从多个方面挖掘了思政教育资源，并且把思政教育跟专业教育自然地融合在一起(见图 3)。

◆融合点 {
（一）21世纪民粹主义政治事件
（二）民粹主义的内涵与形态（树立科学的民主观）
（三）民粹主义的根源分析（破除西式民主迷信）
（四）民粹主义的消极效应（坚定社会主义道路自信）
（五）如何避免陷入民粹主义困境（滋养家国情怀）
}

图 3 案例节段专业教育与思政教育的融合点

6. 教学评价

自 2015 年以来，除了 2018 年外出访学之外，笔者已经连续 7 个学年为政治学与行政学专业本科生讲授"当代西方政治学说"课程，已经形成了较为完善和前沿的课程知识体系，积累了一定的教学经验。笔者以该课程相关内容为节段参加学院青年教师教学竞赛，连续两届获得一等奖。笔者还以该课程相关内容为节段参加武汉大学 2021 年度课程思政说课比赛并获得二等奖。作为一门专业必修课程，本课程因其内容的专业性、知识脉络的清晰性、涉及经典著作的广泛性、学理分析的深入性，受到历届学生的广泛好评，学生评教成绩历年位列学院前列。

2020 年，一场突如其来的新冠疫情袭来。为了让学生有更好的线上教学体验，激发学生的学习热情，笔者在湖南郴州老家期间开辟了田园网课。从当年 2 月开始，老家的油菜地、门楼前、池塘边、老旧小巷、屋顶上、山脚下、水井旁，都成为笔者上课的场所。2020 年 3 月底，笔者返汉武汉，但学生们都各在一方。为了缓解学生们的思校之情，笔者延续了田园网课的设计，进一步开辟了校园网课。武汉大学校园的"九一二"操场和樱顶老图书馆，都是在线课堂选取的背景。在学生难以返校的日子里，笔者试图通过这种扎根大地、别开生面的授课模式，培养学生的家国情怀，同时又面向校园，缓解学生的思校之情。

上述田园网课和校园网课受到了人民网、光明网、中国教育报、楚天都市报、中华文明网等媒体报道或转载，产生了较大的积极影响，获得了师生、校友及社会的广泛好评。

在笔者所在学院 2020 年度专业课程学生评教中，"当代西方政治学说"课程的学生评教成绩位列全院第一。有学生评价道："吕老师的课程内容丰富，体系完善，条理清晰。在疫情期间，老师因地因时制宜，采用多种方式开展教学活动，在提高学生学习兴趣的同时极大地开拓思维、启发思考，提高了学生的思辨能力和表达能力。"也有学生写道："非常感谢老师为我们展现了家乡的乡村风貌和校园一隅的熟悉风景，也很感谢老师结合经典文本和时事为我们所做的讲解。"

三、教师对课程思政的感受与认识

通过多年来的课程教学、参加课程思政教学比赛和撰写课程思政教学案例，笔者对课程思政的本质、如何在专业课程教学中融入思政元素形成了一些新的感受与认识。

首先，课程思政的本质是立德树人。虽然专业课程与思政课程是不同的课程类型，传授不一样的知识内容，但两类课程的核心本质即"立德树人"是相互贯通的。任何专业课程的最终目的都是培养有正确价值取向、有一定科学素养、身心健康、人格健全的专业人才。往大处讲，中国高等教育及其所有课程的教学目的就是培养社会主义接班人。因此，任何专业课程，除了教授学生掌握相应的专业知识与技能外，还必须在正确的方向上引导学生"成人成才"。课程思政恰恰就是在传授专业知识与技能的基础上进行价值引导与人格塑造，使得我们培养的学生不仅仅能够学会如何掌握知识，还知道如何正确地认识和运用已有的知识并去创造新的知识。根据立德树人这一核心本质，课程思政的具体目标就至少涉及上文提到的四个方面，即知识传授、能力培养、价值引导和情感塑造等。

其次，课程思政是从潜意识到有意识的过程。课程思政的教育资源是需要去挖掘的。这是笔者关于课程思政的一个深刻体会。实际上，每一位教师在开展课程教学的过程中，都有意无意、或多或少导入了一些"课程思政"的教育元素，只不过很多教师并未刻意地将其称为"课程思政"。在明确课程思政理念之后，教师们开始从潜意识过渡到有意识，进而挖掘专业课程所蕴含的思政元素、探讨如何将专业教育跟思政教育融合在一起，采取什么样的方式方法去达成思政教育的目标。这也要求我们在教育教学过程中不断总结课程思政的有益经验，将之提炼为特定的教学理论，最后用这种有关课程思政的教育理论来指导更多教育实践。

再次，一门课程的课程思政应当有一条思政主线。在无意识阶段，我们往往缺乏明确的课程思政目标和核心主线，课程思政在课堂教学中不仅占比低，而且思政元素散落在各个章节当中，难以形成一个课程思政的有机整体。进入有意识阶段，就需要我们对课程思政加以设计，明确课程思政目标，用一以贯之的思政主线，将各章中的思政教育元素串联在一起。就"当代西方政治学说"这门专业必修课而言，笔者设计的课程思政主线就是坚定"四个自信"。围绕"四个自信"，根据不同章节的具体内容，分别融入道路自信、理论自信、制度自信和文化自信的元素，而这种元素的融入，需要采用行之有效的教学方法。

　　最后，采用合适的教学方法和手段自然地实现课程思政目标。课程思政宜"疏"不易"输"。"疏"是指因势利导，顺势而为，在恰当之处，运用合适的教学方法，自然地激活思政教育元素。如果是硬植入，生搬硬套地灌输，恐怕会适得其反。就"当代西方政治学说"这门课程而言，比较有效的课程思政教学方法往往是典型的案例剖析、直观的数据呈现、鲜明的比较分析和深度的学理反思，等等。这些方法适应"00后"大三年级政治学与行政学专业学生的学情特点，通过案例教学、"数据说话"、反差对比和理论思考，学生能够自然地接受蕴含在相关专业内容背后的思政元素，从而水到渠成地实现课程思政教育目标。

"保险学原理"课程思政教学案例
"保险最大诚信原则"

潘国臣①

课程名称：保险学原理　　**课程性质**：专业必修课

专业：保险学　　　　　　**授课对象**：本科生(大三上)

课程简介："保险学原理"是保险学、金融学专业学生的基础课程。本课程介绍风险及其影响、风险管理的一般流程与常用技术，并重点教授保险的作用及作用原理。本课程的内容包括风险及其管理方法、保险的概念和特征、保险公司运营、保险监管、保险基本原则、保险合同，以及部分险种(如机动车辆保险、企业和家庭财产保险、人寿保险、健康和意外保险等)的保险合同特征、承保责任、除外条款、费率制定等。通过学习，学生将对保险的基本原理与实践运作有较为全面的了解，为更加高级的保险专业课程学习打下基础。

一、本门课程的总体设计

(一)课程思政的目标

2016年12月，习近平总书记在全国高校思想政治工作会议上发表重要讲话，强调"要把做人做事的道理、把社会主义核心价值观的要求、把实现民族复兴的理想和责任融入各类课程教学之中，使各类课程与思想政治理论课同向同行，形成协同效应"。2017年2月，中共中央、国务院印发了《关于加强

---

①　作者简介：潘国臣，男，经济学博士，武汉大学经济与管理学院保险与精算系副教授。

和改进新形势下高校思想政治工作的意见》，明确"坚持全员全过程全方位育人。把思想价值引领贯穿教育教学全过程和各环节。"教育部于2017年年底出台了《高校思想政治工作质量提升工程实施纲要》，要求切实构建"十大"育人体系，"课程育人"处在"十大"育人体系的首位。

本课程在新时期"三全育人"思想的指引下，立足于解决"培养什么人、怎样培养人、为谁培养人"这一根本问题，结合保险学科知识体系，深入挖掘蕴含在相关专业知识中的思政元素，将思政教育有机融入课程教学的各个环节中，真正实现增长知识、培养能力、提高素质和塑造灵魂"四位一体"的教学目标，为培养优秀的社会主义建设者和接班人作出贡献。

(二)课程思政的主线

本门课程是专业必修课，也是专业入门基础课，课程内容较为广泛，因而在其中可以挖掘的思政元素也较多。在课程思政教育的过程中，我们将主要围绕以下三条主线。一是教育学生有家国情怀，即责任与担当。包括正确的国家意识、民族精神，社会主义核心价值观，以及对优秀传统文化的坚持和认同。二是为学生个人品格的构建提供完整的体系，即教导学生"如何做人"。不仅包括社会道德和职业道德，还包括个人情感和心理意识的建设等。三是从专业的角度培养学生的科学观，即"如何做事"。通过传授科学知识，培养学生遵循客观规律、求真务实的科学态度，严谨的工作作风，同时注重培养学生的创新意识和批判性思维。

(三)课程各章节的思政元素

分散在本门课程各章节中的思政元素是非常丰富的。主要的思政元素见表1。

表1　　　　　　　　　**本课程各章节中的知识点与思政元素**

章节名称	主要课程内容	思政元素	课程思政教育要点
风险及其处理	风险的定义、分类、基本的风险处理技术和方法	(1)中国人民在应对自然灾害过程中所体现出来的智慧和勇气 (2)以科学的精神应对风险和灾害，避免迷信和盲目自信 (3)马克思主义政治经济学中对风险的阐述	(1)培养学生的民族自豪感 (2)培养学生的科学精神 (3)培养学生从马克思主义政治经济学的视角来分析问题

续表

章节名称	主要课程内容	思政元素	课程思政教育要点
风险与保险	保险的定义、理想可保风险的特征、保险的种类、保险的社会成本与社会价值	(1)保险体现了"我为人人,人人为我"的互助精神 (2)信息不对称会导致道德风险与逆向选择,有必要弘扬正直诚实的道德观和法治观念	(1)保险制度是人类的重要制度发明,是社会文明和进步的体现,学生应当树立专业自豪感 (2)学生应当培养正直诚实的道德品质以及遵纪守法的意识
风险管理基础	风险管理的基本技术和方法、风险管理的目标、步骤等	(1)应当遵循科学合理的步骤,并采用科学的方法去管理风险 (2)科学技术进步对风险管理的影响	(1)培养学生的科学精神 (2)培养学生与时俱进的精神及批判性思维能力
风险管理高级专题	风险管理范围的变迁、市场条件变化对风险管理的影响、风险预测技术、风险决策等	(1)风险管理的实践在不断变化,学生应当力争站在学科的前沿 (2)需要采用科学、严谨的方法去进行风险的预测、风险决策等	(1)培养学生的开拓创新精神 (2)培养学生敢于攻坚克难的精神
保险市场及主体	保险企业在金融市场中的地位、保险企业主体的类型、保险营销体系等	(1)保险企业在金融市场中具有重要地位 (2)保险营销乱象及从业者的操守	(1)培养学生的专业自豪感和认同感 (2)培养学生的职业道德和职业伦理,弘扬社会主义核心价值观
保险公司的运作	保险公司的主要运作,包括定价、核保、理赔、投资、风险管理、再保险等	(1)保险产品的定价不应过高或者过低 (2)保险理赔中的诚信问题	(1)引导学生了解保险企业的社会责任 (2)培养学生诚实信用的道德品质
保险公司的财务运作	保险公司的财务报表、保险费率制定方法	(1)财务运作的科学性 (2)财务报表的真实性	(1)学生应遵循市场和保险业务的规律,具有求真务实的精神 (2)学生作为未来的企业经营管理者应当遵守监管规则,对客户和员工负责,具有高尚的职业道德和强烈的社会责任感
保险市场监管	保险监管的原因、方法、领域等	(1)保险监管的主要原因是为了保护消费者,体现了党和政府为人民服务的态度 (2)保险监管方法、监管领域选择的科学原因	(1)培养学生爱党爱国的情怀 (2)培养学生的科学精神和求真务实的科学态度

续表

章节名称	主要课程内容	思政元素	课程思政教育要点
保险的基本原则	保险的损失补偿原则、保险利益原则、代位追偿原则、最大诚信原则、保险合同成立的要件等	(1)保险中因信息不对称而导致的问题是订立这些原则的主要动因 (2)诚实守信是保险运作的基础	(1)培养学生诚信的道德品质 (2)学生应当有法治精神，遵纪守法
保险合同	保险合同中的基本概念、保险合同有效的条件、批单、共同保险等	(1)保险合同的权威性 (2)保险合同设计的科学性	(1)培养学生的法治精神和契约精神 (2)培养学生的科学精神
人身保险实务	人寿保险、健康险、意外险等	(1)这一类保险是对生命健康的关爱和保护 (2)保险对家庭财务的保护	(1)培养学生关爱生命的情怀 (2)培养学生对家庭和社会的责任感
财产保险实务	家财险、机动车辆保险、责任险等	(1)机动车辆导致的交通安全、环境污染等社会问题 (2)责任险对第三者的保护	(1)培养学生的社会责任感，贯彻新发展理念 (2)培养学生建设和谐社会的理想和信念

二、案例节段的教学设计

(一)对教学对象的分析

1. 知识结构特征与学习需要

本课程的授课对象为刚上大三的学生，有经济、金融、管理、数学等基础知识，首次接触保险专业课，有学习热情。学生希望学习保险相关的理论知识，增强专业实践能力，提升职业能力和素质，为未来职业发展打下基础。除了专业知识和能力，学生对职业成功的影响因素、如何成为一个对社会有用的人、如何成为一个受尊重的人等问题也有深深的疑惑，课堂是这些问题答案的重要来源。

2. 思想政治特征

总体而言，当前大学生的德育水平普遍较高，但是大学生们对一些价值观的认同感上存在差异，需要进一步去引导和培养。另外，一部分大学生有享乐主义人生观；随着学段提升，总体道德水平出现下降趋势；缺乏职业道德和伦理的基本概念等。① 大学生在思想政治方面存在的问题有很大原因是正确且权威引导的缺位，专业课教师处于权威的地位，通过课堂潜移默化地对学生进行政治思想方面的引导将有助于降低不良现象的发生率。

(二)对教学目标的分析

本次案例节选的是"保险最大诚信原则"一节，教学目标包括：学生能够深入理解保险最大诚信原则的含义、最大诚信原则在保险经营中的实际运用，及其对保险经营的影响，学生的专业素养得到提升；通过对保险最大诚信原则内在原因及现实表现的分析，引导学生将保险最大诚信原则所衍生的价值内涵投射到社会生活的各个层面，培养学生具有诚实、守信、公平、法治等价值观，同时提升学生作为未来金融从业者的职业伦理和道德。

(三)对教学内容的分析

1. 本节在课程中的逻辑位置

本门课程包括了以下几个知识模块：风险管理与保险的基本概念、保险市场及主体、保险基本原则、保险实务。本节属于"保险基本原则"的一部分。本节所学习的内容均在保险现行法律或者保险合同中得到不同程度和形式的体现和运用。本节的内容承上启下，既运用了大量的前序所学的知识，又是后面保险实务部分的理论基础。

2. 本节的教学重点

本节的教学重点是保险的最大诚信原则的含义及其运用。教师将在教学过程中结合案例进行讲授确保学生能够深入领会保险最大诚信原则的内在含义及表现方式，同时要求学生进行案例分析，能够活学活用看似简单，实则在实践中有多种表现形式的原则，提升学生分析和解决问题的能力。在这个过程中，有意识地培养学生诚实、守信、公平、法治等价值观，培养学生的

① 沈壮海、王迎迎：《2016年度大学生思想政治教育状况调查分析——基于全国35所高校的调查》，载《中国高等教育》2017年第11期，第46页。

职业道德和伦理。

具体地，在保险最大诚信原则概念介绍部分，重点介绍和讨论"诚信"的一般含义及其在社会生活中的重要性，教导学生注重培养诚信的品质；在结合案例讲述保险最大诚信原则的表现形式及其运用时，通过反面的案例来阐述投保人、被保险人、保险公司、保险代理人等不遵守保险最大诚信原则的后果，鲜活地体现诚信在经济活动中的意义及其相关后果；在保险最大诚信原则的拓展分析部分，结合新技术条件、新的生活方式等来分析如何遵循和运用保险最大诚信原则，引导学生面向未来、不忘初心。

3. 本节的教学难点及化解难点的方案

本节的教学难点之一在于如何准确理解最大诚信原则的内涵及表现形式，并将该原则准确运用到实际案例的分析中去。针对这个教学难点，本课程的主讲教师将注重从行业演变过程、保险经济活动的本质特征等背景知识引入，帮助学生理解该原则背后的经济逻辑。在此基础上，利用案例来生动呈现最大诚信原则，最后再回到案例中去准确运用该原则，达到既让学生学到客观准确的知识，又提升分析解决问题的能力的目标。

本节教学难点之二在于课程思政教学。本章学习过程中会接触到一些涉及违法犯罪的案例，有些案例会体现人性的弱点及社会生活的阴暗面，如何在案例分析过程中弘扬社会主义核心价值观，教导学生遵纪守法，避免学生受到负面因素的影响，需要妥善把握其中的分寸。针对此教学难点，本课程的主讲教师将始终注重自身的政治、道德站位，对社会中阴暗面等进行旗帜鲜明的批驳和反对，鼓励和引导学生接受诚实、守信、公平、法治等社会主义核心价值观。

（四）教学手段与方法

1. 课程总体教法与学法

（1）课程教法。根据课程内容及其特点，本课程将综合采用多种教法以取得良好的教学效果（如图1）。具体而言，教师将综合采用案例分析法、讨论法、讲授法以及探究研讨法，在此过程中注重启发式教学的运用，注重学生参与和互动。

（2）课程学法。在学生的学法方面，建议学生注重知识点的关联性，将本节知识与前序知识点进行连结，以便更加深入和准确地理解本节中提出的概

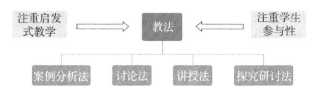

图 1 本节课程的教法设计

念和内容；建议学生通过案例分析融会贯通知识和理论，提升逻辑思维能力、批判性思维能力；鼓励学生拓展思维，积极探究新技术条件下最大诚信原则的适用性、局限性及创新思路，培养创新思维能力。

2. 课程思政教学方法

（1）抛砖引玉法。教师寻找一个思政元素与课程内容的结合点（即"砖"），引导学员在思政框架下积极主动思考课程内容，激发学员对课程的学习兴趣，尽快进入教员所创设的有效教学情境中。学生自发思考导出的结论更容易被自己所接受，因而可能产生非常良好的思政教育效果。在本节课的教学中，教师给出保险交易中不诚信的某种典型表现，鼓励同学们结合自身的经历和发挥想象力去挖掘其他的表现，以及可能产生的不良后果。

（2）画龙点睛法。在对知识点讲解完成之后，或者在案例分析即将结束时，以准确、简练的语言从文化、制度、价值观等方面进行总结和拔高，给学生强烈的印象，起到画龙点睛的效果。例如，在本次课即将结束时，教师可以说："保险业的健康运作建立在最大诚信原则的基础之上，对于一个人而言，诚信何尝不是安身立命的基础？对于一个民族、一个国家而言，诚信何尝不是取信于民、取信于世界的基础？"

（3）一体两面法。对于很多知识点，它们不仅是本门学科的知识节点，而且也往往可以投射到其他学科领域，给学生以更多的启发。如学习保险法律法规时，可以自然而然地引申讨论职业道德和伦理问题，分析"合法与合情合理"的问题，给学生相应的思政教育。例如，当一个投保人因知识、智力等的局限而未能履行如实告知的义务时，应当如何处置？是否应当区分恶意欺诈和无恶意的行为？等等，在法律原则分析的同时引入价值判断。

（4）基因编辑法。该方法是指在专业内容的设计、讲述、分析过程中，适当嫁接"中国元素"，如阐述中国人所作的贡献，或者采用来自中国的典型案例等，从而消解西方话语霸权，让学生更加了解中国人的智慧和贡献，增加学生的荣誉感和民族自豪感，提高学生的专业兴趣。例如，在相关的立法方面，我国与其他国家相比有何差异，体现了怎样的中国智慧？

（五）教学过程

1. 教学模式

本节内容的讲授将采用"课前预习—课堂讲授—课后消化吸收—课堂再讨论"的模式进行教学。具体地，教师将在课前通过网络提供案例让学生在预习本节课程内容的基础上进行一定的分析；在课堂上教师对知识点进行详细讲授，注重启发学生的参与和互动；布置课后作业，对知识点进行消化和巩固；下一次课堂上，结合作业对上节课中的部分疑难点进行再讨论。

2. 教学过程组织

本节课程教学过程的组织如图 2 所示。教师通过回顾前序课程的相关内容引出本节内容，让学生理解本节课程中的知识点在本门课程中的位置，然后介绍最大诚信原则的含义和内容，将最大诚信的约束扩展到投保人、保险公司等各方，并结合实际案例介绍最大诚信原则的运用。最后结合科技发展、法律环境变化等探讨最大诚信原则面临的挑战。总体而言，课程讲授的逻辑是"实践—知识和理论—实践—创新"，充分体现本课程兼顾理论性和实践性的特征。

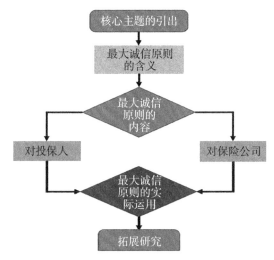

图 2　本节课程内容的教学组织流程

3. 教学方法选择与活动设计

在本节内容讲授的过程中根据需要综合运用了前述的多种教学方法，具体的教学策略如图3所示。

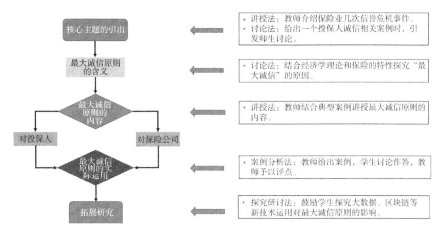

图 3 教学方法选择与教学活动设计方案

4. 课程思政元素的融入策略

通过挖掘和确认思政载体，有机融入"民族自豪感""社会主义制度优越性""诚信、法治的价值观""职业道德和伦理"等思政元素。本节课程中融入的思政元素及思政元素接入点如图4所示。

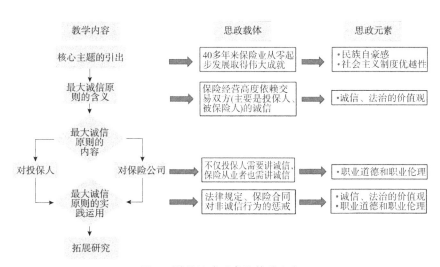

图 4 课程思政元素及其融入点

（六）教学评价

本课程通过多种方式对教学效果进行综合评价，包括：观察学生的表现，对学生进行调研，听取学生辅导员和班导师的反馈等。我们针对本次节选的案例课程面向学生发放问卷进行调研（问卷略）。问卷中的问题包括两个层面：一是本节课程内容教学中思政教学的总体效果，二是学生对课程思政教学的感知与态度。调研结果显示，大多数学生在本节知识点教学过程中不仅有知识和能力方面的提升，而且受到了深刻的思政教育，课程思政对他们的世界观、人生观、价值观以及职业道德和伦理均产生了积极而显著的影响。当教学方法适当时，学生对课程讲授中适当融入思政元素的做法持欢迎的态度。

三、教师对课程思政的感受与认识

保险是一种金融机制，也是一项充满爱与关怀的事业，具有浓郁的人文情怀。本课程遵循课程思政教育的基本原则，采用多种教育教学方法，在教授风险管理与保险相关知识的同时，以"润物细无声"的方式融入社会主义核心价值观的教育，增加学生对我国优秀传统文化的感知，提高学生对社会主义制度优越性的认识，培养学生正确的世界观、人生观和价值观，有效助力"三全育人"目标的实现。本门课程的课程思政教学实践表明，只要课程思政教学方法得当，持之以恒，一定会产生良好的育人效果。

"运营与供应链管理"课程思政教学案例
供 应 管 理

冯 华①

课程名称：运营与供应链管理　　**课程性质**：平台课程

学分/学时：3/48　　　　　　　　**授课对象**：管理大类（大二下）

课程简介：2017 年国办发〔2017〕84 号文件把供应链提升为我国的国家战略。随着市场竞争的激烈化，实现运营与供应链的有效管理成为企业取胜的关键，国内外知名学府的商学院纷纷将运营管理和/或供应链管理作为管理类本科生的核心课程。基于该背景，2013 年，武汉大学经济与管理学院管理科学与工程系着手建设"运营与供应链管理"，下称"运营与 SCM"平台课程，由教育部物流教指委委员海峰教授首先筹建了教学团队，形成了包含珞珈特聘教授许明辉教授、珞珈青年学者戴宾教授等 8 位教师在内的优秀教学团队。

　　本课程以战略为导向，将运营管理和供应链管理有机整合于一体，同时强调了企业运营以及供应链管理两个方面。课程将传统运营管理的内容进行了延伸，强调了运营与供应链管理之间的集成问题。课程从运营与供应链战略入手，构造制造与服务系统的流程选择与布局、业务流程、质量管理、能力管理四大运营环境，进而从供应、预测、销售与运营计划、供应链物流管理、准时制/精益生产五个方面将运营与供应链决策相结合。期望为同学们进行实际的运营与供应链管理提供较为全面的视野和解决思路，帮助同学们提升解决供应链系统设计与运营管理实际问题的知识储备与应用能力。

---

① 教师简介：冯华，武汉大学经济与管理学院副教授、硕士生导师，研究方向：供应链柔性化、服务运营管理，电子邮箱：fenghua@whu.edu.cn。该项目为湖北省级教改项目（2020004）、武汉大学教改重点项目：基于线上线下混合教学的平台课教学质量提升研究（2020ZD-5），及 2023 年武汉大学本科教育质量建设综合改革项目"数智化背景下供应链管理教育质量建设改革与拔尖创新人才培养"（2023-24）的部分研究成果。

一、本门课程的总体设计

(一)课程思政的目标

面对受众规模化、教学多样化、学习差异化、思政引领化的平台课教学特点,《运营与 SCM》平台课提出 KPIL-SPARK(Knowledgeable, Politic-Ideological and Layered SPARK)课程建设思路,具体如下:

(1)知识体系架构(Knowledgeable, K):围绕国家产业链供应链协同战略、企业运营与供应链管理对高端人才所需,契合领域前沿理论与国际发展动态。聚焦理论知识体系、混合教学模式、分析工具及软件操作、后续课程衔接四个环节的问题。

(2)课程思政建设(Politic-Ideological, PI):坚持立德树人,弘扬社会主义核心价值观、契合宏观政策导向,促进课程内容与思想政治互融共生。

(3)人才培养分层(Layered, L):形成理论知识与学习能力、研究与创新能力人才分层培养模式,关注课程内容分类、学生动态分层两个环节的问题。

(4)案例教学设计(Select-Perform-Analysis-Review-Knowability, SPARK):强化综合多学科知识的战略性思维能力的训练及沉浸式学习、突出契合企业实际的解决方案制定和思想的碰撞以形成"火花"。从案例教学、情景小品/仿真模拟、实习实践/参加赛事三个方面促进理论与实践的相互融合。

该课程为管理学指定专业核心课程。秉承武汉大学培养"厚基础、宽口径、高素质、创新型"复合人才的目标,以及建设多学科交叉与深度融合的"新文科"专业举措,人才培养定位为培养以战略为导向,融合"技术、经济、管理、信息"四大知识平台,掌握将运营管理和供应链管理有机整合的决策方法的高素质应用型与研究型人才。

(1)知识目标:能描述基本概念、掌握分析工具应用、对关键节点进行正确判断。

(2)能力目标:能对关键决策问题进行合理优化;具备综合的表达能力;具备战略匹配和全局化思维能力。

(3)价值目标:遵守国家产业政策,把握理论与实践前沿,树立面向大数据、物联网和"双循环"新格局所需的供应链思维与创新意识,具有团队精神和协作能力。

(二)课程思政的主线

本课程以运营与供应链管理知识体系为基础,深度挖掘生动有效地弘扬社会主义核心价值观、契合宏观政策导向和思想价值与精神内涵的育人元素。

课程以立德树人为导向,以促进学生知识学习与能力提升为中心,增加体现社会主义核心价值观/宏观政策与学科理论融合、多学科思维融合、跨专业能力融合、多学科项目实践融合的思政内容,寓价值观引导于知识传授和能力培养之中,在传授运营与供应链管理相关知识的同时,引导学生树立爱党爱国、爱社会主义的坚定信念,自觉践行社会主义核心价值观,促进课程内容与思想政治互融共生。培养掌握运营与供应链管理理念,厚植社会主义核心价值观和家国情怀,具备国际经营头脑与核心竞争力等运营与供应链职业素养,推动社会经济与产业链供应链高质量发展的知识、能力和价值素养等。

(三)课程各章节的思政元素

课程各章节中的思政元素汇总如表1所示。

表1 课程思政要素汇总

章	思政目标	思政元素	案例素材
1. 运营与SCM概述	密切关注国家产业政策,把握国内外供应链管理理论与企业创新实践前沿趋势,树立面向大数据、物联网和"双循环"新格局所需的供应链思维与创新意识	供应链创新、现代供应链与深化供给侧结构性改革、建设现代化经济体系的关系	文件:2017年国办发〔2017〕84号文件把供应链提升为我国的国家战略 文件:党的十九大报告相关供应链创新与实践的内容
2. 流程分析与布局决策	树立利用现代信息和数据技术、以企业内外部流程为突破口,深化"互联网+先进制造业"发展战略的创新思维,提升满足智能化和定制化生产需要的能力素养	流程分析与产业结构优化	文件:2017年,国务院常务会印发了《深化"互联网+先进制造业"发展工业互联网指导意见》 文件:相关文件中所提出的创新能力、产品质量、绿色制造、产业结构优化、国际化和强化基础等目标

续表

章	思政目标	思政元素	案例素材
3. 业务流程	密切关注相关领域的创新发展，如，数字经济、数字社会发展，具备应用新技术、新观念对流程进行再造的前沿意识	流程再造、流程重构与优化	材料：山东省财政厅党组关于财政工作流程再造的部署要求
4. 质量管理	具备从供应链层面重新审视和改进质量管理，将供应链质量管理内化为自身能力的价值素养，以遵循"抓质量、保安全、促发展、强质检"工作方针，在继承中发展，在改革中创新为价值导向，为推动质量强国建设和迈向质量时代积蓄内力	质量意识、质量管理	新闻：首届中国质量（北京）大会开幕 新闻：第二届中国质量（上海）大会开幕 新闻：习近平、李克强有关中国质量发展的重要论述
5. 能力管理	树立对标世界一流管理，着力提升战略引领、科学管控、精益运营、价值创造、自主创新、合规经营、科学选人用人、系统集成等八大能力的战略意识，具备为企业管理达到或接近世界一流水平作出贡献的价值素养	能力提升与优化配置	文件：推进国家应急管理体系和能力现代化
6. 供应管理	全球供应链、产业链本地化、区域化、分散化趋势加速演进，通过学习，培养学生具备准确研判我国在全球供应链中竞争优势的演化方向，更加重视供应链的多元化布局，并采取有力举措不断夯实和提升竞争优势的价值目标	供应链的多元化布局；全球供应链重构	事件：美国对华为的多轮制裁 事件：澳大利亚宣布撕毁"一带一路"合作框架协议
7. 预测	借助机器学习、大数据等相关技术，培养学生具备基于预测这一底层技术而探讨与生产系统相连接、实现全流程自动化的供应链系统优化能力与视角	预测方法；预测准确性	新闻：中国科学院大气物理研究所研发的北极海冰集合同化数值预测系统简介，及其最近发布的关于2017年北极海冰最小覆盖范围的预测结果事件
8. 销售与运营计划	跟踪供应链进入新型发展期的趋势，帮助树立以信息流优化，基于需求模式对产品、渠道和客户进行细分等方面的价值意识，正确迎接来自互联网技术高速发展的新格局所带来的挑战	管理供需关系是供应链企业销售与运营规划的核心	文件：我国各行业"十三五"规划的不断实践对供应链行业起到了极大的促进作用

续表

章	思政目标	思政元素	案例素材
9. 供应链物流	帮助学生树立促进我国产业链供应链向高级化和现代化方向发展的价值目标，引导传统物流和供应链向数字化、智能化转型	"一带一路"倡仪在国际物流体系建设中的重要意义	新闻：成都建设完善全球生物医药供应链，以供应链思维谋划国际物流配送体系建设
10. 准时制/精益生产	具备运用更高水平的数字化等创新技术优化现有供应链运营模式的价值素养；把握供应链的全球化趋势，树立正确的供应链运营理念；供应链不仅仅需要了解技术，更需要实施和整合技术；明确基于智慧供应链的视角提高供应链可视化并且创造价值的发展方向	准时制、精准生产、供应链柔性化等对供应链运营模式带来的挑战	案例：企业运用区块链和人工智能(AI)/机器学习等创新技术优化现有的供应链运营模式的举措

二、案例节段的教学设计

(一)对教学对象的分析

本课程的教学对象为经济与管理类本科生，这一代大学生已经逐渐成为我国社会中一个特殊且重要的群体，其中大部分的大学生属于"00后"，而且独生子女已经占据了大学生人数的一半以上，他们具有不同于以往大学生的新特点。表现为：思想认识模糊，但对政治的热情却很高；社会责任感低，但却有很强的学习与创新能力；心理承受能力差，但却勇于探索。思想教育的目的在于启明学生的心智，大学教育是为了让学生与社会、与整个世界和谐相处，乃至引领世界的发展，这就需要有正确观察和分析社会的知识、立场和方法，而在专业课程中增加思政元素就是帮助学生在学习专业知识的同时提升思想意识的双重目标。

(二)对教学目标的分析

授课内容：第6章供应管理第1~3节课，课程思政教学目标与要求如下：
【知识目标与要求】掌握战略采购、供应管理的概念；掌握战略采购流程涉及的步骤；学会采用多因素决策模型对供应商进行评估。

【能力目标与要求】能够运用组合分析为特定产品或服务确定合适的采购策略；对何时采用谈判方式进行判断，并基于特定目的签订相适应的合同；基于不同的前提对供应商进行评估选择。

【价值目标与要求】全球供应链、产业链本地化、区域化、分散化趋势加速演进，通过学习，培养学生具备准确研判我国在全球供应链中竞争优势的演化方向，更加重视供应链的多元化布局，并采取有力举措不断夯实和提升竞争优势的价值目标。

(三) 对教学内容的分析

1. 本节段在课程中的逻辑位置

本节段为课程第 6 章供应管理的第 1~3 节课。

2. 本节段的教学重点

以高水平课程思政教学团队建设为保障，精准挖掘各知识模块对应的课程思政资源，遵循学生成长规律，根据不同课程思政元素特点，科学设计教学方案，以专业知识学习为主线，教材内容与思想政治教育元素整合精当巧妙。结合学生思想实际，通过剖析本课程各知识模块的内涵，精准挖掘相应的课程思政元素，选择适当的素材承载思政资源，注重激发学生情感共鸣，培养学生自我教育和自主学习积极性。突出思想引领，融知识传授、能力培养、价值引领于一体，实现思想政治教育育人功能。

3. 本节段的教学难点

(1) 供应管理的发展趋势及意义；

(2) 基于不同的前提对供应商进行评估选择；

(3) 如何进行合适的采购策略选择；

(4) 明确采购流程的步骤及其实施。

(四) 教学手段与方法

本节段采用案例教学、讲授式教学、启发式教学等教学方法与手段进行知识传授与讲解。

案例教学。什么是供应管理？其又称为战略采购，在 SC 各个环节，有着众多的决策问题，而供应管理相关决策位于 SC 最上游，涉及供应商选择、交货决策、供应商管理以及采购策略等决策。其中的众多决策受到国际经济合作与国际关系、国际经济形势、国家政策导向的影响。本章从战略采购、全球采购、供应管理的运营作用几个方面将课程思政导入专业课学习当中。这两个事件都涉及供应管理中的相关决策，其影响力已然从企业层面上升到国家层面，意义重大，容易引起共鸣。课程从这两个案例的导入入手，然后分别进行教与学。根据知识体系的特点，精选供应管理相关决策所涉及的实际案例，引导学生进行有针对性的分析、审理和讨论，引导学生站在产业链供应链高度分析案例所包含的深层道理和内在逻辑，强化综合多学科知识的战略性思维能力的训练及沉浸式学习、突出契合企业实际的解决方案制定和思想的碰撞以形成"火花"。从案例教学、情景小品/仿真模拟、实习实践/参加赛事三个方面促进理论与实践的相互融合。通过了解案例蕴含的思想元素，激发学生的学习热情、家国情怀和社会责任感。

讲授式教学。采用信息化技术手段，基于知识体系的逻辑脉络，为学生讲授专业知识、提供丰富的课堂讨论知识背景材料、案例素材，对课堂小案例和分组大案例进行总结提升，在理论知识、能力提升、思政育人等方面进行深化。

启发式教学。例如，针对"供应管理"的教学内容，结合企业在战略采购各个步骤中的实践活动，通过提问与提示相结合的形式，结合翻转课堂教学方式，不断引导与启发学生对谈判、替代供应商选择、供应商合作等供应管理相关理论知识的探究。

本节段授课发挥 3 种教学方法的相互配合，合理使用辅助教学手段，旨在通过教师的引导，发挥学生主观能动性，实现课程应用与课程服务相融通，并深化师生、生生互动交流，焕发课堂生机活力。此外，课程强调理论知识体系、分析工具及软件操作、后续课程衔接的统一部署，以实现理论学习、工具应用、衔接培养的协调统一；探索基于线上线下混合教学模式的平台课教学质量提升模式，将信息技术与教育教学相融合，充分利用和发挥网络教学优势，实现知识学习的碎片化与整体化、学习方式的多样化与学习资源的共享互通，全方位调动学习积极性。

（五）教学过程（KPIL-SPARK）

1. 课程知识的教学过程（见表 2）

表 2　　　　　　　　　　　　课程思政教学活动组织

时间	教 师 活 动	学 生 活 动
第一节课	K1&PI1：引导案例与问题 & 课程思政之美国制裁华为 K2&PI2：案例阅读：西门子的全球采购 & 课程思政之澳撕毁"一带一路"合作框架协议 K4：案例阅读：塔吉特公司的利益杠杆（例7.1） L1&PI1：需求中断所带来的逆全球化将会对芯片企业产生哪些影响？	PI1：华为的反击 K2：案例讨论：疫情对苹果公司的影响 K3&PI1：课堂讨论：供应管理的运营重要性 K5：案例阅读：斯普林菲尔德医院的阀门采购（例7.2）& 课程思政 PI1：麒麟芯片是华为自主研发的吗？ 课中练习：习题6
第二节课	K6&PI2：情景讨论：El-Way 的采购机会评估（案例7.3）& 澳单方面提高铁矿石价格，中方的应对 K7：情景讨论：El-Way 的内部分析（案例7.4）	分组案例5 小组课堂展示与讨论
第三节课	K8：案例阅读：奔迈公司虚拟制造 K9：案例阅读：沃尔玛公司的 CGF 指南的预定 PI1：我国加大芯片产业链研发力度 PI2：澳毁约对其经济产生致命打击	K10&PI2：案例讨论：ABC 公司的总成本分析（案例7.5）& 中方在替代品开发等方面的努力 情景讨论：Electra 公司采用加权评估系统进行供应商评估（案例7.6）
课后安排	L2：文献阅读	课后习题：习题1~5、7 L1~2：科研训练+案例剖析（自主学习+讨论） Spark L3：分组案例6

【K（Knowledge）：知识体系】

◇　引导案例（K1）

◇ 基本理论讲解(K1-K4)

◇ 课中案例讨论/情景小品(K2-K5)

◇ 分析工具/软件操作/课后习题(K6-K10)

【PI(Politic-Ideological)：课程思政】

【L(Layered)：进阶指导】

◇ Spark：需求中断所带来的逆全球化将会对芯片企业产生哪些影响？(L1)

◇ 文献阅读：Yan，Y.，Zhao，R.，Lan，Y.，Moving sequence preference in cooperation outsourcing supply chain：Consensus or conflict，International Journal of Production Economics，2019（208）：221-240. (L2)

【Spark(Select-Perform-Analysis-Review-Knowability)：分组案例6】

◇ 分组案例6：Pagoda.com 公司的在线服务方案分析

◇ Spark：在线服务外包会对企业运营模式带来哪些挑战？ (L3)

2. 教学流程

【课程导读】企业内部的运营战略、运营系统设计与流程优化，即，企业单打独斗的运营模式是不能在日益激烈的竞争中脱颖而出的，企业与其所处 SC、SC 与 SC 之间的竞争将是经济发展的新常态！像京东、阿里的快速发展也得益于其站在产业链供应链的高度进行战略布局。然而，成也 SC，败也 SC，而成又在于站在更高的视角对其 SC 进行重构。某个环节的供应或需求发生中断，将会对整个供应链产生极端影响。例如，面对美国在核心零部件、核心技术方面的制裁，电子通信企业中兴和华为举步维艰，为了寻求突破，华为除了不断积累内力(鸿蒙系统、麒麟芯片)，更是在全球范围重构其供应链，厚积而薄发。

在供应链网络中，各个节点均面临着众多的决策问题(如图1所示)，供应商选择、自制/外包决策、供应商管理、采购策略等决策是供应环节所面临的关键决策问题，这些决策对于企业的运营起着重要作用。

【思政案例教学活动组织】以美国政府制裁华为(见表3)和澳大利亚政府宣布撕毁"一带一路"合作框架协议(见表4)为例，来看一下，供应中断将会对企业带来哪些影响？而为了消除这些不利影响，华为和我国政府又做了哪些努力？

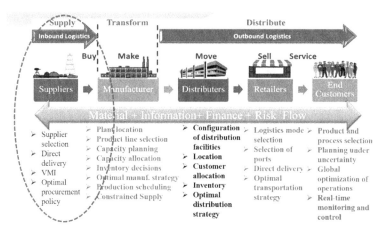

图 1　供应链各节点面临的决策问题

表 3　　　　　　**思政案例 PI1：美国制裁华为的教学活动组织**

主题设计 时间安排	教学内容与教学方法	学生活动	设计意图
案例导读 1 分钟	到 2020 年年底，美国的几波制裁将华为公司推到了崩溃的边缘，因为它无法获得关键的 CMOS 组件(一种集成电路的设计工艺)	认知：供应中断的表现形式	让学生认识供应中断
视频赏析 1 分 35 秒	播放华为被美国制裁的视频：美国制裁华为延期且升级，一个超级大国对一家企业的宣战书！	认知：美国制裁华为这一事件	让学生了解美国制裁华为背后的原因
背景资料 1 分 25 秒	据有关数据报告显示，在 2023 年，全球的 3D 视觉产业可以接近 200 亿美元。在智能制造，金融安全，混合现实等众多新兴领域 3D 视觉芯片技术都属于核心基础。5G 的未来在于"万物互联"，联通人的五官，拥有对于周边世界的距离、形状、厚薄的高精度感知，可以让机器像人一样能够实现对于复杂物体的抓取、测量、移动和避让等动作 2018 年，美国政府以芯片等核心零部件对中兴实施"卡脖子"；2019 年，美国政府将华为及其 70 家关联企业列入出口管制"实体名单"，想要控制华为的 5G 技术发展……	认知：芯片、5G 对于国家战略的重要性	认知：让学生清楚芯片、5G 对于国家战略的重要性 了解：美国制裁华为等高科技企业背后的根源

续表

主题设计 时间安排	教学内容与教学方法	学生活动	设计意图
课堂讨论 4分钟	近年来，受保护主义、技术变革、要素成本变化等多重因素影响，全球供应链格局正在加速调整。特别是受新冠疫情影响，全球供应链、产业链本地化、区域化、分散化趋势加速演进，跨国公司更加重视供应链的多元化布局，全球供应链面临重构。经过美国的几轮制裁，华为的各项业务都大受打击 提示1：华为在芯片领域，是如何破局的？ 提示2：华为操作系统领域，是如何布局的？ 提示3：华为如何探索未来的发展战略？	讨论：我们应该怎样做？华为是怎样应对的？	引导：供应、需求与职能战略等理论学习如何与解决实际问题相结合？ 凸显：理论知识体系的重要作用，提升学习兴趣与学习的主动性
视频赏析 引申思考 2分钟	播放"工信部：中国将加大芯片全球产业链合作！"视频 华为芯片虽然没有对其他手机厂商开放，但已切入电视市场。2014年10月，海思的一款芯片被酷开选用在其新推出的电视新品中。可见，华为正在打造一种新的生态，这种生态系统主要是围绕手机进行，通过麒麟芯片延伸到平板、手腕上的手环、电视等，并获得同样质量的用户体验	理解：产业发展到高级阶段，竞争的核心不再是掌控技术本身，而是能否控制产业生态	认知：我国在发展芯片产业的重大举措 感召：将视野由企业层面的决策，上升到产业链供应链决策，并上升到国家在高科技领域的布局决策，以此激发民族自尊与民族自强的信念，提升爱国主义情怀

表4 思政案例 PI2：澳大利亚政府撕毁"一带一路"合作协议框架的教学活动组织

主题设计 时间安排	教学内容与教学方法	学生活动	设计意图
案例导读 1分钟	2021年4月21日，澳大利亚撕毁"一带一路"合作框架协议，禁止华为5G设备入澳，阻碍我国在澳农业、畜牧业与基础设施等方面的多笔投资，并且还各种制约中国出口到澳洲的商品	认知：供应、需求中断的表现形式	认识：供应、需求中断的表现形式

续表

主题设计 时间安排	教学内容与教学方法	学生活动	设计意图
视频赏析 视频解读 5分钟	播放"还没被打疼？澳大利亚撕毁'一带一路'协议，中国驳斥澳方无理挑衅！"视频 介绍澳大利亚撕毁该协议的背景：2018年，莫里森成功竞选后，中澳关系开始急转直下。为了紧跟美国的脚步，莫里森从政治、经济、军事以及舆论上都针对中国作出反对措施	认知：澳大利亚政府撕毁"一带一路"合作协议框架这一事件	理解："一带一路"的国际影响及该事件对我国的影响 让学生理解澳大利亚政府撕毁协议背后的根源
我国对澳的反击 2分钟	以铁矿石为例，对中澳双方的博弈过程进行分析，介绍我国政府的反击 介绍中国对澳大利亚实施的三轮经济反制	认识：谈判、供应商选择、供应商合作等策略的重要性	识别：谈判、供应商选择、供应商合作等策略的重要性
事件评论 2分钟	澳大利亚经济受损，反观我国因澳大利亚的针对受到的影响就微乎其微 想和中国合作的国家不计其数，他们巴不得中国更换合作对象，便于自己和中国合作。中国刚制裁了澳大利亚的农产品，他们就和新西兰签署了升级版的双边自贸协议	理解：我国企业在面临供应中断、全球采购风险，及在战略采购决策中所采取的应对措施	感召：谈判、供应商选择、合作等策略的重要性，国家实力在其中的优越性，增强民族自尊、自信与自强心

【思政案例与课程内容的融合】供应管理（supply management），也称战略采购（strategic sourcing），是指企业在分析采购对象与采购货源、制定采购策略、选择供应商、采购产品和服务时所执行的一系列活动，目的是最大化组织价值。

除了采购，像早期采购参与、早期供应商参与、跨职能团队、供应商开发，以及与世界一流供应商签订长期合同等决策，也是战略采购决策的重要内容。为了避免供应中断，华为在供应管理方面采取了一系列措施，如自主研发麒麟芯片并委托台积电代工；我国政府积极寻求非洲铁矿石作为替代品、与新西兰签署升级版的双边自贸协议……思政案例PI1、PI2及其拓展与课程内容之间有着很好的契合点，相关教学活动组织如表2所示。

（六）教学评价

1. 相关评价与示范辐射

近五年来，该平台课程每年开课 8~9 个教学班，课堂授课受到了广大学生的一致好评，学生对该课程评价结果均为"优秀"，教学团队有 5 名教师先后被评为经济与管理学院当学期学生教学评价前十名，教学效果优秀。教学团队教师参加学校课程思政说课比赛获得三等奖，多次参加学校"教与学的革命"征文比赛并分别获得一、二、三等奖，课程教学内容与课程思政深度融合，具有良好的示范推广价值。

课程思政建设从 2020—2021 学年开始推出以来，教学效果明显。从表 5 可以看到，2020—2021 学年与 2019—2020 学年相比，90~100 分的高分段学生人数占比从 28.6% 上升到 44.8%，70~80 分的低分段学生人数占比从 12.5% 下降到 6.90%。从表 6 中可以看到，2020—2021 学年与 2019—2020 学年相比，在三个培养目标中超出预期的人数比率分别从 42%、21%、50% 上升到 60%、35%、70%，而前两个培养目标低于预期的人数比率则分别从 17%、25% 下降到 0%、0%，思政元素体现在实际应用目标中，在实际应用（价值目标）培养方面，低于预期的人数比率从 8% 略有上升到 10%，其原因在于案例设计按难度逐年递增的思路在设计。

表 5　运营与供应链管理近两学期学生成绩对比（2019—2020 \ 2020—2021 学年）

学　年	100~90 分(%)	90~80 分(%)	80~70 分(%)	70~60 分(%)	60 分以下(%)
2019—2020	28.6	58.9	12.5	0	0
2020—2021	44.8	48.3	6.90	0	0

表 6　运营与供应链管理近两学期学生成绩评定表（AOL）-专业知识客观评分对比

培养目标	学　年	超出预期(%)	达到预期(%)	低于预期(%)
不同领域的专业知识(知识目标)	2019—2020	42	42	17
	2020—2021	60	40	0
特定专业技能(能力目标)	2019—2020	21	54	25
	2020—2021	35	65	0

续表

培养目标	学 年	超出预期(%)	达到预期(%)	低于预期(%)
实际应用	2019—2020	50	42	8
（价值目标）	2020—2021	70	20	10

2. 课程思政教学改革成效

面对受众规模化、教学多样化、学习差异化、思政引领化的平台课教学特点，课程教案理论知识与实践案例融会贯通，自成体系。教师针对每一个模块的课程内容和要求，按照教学设计 KPIL-SPARK 思路制作课件，设计相应的引导案例和课堂思政内容、课堂小组案例展示与讨论、启发性与创新性问题的提出、情景游戏或小品等，推荐课外书籍、文献阅读，布置课外作业及实践环节等，全方位帮助学生掌握和运用所学知识，提高学习和思维能力、分析解决实际问题的能力。

课程考核及课后调研结果表明，本课程 KPIL-SPARK 教学设计及思政教学改革提升了学生的学习兴趣和专业认同感，增强了学生的时代使命感和爱党爱国爱社会主义的信念。以 KPIL-SPARK 教学设计和课程思政成果为核心的教改成果获批省级教学改革科研项目立项，获得校级"教与学的革命"征文二等奖。近年来，以该平台课为契机，物流管理专业在大二下学期的专业分流中吸引了大量具有扎实理论基础和科研能力的优秀学生，优质生源为出口学生的质量提升创造了前提条件，近年物流管理专业本科毕业生去向极其喜人，毕业生就业比率居武汉大学经管学院各专业班级就业率榜首。

三、教师对课程思政的感受与认识

课程思政建议的方向是以立德树人为根本，弘扬"自强、弘毅、求是、拓新"校训，符合教育规律和教学大纲要求，把价值引领、情感传递和道德示范贯穿于教学过程之中，体现科学精神与人文精神的交融与共栖，使学生在收获运营与供应链管理相关专业知识的同时，于无形中得到思想政治方面的洗礼，实现价值引领、知识传授与能力培养的紧密融合，体现课程思政在教学过程的系统性、完整性和有效性。

　　高等教育"立德树人"，必须抓住"思想"问题这个重点，要用教育者的"思想"深度支撑工作中的"政治"高度，这对专业课教师也提出了更高要求，即，注重专业素养的同时，关注时事、与时俱进，不断提升内功。

"中西文化比较"课程思政教学案例
中西民主比较之精英与人民

付克新①

课程名称：中西文化比较　　**课程性质**：专业选修课程

学分/学时：2/36　　　　　　**授课对象**：马克思主义理论专业(硕一上)

课程简介："中西文化比较"是面向武汉大学马克思主义理论专业一年级硕士研究生开设的专业选修课程。本课程首先通过范式等理论反省跨文化比较研究的方法论问题，再从世界诸文明之交汇发展历史来看现今中西文化冲撞可能的路径与方向，从李约瑟难题切入探讨中西自然观的差异，从内在超越与外在超越的不同分析中国传统不同于西方的信仰模式，结合《新教伦理与资本主义精神》分析中国适应于现代商业社会的独特伦理文化，分析现时代中国、日本、印度、俄罗斯、欧陆、英美、中东、拉美、非盟等不同文明话语体系的结构，以及中西传统在心理文化、政治文化、民主文化等诸多方面的不同观点，探索马克思主义在新时代如何更好地引领中西文化之交流对话。

一、本门课程的总体设计

1. 课程思政的目标

使学生较为系统地了解中西文化在历史源流、文化心理、民主政治、科学技术等方面的异同，确立对中华优秀传统文化的自信、对繁荣发展中国特

---

① 教师简介：付克新，哲学博士、马克思主义理论博士后，武汉大学马克思主义学院副教授、硕士生导师，"毛泽东思想和中国特色社会主义理论体系概论"教学研究中心副主任、当代中国研究中心秘书长、《党史天地》编辑部主任。入选湖北省高等学校马克思主义中青年理论家培育计划(第八批)、"马克思主义理论与中国实践"协同创新中心优秀青年学者，武汉大学青年马克思主义者培养工程指导教师，曾担任英国剑桥大学客座研究员。主持国家社科基金青年项目、参与国家社科基金重大项目等多项，擅长研究中西民主比较等。

色社会主义文化的信心。

2. 课程思政的主线

以符合时代要求和课程规定、学生喜闻乐见和易于接受的形式，较为清晰地勾勒中西文化的历史源流和现当代发展，比较中西文化在多个方面的相同点和不同点，并在马克思主义基本立场、观点、方法的观照下彰显中华优秀传统文化的独特品格和时代价值，使学生进一步确立文化自信。

3. 课程各章节的思政元素

本课程的思政元素集中在通过比较中西文化的历史、理念和现实，确立学生的文化自信这个方面，特别是通过民主政治的比较，使学生通过广泛阅读和理性思考，确立对中国特色社会主义民主政治的自信。

本教学点的教学内容和思政元素如图 1 所示：

教学内容1
多数人应当如何进行管理和统治，才是民主的？

思政元素：引导学生思考多数决定和保护少数等原则，探讨其意义和限度。

教学内容2
实行直接民主的条件是什么？直接民主和小国寡民的关联。

思政元素：引导学生思考直接民主的有效性及其有限性。

教学内容3
理论上的多数人暴政与现实中的少数人暴政：民主如何摆脱暴政？

思政元素：引导学生思考多数人暴政的说辞何以提出、如何反驳。民主只能在这些所谓的暴政之中摇摆吗？如何摆脱和走出？

教学内容4
代议制民主是如何成为选主的？西式民主何以迷失？

思政元素：引导学生思考人民当家作主和选一个代理人来统治的差别，分析资本主义私有制对民主的影响，探讨财产权与选举权、决策权的关系。

教学内容5
中国民主的发展历程和西式民主的主要区别是什么？

思政元素：引导学生思考人民民主为什么不是同义反复的赘词（萨托利）和自由主义民主、宪政民主等鸟笼民主相比较，人民民主更接近民主实质。

教学内容6
相较于西式民主而言，中国民主的人民性是如何体现和落实的？

思政元素：引导学生思考，如果不用修饰词来限制民主，那么在现代社会条件下，落实民主的人民属性面临的困难和挑战，分析中国的举措及其优势。

图 1　教学内容和思政元素

139

二、案例节段的教学设计

1. 对教学对象的分析

马克思主义理论学科的硕士一年级学生，还处于世界观、人生观、价值观发展成熟的重要人生阶段，学生们思维活跃、容易受到多元社会思潮的影响，加强中西文化比较、特别是中国特色社会主义民主政治学说的教育和引导，对于他们的人生发展和研究具有重要的基础意义。

2. 对教学目标的分析

本案例教学选取的是第七讲第 4 点"精英与人民"，通过系统比较中西民主在历史、理念、制度和实践等方面对落实人民主体地位的异同，彰显全过程人民民主的比较优势，使学生坚定确立对中国特色社会主义民主政治的自信，并为这一自信提供比较坚实的学理支撑。

3. 对教学内容的分析

(1)本节段在课程中的逻辑位置。精英与人民是理解全过程人民民主的重要概念，也是彰显中国特色社会主义民主政治独特优势和价值的重要理念。

(2)本节段的教学重点。比较准确地阐释清楚中国民主和西方民主在贯彻落实人民作为民主政治的主体方面的差异，通过理念、历史、制度和实践的比较，使同学们比较明确地认识到全过程人民民主的人民性。

(3)本节点的教学难点及化解难点的方案。对于传统中国来说，民主是一个舶来品。从五四运动以后，民主逐渐成为引领中国人民追求自由、独立和解放的重要价值。随着新中国的成立，中国共产党带领中国人民创造的人民民主政治文明、政治文化、政治制度和政治实践，是民主这个人类共同价值在现当代中国的生动实践和创造性发展，形成了民主的中国范式。但是在西方长期以来的意识形态攻势和学术研究特定话术中，中国至今还没有被认为是"民主国家"。突破西方学术的窠臼，从民主的实质内涵这个角度考量中西民主的异同，使学生们确立对中国特色社会主义民主政治的信心，既是本教学点的难点，也是化解这一难点的主导教学思路。

4. 教学手段与方法

历史比较、案例分析、经典著作选读和研讨法。在分析中西民主的历史发展时，采取历史比较方法；在讲解主要的观点时，结合案例分析的方法；对于中西民主的经典著作进行选读；对于中西民主的关键问题，展开研讨。

5. 教学过程

教学过程分为 5 个环节，流程如图 2 所示：

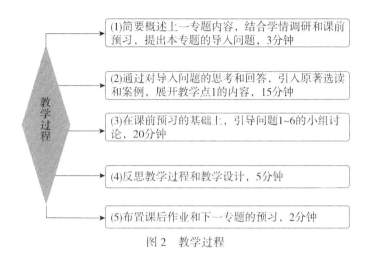

图 2 教学过程

教学过程

(1)简要概述上一专题内容，结合学情调研和课前预习，提出本专题的导入问题，3分钟

(2)通过对导入问题的思考和回答，引入原著选读和案例，展开教学点1的内容，15分钟

(3)在课前预习的基础上，引导问题1~6的小组讨论，20分钟

(4)反思教学过程和教学设计，5分钟

(5)布置课后作业和下一专题的预习，2分钟

6. 教学评价

评价主体：课堂学生，教学督导团队，其他教师。

评价方法：问卷、座谈、邮件、电话等。

评价内容：(1)教学内容是否站稳了政治、文化和课程的价值立场。(2)教学内容是否为学生所理解，是否内化为学生世界观、人生观、价值观的有机构成，并成为其观察、思考、理解和改造人生与世界的重要思想资源。

考核给分比例：评价内容(1)占分20%；评价内容(2)占分80%。

思政目标：学生比较系统地掌握了中西民主在理念、制度、实践、文化等方面的异同，深刻领会中国全过程人民民主的理论价值与实践意义。学生能够对当今世界发生的重大政治事件进行比较准确的分析，并清晰表达自己的观点。

三、教师对课程思政的感受与认识

为谁培养人、培养什么人、怎么培养人，是当代中国高等教育必须解决好的基本问题。我们应该培养为中国特色社会主义现代化建设事业努力奋斗的高质量人才、培养有利于人民的高端人才，把专业知识和思政价值融合起来，是铸魂育人、立德树人的关键。

"社会救助与社会福利"课程思政教学案例
老年人社会福利

薛惠元①

课程名称：社会救助与社会福利   **课程性质**：专业必修课程

专业：劳动与社会保障   **授课对象**：本科三年级学生

课程简介：通过本课程的学习，学生了解社会救助与社会福利制度产生和发展的基本规律，掌握社会救助与社会福利制度的基本理论、各国主要制度模式，以及我国现行社会救助与社会福利制度的基本内容和运行情况。本课程将系统学习社会救助的定义与性质、社会救助的理论基础、社会救助的历史演变、社会救助实务、生活社会救助、生产社会救助、医疗救助、教育救助、住房救助、司法救助与法律援助、灾害救助、社会福利的理论基础、社会福利的概念及发展演变、老年人福利、妇女儿童福利、残疾人福利、公共福利等内容。

一、本门课程的总体设计

(一)课程思政的目标

在学生了解社会救助与社会福利相关理论方面知识点的基础上，使学生初步具备运用所学理论对现实中社会救助与社会福利领域的问题进行分析，并能提出对策建议的能力，同时培养学生无私奉献、服务民生的情怀与经办

---

① 教师简介：(1982—)，男，山东沂南人，博士，武汉大学政治与公共管理学院副教授、副系主任，研究方向：养老保障、社会救助，Email：xuehuiyuan198204@163.com。

社会救助与社会福利具体事务的实际操作能力，既在社会救助与社会福利教学中体现了习近平新时代中国特色社会主义思想的指导，又在社会救助与社会福利的教学科研中探讨了贯彻落实党的理论和路线方针政策的思路，实现了二者的结合。培养学生对于我国社会救助与社会福利事业的认同感，向社会输送兼具人文关怀与专业素养的高级专门人才。

(二)课程思政的主线

打破课程思政标签化的刻板印象，采用灵活施教、润物无声的方式使得学生内化于心，外化于行，在社会救助与社会福利的教学设计上采取课堂讲授与课程实习实践相结合、案例教学法和学生参与讨论法的方式，从学生求知需求出发，以核心专业知识点为纲，确定主题，导入经典案例情境，教学重心下移，深度拓展教学内容，充分发挥课堂教学"育人"的主渠道地位。在"思想政治"和"专业"相长方面，明确课程中每个思政元素的切入点，厘清思政元素与专业内容之间的关系，梳理各思政元素之间的关系，做到心中有数。课程与时政结合的情况如图1所示。

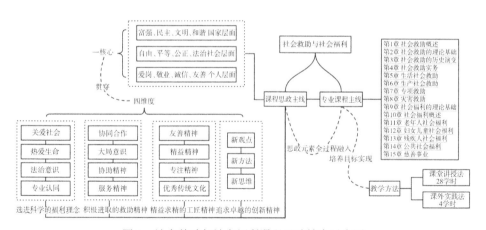

图1 社会救助与社会福利课程思政结合示意图

(三)课程各章节的思政元素

一是将中国特色社会主义的社会救助思想和社会福利思想融入课程。课程中在讲授社会救助、社会福利的理论基础时，除了讲授马克思主义经典作家的贫困和反贫困理论、社会救助和社会福利思想之外，还增加中国特色社会主义的社会救助和社会福利思想、中国精准扶贫相关理论等。课程组通过归纳总结历次党代会报告、党的全会公报、党的文献中关于社会救助与社会福利的重要论述，将其融入课程内容，让学生深切地认识到党和国家对中国社会救助和社会福利事业的重视。

二是将中国精准扶贫的理论与实践融入课程。

在讲授"生产社会救助"的时候，将重点讲述中国的精准扶贫，让学生深切感受到国家在脱贫攻坚方面付出的巨大努力和取得的辉煌成就。

在讲到教育扶贫的时候，重点讲授"三支一扶"（即支教、支农、支医和扶贫）。鼓励学生毕业后"到西部去，到基层去，到祖国最需要的地方去"。

三是增加教学内容"社会救助与社会福利制度在新冠疫情应对中的作用"。

2020 年新冠疫情防控期间，国家出台的一系列应对疫情的社会救助政策，如对新冠确诊和疑似患者的医疗救助；对新冠确诊和疑似患者以及其他困难人员的临时救助，临时价格补贴；低保、特困人员资格认定和待遇发放线上办、网上办、不见面办；社会救助和社会福利机构疫情防控；住房公积金缴存实行缓、减、免政策；疫情应对中的社会力量参与等。让学生以小组作业的形式系统梳理疫情防控中国家出台的社会救助和社会福利政策，让学生深切认识到疫情防控中国家在"保民生"方面所做出的巨大努力。

四是教育学生尊老爱幼，关爱弱势群体。

如在讲授老年人福利时，告诉学生"老年人是一种资源，而不是社会的负担"。教育学生尊敬老人。告诉他们"关爱老年人就是关爱我们的明天"，"让老年人拥有幸福的晚年，后来人就有可期的未来。"

在讲授妇女、儿童福利时，教育学生"儿童优先"，其次才是"lady first"。

号召学生关注农村留守儿童、留守妇女、留守老人、流浪儿童、残疾人福利等问题。在申报大创项目和论文撰写的时候，鼓励其研究农村留守儿童、留守老人、留守妇女关爱服务体系建设、残疾人福利建设等。

五是在讲授慈善事业的时候，教育学生要有"奉献、友爱、互助、进步"的志愿服务精神。

本课程拟设立课外学分，即每个学生课外需要做 8 小时的义工或社会服务，可以参照党员下沉社区的形式，也可以采用其他形式。教育学生不管是现在，还是未来，在力所能及的前提下尽可能地帮助需要帮助的人。比如，马路上有老人摔倒了，在第三人作证或拍照、录像的前提下扶起老人；朋友圈有病人水滴筹，给予力所能及的捐助；有地区发生自然灾害需要捐款的时候慷慨解囊，献出爱心。

二、案例节段的教学设计

(一)对教学对象的分析

在知识经验方面：学生基础知识扎实，学习能力强，思维活跃，积极参与课堂讨论和课后小组作业，学习热情和积极性都非常高。

在学习能力方面：学生进入大三下学期，对于社会保障领域专业知识掌握较为充分，能够较好地掌握课上教师所讲授的内容，理解能力强。

在情感状态方面：该阶段学生面临着保研的竞争压力，本课程作为一门专业必修课，学生非常重视这门课的成绩，因此，不管是在出勤、课堂讨论、课后作业，还是在实习实践环节，学生的态度都非常认真，"内卷"的现象较为严重。

(二)对教学目标的分析

1. 思政目标

一是掌握习近平新时代中国特色社会主义思想中有关老年人社会福利问题的重要论述，充分认识到党和国家对老年人社会福利工作的重视，清楚中央对老年人社会福利制度的顶层设计、鼓励学生进行归纳和总结，既锻炼了学生运用知识的能力，也能感受到制度的优势，增强制度自信。

二是在掌握老年人社会福利基本概念、基本理论和基本内容的基础上，培养学生尊敬老人、助人为乐、奉献社会的高尚品格。

三是让学生了解国家在老年人社会福利建设方面所付出的巨大努力，以及取得的重大成就，产生民族自豪感，从而坚定"四个自信"。

四是通过学习，让学生认识到当前中国老年人社会福利事业还存在一些不完善的地方，树立为中国老年人社会福利事业发展贡献聪明才智和奉献青春的理想和抱负。

2. 知识目标

本课程的学习应使学生比较系统地掌握老年人社会福利的基本理论，同时也要掌握老年人社会福利的实践工作。

3. 能力目标

一是了解老年人社会福利的发展历程，理解其理论基础。了解目前我国老年人福利存在的问题及其社会影响、应对战略。

二是理解构建中国特色社会福利制度的重要意义、了解老年人社会福利对社会福利发展的积极作用。

三是通过实践教学环节，了解我国老年人社会福利的实际工作情况，增加感性认识。

(三)对教学内容的分析

1. 本节段在课程中的逻辑位置

目前学生已完成对"社会保障概论"课程的学习，并且通过前面"第8章 社会福利的理论基础、第9章 社会福利概述"的学习，对老年人社会福利有了初步的认识，但知识的深度和广度有限，对老年人社会福利的基本概念、基本理论和基本内容认识尚不够深入。这是本章在"社会救助与社会福利"这门课中的逻辑位置。

2. 本节段的教学重点

在"老年人社会福利理论"这一节增加"习近平新时代中国特色社会主义思想中有关老年人社会福利问题的重要论述"的内容。老有所养，老有所乐是中华民族的传统美德。自古以来，中华民族非常重视"孝道"文化的传承，这是我国的养老保障事业天然蕴含深厚的历史渊源和群众基础的关键所在。比如，关于"实施积极应对人口老龄化国家战略"的论述，关于"让老年人共享改革发展成果"的论述、关于"积极老龄观、健康老龄化理念"的论述，关于"健全老年人关爱服务体系和设施"的论述，关于"多层次养老服务体系"的论述，关于"推动老龄事业和产业高质量发展"的论述、关于老年人"五有"(老有所养、老有所医、老有所为、老有所学、老有所乐)的论述等。

在讲授"中国孝文化"的时候，教育学生尊敬老人、孝敬老人、关爱老人。首先，讲解"孝"字构词法，教育学生孝敬父母，"常回家看看"。理解中央提出的"鼓励成年子女与老年父母就近居住或共同生活"的良苦用心。其次，让学生们明白"关爱老年人就是关爱我们的明天"，"让老年人拥有幸福的晚年，后来人就有可期的未来"。最后，教育学生马路上有老人摔倒了，要在第三人作证或录像的前提下扶起老人。告诉学生：要相信这个世界的美好，世上还是好人多。

在讲授"我国老年人社会福利取得的成绩"时，通过数据对比分析，让学生深切感受到国家在老年人社会福利方面所做出的巨大努力和取得的辉煌成就。

在讲授"我国老年人社会福利的内容"时，鼓励学生关注医养康养结合、社区居家养老服务、长期护理保险、智慧养老、适老化改造等老年人社会福利领域的前沿问题展开社会调查，形成研究咨询报告，为政府部门献计献策。

3. 本节点的教学难点及化解难点的方案

教学难点：理解老年人社会福利在"积极应对人口老龄化国家战略"中的定位和作用；当前我国老年人社会福利体系存在的问题及应对措施。

化解方案：通过最新案例解读、国家政策深度解读的方式，帮助学生理解；同时通过"课上小组讨论+课后亲身实践"的方式，提供思想碰撞平台及亲身实践机会，进一步加深学生对于教学难点的理解。

(四)教学手段与方法

传统课程教学以课堂讲授为主，学生作为知识的接收体缺乏主动性，因此新时期的教学应采取多样化的教学方法，提高学习质量：

(1)课堂讲授与课程实践相结合的方法。在讲授社会救助与社会福利相关知识点的同时，设置实践学分，鼓励学生去社区做义工和志愿者；同时还带领学生赴社会福利院参观、座谈，学习福利院在医养结合、智慧养老、时间银行等方面的具体做法。

(2)案例教学法。授课中增加一些生动的案例，以增强课堂教学的趣味性，牢牢抓住学生的注意力。

(3)小组讨论法。授课过程中将结合现实问题进行研讨，学生预习时提前查阅资料，课上按照小组(4~5人一组)进行讨论汇报，讨论的议题比如"老人变坏了，还是坏人变老了""如何健全农村留守老人关爱服务体系"等。

（五）教学过程（见表1）

表1   **教 学 过 程**

教学步骤	教学活动	教学目的
课前预习环节	课前通过随机抽查的方式对学生预习情况进行检查	对学生预习情况进行检查，了解学情，活跃课堂氛围
理论教学环节	讲解知识点配合思考题、提问、与学生互动	通过设置思考题和提问，让学生积极思考
	课上按照小组（4~5人一组）进行案例讨论	通过案例、小故事，提起学生的好奇心，激发学习兴趣
	课中反馈	对积极参与回答问题和讨论的学生当堂进行表扬，分享每个小组的亮点
课后巩固环节	布置课后讨论、查找相关资料的作业	培养学生的自学能力及学习兴趣，加深学生对于我国老年人社会福利事业的理解
实践教学环节	采用现场观摩和课后志愿服务的形式。现场观摩在结课后由任课教师带队赴福利院完成；志愿服务由学生利用课余时间自行完成	通过学生们的亲身实践，让学生加深对理论知识的理解和掌握。既锻炼了学生运用知识的能力，也能感受到制度的优势，增强制度自信

（六）教学评价

评价主体：学生。

评价方法：期末评教。

评价内容：

（1）"本学期还有实践课，真的好喜欢这种理论与实际相结合的项目"。

（2）"老师的讲解非常细致，甚至安排我们去养老院进行现场参观，教学相当有学术意义，实践的过程可以真实体会到现有的体制发展，感触较深"。

（3）"案例与知识点紧密结合，理解透彻"；还有学生说，"讲课穿插案例，生动有趣"。

（4）"老师课上经常与同学们互动，提高学生学习兴趣"。

（5）"老师每次上课都十分认真，十分注重课堂互动，感动中国模范好老师"。

（6）"老师很认真，课堂气氛好，同学们都很喜欢老师"。

（7）"课堂内容充实，老师授课方式很有趣，大家都喜欢听老师讲课"。

（8）"亮点就是内容重点清晰，课堂内外落实知识的方法多样"。

（9）"老师批改作业十分及时，并且会认真讲解，分享每个小组的亮点"。

（10）"真的好喜欢这种理论与实际相结合的项目"。

（11）"实践的过程可以真实体会到现有的体制发展，感触较深"。

（12）"看到老年人的生活这么丰富多彩，现在就想退休到福利院养老了"。

评价总结：

多数学生对于参观、实习等实践教学法表现出了极大的兴趣，他们认为这种教学方法突破了传统的课堂讲授式教学，让学生亲身体验到了我国社会救助与社会福利事业取得的巨大成就。实践教学法让学生们对于我国的社会保障事业、老年人福利保障事业等都留下了深刻的印象。

三、教师对课程思政的感受与认识

（一）重视课程实习和实践

"社会救助与社会福利"课程，在结课以后都会带领学生赴福利院参观、座谈和实习。2015 年、2016 年、2018 年去的是江汉区社会福利院，2017 年去的是武汉市儿童福利院，2019 年去的是武汉市社会福利院。2020 年由于疫情原因，没有带学生去福利院参观实习。

每次去社会福利院实习，都会自费给"三无"老人买一些东西带过去；2019 年去武汉市社会福利院实习的时候，公共经济与社会保障系党支部也去了。实习的流程一般是先参观，然后和福利院的老人座谈，最后和福利院的院长、书记、工作人员等座谈。

在座谈过程中，福利院院长提到的"做社会福利事业一定要有爱心和奉献精神，没有爱心和奉献精神就不要做社会福利工作""关爱老年人就是关爱我们的明天"等话语给学生留下了深刻的印象，比教师在课堂上给学生苦口婆心地讲授强百倍。

课程实习的效果非常好，让学生亲身体验到了我国社会救助与社会福利事业取得的巨大成就。

未来打算继续带领学生去江汉区社会福利院或武汉市社会福利院参观实习，时间大约订在学期末，实习的时候除了观摩以外，重点学习一下福利院在新冠疫情应对中的经验和做法。

（二）教育学生要有问题意识、责任感和使命感

这门课的学习，要让学生们知道，社会救助在保障国民最低生活、促进社会团结、安定社会秩序、缩小收入差距、促进社会道德文明建设等方面的重要作用。牢记"检验社会进步的标准不是看我们给富人增加了多少财富，而是看我们是否为穷人提供了足够的援助"。

同时，也让学生认识到中国的社会救助和社会福利体系还有不足有待完善，这些问题都是暂时的，随着经济社会的发展和改革的深化，会逐步得到解决，同时也让学生有责任感和使命感，鼓励学生关注中国社会救助和社会福利事业，为增进民生福祉和人民幸福而努力奋斗。

"国际法学"课程思政教学案例
条　约　法

周银玲①

课程名称：国际法学　　　　**课程性质**：专业选修课

学分/学时：2/36（理论学时 24）　**授课对象**：全球健康学专业（大二上）

课程简介：国际法学是面向武汉大学全球健康学专业开设的专业选修课。开课学期为大二上，课程学分为 2，课程学时 36，其中理论课程学时 24，实践课程学时 12。课程的主要内容包括国际法的基本原理和部门国际法制度。

法律是健康的社会决定因素，并且其作用日益凸显。针对医学部学生几乎处在法律学习"零起点"的特点，该课程通过国际法理论的讲授，使学生掌握国际法的基本知识，增强对国际关系、国际法律原则和规则的认识和理解；通过案例讨论和情景模拟教学，提高学生分析问题和解决问题的能力，养成国际法学的逻辑思维习惯。相比于法学专业的国际法学课程，该课程更加聚焦全球健康学的专业属性，强化了全球健康国际规则的相关内容。

一、本门课程的总体设计

（一）课程思政的目标

1. 知识目标

全面掌握国际法的基本原理和部门国际法制度。国际法基本原理主要包括：国际法的性质与发展、国际法与国内法的交互关系、国际法的编纂与国

---

① 教师简介：周银玲，国际法学博士，武汉大学公共卫生学院讲师/博士后。

际法渊源、国际法基本原则和国际强行法在国际法体系中的地位、国际法的主体及其基本特征、国家的基本权利和义务等；部门国际法(制度)主要包括：领土法、国际组织法、条约法、国际责任法、外交与领事关系法等。

2. 能力目标

通过熟练掌握国际法的制定、实施、遵守和国际争端解决等知识，分析国际事件中可能涉及的国际法问题，以及可能运用国际法解决问题的途径和方法。

3. 价值目标

培养理论联系实践的学风。有意识地将国际法基本理论与规则与相关国际法案例、国际实践和中国对外关系的实践结合起来进行思考和分析，形成自己的看法、评价、意见或建议。

养成逻辑思维习惯。对国际法律现象(国际法事实、问题、规则等)通过细致的观察、认真的比较、缜密的分析和综合的推理，得出是与非的推断或合理的结论。

(二)课程思政的主线

现代国际法的使命不仅维护国家利益，而且还要维护单个人的利益和人类整体利益。在一些情况下，这三种利益之间是一致的；在另一些情况下，这三种利益之间是不同的，甚至会发生抵触，尤其是国家利益与单个人的利益或人类整体利益之间容易产生冲突。但是，这三种利益之间的矛盾并非不可调和，关键取决于国际法的制定者在特定领域、部门或事项上的价值取向。[①]

国际法为主权国家、非国家行为体等参与全球健康治理，共同应对全球健康危机提供了共识性价值观和制度保障。本课程通过国际法理论的讲授、案例剖析和情景模拟等方式，培养全球健康专业学生的法治素养，引导学生从多个角度思考我国公共健康相关重大战略决策，思考国际法在全球健康相关国际合作、国际竞争中的应然作用和实施机制。

(三)课程各章节的思政元素

本门课程各章节中的思政元素如表1所示。

---

① 曾令良：《现代国际法的人本化发展趋势》，载《中国社会科学》2007年第1版，第15页。

表1　　　　　　　　　国际法学课程各章节的思政元素

国际法学课程章节	思 政 元 素
绪论	理解国际法在国际关系中的重要地位；马克思主义经典作家的主要国际法观点或立场；不同时期中国国际法学的特点
国际法的性质与发展	认识新中国尤其是改革开放以来对现代国际法的贡献
国际法的渊源	一般法律原则作为国际法渊源的价值；国际强行法的特征及其识别
国际法与国内法的关系	国际法在国内的适用方式；国际法在中国的适用制度
国际法基本原则	公平共处五项原则的内容及其重要性；国际合作原则的重要性
国际法的主体	个人在国际法上的地位
国际法上的国家	为什么中国台湾地区不能构成国际法上的国家？ 自卫权的行使条件
国际组织法	联合国的建立历史；中国与国际组织的关系
国际法上的个人	难民的法律地位；中国在引渡、庇护方面的历史进步
国际人权法	联合国的人权保护机构；中国关于人权的基本立场
国家领土法	北极地区的主权和资源争夺战的新动向及中国的对策
国际海洋法	国际海底区域的法律地位；"人类共同继承财产原则"
空间法	现行航空安全国际法律制度；中国空间立法
条约法	条约特征、保留制度；对不平等条约的认识；条约必须遵守原则与情势变迁原则的关系
外交与领事关系法	外交特权与豁免；外交人员保护国际法制度；中国的外交与领事法
国际责任法	国际不法行为责任的构成要件；不加禁止行为造成损害性后果的国际责任
国际争端解决法	国际争端政治解决方法；中国解决国际争端的立场与实践
国际刑法	二战后东京审判的现实意义；前南国际刑事法庭的建立历史
国际人道法	国际人道法的目的、发展演变历史；"区分原则"

二、案例节段的教学设计

（一）对教学对象的分析

（1）学生知识经验：学生前期课程有"全球健康治理""全球健康概论""社会医学"等，掌握了全球健康学的基础知识；学生在"国际法学"课程前期章节，已经学习了国际法的性质与特征、国际法的渊源、国际法基本原则、国际组织法等基础知识，具备了学习条约法知识的基础。但是，鉴于医学部学生几乎处在法律学习的"零起点"，对于全新的隶属于法学范畴的理念和思维方式有待系统认识和训练。

（2）学生学习能力：学生具有较好的理论学习能力，能够理解并记忆学习内容，但理论联系实践、将理论用于解决具体问题的能力有待加强。由于缺少亲身经历，学生对条约的谈判和缔结过程中的问题存在距离感，需要通过具体的事例增进直观认识。

（3）学生思想状况：全球健康学是新兴的、冷僻的学科，发展不成熟不成体系，武汉大学抢占先机，在国内首创了全球健康本科专业，但是学生对于专业认知、职业定位还存在一定困惑，需要进一步引导和强化专业自信和专业自豪感。

（二）对教学目标的分析

（1）知识目标：系统全面认识和把握条约法。掌握条约概念和特征、名称与种类、缔结、保留、生效等。

（2）能力目标：运用国际规则谈判的核心能力，即通过独立思考、换位和沟通，为有意识地将国际法基本理论解决实践问题等打下基础。

（3）价值目标：及时跟踪全球健康相关国际事件，从多角度思考全球健康重大战略决策，运用条约法知识，争取和维护本国的国家利益和全球共同利益。

（三）对教学内容的分析

1. 本节段在课程中的逻辑位置

教学节段是《国际公法学》教材 第十三章 条约法 第二节 条约的缔结

国际公法也称国际法，是指在国际交往中形成的，用以调整国际关系(主要是国家间关系)的，有法律约束力的原则、规则和制度的总称。

条约是当代国际法最主要的渊源，是国际法院处理案件时，首先应当适用的渊源。条约规定了当事方在国际法上的权利和义务。其中，议定约文是条约缔约程序的首要步骤。

2. 本节段的教学重点

本章节教学包括条约的概念、缔结、保留、生效、遵守等内容，重点引导学生理解条约在国际法中的地位，特别是条约缔结的影响因素和作用机制，包括缔约权能、缔约程序(议定约文)等。

议定约文的缔约程序直接影响缔约国的权利和义务，直接关涉国家利益，乃至全球共同利益。需要熟练运用国际法基本原理、国际立法等相关知识，通过谈判合作，争取和维护本国的国家利益(核心利益)。

3. 本节点的教学难点及化解难点的方案

教学难点主要是条约的特征、缔结程序、条约的解释方法。

化解难点的方案：通过引导学生进行案例分析、小组合作展示、角色扮演等方式，化解教学难点。

(四) 教学方法与手段

针对条约的缔结这一重要知识点，主要采用的是参与式教学法。参与式教学法强调"以学生为中心"，该方法改变了传统的灌输式教学法，充分应用灵活多样、直观形象的教学手段，激发学生的好奇心和兴趣，积极参与教学过程，加强师生、学生之间的信息交流和反馈，促进学生深刻地领会和掌握所学的知识，并有效运用于实践。

情景演练是促进参与式教学的有效手段。本节段课程将"模拟联合国大会"引入课堂，依据联合国及相关的国际机构的运作方式和议事原则，围绕全球健康相关国际热点问题召开会议。通过"模拟联合国大会"的角色扮演，还原"联合国大会"现实场景，学生们直观感受和参与条约的议定过程，在实践中体会如何在和其他代表交涉的过程中换取本国利益最大化；如何说服其他代表接受本国提议、文件、草案；如何不卑不亢地维护代表国家的立场和尊严，培养学生将国际法理论运用于实践的能力、独立思考能力、交际能力以及应对突发情况时的应对能力(如图1所示)。

图 1 "以学生为中心"的参与式教学法

在"模拟联合国大会"准备、实施和总结阶段，综合运用多种教学策略。

第一，"模拟联合国大会"准备阶段，主要采用讲授法、翻转课堂、案例法进行教学。讲授法主要是利用 PPT，对重要概念、知识、结论进行重点阐述、总结。翻转课堂即通过布置学生课后观看纪实电影片段等，对谈判策略进行直观了解。案例法主要是在教师引导下，由小组围绕某一案例进行有针对性的分析、审理和讨论，做出自己的判断和评价。

第二，"模拟联合国大会"实施阶段，采用小组合作的情境模拟：学生们扮演代表国外交官、联合国大会主席等，参与到"联合国会议"当中。学生们通过亲身经历联合国会议的流程，例如提交立场文件、阐述观点、开展会议辩论、提交工作文件、决议草案、修正案、投票表决等。此外，在自由磋商环节，"各国外交代表"可以通过小组讨论（头脑风暴），交换意见和想法，拓宽思维空间，形成利益联盟，促进团队合作。

第三，"模拟法联合国大会"总结阶段，教师从专业知识技能、角色完成度等方面对学生的实践表现进行点评和总结，并评选优秀奖；通过学生的心得总结、问卷反馈，动态持续改进该教学方法。

（五）教学过程

基于上述教学方法和手段，"国际法学"课程"条约法"节段的教学设计如表 2 所示。

表2   "国际法学"课程条约法节段的教学过程

教学步骤	专业知识点	思政融入点
1. 图片引入：签署《中英联合声明》	**学习目标**：理解条约缔结的影响因素和作用机制 (1) 知识点：掌握条约的定义。条约是由国家、国际组织等国际法主体之间依据国际法所缔结的据以确定其相互权利义务的协议 (2) 知识点：了解条约的名称，包括公约、协定、换文、联合声明等	(1) 以中国领导人邓小平与英国"铁娘子"撒切尔进行外交较量为例，思考赢得谈判的国际法依据（国家主权平等原则），进一步引导同学们站在国家领导人的角度，思考如何充分运用国际法和平解决国际争端
2. 案例讨论：张彭春推动将中国儒家思想写入《世界人权宣言》案例	(3) 知识点：条约是国际法最主要的渊源。掌握条约缔结(议定约文程序)	(2) 了解议定约文在条约缔结中的重要性。通过案例提示学生们灵活运用条约缔结的相关专业知识，积极争取国际规则制定话语权
3. 案例分享：分享教师本人曾在德国哥廷根大学参加"模拟联合国大会"(水资源议题)的经验教训	(4) 知识点：回顾国际组织法相关章节，掌握国际组织议事规则	(3) 通过教师亲身经历，增加学生参加"模拟联合国大会"活动的信心和兴趣
4. 讲授模拟联合国会议流程、谈判规则，提供相关网站资源		(4) 提示全球健康专业的职业前景(从事国际公务员、外交代表等)，提升专业自信、责任感、使命感
5. 情景模拟："模拟联合国大会" (1) 会前阶段： ①选定议题：选定"联合国气候变化大会"作为大会主题，议题一是全球变暖背景下的国际合作(资金、技术援助)，议题二是节能减排 ②讲授气候变化大会的背景资料、推荐网站资源等	(5) 知识点：了解气候变化大会的历史演进、主要成果和最新进展，特别是介绍在英国格拉斯哥召开的气候变化大会第26次缔约方会议	(5) 聚焦全球健康学的专业属性，选择气候变化大会作为大会主题，提升学生运用综合知识能力 (6) 反思国际法在国际合作、国际竞争中的地位和作用

157

续表

教学步骤	专业知识点	思政融入点
③精选参会代表国，确定气候变化问题5大阵营国家：小岛屿国、产油国、欧洲国家、热带雨林国家、中国等发展中国家。选择图瓦卢、伊拉克、法国、巴西、中国等典型国家 ④分配角色，通过抽签选定参会国家代表、主席团成员	(6)知识点：回顾国际法的性质和特征，理解国际法的效力依据是国家间的意志协调	(7)气候变化问题既关系全人类共同利益，也涉及小岛屿国、产油国、欧洲国家等多元利益博弈。小岛屿国面临由于气候变化带来的海平面上升，国土面积丧失等危机，积极支持减排具体措施；产油国担心其石油生产和出口受到严重影响。欧洲发达国家具备发展清洁能源的技术，不反对出资，但反对强制性技术转让安排。热带雨林国家出于经济发展的考虑，反对制定伐木与造林的具体指标限制。中国等发展中国家在承担大国责任的同时，强调发展中国家的生存权和发展权，强调与发达国家"共同但有区别的责任"及其落实机制。因此，引导学生结合国家立场，在"谈判缔约"中争取"合作共赢"
⑤布置学生搜集资料，撰写和提交本国关于气候变化问题的国家立场文件，并及时了解他国政策立场，寻找可能的盟友 ⑥召集学生演练，指导学生准备会议工作文件、决议草案、修正案，并提供写作范本 ⑦布置学生观看纪实电影《我的1919》经典片段，了解中国外交才子顾维钧作为中国代表团一员参加巴黎和会的经历，展现"大道之行，天下为公"的中国外交精神，不卑不亢的底气和自信	(7)知识点：掌握国家主权平等原则的内涵和作用。根据《联合国宪章》和国际法原则，各国拥有主权权利按自身的环境和发展政策开发本国的资源，也有责任确保在其管辖或控制范围内的活动不对他国的环境或国家管辖范围以外地区的环境造成损害	(8)通过背景资料的学习，理解条约在国际法中的地位，以及在全球健康治理中的作用 (9)通过观看电影《我的1919》经典片段，鼓励学生思考：①外交官身上体现出的哪些特质，体现了"国家兴亡，匹夫有责"的社会责任感和民族责任感；②应该采取何种策略来说服其他国家代表，提升本国在国际规则谈判中的话语权，维护国家利益。启发学生，特别是"中国代表"牵头撰写和提交的决议草案，为维护发展中国家的生存权、发展权贡献力量

教学步骤	专业知识点	思政融入点
(2)会中辩论：提出动议(有主持核心磋商、自由磋商)通过让渡时间、传递意向条等方式积极联系其他国家代表，建立谈判盟友；决议草案表决	(8)知识点：掌握国际组织议事规则、议定约文(9)知识点：理解条约缔结的影响因素和作用机制	(10)通过联合国气候变化大会的情景模拟，鼓励学生有意识地将国际法理论知识运用于谈判实践，展现"合作共赢，命运与共"的同舟共济精神
(3)会后总结：颁发模拟大会活动奖，包括最佳代表团奖、最佳代表团提名奖、最佳斡旋奖、最佳沟通奖、最佳代表奖、最佳外交风采奖和最佳立场文件奖	(10)知识点：厘清"国家主权平等原则"与"共同但有区别的责任原则"的联系和区别。认识到国家主权平等并不意味着各国的待遇平等	(11)通过颁奖环节，对展现了团队精神、专业素养的学生及时给予鼓励肯定，增进正向反馈
6. 问卷调查		(12)通过问卷，了解课程思政效果，根据学生意见反馈，动态调整适合医学生思维特点和知识背景的教学模式

(六)教学评价

教学评价主要分为课中评价和课后评价两个方面。

首先，学生课中的实践表现，是对教学效果的直观反映。本节课程采用评选"模拟联合国大会"活动奖的方式，设置多元的奖项，提前发布评奖标准，激励学生的团队精神、展现个人能力、提高综合实力。其中，通过颁发最佳代表团奖、最佳代表团提名奖，来引导和评价学生的团队协作；通过评选最佳斡旋奖、最佳沟通奖、最佳代表奖、最佳外交风采奖、最佳立场文件奖，来激励和评价学生在角色扮演、演说辩论等环节展现的个人贡献和风采。值得注意的是，颁奖环节有助于及时给予学生正向激励，有学生在问卷反馈中特别提到：

"老师的激励式教育对我来说其实是很受鼓舞的，即便我在会议上的表现并不突出，老师还是给我颁发了奖状，让平凡普通的我流下了感动的泪水。"(学生6)

其次，"模拟联合国大会"之后的思想动态是课程思政评价的重点。本课程通过开放性问卷，了解学生参与"模拟联合国大会"的思想感悟，进而也有助于动态调整适合全球健康专业学生思维特点和知识背景的教学模式。问卷内容："请谈谈你对参与模拟联合大会活动的心得体会？"针对该问题，学生们主要从人生观、专业认知、职业定位等方面分享了各自的收获和感悟。

"模拟联合国大会"有助于激发青年人对国际事务的兴趣，用国际眼光来思考问题：

"当我代表一个国家时，当我开始思考如何解决时，当我短地从小我中脱离探讨全球性问题时，我发现其实这些看似遥远棘手的问题离我们也并不遥远，或许作为一个普通的人也可以努力为这个世界做出改变。"（学生1）

"作为全球健康领域的学生，本次活动无疑为我们培育全球视野、提升外交素养、勇挑家国担当奠定了坚实的基础。作为新青年，我们不仅要在乎眼前的苦难，更要胸怀浩渺，关注远方的哭声与创痛。我们不仅要在乎过往的历史云烟和未来的风云变幻，更要看见这世界上犹存的不公平与不光明。"（学生6）

"我很珍惜类似的表达自我的机会。很多时候我的发言都是不够理智，不够有条理的。更多时候处于一种情绪上的，而不是符合国际规范的。但是我依然会想要表达，因为那种全国人民的希望都寄托在你身上的沉重我仿佛也能在那场会议中感受到，我也觉得要去做些什么。"（学生8）

深化对程序正义和平等原则的理解：

"在大部分联合国会议上，国家主权平等仍是一以贯之的原则。在通过决议草案时，主席会逐一询问各国代表意见，各国在投票环节都拥有宝贵的一票。"（学生2）

提升对国际组织地位和作用的认知：

"世界各国既要谋求各自的国家利益，也必然要携手共同应对特定的国际问题；而联合国大会其实为各国提供了一个解决这一两难问题的平台。"（学生2）

加强对国际法性质和特征的理解：

国际法包含不具有全然强制性的"软法"，其实也蕴含着一种协调的智慧。（学生2）

培养全球健康专业学生的学习能力和综合素质。阅读背景资料、提交决议草案、听取发言、阐述观点，都对学生的语言和综合水平提出了很高的要求：

"本次模拟联合国的主题围绕全球变暖背景下的国际合作与节能减排展开。不管是在专业课上还是公选课上，我们总会接触到全球变暖、碳达峰、碳中和这类概念，但也仅仅是浅尝辄止的了解。然而在国际法学这门课上，我能够将这些'遥远'的概念、术语应用到我的发言中，让其成为支撑我发言的论据。"（学生3）

"代表必须密切关注'自己的国家'，研究和学习一个国家的历史、政治、经济、外交政策等方方面面，只有这样才能充分扮演好外交官的角色。准备的过程实际上是一个多种学科知识的整合过程，代表们需要将政治、经济、历史和地理知识与大会要讨论的问题紧密结合，思考各个要素之间的联系。这样就打破了学科间的壁垒，形成了丰满完整的知识体系。"（学生8）

提升对缔约文本中的权利、义务的认知：

"作为发展中国家代表，我发现要警惕发达国家的各种说辞，警惕他们言论是否在玩'文字游戏'，警惕他们所提出的方案是否真正有利于发展中国家的利益，而非所谓救助之下的另一种'剥削'，更要不畏惧强权勇敢在会议上提出问题，为自己代表国争取。"（学生4）

在争夺国际规则话语权，承担国家责任方面，反思如何通过积极提出动议，团结利益相关方进行有效磋商：

"我在大会辩论环节时常反驳他国观点，对于观点的讨论虽然必要，但是客观地也在一定程度上延缓了大会进程。如果只是质疑他国观点，却很少发出动议来提出自身的观点并接受其他国家对自身观点的反驳，便无法真正显示出这个国家的责任与担当，也无法深入增加本国在此次大会上的贡献，反而容易落人口舌，得罪其他国家。其次，我对于没有与坦桑尼亚、基里巴斯以及图瓦卢等国代表进行深入交流而感到遗憾，他们或许认为自己国力弱、国际地位低、话语权弱，其实根据'共同而有区别的责任'原则，他们在气候变化应对问题上是有与场上其他国家同样的话语权与作用的，他们是可以通过本次大会为其国家争取到更多权益的。"（学生5）

"我深深感受到一国国力带来的发言权，也对'弱国无外交'这句话有了更深的理解。在各国利益角逐中，总有一些国家只为求得生存的空间。这让我体会到生在强盛的中国是多么幸运，也希望未来在吾辈努力下，中国能够更加繁荣昌盛！"（学生7）

"在会议后期投票环节，不发达国家要积极行使并珍惜自己的投票权，并

且积极联合团结相同立场的其他国家，起到不可忽视的团体以把控局势，而不是被发达国家'牵着鼻子走'"。(学生4)

三、教师对课程思政的感受与认识

课程思政，无论对于教师，还是对于学生，都应当是"润物无声""教学相长"的过程。课程思政的有效融入，需要运用多元的教学方法，激发学生自我效能感，开展知识传授、能力培养和思想引导"三位一体"的实践教学。

法律专业课本身具有良好的课程思政优势。法律是健康的社会决定因素，而且其作用日益凸显。通过"国际法学"课程内容的学习，有利于培养全球健康专业学生的法治素养和全球视野。通过"模拟联合国大会"的教学设计，有利于引导全球健康专业学生置于条约谈判的背景当中，找到约文议定过程中的问题，锻炼专业实践能力、独立思考能力、应变能力，形成法律思维方式。例如，有学生特别注意到联合国大会"一国一票"的表决程序，对"国家主权平等"这一抽象的国际法基本原则有了更加直观的认识。"模拟联合国大会"也有利于激发青年人对国际事务的兴趣，在潜移默化中，引导学生从多个角度对我国公共健康相关重大战略决策的思考，进而激发学生的爱国热情、责任感和使命感。

为了进一步凝练本门课程的思政目标，本课程可以从以下三方面进行改进：

第一，设计课程思政评价量表，通过定量和定性的混合研究方法，对学生参加模拟实践之后的思想动态进行更为精准有效的检测和评价。学生的反馈有助于激励教师在后续课程教学中进一步凝练本门课程的思政目标，特别是通过课程专业内容挖掘思政元素，并形成课程思政的主线。

第二，选取更多与专业相关度更高的案例作为思政素材，强化课程在职业归属、政治认同等方面的教育。通过多样的教学方法，加强育人综合素质培养的思政设计。

第三，"模拟联合国大会"活动的顺利开展，需进一步关注学生个体差异，激发学生的自我效能感。例如，通过优化"模拟联合国大会"活动的策划书，完善活动的角色安排、时间管理、指导策略等。在该过程中，关注学生的情感反应。

三、理　学　类

"无机及分析化学"课程思政教学案例
酸碱滴定法的应用

林　毅①

课程名称：无机及分析化学　　**课程性质**：基础必修课程

学分/学时：4/64(理论学时64)　**授课对象**：生物科学专业(大一上)

课程简介：课程以中学化学为先导，针对生物科学类专业特色以及从事生命科学学习及研究对化学的基本需求，进行基础的无机及分析化学教学。课程旨在使学生系统深入地掌握无机及分析化学的基本概念、基础理论和基本方法；培养学生严谨精细的学习态度，发现、分析、解决化学相关问题的能力及知识自主更新的能力。树立起严格定量的概念，注重理论知识与实验技能及实际应用相结合；培养学生具有良好的思想素质、文化修养和社会道德，使学生具有责任担当、贡献社会、保护环境等意识等。课程主要内容如表1所示。

表1　　　　　　　　　课程主要内容及学时分配

序号	主要内容	学时数
1	绪论	1
2	原子结构与元素周期律	4
3	化学键与分子结构	5
4	酸碱反应	6
5	沉淀反应	2
6	配位反应	7

　　①　教师简介：林毅，武汉大学化学与分子科学学院副教授，长期从事表面分析化学及纳米生物技术方面的教学与科研工作。

续表

序号	主要内容	学时数
7	氧化还原反应	6
8	元素无机化学	5
9	定量分析化学概论	3
10	滴定分析法	15
11	重量分析法	1
12	吸光光度法	3
13	分析化学中常用的化学分离富集方法	1
14	仪器分析	5
总　计		**64**

一、本门课程的总体设计

（一）课程思政的目标

结合学科专业特点，有机融入科学史，锤炼学生的历史思维；结合案例，培养学生胸怀祖国、服务人民的爱国精神，勇攀高峰、敢为人先的创新精神，追求真理、严谨治学的求实精神，淡泊名利、潜心研究的奉献精神等，引导学生努力把科技自立自强信念自觉融入人生追求之中。

（二）课程思政的主线

（1）结合无机及分析化学的基本概念，有机融入科学史，培养学生的历史思维及追求真理、严谨治学的求实精神等。

（2）结合无机及分析化学的基础理论，有机融入科学史，培养学生的历史思维及追求真理、严谨治学的求实精神，勇攀高峰、敢为人先的创新精神，淡泊名利、潜心研究的奉献精神等。

（3）结合无机及分析化学的基本方法，有机融入科学史，培养学生的历史思维及追求真理、严谨治学的求实精神，胸怀祖国、服务人民的爱国精神等，引导学生努力把科技自立自强信念自觉融入人生追求之中。

（三）课程各章节的思政元素

课程各章节对应的思政融入点及思政目标如表2所示。

表2　　　　　　　　无机及分析化学课程各章节中的思政元素

课程章节	思政融入点	思政目标
绪论	绪论	结合科学史，锤炼学生的历史思维
原子结构与元素周期律	核外电子的运动状态 原子核外电子的排布 元素性质与结构的关系 离子键 共价键的价键理论	结合科学史，锤炼学生的历史思维 培养学生追求真理、严谨治学的求实精神 培养学生勇攀高峰、敢为人先的创新精神 培养学生淡泊名利、潜心研究的奉献精神。
化学键与分子结构	杂化轨道理论 价层电子对互斥理论 分子轨道理论 金属键理论 分子间力和氢键	
酸碱反应	酸碱理论概述 电解质溶液的解离平衡 酸碱平衡中有关浓度的计算	培养学生追求真理、严谨治学的求实精神 结合科学史，锤炼学生的历史思维 培养学生勇攀高峰、敢为人先的创新精神 培养学生淡泊名利、潜心研究的奉献精神 引导学生努力把科技自立自强信念自觉融入人生追求之中
沉淀反应	缓冲溶液 溶解度和溶度积 沉淀的生成和溶解	
配位反应	配位化合物的结构 配合物的价键理论 晶体场理论	
氧化还原反应	配合物的离解平衡 氧化还原反应 原电池与电极电位	
元素无机化学	主族元素 副族元素	培养学生胸怀祖国、服务人民的爱国精神

续表

课程章节	思政融入点	思政目标
定量分析化学概论	定量分析化学概论	结合科学史，锤炼学生的历史思维
常用的化学分离富集方法	常用的化学分离富集方法	培养学生追求真理、严谨治学的求实精神
滴定分析法	酸碱滴定法 配位滴定法	培养学生追求真理、严谨治学的求实精神
重量分析法	氧化还原滴定法 沉淀滴定法 重量分析法	培养学生胸怀祖国、服务人民的爱国精神 培养学生勇攀高峰、敢为人先的创新精神
吸光光度法	光谱分析法 电化学分析法	培养学生胸怀祖国、服务人民的爱国精神 培养学生勇攀高峰、敢为人先的创新精神
仪器分析	色谱分析法 质谱法	引导学生努力把科技自立自强信念自觉融入人生追求之中

二、案例节段的教学设计

(一)对教学对象的分析

知识经验：学生的基础理论知识普遍较为扎实，但个别学生基础薄弱；普遍缺乏实验经验及解决实际问题的经历。

学习能力：学生对于零散知识点的学习能力和应试能力很强，但普遍在自学能力、对知识的系统整合能力等方面亟待提高，解决问题的能力及创造力有待加强。

思想状况：学生普遍学习目标明确，学风优异，乐于协作，但专业目标不够明确。

(二)对教学目标的分析

"10.1.5 酸碱滴定法的应用"一节的教学目标为：

知识目标：使学生初步掌握酸碱滴定的基本方法，主要包括：滴定分析的一般过程、常用标准溶液的配制与标定、特定组分含量测定等。为学生后续学习奠定坚实的知识基础。

能力目标：以酸碱滴定法的应用为例，使学生全面深入地理解滴定分析过程，能够初步设计常见的滴定分析过程，并能分析其中的关键因素；培养学生独立分析问题与解决问题的能力，树立严格定量的概念。

价值目标：通过对相关科学史的回顾及对学科前沿和发展趋势的了解，增强民族自豪感、专业认同感和社会责任感；培养学生的求实精神、创新精神、法治思想及生态文明思想等。

（三）对教学内容的分析

1. 本节段在课程中的逻辑位置

节段"10.1.5 酸碱滴定法的应用"是课程中"滴定分析法"一章中承上启下的一节。

"滴定分析法"在前期无机化学的基础上，基于化学平衡原理，讨论四大类化学滴定分析方法。旨在帮助学生深入理解化学反应的本质并加以运用，是引导学生系统整合化学知识的起点，也是学生学习相关实验课程及后续课程的基础。

节段"10.1.5 酸碱滴定法的应用"旨在以酸碱滴定法的应用为例，使学生初步掌握酸碱滴定的基本方法，为学生后续学习奠定坚实的知识基础；使学生全面深入地理解滴定分析过程，能够初步设计常见的滴定分析过程，注重理论知识与实际应用相结合，为后续学习提供能力上的储备等。

2. 本节段的教学重点

在酸碱滴定基本原理及误差分析的基础上，以酸碱滴定为例，学会设计滴定分析的一般过程。

将酸碱滴定法的理论运用于实践，体现了理论与实践相结合，理论学习有助于回应实际问题，也与实事求是的培养目标相一致。

3. 本节段的教学难点及化解难点的方案

滴定分析过程设计。

以学生较为熟悉的酸碱滴定实例(混合碱的分析、醋酸含量的测定及有机物中氮含量的测定)的分析过程为例，由分析的基本原理及误差分析出发，结合无机化学中溶液酸度计算等相关知识，帮助学生深入理解酸碱滴定分析过程的设计。结合实例，帮助学生理解实际问题的发现、提出、分析和解决的一般思路。

（四）教学手段与方法

本节段从学生已知的酸碱滴定反应入手，结合实例，帮助学生理解实际问题的发现、提出、分析和解决的一般思路。课程设计层层递进，各部分既自成体系又有机融合，既侧重基础又强化能力，系统地组成了本节段教学内容。

教学设计富有特色地引入了大量实际案例，帮助学生通过思考、讨论及与国标对比，锻炼查阅资料、小组合作、发现问题、提出问题、分析问题及解决问题的能力；通过对相关科学史的回顾及对学科前沿和发展趋势的介绍，增强学生的民族自豪感、专业认同感和社会责任感，培养学生追求真理、严谨治学的求实精神，勇攀高峰、敢为人先的创新精神等；结合具体案例及科学史，培养学生胸怀祖国、服务人民的爱国精神，引导学生认识创新在我国现代化建设全局中的核心地位，理解科技作为国家发展战略支撑的重大意义，努力把科技自立自强信念自觉融入人生追求之中，深入体会习近平法治思想和习近平生态文明思想的内核等。有助于教学目标的达成。

课程从学情出发，目标明确，内容充实，符合教育教学和大纲要求。教学内容层层递进、详略得当、有机融合，综合运用讲授、案例、讨论、习题、测验等模式，符合学生认知规律和求知需求。将爱国精神、求实精神、创新精神等习近平新时代中国特色社会主义思想有机融入课堂教学，起到了价值引领、情感传递和道德示范的作用。

（五）教学过程

"酸碱滴定法的应用"课程思政教学过程如表3所示。

表3　　　　　　　"酸碱滴定法的应用"课程思政教学过程

教学步骤	教学活动		目的及说明
	教师	学生	
导入： 回顾碳酸钠滴定的终点误差计算。 提出问题：碳酸钠是否可以被准确滴定？	讲授	听讲 思考	引起学生思考，激发学习兴趣

教学步骤	教学活动		目的及说明
	教师	学生	
教学目标： 1. 学生能够独立完成滴定分析法相关的基本计算 2. 学生能够初步设计常见的酸碱滴定分析过程	讲授	听讲	使学生明确学习目标
前测： 回顾：准确滴定判据	提问	回答	评估学情
参与式学习： **五、酸碱滴定法的应用** (一)滴定分析的一般过程 思考：酸碱滴定通常会带来误差。该误差对测定会有怎样的影响？如何消除？ 1. 酸碱标准溶液的配制和标定 　(a)直接配制法(基准物质) 　(b)标定法 2. 试样组分含量的测定 滴定分析中发生定量反应 aA+bB=cD+eE 滴定反应达到计量点时 $$\frac{\Delta n_A}{-a}=\frac{\Delta n_B}{-b}=\frac{\Delta n_D}{c}=\frac{\Delta n_E}{d}$$ $$c_B=\frac{|b|}{|a|}=\frac{c_A V_A}{V_B}$$	讲授 提问	听讲 思考	通过学习酸碱滴定法的应用，帮助学生深入理解滴定分析法的一般过程，能够初步设计常见的酸碱滴定分析过程，并能够对其中的关键因素进行分析。培养学生追求真理、严谨治学的求实精神和独立分析问题与解决问题的能力，树立起严格"量"的概念，注重理论知识与实际应用相结合
(二)酸碱滴定法应用示例 1. 混合碱的分析 　(1)混合碱及其分析的重要性： 　➤ Solvay 制碱法(氨碱法) 　➤ 侯氏制碱法(联合制碱法) 【思政案例】侯氏制碱法及混合碱的测定	讲授	听讲	通过回顾侯氏制碱法和侯德榜生平，培养学生胸怀祖国、服务人民的爱国精神，认识创新在我国现代化建设全局中的核心地位，理解科技作为国家发展战略支撑的重大意义，领会习近平生态文明思想

教学步骤	教学活动		目的及说明
	教师	学生	
（2）双指示剂法： 回顾：滴定条件 ➤ 被滴定的碱足够强（$c_{b_i}K_{b_i} \geq 10^{-8}$），可以被准确滴定。 ➤ 相邻两步解离相互不影响，$\Delta \lg K_b$ 足够大 ➤ 若允许 TE = ±0.3%，则若 $\Delta \lg K_b \geq 5$，可以被分步滴定。 例：已知 H_2CO_3 的 $K_{a_1} = 4.5\times10^{-7}$，$K_{a_2} = 4.7\times10^{-11}$。以 0.1000 mol/L HCl 溶液滴定 20.00 mL 0.1000 mol/L Na_2CO_3。 ①滴定可行性的判断（$c_{b_i}K_{b_i} \geq 10^{-8}$，$\Delta \lg K_b \geq 5$） 对于 Na_2CO_3 $K_{b_1} = K_w/K_{a_2} = 1.0\times10^{-14}/(4.7\times10^{-11}) = 2.1\times10^{-4}$ $K_{b_2} = K_w/K_{a_1} = 1.0\times10^{-14}/(4.5\times10^{-7}) = 2.2\times10^{-8}$ ■ $c_{b_1}K_{b_1} \geq 10^{-8}$ 且 $K_{b_1}/K_{b_2} \approx 10^4$ 可分步滴定，第一步突跃不明显 准确度不高 ■ $c_{b_2}K_{b_2} \approx 10^{-8}$，第二步突跃也不够明显 准确度不高 可剧烈摇动、煮沸除 CO_2 等 ②化学计量点 pH 的计算和指示剂的选择 ■ 第一级 $Na_2CO_3 + HCl = NaCl + NaHCO_3$ 化学计量点时溶液 pH 由 $NaHCO_3$ 决定 两性物质 pH = 8.37 指示剂：酚酞 可采用相同浓度 $NaHCO_3$ 溶液作为参比溶液，或采用甲酚红与百里酚蓝的混合指示剂（变色点 8.3），提高滴定终点的准确度。 ■ 第二级 $Na_2HCO_3 + HCl = NaCl + H_2O + CO_2\uparrow$ 化学计量点时溶液 pH 由 H_2CO_3 决定 （饱和溶液，0.04mol/L） 酸性溶液 pH = 3.87 指示剂：甲基橙 【讨论】该测定可能存在哪些问题？可以采用哪些方法改进？	讲授 组织 讨论	听讲 讨论	通过对于在国民经济中占重要地位的纯碱等成分分析，培养学生严谨、精细、科学的学习态度和独立分析问题与解决问题的能力，帮助学生深入理解分析测定的意义，培养专业认同感 通过讨论式学习加深学生对于专业内容的理解，培养学生严谨、精细、科学的学习态度和分析、解决问题的能力

教学步骤	教学活动		目的及说明
	教师	学生	
2. 醋酸含量的测定 NaOH + HAc = NaAc + H₂O 【讨论】该测定可能存在哪些问题？可以采用哪些方法改进？			通过对于问题的分析，培养学生严谨、精细、科学的学习态度和独立分析问题与解决问题的能力；使学生树立起严格"量"的概念，注重理论知识与实际应用相结合 学生练习，符合教学规律
3. 有机物中氮含量的测定 ➤　克氏定氮法 【思政案例】问题奶粉事件及克氏定氮法 【讨论】参考以下国标，谈谈问题奶粉事件的原因及可能的解决方案。 [1]国标《生鲜牛乳收购标准》[GB/T 6914—1986] [2]国标《原料乳中三聚氰胺快速检测　液相色谱法》[GB/T 22400—2008] [3]国标《原料乳与乳制品中三聚氰胺检测方法》[GB/T 22388—2008]	讲授 组织 讨论	讨论 听讲	通过对于问题奶粉事件的回顾，帮助学生深入理解"结构决定性质、性质决定用途"这一化学底层逻辑，培养学生的社会责任感及理解习近平法治思想
后测： 采用克氏定氮法测定某 0.2500 g 食品试样中的蛋白质含量。以 0.1000 mol/L HCl 溶液滴定吸收氨的硼酸溶液至终点，消耗 21.20 mL，计算食品中的蛋白质含量	测验	练习	通过测验检验学生所学，符合教学规律，培养学生追求真理、严谨治学的求实精神
总结： 滴定分析过程设计	讲授	听讲	
课后作业 ➤　结合食品安全国家标准《食品中蛋白质的测定》[GB5009.5—2016]，设计微量克氏定氮法测定奶粉中粗蛋白的含量实验方案。重点讨论误差来源及实验优化方案。下节课继续讨论 ➤　完成 P430：1、3、5、8 ➤　预习 10.2　络合滴定法	讲授	听讲	

（六）教学评价

采用统计、问卷、访谈等方式对课程专业目标达成情况、思政目标达成情况、课程教学对学生帮助等方面进行了教学评价。

1. 专业目标达成情况

课程的专业目标为：使学生系统深入地掌握无机及分析化学的基本概念、基础理论和基本方法；培养学生严谨精细的学习态度，发现、分析、解决化学相关问题的能力及知识自主更新的能力。树立起严格定量的概念，注重理论知识与实验技能及实际应用相结合；培养学生具有良好的思想素质、文化修养和社会道德，使学生具有责任担当、贡献社会、保护环境等意识等。

为有效达成专业目标，我们早在 2018 年就优化了课程。通过签到、测验、作业、笔记、习题课等多种课堂手段的综合运用，有效帮助了学业困难学生。自 2020 年，针对新冠疫情对学生学习模式和学习基础的影响，及时采取发放问卷、座谈等方式调查学生在学习中遇到的问题，及时调整并持续改进课程。

2. 思政目标达成情况

课程的思政目标为：结合学科专业特点，有机融入科学史，锤炼学生的历史思维；结合案例，培养学生胸怀祖国、服务人民的爱国精神，勇攀高峰、敢为人先的创新精神，追求真理、严谨治学的求实精神，淡泊名利、潜心研究的奉献精神等，引导学生努力把科技自立自强信念自觉融入人生追求之中。

采用问卷初步调查了思政目标达成情况。结果表明，绝大部分同学对课堂讨论予以了高度的肯定，并能够理解、认同并接受知识目标和能力目标的传递，但普遍对于思政目标显然还不太熟悉。这说明课程思政不能仅仅依靠一门课程，需要各门课程同心协力，协同育人。

3. 课程教学对学生知识经验、学习能力和思想状况的帮助

学情分析中的大部分问题，如"个别学生基础薄弱；普遍缺乏实验经验及解决实际问题的经历；学生普遍在自学能力、对知识的系统整合能力等方面亟待提高，解决问题的能力及创造力有待加强；专业目标不够明确"等已在课程专业目标达成及思政目标达成中予以解决。此外，考虑到兴趣是最好的老师，也将成为学生未来学习生活的初始动力，我们采用问卷调查了学生对于课程激发学习兴趣的认可程度。结果表明，绝大部分认为课程显著地激发了学习兴趣。

总之，我们从大纲和学情出发，设计并开展了无机及分析化学课程思政教学。在"酸碱滴定法的应用"课堂教学中有效融入了思政元素，目标明确，内容充实。综合运用了讲述、案例、讨论等方式，教学内容层层递进，详略得当，贯穿了提出问题、分析问题、解决问题的基本思路，符合学生的认知规律和求知需求，体现了课程的高阶性、创新性和挑战度。课程中突出了专业课程所蕴含的思政元素与思政教育功能，以专业知识、专业技能和专业素质为载体，将思政教育有机融入课堂教学各环节，传递思政教育信息，从而实现了思政教育与专业知识体系教育的有机融合与统一。为全面深入进行化学课程思政建设奠定了坚实的基础。

三、教师对课程思政的感受与认识

(1)立德树人是我国高等院校的根本任务。全面推进课程思政建设，克服思想政治理论课育人的"孤岛效应"，达到三全育人的效果，是落实立德树人根本任务的战略举措。

(2)课程教学是育人的主要载体，必须将价值塑造、知识传授和能力培养三者融为一体、不可割裂。

(3)专业课教师应明确课程思政建设的必要性、基本理论和基础，深入探究课程思政建设的主要内容，明晰课程思政建设的现状，提出课程思政建设的策略，深入挖掘专业课程潜在的思想政治教育资源，发挥育人功能，加入立德树人的队伍中。

"植物生物技术"课程思政教学案例
植物遗传转化技术和方法

张 蕾

课程名称：植物生物技术　　**课程性质：**专业选修课

学分/学时：2/32　　　　　　**授课对象：**本科三年级

课程简介：植物生物技术是通过利用植物细胞工程、植物基因工程和植物分子标记以及辅助选择育种等技术来实现对植物的遗传改良，主要应用于农业、林业、园艺、生物产品等生产实践。通过该课程的学习使学生了解和熟悉植物生物技术的发展历史及意义；掌握植物生物技术基本原理和基本技术；结合介绍最新科学研究进展及前沿动态，使学生对植物生物技术有一个较为全面的了解。植物生物技术是一门综合性的学科，教学目标定位为培养学生综合运用基础知识的能力、逻辑思维能力、创新能力等，为植物科学基础研究领域以及农业、林业等应用研究领域输送人才。

一、本门课程的总体设计

(一)课程思政的目标

生物学科蕴含丰富的课程思政元素，"植物生物技术"在设计思政环节过程中，从四个层次提出下列教学目标：

(1)培养学生政治认同、家国情怀和法治意识；

(2)培养学生正确科学观、生命观与生态价值观，热爱生活，做好职业规划；

(3)培养学生良好的科学精神和公民品格；

(4)激发学生的文化自信、民族自豪感，构建全球视野。

在"植物生物技术"授课过程中，教师的职责不仅仅是专业知识的传授，更肩负着对学生价值观、人生观、专业导向、职业规划等的重任，以学生为主体，结合专业特点，体现职业导向，为未来发展提供理论和实践支撑。"成人成才"全人教育始终是我们授课的最终目标。

(二)课程思政的主线

鉴于该门课程授课内容的特殊性，在授课过程中不断挖掘专业知识自带的科学观、生命观和生态价值观，引导学生感受先辈楷模的探索精神，了解植物的趣闻轶事，使学生徜徉在知识海洋的同时，感受生命之美和科学家精神。植物生物技术授课内容涉及植物转基因、杂交水稻育种等，这些与解决粮食自给自足等关系国计民生的重要事件密切相关。从自身专业对国家的重要性出发激发学生的社会责任感以及投身国家建设民族发展的激情。同时，植物生物技术强调实验设计的严谨和数据的真实可信，教学过程中通过具体实例注重培养学生的科学精神。

(三)课程各章节的思政元素

"植物生物技术"课程共分为三部分，分别是第一部分植物细胞工程、第二部分植物转基因技术和第三部分植物分子标记及辅助选择育种。

第一部分　植物细胞工程

第一章　绪论。本章节主要介绍植物细胞工程在生物技术领域中的地位、植物细胞工程的发展历史、植物细胞工程的类型、植物细胞工程的特点以及植物细胞工程的应用。

思政元素：在植物细胞工程的发展历史介绍过程中，挖掘科学家在科学观察和实验中的理性思维揭示事物发展的本质和规律，发现真理的事迹。列举植物生理学家在植物细胞工程发展史上所做的重大贡献，倡导探索创新、团结协作、无私奉献和敬业的科学精神。在植物细胞工程应用介绍部分，列举植物细胞工程在造福人类和社会中的重要作用，尤其是在国家扶贫政策中发挥的重要作用。通过案例讲述和讨论，引导学生作为将来的科技工作者，在掌握科技的同时要具有社会责任感和使命感。

第二章　植物细胞工程的原理和基本技术。本章节主要知识点包括植物细胞全能性、植物的再生作用、植物细胞脱分化与再分化和体细胞离体培养的遗传与变异以及相关的实验技术，如实验室设置、细胞培养中的无菌操作、外植体消毒、培养基成分及配制、接种、培养和移栽技术等。

思政元素：通过实验技术和方法介绍，培养学生的实践观，即实践是检验真理的唯一标准。本章中介绍的许多方法和技术发明是科学家不断探索创新的结果，这些成果为社会的发展作出了重要贡献。在讲述实验室设置过程中强调实验室安全对于科学研究的重要性。

第三章　植物形态建成。本章节的知识点包括植物体外培养中形态发生包括器官发生和胚胎发生的概念、合子胚与体细胞胚差异的比较、体细胞胚胎发育的分子调控以及影响体细胞胚胎发生的因素。通过本章学习，要求学生能够复述愈伤组织的概念、器官发生和体细胞胚胎发生的概念、合子胚和胚状体发育之间的异同。

思政元素：植物生理学研究的成果是世界各国科学家勇于追求真理，通过共同坚持不懈的努力获得的。在授课过程中，通过讲解近五年国内外在植物体细胞胚胎发育分子调控机制方面的文章，引导和鼓励学生善于学习国内外先进技术和知识，志存高远，拥有全球视野。

第四章　植物脱毒及快速繁殖。本章节的知识点包括：植物脱毒和概念和方法、茎尖脱毒的原理、植物脱毒效果的检测方法以及离体无性系快繁的意义和应用。在课堂上通过讨论让学生列举出 3 条学到的知识、2 条感兴趣的知识点和 1 个还未解决的问题，使得学生对于本章节的内容有更深刻的认识。

思政元素：植物脱毒与人类社会的生产实践密切相关，如土豆、大蒜和果树都需要经过脱毒来达到去除病毒的目的。植物脱毒能够有效保持优良品种特性、生产无病毒种苗，防止品种退化、快速繁殖新品种，加速优良品种推广、节约耕地，提高农产品商品产出率以及便于运输。离体无性系快速繁殖技术是植物细胞工程技术应用的重要方面，广泛应用于花卉、果树、药材、林木、蔬菜等生产。该技术在扩大繁殖和保存无病毒原始物种植株、扩大繁殖珍稀濒危植物资源和育种原始材料、扩大繁殖经济效益高，但难以繁殖的物种以及繁殖销售量大而用常规手段难以满足需求的植株等方面发挥了重要作用。本章节的知识点虽然相对简单,但由于该技术与国计民生息息相关,因此在思政元素挖掘方面具有较多的切入点。

第五章 子房和胚胎培养。本章节的授课内容包括胚培养、胚乳培养、胚珠培养和子房培养、离体授粉、受精与合子培养。学生经过学习需达到以下学习目标:阐述胚胎拯救的概念并举例说明该技术的实际应用价值、阐述植物胚胎培养的意义、复述植物胚离体培养的生长方式及特点、阐述胚乳培养的意义以及设计获得三倍体葡萄的实验流程。

思政元素:离体胚培养指从植物种子中分离出胚组织进行离体培养的技术。包括幼胚培养和成熟胚培养。在讲述研究发展历史过程时,举例 1934 年李继桐和沈同通过培养银杏胚获得了再生植株,并发现银杏胚乳提取物对胚的生长有促进作用,引导学生学习老一辈的科学工作者在战乱中坚持科研工作的求知精神。植物胚胎培养在克服杂种胚败育,进而获得稀有杂种的育种过程中发挥重要作用,以猕猴桃和柑橘育种为例,阐述该项技术的发展对于育种的重要性。同时,在讲述中穿插显微切割技术的发展和应用,引导学生了解新科技新发明对于科技创新、科学研究以及生产实践的重要意义。离体胚胎培养技术还可以克服种子休眠、提早萌发和缩短育种年限。以兰花等为例,阐述该项技术在花卉和果树繁育中的重要性。讲述过程中,通过联系生产实际,使得学生更深层次了解植物生物技术在国家社会发展中发挥至关重要的作用,引导学生对专业的职业认同感,刻苦学习专业知识,掌握投身国家建设的扎实本领。

第六章 花药和花粉培养及单倍体育种。本章节学习目标包括:简单复述下列名词:花药培养、花粉培养、看护培养、微室培养、单倍体育种;简单列出花粉培养和花药培养的异同点;举例说明花药和花粉培养在基础理论研究和应用研究中的重要作用;复述花粉离体培养中获得花粉的方法;简单概述花粉培养的方法。复述离体小孢子发育途径;概述植株倍性鉴定的方法。

思政元素:花药培养获得单倍体的技术途径已在禾本科作物、茄科作物、十字花科作物的育种中广泛应用。我国从 20 世纪 70 年代开始——在水稻、小麦等单倍体育种方面取得了突破,1974 年中科院北京植物所和山东烟草研究所合作,成功地培育了世界上第一个烟草花药单倍体新品种。我国首创的花粉植株:水稻、小麦等获得了新品种;黑麦、小冰麦、玉米、烟草、杨树、橡胶、辣椒、甜菜、白菜、青菜、柑橘等。① 在介绍花药培养的研究历史过程中，通过介绍我国在花药培养中取得的重大成果，树立学生的文化自信和民族自豪感。同时，强调科学的发展不是一蹴而就的，需要长期的积累和坚持不懈的努力探索，教导学生不可好高骛远，只有脚踏实地才能有所建树。如在讲解 qhir1 的精细定位——三家团队的竞赛过程中，以故事的形式向学生介绍先正达的科学家们从 2007 年开始寻找负责单倍体诱导系相关的基因，在 2013 年找到答案，并在 2015 年利用 TALEN 基因编辑系统验证了这一发现，一直到 2017 年在 *Nature* 上发表文章，②③④ 前后历时十年之久。中国学者严建兵在这场竞赛中也取得了重大成果，并在自己的博客中写下了这样一段话："感谢这次竞争，尽管竞争中我们已经落后，但因为这种落后让我看到了自己的潜力！看到了奋斗的力量，也看到了我们的未来！"教育学生向这些科研前辈学习，将科学家精神继承发扬。

第七章　体细胞培养及规模化生产。本章节知识点包括细胞悬浮培养、单细胞培养、细胞大规模培养和细胞培养中次生代谢物质的积累。通过本节学习，学生需要达到以下学习目标：简述得到植物离体单细胞的方法；描述植物细胞大规模悬浮培养的方法；简述悬浮培养细胞同步化的方法；简述悬浮培养中细胞生长的计量方法；举例说明植物细胞悬浮培养在科研以及生产实践中的重要作用。

思政元素：本章节的学习涉及研究植物离体细胞中有用成分的大量合成和生产，以及如何获得高产量、高品质、高效率的目的培养物。红豆杉是紫杉醇的重要来源，分布在滇西横断山区中的 300 多万棵红豆杉，绝大部分在 1992—2001 年被剥皮死去。植物离体细胞培养技术一方面解决紫杉醇的来源，同时对濒危物质的保护作出贡献。在授课过程中插入新进展的介绍，如 2022

---

① 利容千、王明全主编：《植物组织培养简明教程》，武汉大学出版社 2004 年版，第 9 页。

② Kelliher T, Starr D, Richbourg L, et al. MATRILINEAL, a sperm-specific phospholipase, triggers maize haploid induction. Nature, 2017, 542(7639)：105-109.

③ Liu C, Li X, Meng D, et al. A 4-bp Insertion at ZmPLA1 Encoding a Putative Phospholipase A Generates Haploid Induction in Maize. Mol Plant, 2017, 10(3)：520-522.

④ Gilles LM, Khaled A, Laffaire JB, et al. Loss of pollen-specific phospholipase NOT LIKE DAD triggers gynogenesis in maize. EMBO J, 2017, 36(6)：707-717.

年 Nature 发表利用工程化酵母首次从头合成抗癌药物长春碱和长春新碱①。同时，利用课堂讨论的形式引导学生提出问题解决问题，如烟草是否能够合成紫杉醇等。通过上述教学过程，使得学生对于植物细胞悬浮培养在科研以及生产实践中的重要作用有一定的了解。

第八章　原生质体培养及体细胞杂交。本章节的知识点包括原生质体分离与纯化、原生质体培养与植株再生、原生质体融合与体细胞杂交。通过本章学习，学生能够达成以下学习目标：阐述下列概念：原生质体、原生质体培养、原生质体融合、体细胞杂交；举例说明原生质体培养在科研以及生产实际中的应用；阐述原生质体游离的方法；复述原生质体纯化的方法；阐述原生质体活力检测的方法；复述杂种植株的鉴定方法；举例说明原生质体融合在科研和生产实践中的应用。

思政元素：植物体细胞杂交是在原生质体培养技术的基础上，借用动物细胞融合方法发展起来的一门新型生物技术。植物体细胞杂交的过程包括原生质体的制备，原生质体融合的诱导，杂种细胞的筛选和培养，以及杂种植株的再生与鉴定等环节。该项技术在体细胞杂交克服植物远缘杂交不亲和的障碍，在培育新品种方面具有广阔的应用前景。在本章学习过程中，除了理论知识介绍，更多的是通过生产实践中的大量实例，说明该项技术的重要作用，引导学生更深层次意识到科技发展与国家和社会之间的重要关系以及作为科技工作者在这个过程中应当承担的历史使命和责任。同时，原生质体培养是植物细胞培养中的最为细致的工作，在授课过程中，严格的实验操作以及精确的培养基配比均对实验结果产生重大影响，告诫学生在实验中一定要严谨细致，实事求是，引导学生树立对待科研实验应具备的科学精神。

第二部分　植物转基因技术

第九章　植物转基因绪论。本章节主要讲述植物转基因发展的历史，采用的授课方式是辩论的形式，针对植物转基因的利与弊，学生在课前查找资料，在课堂上正反两方分别阐述观点。

思政元素：通过课堂辩论的形式，引导学生利用科学发展观，以辩证的理性的思维从科学的角度分析植物转基因的利与弊。同时，转基因农作物还

---

① Zhang J, Hansen LG, Gudich O, et al. A microbial supply chain for production of the anti-cancer drug vinblastine. Nature. 2022, 609(7926): 341-347.

涉及国计民生和粮食安全，培养学生的社会责任感和家国情怀。在讲解各国在转基因植物开发利用中的竞争和合作研究过程中，引导学生关注国内外的研究进展，培养全球视野。

第十章　植物基因的克隆。本章节的内容包括植物基因的结构和功能、植物基因克隆常用的工具酶、植物基因克隆中常用载体、植物目的基因的克隆方法。鉴于上述内容与学生之前学习的"分子生物学""遗传学"等知识具有重复的地方，因此本章的学习以课下自学并提出问题结合课堂回答问题的方式开展。

思政元素：本章强调生物学知识的连续性和扩展性，引导学生将之前的知识用于解决植物生物技术领域的科学问题。在补充知识环节，着重介绍诺奖级别的重大发现，每一项重大发现的研究历程都是科学精神的极佳案例。如 TaqDNA 聚合酶大发现使得体外合成 DNA 成为可能，除了基础研究外，在遗传病诊断、产前检查、病原体检测、法医鉴定等方面均发挥重要作用，引导学生讨论目前新冠病毒筛查的方法。一个简单的酶成为造福全人类的工具，从而激发学生的社会责任感。此外，除了回答学生的问题外，教师提出科研实验中遇到的问题引导学生解答，如为什么 RT-PCR 有结果，但是在克隆目的基因启动子做 GUS 显色实验时，看不到显色？GUS 显色实验和 mRNA 原位杂交结果不一致？教育学生对待实验结果要仔细分析，认识任何事物要全面、辩证，不可以偏概全。

第十一章　植物遗传转化技术和方法。本章的主要内容包括：转基因表达的调控、基因直接转化方法和根癌农杆菌介导的转化方法。在转基因表达调控部分，学生需要掌握几种不同的启动子的概念和应用。在植物直接转化方法教学中，学生需要掌握几种不同直接转化方法的原理和应用。农杆菌介导的植物转基因技术是本章的重点，学生需要了解和掌握农杆菌侵染植物的机制，能够看懂读懂并绘制植物转基因载体图谱，同时还要对几种模式植物的转基因方法有一定的了解。

思政元素：本章节涉及植物转基因，是学生关心的热点问题，涉及的思政元素也较多，具体参见下面教学案例设计中的表 1。

第十二章　转基因植物的检测。本章节的内容包括外源基因整合的分子生物学检测（DNA 水平）、外源基因表达的检测（mRNA 水平和蛋白质水平）、转基因植物的生物学特性检测（表型分析）。介绍转基因植物的检测标准，包括被检测材料的鉴定实验要设立严格的对照、提供转化当代植株的外源基因整合和表达的分子生物学证据,包括物理数据(PCR、印迹杂交等)和表型数据(酶活性分析等)、提供外源基因控制的表型性质证据(如耐盐、抗病等)以及根据植物的繁殖方式,提供稳定遗传的证据。

思政元素:转基因植物的鉴定是非常严谨的工作,科研工作者需要从不同角度对实验材料进行分析和鉴定,同时在实验设计方面需要设计严格的对照。在讲授这部分内容的时候,注重对学生科学严谨性的培养。

第十三章 转基因植物的安全性及其评估。本章节主要介绍转基因植物相关的政策法规以及评估方法。

思政元素:从转基因植物的严格管理,引导学生对关注生态环境安全。相关政策法规的介绍引导学生的法治意识,关注转基因生物安全规范。采用的教学方式是学生制作展板或者宣传画。

第三部分 植物分子标记及辅助选择育种。本章节中的分子标记相关内容在《遗传学》中已经有所涉及,因此在课程内容教授过程中以该技术在育种中的应用为主。杂交育种技术是将父母本杂交,形成不同的遗传多样性,再通过对杂交后代的筛选,获得具有父母本优良性状,且不带有父母本中不良性状的新品种的育种方法。基本原理是通过增加遗传多样性即不同基因组合的数量,从而产生新的优良性状。本章节主要介绍杂交育种技术在水稻、小麦等重要粮食作物生产实践中的应用。

思政元素:我国杂交水稻研究获得了举世瞩目的重要成就,其中袁隆平院士、谢华安院士等人作出了卓越贡献。本章的思政元素通过视频采访以及传奇人物介绍的方式向学生展示中国学者的风范。同时,介绍储成才等人的最新研究成果,即杂交水稻中氮肥利用效率低的科学问题,引导学生分析如何将最新的研究成果应用于生产实践①。上述实例,一方面引导学生关注国计民生,培养家国情怀,同时学习科学家具有的国家社会责任感以及严谨的科学家精神。

---

① Liu Y, Wang H, Jiang Z, et al. Genomic basis of geographical adaptation to soil nitrogen in rice [published correction appears in Nature. 2022, 610 (7931): E4]. Nature. 2021, 590 (7847): 600-605.

二、案例节段的教学设计

（一）对教学对象的分析

植物生物技术这门课是针对生科院本科三年级学生开设的专业理论课，该阶段的学生已经具备了大部分的生物学基础知识，如植物学、生物化学、分子生物学，遗传学，微生物学等，学生欠缺的是如何将所学知识融会贯通后应用在科研过程中。此外，该阶段的学生更加注重对自己未来的工作能力、社交能力和创造能力的培养，对于课堂教学要求更高，传统的照本宣科讲授模式不能满足学生对知识的渴求，大量的国内外研究进展需要及时补充到教学内容中去。在授课方式上面，学生更倾向于讨论、辩论、翻转课堂、参观学习等丰富多彩的教学形式。通过长期的教学观察，该阶段的部分学生还存在下述问题，即学生对专业选择迷茫；专业知识综合运用能力差；逻辑思维能力有待提高；部分学生在学习上存在一定的惰性；文献查找和阅读能力有待提高。

（二）对教学目标的分析

1. 知识目标和能力目标

（1）能够阐述植物转基因技术中常用的启动子相关知识。

（2）能够复述植物转基因技术中的直接转化方法原理和基本操作，并能根据需要设计实验解决实际问题。

（3）能够阐述农杆菌介导植物转基因技术的发展历史、基本原理，能够根据需要设计植物转基因实验解决生产实际问题。

（4）通过班级辩论形式，科学对待植物转基因这一热点问题。能够利用所学知识，有理有据判断网络上与转基因相关的谣言。

2. 价值目标

（1）通过转基因相关知识的学习，意识到科技发展对于国家和社会的重要作用，以科研前辈为榜样，以国家富强、人民幸福为己任，胸怀理想、志存高远。

（2）通过大量的科学研究事例，使得学生构建文化自信，同时也要具有全球视野。

(三)对教学内容的分析

1. 本节段在课程中的逻辑位置

第十一章植物遗传转化技术和方法是植物生物技术中的第二部分植物转基因中的重要章节。第一部分植物细胞工程为该章节的展开奠定了细胞学基础。本章节与前后章节共同构成了植物分子生物学研究中从基因克隆到遗传转化再到鉴定的完整过程。

2. 本节段的教学重点

①转基因技术中的基因表达调控机制。

②直接转化方法中 PEG 转化和基因枪转化的原理和应用。

③农杆菌介导的转化方法原理。

3. 本节点的教学难点及化解难点的方案

教学难点:

(1)不同启动子的工作原理和应用。

(2)杆菌介导转化方法在实际科学研究中的应用,包括如何选择合适的植物转基因载体以及如何选择合适的转基因方法等。

化解难点的方案:

(1)通过科研实例结合理论知识的讲解。

(2)通过绘制科研项目申报过程中的技术路线图,引导学生将本章节理论知识应用到实际工作中。

(3)文献导读,通过带领学生阅读文献,在文章中寻找课堂讲解过的实验方法和技术,并分析该项技术解决了文章中什么难题。

(四)教学手段与方法

(1)语言表达——案例法和讲授法结合:将思政要素贯穿与整个课堂,以"润物细无声"的方式引导学生在专业知识学习过程中对国家政策法规、科学精神、职业规划、社会责任感等各方面有更深刻认识。

(2)问题驱动——将自主学习和讨论法结合:引导学生从专业知识角度、国家长远发展、粮食安全、医药卫生、生态环境等各个角度对转基因的利与弊进行分析讨论,展开分组辩论。该环节注意培养学生从辩证的角度看待问题。推荐学生利用课余时间观看《解码科技史》中关于植物发展史的内容，如麦浪滚滚面飘香、马铃薯传奇、暖意"棉棉"等，引导学生在其中找寻科技对植物育种的重大贡献，并在课堂上进行分享。

（3）问题驱动——将案例法和项目探究结合：学生分组，按照专题，各小组制作展板，在院内和校内进行宣传。展板专题内容包括：植物科学领域专家学者的励志故事、我国在水稻研究中的重大成果、国家对转基因的政策法规、转基因食品的流言蜚语、植物生物技术在扶贫攻坚战中的重要作用、我国植物科学发展的 40 年等。一方面，学生在整理资料的过程中受到教育；另一方面，在展板展出的过程中，对于周围其他院系学生和教职工也是很好的宣传教育。

（4）直接感知——参观法：参观生科院共享实验中心和杂交水稻国家重点实验室。由生科院共享中心和水稻国家重点实验室教师讲解仪器设备、管理规范、科研进展等，学生对国家在科技发展上的支持、我国改革开放以后在仪器设备上的更新、科研队伍尤其是国外留学专家的回归，以及科研重大进展，这些都是很好的教育素材。

（5）技术媒介和案例法结合：在班级群和学习通上及时发送最近的国内外研究进展、国家在科技方面的政策法规、国家自然科学奖、科技进步奖和发明奖的颁布等，拓展阅读资料，拓宽学生的视野，不再是两耳不闻窗外事，而是关心国计民生、关心国家大事，坚定学生学有所成、报效祖国的信念。

（五）教学过程

本章节共分三小节，计划需要 4 学时完成。教学活动中的自主阅读和参观安排在课外时间，不计算学时数。本章节具体的思政教学活动安排如表 1 所示。

（六）教学评价

在近年来的教学活动中，我们着重提升学生的政治认同感和使命感、培养学生积极向上的科学观、生命观和生态价值观、培养学生在科学精神和职业素养方面的教育和文化自信的建立。课程思政的核心在于引导学生符合时代需求，具有社会责任感和使命感，激发学生利用专业知识报效祖国，在中华民族伟大复兴的伟大时代里做出自己的贡献。学生只有具备了积极乐观向上的人生态度，才能更加热爱生活，才能感受到生命之美和自然之美，才能在专业发展、职业规划以及人生规划上有所建树。同时，学生在未来自身发展方向以及职业规划上要有所感、有所悟，不盲从，对于社会上的舆论有自己的判断标准。此外，授课过程中对于我国在植物科学领域的重大研究进展、改革开放以后科研上的投入和产出、科技扶贫中的植物生物技术所起的重要作用等方面的介绍和讲解，激发了学生强烈的民族自豪感，使得学生对于我国科技发展有坚定信心，坚定学生从事科学研究报效祖国的信念。对于在专业课中引入课程思政是否取得了上述的教学效果，在学期末，我们在学生中进行了匿名的调查，调查反馈的部分结果如图 1 所示。

表 1　　　　　第十一章植物遗传转化技术和方法的思政教学活动

教学内容	专业课知识点	思政范例	蕴含的思政元素	教学活动
第一节 转基因表达的调控——启动子	1. 启动子介绍	细胞中启动子对基因表达的调控	规则意识和团队协作	讲授法
	2. 植物转基因过程中常用启动子的类型	我国科学家在诱导型启动子研究中的重大发现和进展 众多植物分子生物学方面的科学家在求学归来，报效祖国	文化自信 政治认同和家国情怀	讲授法 案例法
		烟草花叶病毒的 35S 启动子及其在植物转基因中的广泛使用	科学研究过程与理性思维	讲授法
	3. 启动子的应用	武汉大学杂交水稻国重室杨代常教授利用种子特异启动子在水稻中表达人血清白蛋白	持之以恒的科学精神 职业担当与社会责任感 科技造福人类 文化自信 国家支持与科技进步	讲授法 案例法
		生科院实验室之间启动子信息和实验材料的互通有无、合作研究 NCBI 和 Tair 网址上序列信息公开	科学家精神和合作意识	讲授法 案例法
第二节 基因直接转化方法	1. 花粉管通道法	我国学者首创花粉管通道法	文化自信	讲授法 案例法
	2. PEG 转化法	原生质体制备和 PEG 转化	创新思维	
	3. 基因枪转化	基因枪转化方法在我国水稻转基因中的应用	文化自信	
		共享仪器设备的使用规范	规则意识	
	4. 直接转化法应用	研究蛋白在细胞内定位方法	科学的严谨性	

续表

教学内容	专业课知识点	思政范例	蕴含的思政元素	教学活动
第三节 农杆菌介 导转基因	1. 农杆菌侵染植物的机制	农杆菌对农作物的危害	科学研究服务人类社会，科学家的职责担当	讲授法 案例法
		农杆菌的发现到利用	不断探索的科学精神	案例法
		植物上"到此一游"的危害——农杆菌对植物释放信号的识别	人类行为对植物的影响	讲授法
		农杆菌侵染植物过程中多种蛋白复合体的相互配合	团队协作	讲授法
		紫鸭跖草——常见的实验材料	热爱生活关心周围事物	案例法
		T-DNA 整合到染色体上的机制假说	科学研究的不懈探索	讲授法
	2. 农杆菌介导植物转基因中的转基因载体	GFP 植物常用的 marker 基因——诺贝尔奖介绍	工匠精神	案例法
		CAMBIA 非营利国际研究组织	国际合作 国际视野 人类命运共同体	讲授法
	3. 农杆菌介导的转基因方法及应用	转基因水稻表达阻止 HIV 进入细胞的蛋白质 12.1 世界艾滋病日	生命健康与科学家职责	讲授法
		张启发院士抗虫水稻研究历程 转基因抗虫水稻华恢 1 号 减少农药使用量——生态环境 我国在植物转基因方面的进展	文化自信 国家支持体现的制度优越性 持之以恒的科学家精神 国计民生的社会责任感	讲授法 案例法
		国产转基因抗虫水稻种子被盗背后的较量(新闻)：实验材料属于科研核心机密，转基因技术属于国家战略高技术	政治意识和维权意识	案例法 讨论法
		国家自然科学奖、科技进步奖和发明奖介绍——武大何光存教授和武大校友傅向东研究员	文化自信 工匠精神 科学家精神 社会责任感和职业素养 国家对于高科技人才的重视	讲授法 案例法
		参观生科院共享实验中心和杂交水稻国家重点实验室	文化自信 职业素养 国家对科技在政策上的支持	参观法
		实验规范操作，仪器设备操作	安全教育 规则意识	演示法 参观法
		优秀本科生示范：科研(大学生创新项目介绍)、创业、支教等	职业规划	讲授法 案例法

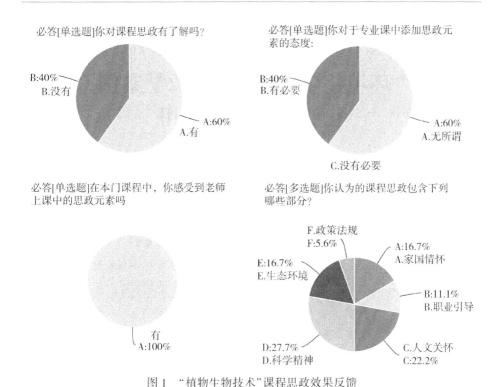

图1 "植物生物技术"课程思政效果反馈

三、教师对课程思政的感受与认识

植物生物技术是生命科学学院的专业课,将课程思政融入课堂教学实际上是授课教师一直做的工作。我们的教学目标一方面是培养学生综合运用基础知识的能力、逻辑思维能力、创新能力等,为植物科学基础研究领域以及农业、林业等应用研究领域输送人才。另一方面使学生正确认识政治认同、家国情怀和法治意识,树立正确科学观、生命观与生态价值观,热爱生活,做好职业规划,具备良好的科学精神和公民品格以及具有文化自信、民族自豪感和全球视野。

在备课过程中,因为课程思政的引入使得授课内容变得更加丰满,学生更加感兴趣,课堂参与度也更高了,教学效果得到了提高。此外,将课程思政融入课堂的过程也是教师自我提升的过程,教师不只是知识的传授者,更要做有温度的教师,在学生的人生观、价值观以及职业规划等方面做引导。

189

"环境化学"课程思政教学案例
化学的地位与作用

郭小峰①

课程名称：环境化学　　　　　　**课程类别**：专业基础课
学分/学时：2/32(理论学时 32)　　**授课对象**：水利水电学院(大一/大二)
课程简介：本课程所用教材为陈林根主编《工程化学基础》第三版。课程原为"工程化学基础"，后根据学科培养方案，改为"环境化学"。本课程从物质的化学组成、化学结构和化学反应出发，密切联系现代工程技术中遇到的如材料的选择和寿命、环境的污染和保护、能源的开发和利用等有关化学问题，帮助学生建立物质变化的观点和能量变化的观点，初步具备用化学的视角认识问题、分析问题和解决问题的能力。

一、本门课程的总体设计

(一)课程思政的目标

课程思政的最终目标，是满足国家需求，而国家需求是培养合格的社会主义建设者和接班人。作为工科的建设者和接班人，在学习知识的同时，他们还应具备正确认识问题、分析问题、解决问题的能力，具备精益求精的大

---

① 教师简介：郭小峰，武汉大学化学与分子科学学院副教授，博士生导师。多年来主讲水利水电学院"工程化学基础"/"环境化学"、药学院"无机及分析化学"、临床医学"基础化学"等理论课，并承担化学与分子科学学院"分析化学实验"和"基础化学实验"、临床医学"基础化学实验"、生命科学学院"无机及分析化学实验"等实验课教学工作。2021 年，武汉大学"课程思政"说课比赛获校三等奖。

国工匠精神，具备家国情怀和使命担当。作为武汉大学的学生，他们的目标是未来的工程师和大国工匠，是团队核心和领导者，是杰出人才。在培养杰出人才的过程中，经过本门课程的学习，学生应能在知识、能力和价值方面达成如下目标：

知识目标：经过本课程学习，正确认识并理解以下内容：(1)整个物质世界，包括人类生产制造的各类材料和各种产品，甚至人类自己，都是由原子及其结合态单元排列组合而成的。(2)它们在时空中的运动、排列组合和相互作用都来自于电子运动状态的改变，并与各种能量子有关。(3)各类材料和生物体内的化学单元，其组成结构与其功能紧密相关，在不同的条件下可以发生不同的化学变化。(4)化学变化时能量与质量紧密联系，不可分割，能量是物质存在的又一种表现形式。

能力目标：通过本门课程的学习，具备科学思维方法，在面对化学有关的问题时，能从化学的视角进行理解和判断，对于简单的化学问题能自行解决，对于复杂的化学问题能与化学专业人员对接并协同解决。

价值目标：通过课程的学习，客观公正地认识化学的地位和作用，对化学的学习产生兴趣和热情。具备化学的视野和对应的思维方法，从化学理论中体会前辈追求真理、严谨治学的求实精神，从化学材料及其防护中体会精益求精的大国工匠精神，从水环境问题中体会人与自然和谐共生的必要，激发家国情怀和使命担当。

本门课程，本门课程的总体设计理念是潜移默化、润物无声，将思政主线和思政元素融入课堂的教学中，在不知不觉中影响学生，助力他们成为国家需要的合格建设者和接班人。

(二)课程思政的主线(见图1)

在基本理论和基本知识中，学习如何从化学的视角认识、分析和解决问题，体会前辈科学家和工程师的精神与品质，激发学生融入中华民族伟大复兴事业。

(三)课程各章节的思政元素

本课程分为六章，各章节内容及分散在各章节的思政元素如图2~图7所示：

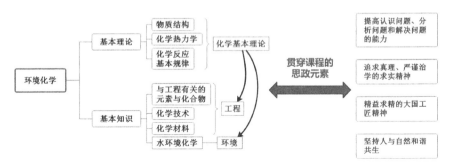

图 1 "环境化学"课程思政主线

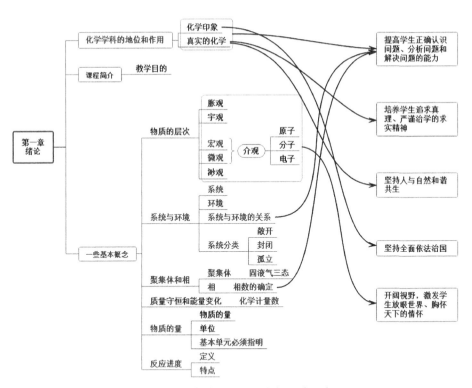

图 2 第一章绪论教学内容与思政元素

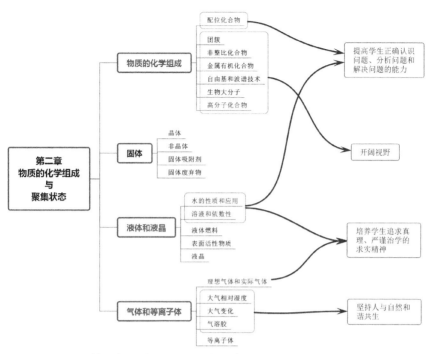

图 3　第二章物质的化学组成与聚集状态教学内容与思政元素

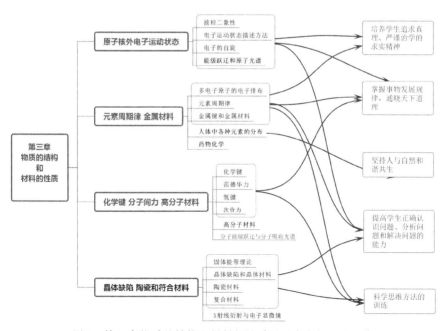

图 4　第三章物质的结构和材料的性质教学内容与思政元素

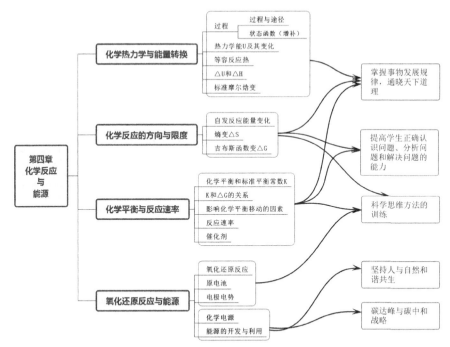

图 5　第四章化学反应与能源教学内容与思政元素

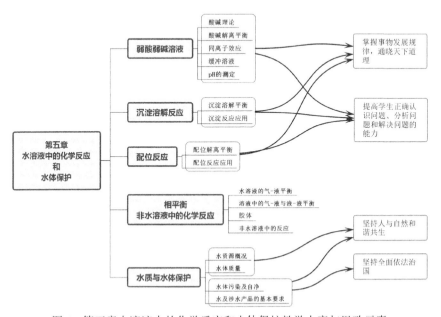

图 6　第五章水溶液中的化学反应和水体保护教学内容与思政元素

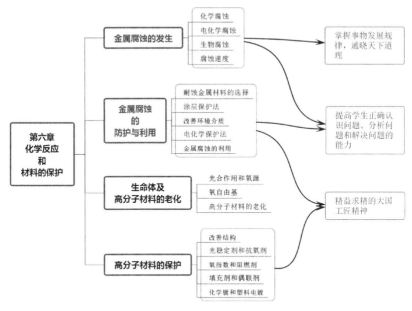

图 7　第六章化学反应和材料的保护教学内容与思政元素

二、"化学的地位与作用"教案设计

(一) 对教学对象的分析

本门课程的教学对象，是大一/大二本科生，针对化学课程的学习，他们具有如表 1 所示的特点：

表 1　　　　　　　　　　　　对教学对象的分析

分析内容	分 析 结 论
学生知识经验	学生经历**高考不久**，初高中阶段已**普遍学习过化学基本知识**
	高中化学课程**选修较多**，高考选考科目的不同，导致学生基本知识**掌握范围差异较大**。选考化学的学生，本课程的部分基础知识已学过，但广度和深度**有所欠缺**。未选考化学的学生，本课程的绝大部分知识都未学习过
	大多数学生**对化学与现代社会的关系缺乏正确认识**，对于化学的印象仍停留在试卷、习题和演示实验的层面

续表

分析内容	分 析 结 论
学生学习能力	学生学习热情高，课堂秩序良好，罕有迟到早退和旷课现象 学习能力优秀，大部分学生能够迅速掌握课堂所学知识 工科学生未来将面对大量实际工作环境，重在化学知识的实际运用能力，然而大部分学生仍停留在将所学的知识用于做题的层次，理论联系实际、活学活用，将课堂所学化学知识转化为知识、分析和解决实际问题的能力有所欠缺
学生思想状况	学生具备高中的化学基础，拥有初步的科学探究与创新意识、科学态度与社会责任，但仍需进一步加强 学生受各种媒体对化学的宣传和化学相关各种网络信息的影响较深，对化学的整体印象不佳 对化学在现代社会中的地位和作用缺乏正确的认识，影响学生主动运用化学知识的积极性

（二）对教学目标的分析

1. 知识目标

正确认识化学学科的地位和作用。

2. 能力目标

摒弃对化学的偏见，客观公正地看待与化学有关的案例。

能运用已学过的化学知识，从化学的角度看待事物。

具备综合运用化学理论知识对与化学有关的问题进行初步分析的主观意识。

3. 价值目标

明确化学在当前社会生产生活中的地位和作用，对化学的学习产生兴趣和热情。

展示以化学视角看待事物的方法，并提醒学生应客观、公正地看待事物。

体会化学视角下的人与自然和谐共生发展理念，展示化学对于该理念的意义。

（三）对教学内容的分析

1. 本节段在课程中的逻辑位置

本节段是"环境化学"课程的第一章第一节，内容为化学的地位与作用。本节起到总领全课程的关键作用，将为学生树立正确的、客观公正的化学印象，有利于扭转大多数学生对于化学学科的固有印象和偏见，扫除学习化学相关课程的心理障碍，激发学习热情，并鼓励学生在未来的工作中，积极主动地运用化学思维和化学知识。

2. 本节段的教学重点

正确理解化学学科的地位和作用。

3. 本节段的教学难点及化解难点的方案

本节的难点在于：消除学生对于化学普遍存在的偏见，正确理解学科的地位和作用。

运用化学知识分析"我们恨化学"、环境污染、食品安全、实验室安全等案例，展示正确认识问题、分析问题的方法，增强自我保护意识，并从材料中体会：绝大多数上述情况源自违法行为，化学本身并无善恶好坏之分，可自然融入法治观念和依法治国理念，培养学生遵纪守法、诚实守信的品格。

化学已融入生活的每一个角落，无法分割。从现代社会生活用品、钢铁、煤炭、农业、等国计民生行业和碳中和发展理念、抗疫等时事中体会化学的支柱地位与作用。

通过上述丰富的案例，使学生能够客观公正地看待化学学科，正确理解化学的地位与作用。

4. 本节段的课程思政目标

提高学生正确地认识问题、分析问题和解决问题的能力。

培养学生严谨治学的求实精神。

体会坚持人与自然和谐共生的必要与正确。

（四）教学手段与方法

本门课程，以理论课为主，采用线上线下混合式教学，具体如表 2 所示：

表2   **教学手段与教学方法**

内容	教学手段与教学方法	
课堂教学方法	(1)以理论课为主，主要采用多媒体教学，结合实例，通过对实例的科学分析，加深学生对化学地位的理解，**树立对化学的正面印象，了解化学在人与自然和谐共生中的作用，激发学习兴趣** (2)运用视频、举例、文献分析等方式，辅助理解基本概念，引导学生学习**用化学的观点观察物质变化的现象**，提高学生正确认识问题、分析问题和解决问题的能力	
线上线下混合教学	线上资源	(1)线上教学的全套课程录像 (2)学习通中本课程的在线题库 (3)参考文献 (4)每学年新建教学班级群
	使用模式	(1)线下课堂教学为主，课后借助线上教学录像回顾和重温重点内容 (2)线上题库用作课堂临时考察、期中测试 (3)参考文献，用于课后思考、教学过程中辅助理解基本概念，训练学生正确认识、分析、解决问题的能力，并从中体会科学家精神和大国工匠精神 (4)班级群中随时随地接受线上答疑与辅导 (5)群内讨论，培养学生严谨治学的求实精神，引导学生关注人与自然和谐共生发展理念

（五）教学过程

为使本节教学过程清楚明了，整个教学过程如表3所示：

表3   **教 学 过 程**

教学内容和教学过程	专业知识与思政元素融合
化学学科的地位和作用 1. 人们对化学的印象(约23分钟) 提及化学，大家的第一印象是什么？播放2015年11月CCTV-8的广告："我们恨化学"——国产本土化妆品牌法兰琳卡，并提问：大家对这则广告认可吗？为什么？ 简要讲述该广告当时曾引发的社会反应	运用化学知识分析本案例中的各个材料，**展示正确认识问题、分析问题的方法**，增强自我保护意识，自觉对有害信息进行抵制

教学内容和教学过程	专业知识与思政元素融合
由这则广告,继而引出环境污染(河流)、食品安全(毒奶粉)、各种网络信息等多个实际素材/故事 引导学生尝试运用已具备的化学知识对上述信息进行分析(选取其中2~3个进行课堂讨论与分析,约7~8分钟),结合现状,引出"该广告道出了人们对化学的负面偏见","许多污染、食品安全等问题根源在于违法行为,而非化学本身的问题"	在对污染、食品安全问题等材料的分析中,可以明确看出:绝大多数上述情况源自违法行为,化学本身并无善恶好坏之分,可自然融入**法治观念和依法治国理念,培养学生遵纪守法、诚实守信的品格**
2. 真实的化学(约22分钟) **化学对现代社会的影响:** 从纯天然环境谈起。从用火以来,人类开启了化学之旅,化学已融入生活的每一个角落,无法分割。举例从现代社会生活用品、钢铁、煤炭、农业等国计民生行业中体会**化学的支柱地位与作用**,构建学生对于化学的新印象 引导:一味地追求完全纯天然环境,并不是人们对于美好生活的愿景,而要追求"**人与自然和谐共生**"	
紧随其后,引出碳中和概念,简介**化学与碳中和:** 碳中和关键技术:光伏发电的核心——晶体硅、电动汽车的核心——稀土永磁电机与动力电池、风力发电的核心——叶片、氢能的核心——氢气的生产和储存、核能的核心——核燃料、其他新能源——设备/原材料等	自然引出:**习近平新时代中国特色社会主义思想——坚持人与自然和谐共生** 助力碳中和,构筑人与自然和谐共生
抗疫的物质基础: 简介抗疫物资中的化学——熔喷布、工业乙醇、消毒剂、药物,运用已学过的化学知识,分析其构成和作用	人民至上、生命至上
引出结论: 　　真实的化学,绝不意味着污染、爆炸、食品问题和各种虚无缥缈的传言,而是: 　　一块现代社会的基石 　　一个改变世界的强有力工具 　　一种观察世界的角度 　　一种思维的方式 　　更是通向人生更高境界的一条道路	以化学为工具,结合专业,去观察、思考和改变世界,与"**培养学生追求真理的求实精神**"相融合
课后作业	**课后思考:** 阅读文献《三峡工程化学灌浆技术的应用》,体会化学在水利水电工程中的应用,总结化学灌浆法有什么独特优势 **书面完成:** 教材P15练习题:5 教材P16思考题:4

（六）教学评价

鉴于本门课程的总体设计理念是潜移默化，润物无声，在不知不觉中影响学生，课程思政方面的教学评价，可能同样更适合用"无感"的方式进行。本节段对于课程思政效果的教学评价方式有：

学生的反应：教学过程"人们对化学的印象"部分，课堂问题及讨论中，学生的讨论、回答和结论，评价学生正确地认识问题、分析问题和解决问题的能力（占比40%）。教学过程"真实的化学"部分，对于美好生活的愿景描述，评价学生是否意识到坚持人与自然和谐共生的正确性（占比20%）。

课后习题：从做题的思路、语言的严谨，评价学生分析解决问题的能力和严谨的求实精神（占比40%）。

三、教师对课程思政的感受与认识

在深入了解了课程思政的相关要求之后，我们发现课程思政其实并不复杂，也并不是一个特别新鲜的事物，其最根本目标，就是要求教育要面向国家需求，培养合格的社会主义建设者和接班人。这本就是每一位教育工作者在课堂上都应当努力去实现的目标。身为未来的建设者和接班人，我们的学生理应具有什么样的素质，就是教师在课程中的追求。

以本门课程为例，本门课程是武汉大学水利水电专业的必修课。武汉大学是国家"985工程"和"211工程"重点建设高校，是首批"双一流"建设高校。作为武汉大学的工科类学生，他们的目标是未来的工程师和大国工匠，是团队核心和领导者，是杰出人才。因此，学生应当具备正确认识问题、分析问题、解决问题的能力，应当具备精益求精的大国工匠精神，具备家国情怀和使命担当。这原本就是一位国家需要的大国工匠理应具备的品质，而这也正是本门课程的思政核心。

因此，课程思政建设，并非要在课程中生硬地加入素材和喊口号，而更像是对教师课堂教学的兜底和拔高，提醒我们在教学中应当有所倾斜，传授知识的同时，注重学生内在品质的培养，最终为国家输送合格的人才，助力中华民族的伟大复兴。

四、工 学 类

"桥梁结构 II"课程思政教学案例
悬 索 桥

万　臻[①]

课程名称：桥梁结构 II　　　**课程性质**：专业选修课程
学分/学时：2/32　　　　　　**授课对象**：土木工程专业（大四上）
课程简介："桥梁结构 II"课程属于土木工程专业选修的专业课程，也是土木工程道桥方向重要的主干课程。本课程的主要任务是使学生能够掌握悬臂梁桥、预应力混凝土连续梁桥和刚构桥、斜拉桥、悬索桥等不同桥梁结构的构造、设计及计算要点，熟悉桥梁结构计算机分析方法，为今后从事复杂桥梁工程设计和施工奠定基础。

一、本门课程的总体设计

（一）课程思政的目标

2013 年，我国加入"华盛顿协议"，用成果导向教育的理念（简称 OBE）引导工程教育改革。基于 OBE 教育理念将本课程目标设定了三个不同的层次，对应本专业本科生毕业要求及指标点，如表 1 所示 。

课程中具体章节对应不同教学目标进行教学设计，课程思政目标就可以在情感目标中得以实现，有机融合。具体思政目标是结合《普通高等学校本科专业类教学质量国家标准》[②]中对土木工程专业的基本要求，以及《高等学校

---

①　教师简介：万臻，武汉大学土木建筑工程学院副教授，主要研究方向为桥梁结构行为研究及大跨度桥梁结构可靠度评估等。武汉大学"351 人才"珞珈青年学者。
②　《普通高等学校本科专业类教学质量国家标准》，高等教育出版社2018年版，第331页。

课程思政建设指导纲要》①中针对工学类专业课程的具体要求进行制定的，如表 2 所示。

表 1 基于 OBE 教育理念②的课程整体目标设计

目标设计	序号	毕业要求	毕业要求分解指标点
认知目标	目标 1	工程知识	掌握用于解决土木工程专业复杂工程问题的专业知识
	目标 2	问题分析	能应用工程科学基本原理和专业知识，分析土木工程专业的复杂问题
技能目标	目标 3	设计解决方案	能够设计满足土木工程特定需求的体系、结构、构件或施工方案，并在提出复杂工程问题的解决方案时具有创新意识
	目标 4	使用现代工具	能够针对复杂工程问题，选择使用恰当的现代工程工具进行模拟，并能够理解其局限性
情感目标	目标 5	工程与社会	能够分析、比较和评价土木工程项目的设计施工和运行的方案，以及土木工程专业复杂工程问题的解决方案，包含其对社会、健康、安全、法律以及文化的影响。
	目标 6	终身学习	具备提高自主学习和适应土木工程新发展的能力

表 2 课程思政目标设计

目标设计	序号	课程思政教育元素
课程思政	目标 1	勇于创新——严谨求实的科学态度和开拓进取的精神
	目标 2	精益求精——大国工匠精神
	目标 3	工程伦理意识
	目标 4	使命担当——激发愿为国家富强、民族振兴服务意识

---

① 《高等学校课程思政建设指导纲要》，教育部 2020 年，https：//www.gov.cn/zhengce/zhengceku/2020-06/06/content_5517606.htm.

② 《新工科下人才培养"OBE"模式》，教育部学校规划建设发展中心 2017 年，https：//www.csdp.edu.cn/ article/2767.html.

(二)本门课课程思政的主线

整门课程设计以"专业知识、科学思维、工程实践和协作创新"为主线，并将教材融合分成三个主题，连续体系梁桥包括连续梁和刚构桥、斜拉桥和悬索桥，将数值分析方法融入各章复杂问题分析，引导学生边学边用，实现打牢基础到高阶应用。课时分配如图 1 所示。

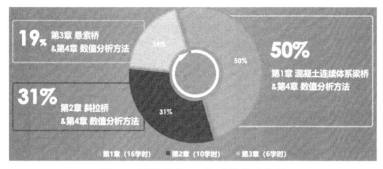

图 1　"桥梁结构 II"课时分配示意图

每个主题的教学内容也是由浅入深，大致包含四个部分：发展史、结构构造、施工以及计算分析，如图 2 所示。在不同章节中根据具体内容融入不同思想政治教育元素，如图 3 所示。

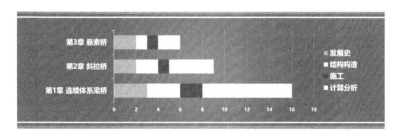

图 2　"桥梁结构 II"课程内容基本主线

(三)课程各章节的思政元素

思想政治教育素材相当丰富，除了大型纪录片，国内外最新文献等，还有自身多年"通识-专业"教育积累下的思考，比如自编教材《世界桥梁建筑艺术赏析》及相应慕课等，详见图4~图6。

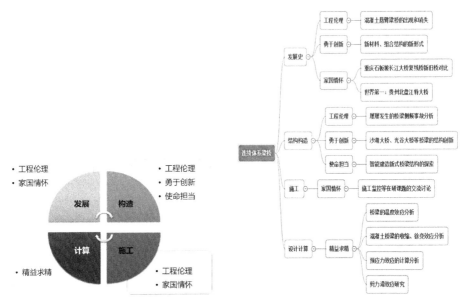

图3 "桥梁结构Ⅱ"课程思政基本主线

图4 连续体系梁桥主题的思政元素

图5 连续体系梁桥主题的思政元素

图6 悬索桥主题的思政元素

二、案例节段的教学设计

（一）对教学对象的分析

1. 学生知识经验分析

从图 1 可以看出，第 3 章悬索桥是本课程的最后章节，学生已掌握有关连续体系梁桥和斜拉桥的基本知识和原理。本节重在引导学生用已有基础理论和专业知识挑战分析大跨度悬索桥复杂结构，具备处理复杂桥梁结构问题的高阶能力。

2. 学生学习能力分析

学生已具备的能力：（1）较强的结构分析能力；（2）较强的计算能力等。

学生需提升的能力：（1）团队合作的意识；（2）主动学习的能力；（3）创新思维的训练等。

3. 学生思想状况分析

通过前期的学习，已经激发了学生对桥梁的热爱，对专业的认同感，并具备一定国际视野，以及不惧怕面对复杂问题的挑战，但仍需提高的是：（1）愿为国家富强、民族振兴服务；（2）人文和艺术方面的良好素养；（3）严谨求实的科学态度和开拓进取精神；（4）工程伦理意识等。

（二）对教学目标的分析

针对第三章悬索桥每一节对应不同的毕业要求，详细制定了具体课程目标，详见表 3。

（三）对教学内容的分析

1. 本节段在课程中的逻辑位置

案例节段选取的是第 3 章悬索桥，是本课程的最后章节，要求学生掌握用已有基础理论和专业知识挑战分析大跨度悬索桥复杂结构。

2. 本节段的教学重点

（1）悬索桥的构造和施工要点。

（2）悬索桥的设计与计算。

表3　　　　　　　　　　　　第三章悬索桥课程目标

目标设计	序号	毕业要求	具体内容
认知目标	目标1	工程知识	(1)通过悬索桥工程发展史，共同**探讨**结构构造的演变；**归纳**悬索桥主要结构体系；运用力学基本原理**分析**主要构件设计要点等 (2)掌握悬索桥基本原理和构造知识的基础上，**分析**悬索桥不同施工方法的特点及具体原因 (3)**绘制**悬索桥计算的基本流程图，熟悉结构分析的基本内容
	目标2	问题分析	(1)从效率、经济及美观(3E原则)三方面**综合比选**悬索桥的纵、横断面，训练工程设计能力 (2)**探讨**悬索桥主要构件的计算方法，如构件联结的约束模拟、大缆的无应力长度，以及索鞍预偏等问题，培养理论分析的能力
技能目标	目标3	设计解决方案	(1)**团队制作**悬索桥小模型，并分析传力机理 (2)**团队合作**制作纸质梁模型，试验不同截面的抗扭性能，分析大跨度柔性结构的抗扭设计 (3)**初步设计**悬索桥的有限元计算流程等
	目标4	使用现代工具	(1)培养科学思维，要求方案设计严谨，结果分析可靠，通过试验及讨论不断反思改进。此外通过项目合作，**树立团队合作意识** (2)尝试运用平面**有限元程序模拟**分析悬索桥结构，包括施工过程和成桥运营阶段
情感目标	目标5	工程与社会	(1)通过工程发展史联系科学史，**感悟**土木工程师在人类发展进步中的使命感 (2)通过工程灾害及事故分析，**提升**工程伦理意识 (3)通过设计大师经典工程的演变，**激发**设计创新思想 (4)通过中国当代卓越工程案例分析，**激发**学生科技报国的家国情怀和使命担当 (5)通过观看悬索桥施工过程，**学习**推广新技术的进取精神；能乐观面对挑战和挫折；并注重土木工程对社会和环境的影响，在工程实践中自觉维护生态文明与社会和谐，**强化工程伦理**
	目标6	终身学习	(1)通过课上及课外的各种设计解决方案的讨论，**提高**自主学习能力，精益求精；追求科学、技术与艺术的**融合**，弘扬勇攀高峰、敢为人先的创新精神 (2)**坚定**适应土木工程新发展的理想；掌握先进技术、具备远景规划意识、鼓励跨学科合作创新，还有筑梦未来"智慧+工程"

3. 本节点的教学难点及化解难点的方案

教学难点包括悬索桥构造特点，各构件受力特点，悬索桥的垂跨比，悬索桥的抗风稳定性分析、悬索桥的计算等。具体解决难点的方案就是开展重互动的课堂教学，学生参与式学习中及时练习、评估反馈。

（四）教学手段与方法

多媒体教室授课，丰富的图片、动画及视频；采用 PBL、TBL 及 BOPPPS 等教学法开展团队项目合作、制作模型演练等；并利用信息化教学工具——学习通进行全过程记录及评价，具体详见表4。

表4　　　　　　　　　　第三章悬索桥的教学方法及支撑目标

课程内容	学时	支撑目标	教学方法	挑战性任务
悬索桥的发展	2	1、5、6	PBL 教学法	设计方案，小组讨论
悬索桥的构造	1	2、3、5、6	TBL 教学法	学生演示模型加载试验
悬索桥的施工	1	1、5、6	BOPPPS 有效教学法	工程问题综合分析
悬索桥的计算	2	2、4、6	BOPPPS 有效教学法	绘制流程图

（五）教学过程

本阶段分为两讲开展教学设计，包括悬索桥的发展及构造和悬索桥的施工与计算，详细教学过程设计见表5、表6。

表5　　　　　　　　　　悬索桥的发展及构造（3学时）

教学主要内容	教学组织活动/专业知识与思政元素融合	时间/教具
第一节　悬索桥的发展 1. 认识结构基本特征及分析传力机理。对应教材§1概述	现场随机分组进行吊桥模型制作，并提交学习通。共同绘制结构简图，分析传力机理，材料应用等 	时间20分钟： （1）**模型制作**约15分钟；提供木棍和绳子 （2）**板书绘图**讨论约5分钟

续表

教学主要内容	教学组织活动/专业知识与思政元素融合	时间/教具
2. 悬索桥发展史 2.1 19 世纪之前的古典悬索桥 　　康威城堡桥 VS. 伦敦千禧桥 ——对比分析古典悬索桥与现代悬索桥	教师提出问题，引导学生分析问题，解决问题 　通过工程案例对比分析，讨论致敬、传承与创新，感悟工程师的使命感——是推动人类进步的主角之一	时间 5 分钟 **板书：** 材料、大缆、浅悬索桥
2.2 1930 年前后美国的悬索桥——第一次发展高峰： 布鲁克林桥 VS. 乔治·华盛顿大桥 VS. 金门大桥 ——讨论悬索桥设计思想转变 塔科马桥的风毁——谈工程事故 悬索桥发展复苏——风洞试验的兴起	教师提出问题，引导学生分析问题，解决问题 　通过设计思想演变的追溯，认识到创新的核心地位，感悟工程师追求卓越的创新精神；通过工程灾害、工程事故的探讨，加强工程伦理意识，警醒工程师的责任感	时间 15 分钟，其中视频 2 分钟 **板书：**塔、桁架梁、挠度理论、涡流、湍流、空气动力学
2.3 20 世纪 60 年代欧美的悬索桥——第二次发展高峰：塞汶桥 VS. 恒伯尔桥 ——讨论空气动力学对结构的改变 2.4 20 世纪 70—80 年代的欧洲与日本的悬索桥——第三次发展高峰：大贝尔特桥 VS. 明石海峡大桥 ——讨论普林斯顿大学提出的 3E 原则	教师提出问题，引导学生分析问题，解决问题 　通过国外卓越工程比较分析，悬索桥跨越能力不断被打破，人类追求进步，塑造精益求精的工匠精神	时间 10 分钟 **板书：**吊索（直/斜）、钢箱梁、风嘴、锚碇、几何非线性 Efficiency Economy Elegance
2.5 20 世纪 90 年代至今，中国悬索桥的腾飞： 泰州长江大桥 　　VS. 马鞍山长江大桥 　　VS. 鹦鹉洲长江大桥 ——讨论中国多塔悬索桥的创新与引领	教师提出问题，引导学生分析问题，解决问题。中国桥梁的崛起与腾飞来自每一位桥梁工作者的不懈奋斗，从理论到材料，从新的结构形式到施工方法……既增强了民族自豪感、自信心，更要筑梦未来，激发科技报国的家国情怀和使命担当	时间 10 分钟 **板书：** 刚 VS. 柔 混凝土 VS. 钢 斜拉桥 VS. 悬索桥
3. 归纳总结悬索桥主要流派，并区分主要构造的具体特征： 　　(1)美国式悬索桥流派 　　(2)英国式悬索桥流派 　　(3)日本式悬索桥流派 　　**融合教材** §2.1 主要结构体系部分内容和 §3 悬索桥的构造相关内容	引导归纳总结各个流派的主要差异，将教材内容融会贯通 　问题**测试**：中国悬索桥案例分析 江阴长江公路大桥VS. 杨泗港长江大桥 　　　　　　VS. 云天渡 　中国悬索桥也经历了模仿、融合和创新的不同阶段，桥梁工作者要具有创新意识和创新能力	时间 15 分钟 **板书：** 梁截面、索面、新材料、 Technology & Art

教学主要内容	教学组织活动/专业知识与思政元素融合	时间/教具
4. 归纳总结主要结构体系： （1）按悬索桥加劲梁的支撑构造分类的三种形式； （2）按悬吊跨数分类的三种形式； （3）按主缆的锚固方式分类的两种形式 **对应教材** §2.1 主要结构体系的主要内容	引导学生在讨论了众多桥梁案例后尝试自行归纳总结，重点思考分类的依据，比较不同结构体系的优缺点及适用性等，提高自主学习能力。 问题**测试**： （1）分析青马大桥分跨数及原因； （2）圣约翰大桥的副索鞍设置的作用； （3）博斯普鲁斯海峡三桥属于哪类体系？	15 分钟 PPT 展示
第二节 悬索桥的构造 1. 创作挑战 在上一章，同属缆索体系的斜拉桥学习的最后，提出了一个创作挑战，准备时间一周。课堂上**演示**小组制作的模型，并加载试验，说明开口截面形式和闭口截面形式在抗扭性能的区别 创作挑战！ Creative Challenge: Feeling the Torsional (twisting) Stiffness	以团队自主学习为基础的 TBL 教学法： 请各小组现场进行模型展示、加载试验、交流讨论，回答问题一两个。参考如下： (1)两个模型的哪些参数要保持一样才能进行比较？ (2)试验支撑约束条件是否合理？ (3)偏载加载是否合理？ (4)比较说明一下抗弯和抗扭的力学原理、荷载因素、计算参数等。 (5)开口截面形式和闭口截面形式在力学性能上的区别。 (6)理论模型与桥梁实际工程应用的区别。 (7)如果重新制作模型，你会如何改进？ (8)什么情况下主梁设计要考虑抗扭？ (9)对风致坠毁的塔科马大桥的截面设计进行分析讨论 通过团队合作、模型制作、加载试验演示、反思改进模型方案等，提升了解决复杂问题的技能，加强团队合作意识	时间 30 分钟 （1）课下已完成模型，加载试验展示 20 分钟； （2）对每组进行提问交流共 10 分钟
2. 悬索桥的抗风设计 抗风稳定性是悬索桥加劲梁设计中需要重点考虑的因素，而抗风稳定性与加劲梁的抗扭刚度密切相关。 (1)通过模型试验加深同学们的理解后，展开对虎门大桥风振原因的**实际案例讨论** (2)结合之前大跨度斜拉桥的学习，总结缆索体系结构抗风设计措施	通过案例讨论加劲梁是抗风设计的重点	时间 6 分钟 PPT 展示 板书：水马、阻尼、抗振、曲线

续表

教学主要内容	教学组织活动/专业知识与思政元素融合	时间/教具
(3)关于创新的大师寄语：分享林同炎和他设计的最著名的未建成的桥梁 Ruck-A-Chucky bridge	**鼓励同学们坚持原则，勇于承担技术责任，并不断学习、获取新知识和寻找解决问题的最佳方案；具有推广新技术的进取精神；具有良好的心理和身体素质，能乐观面对挑战和挫折，科技报国的使命担当**	
3. 索的游戏　乔格·西拉斯被称为当代结构艺术家，观察比较他设计的三座人行悬索桥，看看他都和索做了哪些游戏？(1)1987 年，德国凯尔海姆人行桥；(2)2003 年，德国加仑索大街人行桥；(3)2007 年，德国萨斯尼茨人行桥	**鼓励同学们追求结构与艺术的统一，持续全面学习，具备国际视野，提升自身人文和艺术方面的良好素养**	时间 7 分钟"找不同"游戏
4. 优秀学生毕业设计获奖作品展示并布置作业　请大家结合已学习过的梁式桥、斜拉桥的有限元计算分析方法，**绘制悬索桥有限元计算流程图，下次课上交流讨论**	**通过同伴激励——往届参赛同学的获奖证书，鼓励学生克服畏难情绪，勇于迎接挑战，创新之路不止**	时间 2 分钟

本讲重难点的处理说明：

(1)悬索桥的传力机理——由现场制作模型辅助理解。

(2)主缆、索塔、锚碇、加劲梁、吊索等构造的设计演变以及原因——依托悬索桥发展史上的经典工程案例，观察对比，分析讨论，明晰受力及构造要求，培养学生精益求精的精神。

(3)比较分析悬索桥的主要流派的设计成因——依托悬索桥的发展史上的经典工程案例归纳总结，提高学生正确认识问题、分析问题和解决问题的能力。

(4)悬索桥的主要结构体系之多跨悬索桥的创新——借助角色扮演让大家理解了多塔悬索桥的设计难点，以及鹦鹉洲长江大桥的改善措施。本章学习重在提升高阶能力——创新思维，通过比较中国多座屡破纪录的大桥，分析设计改进的原因，增强民族自豪、自信心的同时，激发学生科技报国的家国情怀和使命担当。

（5）悬索桥的抗风稳定性与加劲梁的抗扭刚度密切相关——由现场演示模型加载试验辅助理解，辅以工程事故原因分析，加强工程伦理意识；并应用所学知识分析风振相关工程事件，理论联系实际，课内实践。

表6　　　　　　　　　　　　悬索桥的施工及计算（3 学时）

教学主要内容	教学组织活动/设计目的	时间/教具
第三节 悬索桥的施工 　　视频播放：《超级工程 II》第一集《中国路》中驻马长江大桥的施工视频	Bridge in（课程导入） 　　通过观看纪录片中超级桥梁工程的建设过程，感受桥梁建设改善区域交通及经济，唤醒家国情怀	时间 8 分钟，其中视频播放 6 分钟
本节学习目标： 　　（1）比较常见的悬索桥施工方法 　　（2）绘制不同结构体系的悬索桥施工过程模拟图 　　（3）明晰施工对社会和环境的影响，在未来工程实践中自觉维护生态文明与社会和谐（不显示在 PPT 中）	Objective（学习目标）三个层次： 　　其中认知目标和技能目标是明确提出的，情感价值目标是通过讨论自然而然地传达	时间 1 分钟
绘制上一章学习的斜拉桥施工过程，分析悬臂施工法在悬索桥中是否适用？	Pre-test（前测） 　　运用已有基础知识和原理进行类比分析，明晰不同结构形式的施工区别	时间 3 分钟
详细介绍悬索桥施工的具体步骤 参考文献补充智能建造及基于信息化技术的大跨度桥梁施工监控进展	Participatory Learning（参与式学习） 问题分析： 　　（1）AS 空中编丝法 VS. PS 预制编丝法 　　（2）对比鹦鹉洲长江大桥和明石海峡大桥加劲梁不同施工顺序，讨论施工技术不同的原因 　　（3）施工过程中的防风措施还有哪些 　　（4）施工方法和结构体系有关吗	时间 25 分钟

教学主要内容	教学组织活动/设计目的	时间/教具
给定不同结构体系的悬索桥，请同学分别绘制对应的施工模拟过程图，着重考虑引入智能建造的优化方案	Post-test(后测) 　　简单图示即可，要求过程清晰明了	时间 3 分钟
讨论杨泗港长江大桥的跨度、选址、双层桥面等设计方案选择的原因，以及相应的施工创新技术	Summary(总结) 　　**用身边跨度是世界第二的卓越中国桥梁工程的先进施工技术做总结，激发科技报国的家国情怀和使命担当，面向未来。**	时间 5 分钟
第四节　悬索桥的计算 　　随机分组，每组 4 人，讨论上次课布置的课后作业：绘制悬索桥有限元计算流程图，要求讨论中结合上一节课对施工方法的学习进行修正、改进，并分享最终成果	Bridge in(课程导入) 　　课后作业的课内小组讨论，强调团体合作，并运用学习到的新知识对方案进行改进，课内自主学习的实践。	时间 15 分钟 学习通随机分组
本节学习目标： 　　(1)简述悬索桥计算分析的基本步骤 　　(2)明晰结构计算分析的主要内容，尤其是悬索桥主缆系统计算的理论 　　(3)比较有限元模拟与理论计算之间的差异，坚定精益求精的工匠精神 　　(不显示在 PPT 中)	Objective(本节目标) 　　其中认知目标和技能目标是明确提出，情感价值目标是通过讨论自然而然地传达。	时间 2 分钟
对比上一章学习的斜拉桥结构斜拉索的相关理论，讨论悬索桥的大缆的计算特点	Pre-test(前测) 　　提示引导思考：初内力、非线性、无应力状态、索塔联结、大缆可否更换等因素	时间 5 分钟
1. 结构分析的内容 　　(1)结构整体分析；包括索塔、主缆、加劲梁的内力及变形计算、受横向风力的计算，以及结构自振频率计算等 　　(2)结构杆件的应力及稳定性验算	Participatory Learning(参与式学习) 　　**与梁式桥主要进行静力分析不同，除了简单采用静风荷载的模拟外，还要引导思考结构的动力分析，鼓励自我价值提升**	时间 10 分钟 PPT 展示

教学主要内容	教学组织活动/设计目的	时间/教具
2. 悬索桥主缆系统理论计算 　(1)主缆线形解析计算理论：包括基本假设、悬链线理论 　(2)成桥线形的计算原理 　(3)施工阶段的计算	Participatory Learning(参与式学习) 问题分析： 　(1)为什么需要基本假设 　(2)通过公式分析不同的大缆计算线形，与荷载简化的关系 　(3)成桥线形有什么具体的状态要求 　(4)讨论缆索无应力长度不变原理的适用性及局限 　(5)为什么计算分析要考虑施工过程	时间20分钟 　板书：线性/非线性、矢跨比、悬链线/抛物线、无应力长度
3. 悬索桥有限元计算模拟 　(1)建模要点：主要构件的模拟，局部构造的模拟，施工过程的模拟 　(2)主要分析内容：包括施工阶段和成桥阶段两个部分 　(3)悬索桥实例演示	Participatory Learning(参与式学习) 问题分析： 　(1)大缆计算是否需要引入斜拉桥章节学习的 Ernst 公式来考虑几何非线性 　(2)要考虑动力效应的计算，加劲梁的模拟有何不同 　(3)联结处有多种模拟处理方式，比较分析各自的优缺点 　(4)考虑施工模拟和成桥阶段，如何确定悬索桥的初始平衡状态	时间30分钟 　有限元软件演示悬索桥仿真模型
比较理论分析和有限元分析之间的差异及原因，以及需要继续深入研究的方向。	Post-test(后测) 　**结合前面的众多问题，总结悬索桥理论解和有限元数值模拟解的差异，讨论简化处理的影响等，激励同学们深入研究基础理论，不可盲目自信，应始终抱有精益求精的工匠精神**	时间5分钟
对本课程学习的肯定：具备了"专业知识、科学思维、工程实践和协作创新"等高阶技能。对未来的期望：智能建造、基于信息化技术的大跨度桥梁施工监控、基于大数据的损伤识别及健康评估等前沿问题仍需深入研究。	Summary(总结) 　这个总结既是本节课的总结，也是本门课程的最后总结，传统土木人要逐渐转型成为具有创新意识、数字化思维和跨界整合能力的"新工科"人才。我们要有勇攀高峰、敢为人先的创新精神；追求真理、严谨治学的求实精神；淡泊名利、潜心研究的奉献精神；努力把自己的科学追求融入建设社会主义现代化强国的伟大事业之中	时间3分钟

（六）教学评价

（1）课堂讨论实时面对面反馈。关于工程事故原因分析时，学生会自觉联系到工程伦理问题，加强这方面的实践意识；关于桥梁新结构形式分析比较时，学生会惊叹大师们的创新思维并反思如何降低风险，从而更加精益求精。

（2）课后班级群线上交流。学生主动在班级群展开对复杂问题的课后探讨，结合自身实习实践、竞赛方案或创新训练等主动开展师生交流、生生交流。讨论中相互传递了诸多情感：创新精神、求实精神、精益求精及跨学科的综合素养等。

（3）团队作业的反思反馈。通过小组自评、组间互评，相互吸取好的经验，反思不足，更注重团队精神并努力积极贡献自己的力量。

（4）课程综合性评价：学生在评教中发表的匿名感言清晰传达了课堂上学生参与式学习真正发生；创新思维得到训练；学生能及时反思、自省；逐步培养自主学习的能力；未来愿做有担当的人。

三、教师对课程思政的感受与认识

课程思政不是让我们画蛇添足，照猫画虎，而是融入专业教育，让影响力最大的专业教育更大地发挥价值引领的作用。新一代大学生是在爱和物质充裕年代成长的一代，他们学习能力很强，尤其是认知和技能方面，他们很容易被引导去思考专家们是怎样想的，但是课程思政会帮助他们理解"过去"的重要性。过去不只是科技的快速发展，而是一代又一代人的奉献、牺牲和无畏进取，我们这一代同样有我们的责任担当。更希望学生能理解自己"既是伟大传统的创造物，又是伟大传统的创造者"，清晰自己的使命，激发他们努力实现自己的价值——科技报国。这种情感目标不是生硬的、强加的，而是我们在讲授专业知识的同时无声传递的，一节课、一讲课、一门课、直到每门课。

"电气工程基础(上)"课程思政教学案例 电力系统的潮流计算

唐　飞①

课程名称：电气工程基础(上)　　　**课程性质：**专业必修课

学分/学时：3/48　　　　**授课对象：**电力系统及其自动化本科三年级学生

课程简介：本课程内容的选择与设计在满足对标本科电气类基本学习要求的基础上，以电能的生产、输送以及确保电力系统运行中的"安全、可靠、优质、经济"原则为主线，将"电力系统分析""发电厂电气部分"等传统专业课中的相关内容进行有机融合，着重于电力系统的组成及其主要设备和接线方式、简单的潮流计算和短路计算方法、电力系统稳态运行与控制以及电力系统稳定的基本概念的教学。最后通过相关的课程设计巩固所学内容并为学生对相关专业课的选择和学习打下基础。

一、本门课程的总体设计

1. 课程思政的目标

(1)建立电力系统的基本概念，掌握电力系统稳态运行与控制的基本原理和方法，熟悉电力系统稳定等基本概念。使学生具备工程基础知识、专业知识，以用于解决电气工程领域相关的工程设计、生产制造、系统运行、技术开发等方面的复杂工程问题。

① 教师简介：唐飞，男，武汉大学电气与自动化学院副教授，博士生导师，俄亥俄州立大学大学访问学者，武汉大学珞珈青年学者，武汉大学课程思政教学研究中心副主任。

（2）熟悉电力系统的组成和运行；电力系统的负荷特性与模型；熟悉电力系统主设备元件的工作原理及特点；掌握电力系统的接线方式、运行特点及选型原则等内容。学生具备专业知识，能够清晰描述电气工程单元及系统设计任务，并综合考虑社会、健康、安全、法律、文化以及环境因素，给出合理设计方案。

（3）重点掌握电力系统经典潮流计算的基本方法；电力系统对称和简单不对称故障的物理过程分析和计算方法；电力系统频率调整、电压调整及经济运行的分析计算方法等内容。并让学生能够基于科学原理并采用科学方法，对电气工程领域的复杂工程问题进行信息综合研究、数据分析与解释，并能够得到有效结论。

2. 课程思政的主线

在新的教学模式下，进行教学内容重构，以"双碳"目标为契机，深挖课程思政元素，开展两条主线的思政教育：以面向电能的转换、传输和应用培养有担当的电气人才的责任教育，以电力兴国、科技报国的家国情怀教育。力图依托课程特色在专业提升的同时，实现工程伦理教育、责任品德塑造，将"点亮万家灯火"的职业素养和社会责任进行自然融入和塑造。

3. 课程各章节的思政元素

如图1所示，本课程的教学内容进行重构，每个章节对应的思政切入点，思政元素如表1所示。

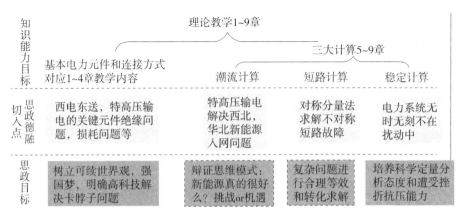

图1　电气工程基础(上)教学内容与课程思政元素的结合点

表1　　　电气工程基础(上)教学内容与教学过程同课程思政切入点

设计主线	课程主体知识点	思政德融切入点	预期效果
理论教学	电力系统元件和连接方式第:1~4章	西电东送,特高压输电的关键元件绝缘问题,损耗问题等	树立科学世界观,强国梦,高科技解决卡脖子问题
	潮流计算,第5章	特高压输电解决西北,华北新能源入网问题	辩证思维模式:新能源真的很好吗? 会不会对现有电力系统造成巨大挑战和影响
	短路计算,第6~8章	不对称短路故障的求解方法是利用对称分量法转化为对称短路故障进行分析和求解	培养科学分析能力和问题求解能力,将复杂问题分解、解耦,利用等值和转化关系,转变成熟悉和容易的求解模型和方法
	稳定计算,第9章	电力系统无时无刻不在扰动中	扰动即是变化,扰动和变化不可怕,培养科学定量分析态度和遭受挫折的抗压能力
实践教学+虚拟仿真实验	变压器和输电线路参数计算实验	变压器和输电线路的等值参数和对应的物理意义	培养科学建模和模型求解的研究思路和科研方法,学习用物理意义对物理现象进行解释
	潮流计算仿真实验	线路电压和功率的分布规律	培养学生的整体观和大局观,培养微观与宏观的科学分析方法和态度,掌握系统各个节点的电压和功率传输变化,就能把握全局潮流
	频率和电压仿真实验	有功功率传输的原因和无功功率传输的原因	培养科学类比方法,培养学生抓住问题核心进行分析的能力。电能如水能,电压相角差是有功传输的动力,电压幅值差是无功传输的内因
	三相短路仿真实验	短路电流的计算和短路电流的周期分量与非周期分量的分析和表达	培养工匠精神和职业人的责任感,短路等故障在电力系统中不可避免,电力人应当勇于担当,乐于奉献
	单机无穷大功角稳定性仿真实验	静态稳定性和暂态稳定性的判别准则和改善措施	培养精益求精,刨根问底的科研精神,培养透过现象看本质的态度和钻研精神

续表

设计主线	课程主体 知识点	思政德融切入点	预期效果
教学过程	线上学习通自学	线上视频学习和自测，讨论区问题回复	培养自学能力，诚信意识，激发好学乐学情怀
	线下课堂教学＋讨论	教师严谨治学态度，对学生关心和帮助，教师自身的积极乐观精神和正能量，潜移默化	树立榜样意识，培养学生积极主动学习态度和乐观的生活态度
	线上虚拟仿真实验	有效隔离大电流和高电压，学生可发挥想象力，在课堂学习基础上大胆试错	培养知行合一，动手实践的学习闭环方法和态度
	线下翻转课堂＋研讨	育人者先育己，教师充分参与学生的交流和展示，在不设正确答案的研讨中教学相长，探讨真理	培养团队协作精神，小组集中展示能力，答辩能力培养遇到分歧和不同意见，达成一致的沟通能力

二、具体节段的教案设计

1. 教学目标：知识目标、能力目标和价值目标

知识目标：通过教师讲授和线上自学 MOOC+SPOC 等教学模式，学生掌握电力系统潮流计算的概念和原理，理解有功功率平衡与频率稳定的重大意义，理解电力系统基本稳定性的概念和判据。

能力目标：通过虚拟仿真平台的探究性实验，学生能够手头推导和仿真计算简单电力系统各个节点电压和功率，并且设置扰动来完成体会和挖掘有功潮流与电气工频的关联关系，提升电力系统静态稳定性的相关措施。

价值目标：通过查阅资料、开放课题的研讨、小组讨论和课程汇报，创造性的探索式解决当前热点问题"大量新能源接入电网对电力系统的频率和电压带来的挑战和应对策略"，理解习近平总书记提出的"双碳目标"（碳达峰碳中和）与新能源并网的科学内涵，学习科研态度和作为一个电力人担负的"点亮万家灯火"的责任和家国情怀。

2. 教学内容

(1)本节在课程中的逻辑位置

5.1 节是本课程关于"三大计算"中的第一个,是电力系统系统性学习的基础,是本课程承上启下的关键章节。本章在前三章充分研究和了解电力系统基本元件基础上,对电力系统进行连接,并完成潮流和电压分布的计算,是第六章到第九章关于短路故障计算和稳定计算的基础,具有举足轻重的作用。

(2)教学重点:开式电力网的有功功率计算,无功功率计算和电压分布计算。

(3)教学难点及化解难点的方案

教学难点:电压降落的基本概念和无功的关系,有功功率与频率的基本关系。

化解方案:板书公式推导电压降落的横分量与纵分量,降低讲课节奏,帮助学生理解;同时通过学习通线上+线下混合式教学,提供课前测试和课后测试加强巩固,结合虚拟仿真实验进一步让学生加深理解。

3. 对教学对象的分析

学生经过两年的基础课程和专业基础课的学习,具备电路识别和化简能力,求解常系数微分方程的能力,分析同步发电机的转子转速磁链关系能力,三相电路化简和求解能力,具备电力系统级的更加具有综合性和专业性的学习和分析能力。在思想和情感上,对电气工程学科的认同度进一步加深,但是还不具备电力系统整体概念,工程伦理和电气人的责任感需要进一步加强和提升。

他们经过本课程前面四章内容的学习,对电力系统的基本概念,电力系统的负荷,电力系统的重要元件和连接方式都有了深入的了解,第五章就是如何连接它们并且进行潮流计算,获得稳定状态下电力系统的有功功率,无功功率和电压分布。

4. 教学手段与方法

线上+线下混合式教学:线上预习—课堂讲授—分组讨论—查阅资料—开放课题汇报—线上虚拟仿真实验—线上单元测试闭环,详见第 5 点"教学过程"。

5. 教学过程

对于 5.1 相关教学内容，如表 2 所示。

表 2　　　融入课程思政的电力系统潮流计算教学设计与教学过程

教学过程设计——5.1 电力系统的潮流计算	
教学内容和教学过程	专业知识与思政元素的融合
线上 1：学生完成 SPOC 的视频预习和课程预习作业 线下 1：课堂讲授+分组讨论 （1）前面四章内容的回顾：第一章介绍电力系统的基本概念，第二章阐述电力系统的负荷，第三章讨论电力系统的主要设备和元件，第四章学习电力系统主要接线方式。接下来我们将学习如何讲上述内容放在一起，构成完整的电力系统，并且进行可靠运行。同时在学习通上错误率比较高的题目，进行简要讲解 （2）电力系统基本概念回顾和各个环节的特点进行引入 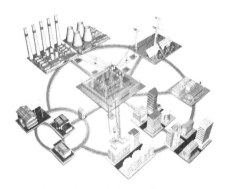 电力系统分为如下四个主要环节。  （3）电力系统的运行，首先要确定工作点，这个工作点就是潮流，为了明确这个概念，我们先看看本章整体框图和知识结构	温故而知新，任何学习过程都要闭环  电力系统是当前人类发明并建造最复杂的系统，任何复杂系统都是由不同细小部件组合而成，既要有整体观全局观，还要搞明白细节和微观世界 如果电能的生产和消费能够在同一地点完成，那么可以大幅降低和减少输电带来的损耗。我们国家幅员辽阔，重要的能源基地都在西北和华北，但是负荷中心在东南沿海，所以就必须构筑"西电东送"的特高压工程，结合素材 1。但是特高压输电工程面临诸多挑战，第一个挑战就是电能在输送过程中的损耗问题，由这个思政素材，引出今天的讨论重点：潮流计算

教学过程设计——5.1 电力系统的潮流计算

教学内容和教学过程	专业知识与思政元素的融合

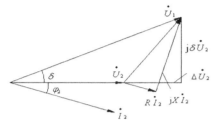

带领学生从这个向量图分析 U1 和 U2 的向量差，从而具体推导电压降落的横分量和纵分量的公式。这里是以 U2 为基准，同样的可以以 U1 为基准，推导的过程省略，最后的结果与 U2 作为基准的类似

$$\Delta U_2 = \frac{P_2 R + Q_2 X}{U_2}$$

$$\delta U_2 = \frac{P_2 X - Q_2 R}{U_2}$$

（4）由上述电压降落的横分量和纵分量，可以进一步推导有功功率传输和无功功率传输的原因如下公式（让学生讨论并推导完成）

引导学生熟悉重要公式的推导，并且阐述物理意义

$$P_2 = \frac{U_1 U_2}{X} \sin\delta$$

（5）有功功率传输的 P2，主要是从电压相位超前向电压相位滞后方向传输，δ 就是上述电压相角差

$$P_2 = \frac{U_1 U_2}{X} \sin\delta$$

本章阐述稳态分析计算，从基本概念和基本模型入手，然后阐述潮流计算方法，进而阐述有功与频率关系，无功和电压关系，任何学习和科研的过程都是从概念到模型，由小到大，由浅及深，由表及里

三角函数推导向量图的相关计算问题，这是本章重要的计算技能也是科研手段，三角函数的计算从高中延伸到大学，同时也跟学生阐述发散思维：三角函数还在信号与系统领域，傅里叶变换，小波变换，拉普拉斯变换等领域有着非常广泛的应用，学习和科学研究的过程，要广泛的进行交叉思维和跨领域创新

推导公式的过程虽然看上去比较费时间，但是这里将本章最重要的公式进行推导，引导学生一步步思考和强化"电压降落"的横分量和纵分量的计算，磨刀不误砍柴工，让学生理解事物的关键因素和核心技术的把握，一定不能图快省事，需要认真思考，慢慢领悟，仔细推导，大胆求证

公式推导完成后，要充分理解每一个参数的物理意义，这是一种科学求真精神，体现精益求精，不断探索的精神，知其然还要知其所以然

具体解释：P2 要为正数，那么 sinδ 必须为正数，说明 U2 和 U1 的夹角是 U1 超前于U2；Q2 为正数说明（U1-U2）必须是正数，那么说明 U1 的幅值大于 U2。从参数入手，阐述物理意义

读万卷书也要行万里路，知行合一，才能学得通透和扎实

电气学科的实践内容，往往伴随大电流和高电压，大型电力系统也不允许我们随意更改参数，但是虚拟仿真平台，为学生提供

教学过程设计——5.1 电力系统的潮流计算

教学内容和教学过程	专业知识与思政元素的融合
(6)无功功率传输的方向就是从电压幅值超前端向电压幅值滞后端传输 (7)带领同学进行分组讨论，电压降落的横分量和纵分量，如果站在电力网环节的首端和末端，结果会是一样的吗？ 线上2：虚拟仿真实验平台+SPOC学习通作业测验 学生完成一个"电力网环节"的建模和潮流计算，并且通过改变初始条件，重新计算结果，体会潮流计算的过程和手算潮流进行对比 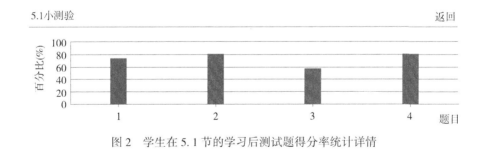	宝贵的虚拟实践机会，通过改变参数，改变拓扑结构，改变元件，达到学以致用，知行合一的目标

6. 教学评价

如图 2 所示，在学习通中的教学评价和分析，大部分同学能够达到知识和能力的预设目标。

5.1小测验　　　　　　　　　　　　　　　　　　　　　　　　返回

图 2　学生在 5.1 节的学习后测试题得分率统计详情

三、教师对课程思政的感受与认识

通过上述多个思政融合和教学过程，旨在知识和能力的提高同时，帮助学生树立科学的世界观，科学强国梦，明确电力人的责任心和使命感，了解"双碳"带来的紧迫感和危机意识，培养团队协作精神和积极乐观的学习态度，培养科学分析、工匠精神和创新能力。图 3 至图 8 是对上述思政目标达成情况的闭环调查问卷(全匿名方式)。

(1)我对电气工程专业很了解,我也很热爱(满分 10 分,最低分 0 分)。

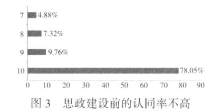

图 3 思政建设前的认同率不高

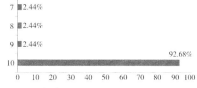

图 4 思政建设后的 10 分认同率超过 90%

(2)老师对课程的讲解有利于形成正确的价值观和世界观(满分 10 分,最低分 0 分)。

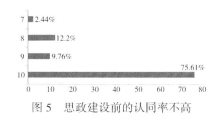

图 5 思政建设前的认同率不高

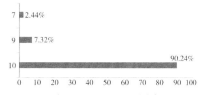

图 6 思政建设后的 10 分认同率超过 90%

(3)课程讲解能紧扣时代特色,让我了解职业规划,明确电力人的责任和担当。(满分 10 分,最低分 0 分)。

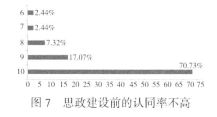

图 7 思政建设前的认同率不高

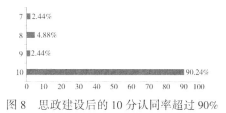

图 8 思政建设后的 10 分认同率超过 90%

综上所述,上述的思政课程建设和教学改革,较大地提升了学生们的专业认同感和价值观,明确了"点亮万家灯火"的责任心和使命感,但是依然存在提升空间,对学生的培养和思政建设还需进一步精细化管理和底层持续激励。

"理论力学 A1"课程思政教学案例 牵连运动是定轴转动时点的 加速度合成定理·科式加速度

尹　颢①

课程名称：理论力学 A1　　**课程性质**：专业课

学分/学时：2/32　　　　　**授课对象**：本科一年级学生

课程简介："理论力学 A1"是一门理论性较强的技术基础课，也是大部分工程技术科学的基础。它是研究物体机械运动一般规律的科学，是经过长期反复的实践、深化和提高，逐步归纳总结出来的一个力学知识体系。课程分为静力学、运动学两部分。静力学研究物体平衡时的受力分析，需掌握物体受力分析和力系简化的方法；运动学研究物体机械运动的几何特性，需掌握点和刚体的基本运动，点的合成运动和刚体平面运动的分析方法。

一、本门课程的总体设计

(一)课程思政的目标

"理论力学 A1"课程是工程力学系为工科实验班学生在大一下学期开设的专业课。课程思政目标解决学生存在的三大思政问题。首先是专业层面，学生不清楚学习力学的意义何在，能干什么。只知道学长学姐们说这门课"难学，容易挂科"。其次，在思想层面，大多数学生在学习过程中仅关注于把题

---

①　教师简介：尹颢，武汉大学土木建筑工程学院副教授、博士生导师，武汉大学351人才计划入选者，武汉大学力学基础课程组负责人，研究方向为智能材料与结构。

做对，拿高分，在学习过程中缺乏对问题根源和问题本质的深度思考。最后，在价值层面，经过和学生的交谈，很多学生拿高分的目标仅停留在"能够有高的起薪，有好的工作环境，未来工作可以很舒服"。这并不符合武汉大学培养"厚基础、宽口径、高素质、强能力"的创新型复合人才的目标。所以，我们可以看出，仅凭单一的传授知识已无法完成"立德树人"课程思政任务，必须要通过教师的正确引导，为学生建立正确的价值观和人生观，使学生树立人生的长远目标，为国家培养新时代人才。

(二)课程思政的主线

通过先导课程的授课情况和过往的授课经验来看，学生在学习"理论力学"课程时存在 3 个"缺乏"：(1)缺乏对力学专业的认识；(2)缺乏对问题的深入思考；(3)缺乏对人生价值的追求。因此，课程设计了"线上线下资源整合，由被动学习转向主动学习，从低阶思维到高阶思维"的三维教学设计，就知识、能力和价值三个层面的目标进行了归纳，设置如图 1 的综合目标，力求多方面多角度地为学生介绍专业知识、培养科学思维、树立价值目标。

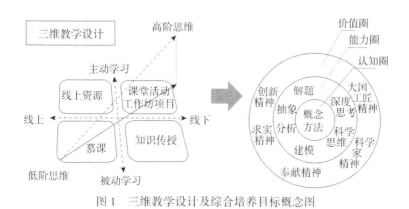

图 1　三维教学设计及综合培养目标概念图

(三)课程各章节的思政元素

通过整理、分析和凝练力学发展史、中国发展进程的代表性事件和国内外先进技术等案例背后的力学原理、力学思想和科学思维，笔者汇总了"理论力学 A1"课程各章节的思政元素和对应思政目标，如表 1 所示。

表1   "理论力学A1"课程各章节思政元素及思政目标

章节	课程思政元素	课程思政目标
第一章 静力学公理和物体的受力分析	国产大飞机C919的设计问题，以及NASA研究飞机爬升问题	认识理论力学课程的核心思想：简化复杂问题，抓住核心要点
第二章 平面力系	介绍白鹤滩水电站，并通过案例"世界上最大的缆索机群"说明工程实际中的平面汇交力系	大国工程中的力学，建立民族自豪感及工匠精神
	发展新能源汽车是我国从汽车大国迈向汽车强国的必由之路，是应对气候变化、推动绿色发展的战略举措	增强创新意识和大国工匠精神，树立为国家发展建设而奋斗的目标
第三章 空间力系	Dick Fosbury（福斯贝瑞），1968年墨西哥奥运会跳高冠军。在1968年以前，奥运选手一般采用的是剪刀式跳高姿势，但在1968年，美国的Dick Fosbury通过力学分析，采用背越式跳高法以2.24米的高度打破奥运纪录并夺得冠军。并从此开启了背越式跳高的时代	"福斯贝瑞的能力并不是所有选手中最强的，那是什么使其获得奥运冠军呢？"通过建立科学思维，培养创新意识和创新行动
第四章 摩擦	中国古代建筑和古家具中利用榫卯结构实现美——"楔钉榫中的楔钉，其倾角是越斜越好，还是越平越好？"	认识中华文化的智慧背后存在力学道理，树立民族自信
第五章 点的运动学	中国古籍《尚书纬·考灵曜》中有关相对性原理的最古老的叙述早于《对话》至少约1500年	正确认识中国科学发展史，树立民族自信，培养唯物辩证的科学价值观
	通过介绍陆基中段反导拦截系统和钱学森弹道	理解创新意识在国防军事领域的作用和意义，树立为祖国建设的长远目标
第六章 刚体的简单运动	以中国风力绿色发电为例，说明风力发电机组的主要运动形式和发电过程中应用到的力学知识	"新能源和绿色能源是未来能源的发展大方向，具体说明能源发展离不开力学"创新过程中力学学科的价值

续表

章节	课程思政元素	课程思政目标
第七章 点的合成运动	哥白尼与日心说：在哥白尼 40 岁时，他提出了日心说，改变了人类对自然对自身的看法。当时罗马天主教廷认为他的日心说违反《圣经》，哥白尼仍坚信日心说，并认为日心说与其并无矛盾，并经过长年的观察和计算完成他的伟大著作《天体运行论》。在其坚持下，哥白尼的"日心说"更正了人们的宇宙观	了解力学发展进程对人类认识世界的贡献，并提出敢于质疑的学术精神对科学发展的重要性
	科氏加速度是科里奥利通过理论分析得到的概念，但如何通过实验证明其存在也非常重要。这需要创新的设计和严谨的实验，傅科通过设置的摆每经过一个周期的震荡，在沙盘上画出的轨迹都会偏离原来的轨迹，验证了科里奥利提出的理论	毛主席曾说过"实践是检验真理的唯一标准"，这一标准在科学问题和工程问题中尤为适用。理论分析固然重要，但实验与理论是相互作用并统一的 准确认识辩证统一的科学研究的方法

二、案例节段的教学设计

（一）对教学对象的分析

（1）知识层面：学习能力较强，从以往的教学问卷调查结果来看，大部分学生不抗拒做题，甚至希望通过做题熟练知识点，符合知识能力培养的条件。

（2）能力层面：认识能力一般，缺乏对具体问题在科学思维层面上的认识，不能"举一反三"，缺乏分析和解决问题的实践能力，缺乏团队合作意识。需在课程设计中加入实际应用和小组讨论环节，让学生领悟到学习知识的价值，懂得团队精神的重要性。

（3）价值层面：长久的应试式学习导致学生不知为何而学，对学习的长远价值认识不足。缺乏正确的价值观和人生观，追求"少投入、高回报"，跟风现象严重，盲目追求热点，易受他人言论和网络信息的影响。因此，需要在授课过程中通过正面的实际案例让学生领悟到正确的价值观、人生观和树立长远目标对个人和国家发展的重要性。

（二）对教学目标的分析

（1）知识目标：深刻理解三种运动、三种速度和三种加速度的定义、运动的合成与分解以及运动相对性的概念；对具体问题能够恰当地选择动点、动系和定系进行运动轨迹、速度和加速度分析，能正确计算科氏加速度的大小并确定它的方向。

（2）能力目标：可灵活应用所学知识正确分析和解决生活和工程运动实际问题。

（3）价值目标：了解科氏加速度产生的历史条件和科学分析科氏加速度的方法，正确认识点的合成运动对科技创新的积极作用，深刻认识科学家精神和创新精神的含义。

（三）对教学内容的分析

本案例选自第7章（共14章）"点的合成运动"中的第4小结，教学学时为2学时，教学内容为"牵连运动是定轴转动是点的加速度合成定理·科氏加速度"。

1. 本节段在课程中的逻辑位置

点的合成运动这一章是运动学的重点，也是整个理论力学的重点之一，正确认识点的合成运动起到承上启下的重要作用。

2. 本节段的教学重点

关于科氏加速度产生的原因与求解。科氏加速度是由于牵连运动为转动时，相对运动与牵连运动相互影响而产生的。

3. 本节点的教学难点及化解难点的方案

教学难点：认识加速度产生的原因，正确判断科氏加速度的大小和方向。

化解方案：首先，以"转盘上抛球"这一生动形象的生活案例，从学生容易理解的概念和实验视频出发，证明科氏加速度的存在。继而通过严格的逻辑推理证明：由于动系的转动，改变了相对速度矢量相对于定系的方向；由于相对运动，改变了牵连速度的大小和方向。应当注意，科氏加速的矢积顺序不能改变，其方向亦可用右手法则来判断。

4. 课程思政融入方法

带入法：通过分析科氏加速度产生的根源和历史背景，把学生带入当时的时代背景，换位思考，通过逻辑推理的方法正确认识科氏加速度，培养正确认识问题、分析问题和解决问题的科学思维。

案例法：结合当下科技发展，为学生介绍科氏加速度在无人机运动控制、汽车发动机设计和国防军工中的重要意义和积极作用，培养灵活应用知识的能力，培养其创新意识和长远目标。

（四）教学手段与方法

通过灵活应用多种教学方式，丰富教学活动，有机结合慕课、微助教和课堂教学的优势，打造"慕课-课堂-工作坊"的线上线下融合的信息化教学模式。通过课前自学、课上导学和团队互学带动学生从被动学习向主动学习转变，实现高阶思维的培养。在每一章的学习过程中，训练学生主动寻找问题、分析问题和解答问题的能力，学生的主动学习能力逐渐提升（如图 2 所示）。同时，在每一个知识单元的学习过程中，以核心问题为导向，循序渐进地将所学知识通过工作坊应用，实现知识的融会贯通。

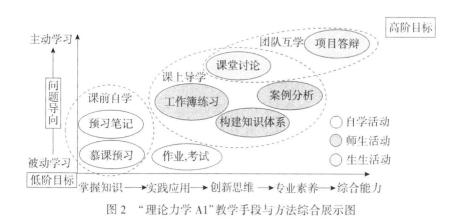

图 2　"理论力学 A1"教学手段与方法综合展示图

（五）教学过程

课程采用了线上线下的混合式教学，以"牵连运动是定轴转动是点的加速度合成定理·科氏加速度"为例（如图 3 所示）：

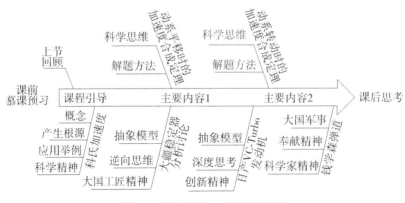

图 3 "理论力学 A1"教学流程图

（1）课前：学生通过线上慕课对课程知识点进行预习，掌握基本概念，初步了解解题方法。这一部分锻炼学生的初级思维，也即逻辑思维。学生在线上提交预习笔记（如图 4 所示），教师通过微助教等工具对学生的预习进行反馈评价，掌握学生的学习特性。

（2）课中：教师对知识点进行内容回顾。这样做的目标在于复习知识点，为学生构建知识网络体系。同时，教师在课上重点讲授线上学不到的知识，通过丰富课堂活动促进学生进行深度思考。例如，在讲解科氏加速度产生的根源时，加入书本中没有的内容，如科里奥利生平事迹、傅科摆的创造背景，通过问答的形式加强师生间的沟通、反馈，锻炼学生的批判性思维和"发现问题、认识问题、解决问题"的科学思维。与此同时，在学习的全过程融入价值理想的引导，根据学生的兴趣和国家需求出发，引导学生从被动学习转向主动学习，并通过深入思考和分析大疆无人机、VC-Turbo 发动机领悟求实精神、大国工匠精神和创新精神的重要性，最终通过榜样作用（钱学森和钱学森弹道）升华学习目标，让学生深刻领悟科学家精神和奉献精神在大国崛起进程中起到的重要作用，并为其树立积极正面的人生目标。

（3）课后：教师布置创造性的课题，让学生将知识应用到生活中去。这些创造性的课题没有标准答案，学生将通过调研、分析、组队讨论等方法，将科学研究的思想贯穿在解决这些创造性课题的过程当中。注重学生的未来发展，培养学生的团队协作能力和批判创新能力。学生通过实践课题发现、认识并解决科学问题，锻炼了他们的创造性思维。

图 4 学生主动学习过程中的预习笔记

（六）教学评价

通过"慕课–课堂–工作坊"混合式教学，运用该教学模式到每一章节的教学中，打破传统的单向式教学，根据学生的反馈对课堂进行动态调整，实现"以学生为中心"，引导学生自主学习，促进学生深度思考，锻炼学生科学思维，调动学生精神追求。从教学评价来看，通过创新教学设计，应用混合式教学模式，丰富课堂教学方法，增加学生的综合能力和价值达成的考核比重，实现了对知识、能力和价值的综合评价，如图 5 所示。

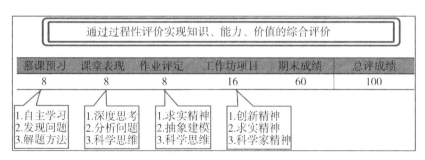

通过过程性评价实现知识、能力、价值的综合评价					
慕课预习	课堂表现	作业评定	工作坊项目	期末成绩	总评成绩
8	8	8	16	60	100
1.自主学习 2.发现问题 3.解题方法	1.深度思考 2.分析问题 3.科学思维	1.求实精神 2.抽象建模 3.科学思维	1.创新精神 2.求实精神 3.科学家精神		

图 5 "理论力学 A1"综合评价体系

三、教师对课程思政的感受与认识

在授课过程中，笔者一直在想这样一个问题："做好课程思政的本质，是一个老师上了一节好的课程思政课，还是一个德才兼备的好老师上了一节课?"在经过了思考和实践后，笔者认为，这两点都非常重要，而且这都是我们教师应该做到的，一个是育课，一个是育己，只有这两点都做好了，才能真正实现立德树人的育人目标。

经典建筑评析：导论

杨　丽①

课程名称：经典建筑评析　　　　**课程性质**：专业选修课

学分/学时：1/16(理论学时 16)　　**授课对象**：建筑学(大二上)

课程简介：经典建筑评析是面向武汉大学建筑学(五年制)专业开设的一门专业选修课。开课学期为大二上，课程学分为 1；课程学时 16，其中理论课程学时 16。课程的主要内容包括导论、近现代中外经典建筑评析、当代中外建筑评析等。先导课程为建筑简史(大类选修)。

该课程旨在帮助学生建立全面、系统的建筑价值观，确立思想性、艺术性、技术性相统一的建筑评价基本原则，通过对经典建筑案例的分析，帮助学生掌握建筑评价方法，提升学生对建筑的审美鉴赏能力和思维创新能力。该课程教学改革完善了知识结构，补充了中国近现代经典建筑案例和当代中国优秀建筑案例，展现了现当代中国本土建筑发展的探索和成就，引导学生走有中国特色的社会主义建筑创新之路，实现价值引领、知识传授和能力提升。

一、本门课程的总体设计

(一)课程思政的目标

弘扬中国建筑文化自信，结合学科发展前沿，介绍中国经典建筑作品及

①　教师简介：杨丽，武汉大学城市设计学院副教授、硕士生导师，建筑系副主任、国家注册建筑师、注册城乡规划师。长期从事建筑设计及其理论方面的教学与科研工作，获共青团中央"镜头下的三下乡"优秀指导教师、武汉大学暑期社会实践优秀指导教师、武汉大学首届课程思政说课比赛二等奖等。

理论与实践探索的成就，加深学生对中国传统优秀建筑文化的认识和理解。

培养建筑审美与鉴赏能力，使学生认识到经典建筑是人类文明的重要组成部分，在体现真、善、美的人类共同价值方面具有重要的意义。

培养学生树立勇于创新的大师精神和勤于钻研的工匠精神，推动中华传统建筑文化的创造性转化和创新性发展。

(二)课程思政的主线

习近平总书记2021年4月视察清华大学，鼓励青年学子要"立大志、明大德、成大才、担大任"。本课程以"立志、明德、成才、担当"作为课程思政的主线。

立志：培养家国情怀，做投身中国城乡建设事业的建筑师

明德：弘扬文化自信，推动中华传统建筑文化的创造性转化和创新性发展

成才：学习大师精神，在中国建设事业中实现个人成长

担当：具备工匠精神，遵守建筑师职业道德、工程伦理和行业规范

(三)课程各章节的思政元素

重大工程：中华人民共和国成立十周年"十大献礼建筑"，是新中国建筑史重要的开篇，展现了对中国特色建筑文化的探索和尝试；北京奥运会、上海世博会系列场馆建筑，是我国改革开放后举世瞩目的重大建设工程，展示了开放的中国包容并蓄的建筑文化；"一带一路"援外建筑、重要城市地标性建筑，展示了中国对人类命运共同体的践行和大国担当。对重大工程的思政元素提取，从建筑学的视角讲好党史、新中国史、改革开放史、社会主义发展史，汲取历史智慧，把握中国特色社会主义道路的历史逻辑，推动社会主义文化繁荣发展。

人物事迹：以梁思成为代表的新中国第一代建筑师和学者海外学成归来，奠基新中国建筑设计及建筑教育事业，展现了弘扬民族文化，为祖国的建设事业而奋斗的家国情怀；改革开放后，一批国内建筑大师探索中国现代建筑创新之路，获得国际建筑界认可，其中王澍获建筑界诺贝尔奖——普利兹克奖，展现了勇于创新，积极推动中华优秀传统文化的创造性转化和创新性发展的大师精神；在一批国企大型建筑设计院建院70周年之际，从设计院一代

代建筑师身上可以看到建筑行业的从业者们用一张纸蓝图精准描绘出我国城乡建设的新面貌，展现了建筑师们兢兢业业、恪尽职守的工匠精神。

学科发展：建筑行业进入城乡建设高质量发展阶段，推动中华优秀传统建筑文化的创造性转化和创新性发展。建构当代中国建筑文化学术体系成为学科发展的前沿。百年来，中国建筑师和学者一直试图摆脱西方哲学和美学的羁绊，对中国建筑文化体系进行本土化的研究和探索。由于中西方对建筑理解的不同，尽管第一代建筑师进行了艰难的转译，让中国建筑体系从无到有，但直到今天建筑学仍未完成本土化。在世界文化格局正在重构的当下，中国建筑师应以文化自觉引领建筑创新，以一种独特的，同时也能为世界所理解、所共享的建筑作品和话语体系与国际接轨。

二、案例节段的教案设计

(一)对教学对象的分析

知识经验：建筑学本科二年级学生刚刚经历了建筑大类分流，进入建筑学专业课程的学习。在大类平台课奠定的基础上，学生对人居环境相关知识已经有了基本的了解，随着对专业知识的了解不断加深，亟待建构全面、系统的知识体系。

学习能力：学生成长于信息化社会，获得建筑案例素材的渠道多，信息量大，形式多样，但面对信息爆炸、网络传播、快餐文化、个性追求、权威消解的挑战，也普遍缺乏鉴别、解析经典的能力。同时，由于专业兴趣带来的学习态度差异，也反映出学生学习能力参差不齐。

思想状况：受"西方中心论"的影响，存在一定的"崇洋"思想，对中国经典建筑及其所蕴含的建筑审美、建筑哲学和建筑文化不熟悉不了解。

(二)对教学目标的分析

知识目标：掌握经典建筑的特征和概念，了解弗莱彻"建筑之树"理论和梁思成"中而新"建筑划分标准；了解评析经典建筑的基本方法和意义。

能力目标：培养学生从思想性、艺术性、技术性层面进行建筑评析的能力，提高学生对建筑的审美和鉴赏能力，提升专业素养和创新能力。

价值目标：加强对中国建筑哲学、美学和建筑文化的理解，建立具有中国特色的全面、系统的建筑价值观。

（三）对教学内容的分析

1. 本节段在课程中的逻辑位置

本节为课程导论，首先要解决的不是具体知识的传授，而是引导学生思考经典建筑的评价标准，建构关于建筑认知的体系。社会上关于建筑文化的"西方中心论"，对学生建筑认知产生影响，迫切需要课程思政和专业教学同向同行，对学生进行正确的建筑价值观引导，帮助他们建构具有中国特色的建筑文化与经典建筑评价体系。

2. 本节段的教学重点

知识点一：经典建筑的分类。比较弗莱彻"建筑之树"与梁思成"中而新"建筑理论，帮助学生建立具有时代性、民族性、地域性的建筑认知体系。

知识点二：经典建筑的评价原则。以中西方代表性建筑为例，介绍评价经典建筑的思想性、艺术性、技术性相统一原则，帮助学生认识经典建筑所蕴含的文化价值，理解中、外建筑文化的差异，培养学生建筑审美鉴赏能力。

3. 本节点的教学难点及化解难点的方案

教学难点：难点一，关于经典建筑的理论和案例纷繁复杂，学生的知识背景和学习基础存在较大差异，采用传统的标准化教案难以达到满意的教学效果，需要升级教案使其更具开放性和灵活性，适应不同基础的学生。难点二，对理论的讲解需要结合具体案例，而课堂学时有限，经典建筑案例数量较多，仅利用课堂教学时间很难对所有案例逐一进行细致深入的讲解，难以达到理想的教学效果，需要改变教学方法，鼓励学生在课下主动进行拓展学习。

化解难点的方案是改变传统教学方式，开展线上线下相结合的混合式教学。线上利用课程 QQ 群和 SPOC 平台与学生开展互动，了解学生学习基础，提供学习素材，激发学生学习兴趣。线上教案针对不同基础的学生分享难易程度多样化的网络学习资源，如中国大学慕课、网易公开课、B 站、专业建筑网站等经典建筑案例，引导学生思考经典建筑的评价体系。线下课堂则围绕课程知识点"经典建筑的分类""经典建筑的评价原则"等重要内容，选取少而精的案例，开展情境教学、互动教学。线下教案的重点在于利用有限的课时激发学生学习兴趣，传授学生学习方法，帮助他们建立完整的知识结构体系，掌握重要原则，提升自主学习能力。

（四）教学手段与方法

本课程采用线上线下相结合的混合式教学方式。

1. 课前线上教学强调自主案例学习

通过"珞珈在线"（"学习通"App）在课前发布相关学习素材，让学生对课堂讲授中提到的建筑案例作品及相关背景有所了解。采用图片，短视频，影视剧片段等多种形式的学习资源，激发学生学习兴趣，打下课堂学习基础。

通过学习通 App 展开翻转课堂，利用学习通班级活动的答题、问卷、主题讨论等功能与学生互动，了解学生对线上学习素材和课堂讲授知识点的掌握情况，及时进行教学调整。

2. 课堂教学注意与学生的情感互动

面对面的课堂教学重点关注学生情感动态，加强课程思政教学。采用情境式教学方法，用文字、图片、视频等素材创设情境，引起学生情感共鸣，实现课程思政的价值目标。

课堂教学还设置探究性学习环节，布置具有一定挑战性的讨论题和思考题，鼓励学生从对知识点的了解、掌握，进阶到对原理的分析、评价，进而创造性地发现理论问题，实现课程的高阶性、创新性、挑战度。

3. 课后线上教学鼓励探究性学习

课后的线上教学一方面接续课堂教学提出的探究性学习环节展开，通过"珞珈在线"分享相关研究论文和参考书目，鼓励学有余力的学生进行课外拓展阅读，引导进行高阶思考题的线上答题和讨论，对学生反映的问题积极回应、调整，并加以引导。另一方面对通过"珞珈在线"分享课件，对课堂教学内容没有完全吸收的同学还可以通过"学习通"回看课件，整理笔记，实现难易由人，分层教学。

（五）教学过程

1. 导入环节

问题导向：信息爆炸背景下，何为经典建筑？为什么要学习经典建筑？如何评析经典建筑？联系先导课程内容和线上教学素材，导入本节教学主题：

经典建筑有哪些？

互动教学：发布主题讨论"请列出你心目中的经典建筑"（不超过 3 个）。讨论词云反映学生对经典建筑认知不够全面的现象（见图 1）。由此引出知识点一的教学。

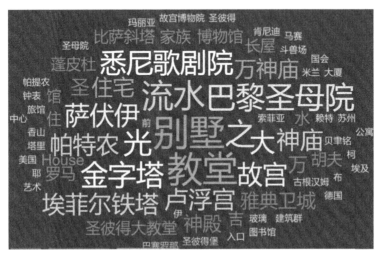

图 1　授课前学生心目中的"经典建筑"词云

2. 知识点一：经典建筑的分类

教学内容：比较弗莱彻"建筑之树"与梁思成"中而新"建筑理论。弗莱彻建筑史用"建筑之树"形象地反映从西方古代到近现代的建筑发展脉络，形象生动的图示出了建筑风格产生的根系——地理、地质、气候、社会、宗教、历史，在西方建筑理论中具有重要的影响力。但其西方中心主义建筑观也受到世界范围内非西方学者的批判，改版后"建筑之树"插图已被取消。梁思成"中而新"建筑理论，通过中西方建筑文化的比较研究，引入时间和空间相结合的建筑认知体系，能更加全面地反映建筑具有时代性、民族性、地域性。

课程思政与专业教学有机融合：通过对不同建筑理论的比较，指出西方中心主义建筑观对经典建筑认知的影响，引导学生建立具有全球视野、反映人类共同价值的建筑观。通过介绍中国建筑大师的成就，弘扬文化自信，指出构建具有中国特色建筑文化的重要性、紧迫性和艰巨性，培养勇于创新的大师精神，坚定筑梦中国的信念决心。

教学方式：情境教学。通过文献图片和影像资料介绍中国近现代建筑大师梁思成探索中国建筑理论的历史背景，展现建筑大师的家国情怀。

3. 知识点二：经典建筑的评价原则

教学内容：介绍建筑学的知识体系涉及社会科学、人文艺术和工程技术，评价经典建筑采用思想性、艺术性、技术性相统一的原则。

课程思政与专业教学有机融合：分析建筑所处的环境差异，即地理、地质、气候、社会、宗教、历史等隐形因素导致了中、西文化中建筑"是什么"以及"为什么"的不同，从而在"如何成为"方面呈现出巨大差异。指出中西方经典建筑都是人类共同的文明瑰宝，在弘扬全人类共同价值方面具有同等重要的作用。

教学方式：案例教学，选取代表性案例帕特农神庙与苏州园林，介绍中西方经典建筑在回答关于建筑是什么（What），为什么（Why），以及如何成为（How）的问题时给出的具有开创性和启示性的回答，加深对经典建筑思想性、艺术性、技术性的理解。

4. 布置课后思考题

本次课程有选做的课后思考题："有人说，中国古代建筑都是木结构，而欧洲人却爱用石头造屋，对此你怎么看？"

这一问题来自研究中国科技史的剑桥大学学者李约瑟，他在研究中国古代建筑时提出了"中国建筑中不若其他文明体系中以石构来构筑神灵所需的纪念性"这一观点，从而引发了大量中国学者对中西建筑哲学与建筑文化进行比较研究。

选此题作为课后思考题，同时在学习通发布相关研究论文作为拓展阅读的资料，也是鼓励学生对建筑理论问题展开思考，培养学生文献阅读的习惯，打下研究型学习的基础。

（六）教学评价

1. 评价主体

采用评价主体"多元化"方案。除了教师打分以外，针对课后思考题，在"珞珈在线"答题环节设置互评选项，实现学生之间的交流和互相学习。同时，在主题讨论中，教师和学生通过"点赞"等方式对讨论中发表的精彩观点给予肯定和鼓励，形成共同学习的氛围。

2. 评价方法

本节段采用定性评价和定量评价相结合的评价方法。对于积极参与互动环节、认真讨论作答的学生，用点赞、口头表扬、答案展示等方式给予正向反馈；同时，在"学习通"对参与互动的发帖和优秀发帖分别赋予分值，定量评价学生的参与度和投入度。

3. 评价内容和考核给分比例

本课程评价内容包括结课作业、平时作业和课堂（含线上、线下）互动三部分，其中课堂互动占比 20%，重点考查学生的课堂参与度。平时作业占比30%，包括随堂测试问答、课后作业讨论题等形式，重点考查学生的自主学习态度和学习习惯。结课作业占比 50%，采用基于 PBL 的统一命题的论文/图纸形式，重点考查学生的探究性学习成效。

三、教师对课程思政的感受与认识

对于建筑学专业而言，课程思政不是额外的工作，而是提升专业教育的内在要求和必经之路。20 世纪，"西方中心论"在建筑领域主导着"全球化"和"国际化"潮流，中国建筑师和学者一直试图摆脱西方哲学和美学的羁绊，对中国建筑文化体系进行本土化的研究和探索。在这过程之中，我们可以强烈地体会到中国建筑学者为了在"全球化"进程之中保留和彰显中国传统建筑文化的价值所作出的不懈努力。

自 20 世纪 80 年代改革开放以来的 40 多年里，中国已经在地球上进行了规模最大的城市化进程。随着我国城乡建设进入高质量发展阶段，中国的建筑文化建设，也需要明确中国自身相应的价值观，建构中国现当代建筑文化体系。这不仅是实现中华民族伟大复兴中国梦的追求，也是中国建筑学学科发展的自身要求。

武汉大学城市设计学院建筑学专业以坚实的本科教学质量在 2020 年入选国家一流本科专业建设点，2021 年又以"优秀"的成绩通过了全国高等学校建筑专业教育评估委员会的专业教育评估。为进一步推进建筑学专业内涵式发展，全面提升专业建设质量，学院党委、教指委和院系领导积极推动建筑学专业将课程思政融入专业课程，贯彻以人文精神打破专业壁垒、以科学精神带动研究创新、以国际视野讲好中国故事的建筑学"新工科"指导思想，建设覆盖"理论、技术、设计、实践"四类专业课程的全方位课程思政体系，并成为本科教育质量建设综合改革课程思政示范专业建设点。

"经典建筑评析"的课程思政建设就是在建筑学专业全方位课程思政背景下，对建筑理论课程的积极探索之一。在强化课程思政的教学改革过程中，结合学术领域近年的"中国近现代建筑研究""乡土建筑研究""中国当代建筑文化体系建构"等重大课题的成果，进行自编教材与教学内容方面的更新，探讨"全球化"进程之中，中国建筑与世界各种文化不断相融的同时，如何保存自身有价值的文化，如何与当代国际建筑文化进一步结合而焕发新的生命力等问题。这些教学改革与创新，不仅完善了课程结构，更新了教学内容，也在学科前沿的探索中坚定了走中国特色社会主义的学术道路和专业方向，实现了课程思政与专业教育的深度融合。

"材料断裂与失效分析"课程思政教学案例 S-N 曲线与疲劳极限

胡 平①

课程名称:"材料断裂与失效分析" **课程性质**:专业选修

学分/学时:2.5/44(理论学时32) **授课对象**:材料科学与工程(大四上)

课程简介:"材料断裂与失效分析"隶属于综合性较强的交叉性学科,涉及面广,是一门面向工程且应用性较强的专业课,材料断裂与失效分析的目标是减少或防止失效事故的再次发生。通过本课程的理论学习和规范的实验操作,使学生掌握材料失效分析与断裂的基本理论知识,逐步完善失效分析工程学的基本体系;规范学生材料失效分析的步骤与规范,使学生具备较强的材料失效分析能力。

一、本门课程的总体设计

1. 课程思政的目标

(1)掌握材料断裂与失效分析的基本理论知识:掌握材料失效分析的基础理论,熟悉实际材料失效形式,了解大型结构件的失效机理及预防措施。使学生具备研究各类金属材料构件的失效形式、失效分析方法和构件失效的产生原因,从而可以提出预防失效的有效措施,逐步完善失效分析工程学的基本体系。

---

① 教师简介:胡平,武汉大学动力与机械学院副教授、硕士生导师,长期从事超声无损检测技术与评估及应用方面的教学与科研工作。本课程采用实验,强化学生对失效分析过程操作规范的重视,为今后的学习和工作奠定牢固的基础。

（2）熟悉材料失效分析的步骤与规范：训练学生运用已有的材料知识去分析解决具体的材料失效工程问题，提高了学生对材料失效分析研究的兴趣，培养学生的综合分析素养，使学生具备较强的材料失效分析能力。

（3）实验教学与理论教学同步进行：理论联系实际，在理论教学过程当中，辅以相应的实验操作，加深对各类型失效断口形态和裂纹形态等的感官印象，并通过实验，强化学生对失效分析过程操作规范的重视，为今后的学习和工作奠定牢固的基础。

（4）重视团队协作精神：团队协作精神是作为一名失效工作者应具备的基本素质。通过案例分析，提高学生的团队协作意识，让学生在实际分析中明白"智者千虑必有一失"，集思广益才能最大程度完成失效原因分析。

2. 课程思政的主线

本课程将断裂失效分析基本思路与技能融入社会责任感、工程职业道德和规范及工匠精神；培养学生敬畏生命、敬畏工程，引导学生树立强烈的职业责任感和安全意识；培养学生注重调查、注重事实，引导学生树立求实严谨的科学态度和崇尚精益求精的大国工匠精神；培养学生团队协作的意识，引导学生重视团队协作和具备系统分析失效案例的全局观。

3. 课程各章节的思政元素

本课程的思政教学内容大体安排如表 1 所示。

表 1　　　　　　**材料断裂与失效分析（课程思政教学设计）**

（教学大纲分章和题目名称）	课堂实习（实验、上机）内容	教学内容方面的思政元素
第一章　绪论 机械装备的失效与失效分析、失效分析的意义、失效的主要原因		了解课程发展史和行业发展史，塑造学生的家国情怀、激发学生的专业认同感
第二章　断裂与效分析的基本思路 断裂与失效分析的基本程序、基本思路和实验技术		从材料本体出发，从设计、制造、测试、运行、到管理的全寿命周期过程。培养学生精益求精的大国工匠精神
第三章　断裂与效分析的基础知识 应力集中与零件失效、残余应力与零件失效、应力分析与失效分析、断口的宏观分析和电子显微分析	实验一 断口形态分析	

续表

（教学大纲分章和题目名称）	课堂实习 （实验、上机）内容	教学内容方面的思政元素
第四章　金属的裂纹分析 裂纹的形态、裂纹的起源位置、裂纹扩展方向	实验二 裂纹形态分析	培养学生认真的学习态度和严谨的科学分析能力
第六章　金属韧性和脆性断口特征 解理断裂断口宏观、微观特征	实验三 复膜金相实验	
第五章　疲劳与断裂 疲劳断口宏观形貌特征，疲劳断口微观形貌特征		从不同类型的失效分析展开，理论联系实际，培养学生的规范意识，润物细无声，完成学生的工程伦理教育
第七章　腐蚀断裂 应力腐蚀断裂、氢脆腐蚀断裂、晶间腐蚀断裂、腐蚀疲劳断裂、空泡腐蚀疲劳断裂	实验四 低合金耐热钢的珠光体球化评定	
第八章　蠕变断裂 蠕变曲线、蠕变变形、金属高温力学性能指标及其影响因素、蠕变断裂机理、蠕变实验方法		
第九章　辐照损伤断裂 辐照损伤原理、核电站材料辐照损伤、辐照在医疗与生物中的应用	实验五 失效案例综合分析	

以本章为例，在教学过程中设计思政元素的切入点，如表 2 所示：

表 2　　　　疲劳断裂与失效分析（本章节课程思政教学设计）

教学章节	教学内容	教学内容方面的思政元素	授课形式 与教学方法	预期成效
§5.1 概述	疲劳断裂的重要性	回顾疲劳研究的历史："疲劳"的提出到德国工程师 Wöhler 设计机车车轴的疲劳试验机——任何科学技术的发展都是在不断的质疑、批判、改进中接近真理，要有批判和质疑的精神	讲历史，启发思考，多媒体、视频与动画	了解疲劳断裂研究史，引起学生对疲劳断裂的重视；让学生明白抗疲劳设计所面临的挑战，提高专业认同感

教学章节	教学内容	教学内容方面的思政元素	授课形式与教学方法	预期成效
§5.1 概述	交变应力类型与特点	案例分析：世界上第一批喷气客机"彗星号"的连续失事与美国波音飞机的霸主地位——求实严谨科学精神的可贵之处；科学有效地分析最终赢得巨大的经济效应	史料重现、案例分析带动课堂讨论与多媒体	使学生懂得对待工程问题需一丝不苟，科学分析，崇尚科学精神，应用所学知识最大限度避免灾难的发生
	基本 S-N 曲线与疲劳极限	工程应用：通过喷丸、冷挤压和预应变提高疲劳寿命——工程应用背后需要强大的理论支撑，树立学生正确的科学观	合理设计板书配合动画、多媒体与动画	使学生明白理论发展的重要性，指导工程应用的科学性；提高分析问题、解决问题的能力
§5.2 金属疲劳断口	疲劳断口的宏观形貌特征	工程案例分析：德国 Eschede 高速列车脱轨事故中的车轮轮缘疲劳断口——敬畏生命、敬畏工程，培养学生的强烈职业责任感和安全意识	事故报告分析与课堂讨论、多媒体与视频	金属疲劳断裂的不可预见性及灾难性后果；再次让学生意识到抗疲劳设计及提前检测疲劳缺陷的重要性
§5.3 疲劳断裂机理	疲劳过程三阶段	工程案例分析：近表面的夹杂诱发裂纹萌生，最终导致铁轨滚动轴承的失效——"防微杜渐"，解决掉小问题、避免大事故，重视时间累积效应	多媒体、视频、动画、启发思考和课程讨论	了解疲劳裂纹萌生阶段的物理过程；结合学生的思想实际进行问题阐述，化解知识难点
§5.4 常见疲劳类型及影响因素	工件表面状态	工艺分析：表面粗糙度对疲劳强度的影响，改善工件表面状态以及表面强化——细节决定成败，将喷丸工艺处理类比坚强本体，从预防开始	类比讲授、动画与多媒体	使学生切身体会到表面工程这一工艺对提高疲劳强度所做的贡献，由坚强本体过渡到强身健体的重要性
§5.5 提高疲劳极限的途径	材料成分	文献解读：西北工业大学刘东教授团队研发的强力旋轧技术（PTR），突破我国轴承钢"卡脖子"技术，破解行业难题——将家国情怀、工匠精神、理想抱负深入融入课程教学，学以致用，学有所用，从而实现全面发展	讲材料学人物故事、视频与多媒体	通过文献解读，将这章节的内容有机的融合，突出基础学科在解决实际问题中发挥的重大作用

二、案例节段的教学设计

1. 对教学对象的分析

本课程面对的是材料科学与工程专业的大四学生，下面就知识基础、学习态度和能力基础进行分析，如图 1 所示。在知识点的教授过程中，有机地融入思政元素的阐述，加强学生与"材料断裂与失效分析"该课程的情感价值联系。

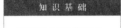

知 识 基 础	学 习 态 度	能 力 基 础
1. 已掌握疲劳断裂的严重性	1. 学习态度端正，思想上重视	1. 具备一定的逻辑思维能力和分析问题的能力
2. 已掌握疲劳断裂的现象及特征	2. 学习积极，参与意识较强烈	2. 缺乏查找文献能力，解读文献的能力需加强
3. 已掌握应力集中对疲劳断裂的所起的作用	3. 学以致用的能力有待加强	3. 理论学习能力有待提高，理论联系工程应用需加强

图 1 对教学对象的分析

2. 对教学目标的分析

教学目标包含：知识目标、能力目标和德育目标。

知识目标：通过疲劳断裂实验方法，学生掌握基本 S-N 曲线的实验绘制、特征及影响因素，了解数学模型及其历史背景；运用 S-N 曲线规律分析工程案例，启发学生提出防止疲劳断裂的工程方法。

能力目标：提高逻辑思维能力和数学素养，具备理论指导实践的能力；提高工程问题的分析能力，学会通过分析、比较、归纳与演绎等科学研究方法进行工程案例分析；提高团队协作能力，具有和团队成员共同协作完成任务的能力。

德育目标：正确的职业道德观，提升学生对职业感和责任感的理解，敬畏生命，敬畏工程，崇尚工匠精神；正确的价值观，通过"Wöhler 曲线"的历史故事和内在逻辑，激发求知欲和探索精神；正确的科学观，领会理论数学解析是工程实际的基石，同时感悟科学公式的简洁形式美。

3. 对教学内容的分析

（1）本节段在课程中的逻辑位置：

疲劳断裂是金属构件失效分析的重要形式之一。据 150 多年的数据统计，疲劳失效占整个机械零部件断裂失效的 80% 以上，因此研究疲劳规律，提高疲劳抗力、防止疲劳失效是非常重要的。首先，S-N 曲线（应力–寿命关系）是描述循环载荷应力与表征疲劳寿命的材料到裂纹萌生时的循环周次之间的关系，是判定裂纹萌生的一个重要指标。其次，S-N 曲线规律是分析和解决实际疲劳断裂工程问题的基础，为后续章节探讨引起材料失效分析的原因和防止疲劳失效奠定了坚实的理论基础。

（2）本节段的教学重点：运用 S-N 曲线分析、解决实际工程问题。

（3）本节点的教学难点及化解难点的方案：

教学难点：循环载荷应力与表征疲劳寿命的材料到裂纹萌生时的循环周次之间的关系。

化解方案：视频展示整个疲劳试验过程，明确材料到裂纹萌生时的循环周次与循环载荷应力两个量；逐点"板书演示"绘制出 S-N 曲线上的关键点，并通过设问与提问，主动邀请学生参与到 S-N 曲线的绘制当中来；通过曲线特征分析与板书推导，引导学生进行数学函数关系的陈述，帮助学生理解单调递减与渐进线等数学概念在 S-N 曲线的物理含义。

4. 教学手段与方法

本节的教学设计是采用线上+线下混合式教学，其中课前预习与课后小组讨论完成报告主要以线上自主学习为主，线下主要是围绕课堂实践展开的。整个教学设计的思路为：作业分析→内容回顾→新课导入（提出问题）→疲劳断裂实验→S-N 曲线→案例分析→知识点的总结归纳→预告下节课内容→文献案例分析→课后拓展，详细如图 2 所示。

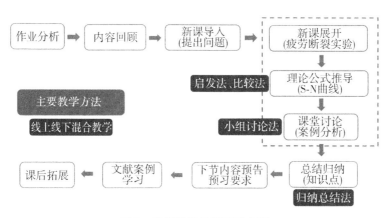

图 2　教学设计的思路及内容

5. 教学过程

对于 5.1 相关教学内容，如表 3 所示。

表 3　融入课程思政元素的"S-N 曲线与疲劳极限"教学设计与教学过程

教学过程设计——5.1.3 S-N 曲线与疲劳极限	
教学内容和教学过程	专业知识与思政元素的融合
线上+线下混合式教学：  （图片摘自：https://www.sohu.com/a/158257176_616747） **作业分析：** 　　"彗星号"3 次坠机事件，同学们在作业中得出了"应力集中"这一疲劳断裂的元凶。特别有同学提到：美国的波音公司努力攻克飞机舷窗这一技术难关，从一个小公司转变为行业翘楚，最终成为民用航空业的世界霸主。 **内容回顾：** 　　疲劳的严重性、应力集中的危害，如何知晓断裂是在疲劳多久后才发生呢？  （图片摘自：百度百科"艾须德高铁车祸"）	通过已发的史料，工程案例分析带动了学生们的学习积极性。在作业分析中，使学生懂得**对待工程问题需一丝不苟**，一个细微之处的飞机舷窗的设计不妥当竟会一次又一次地夺走众人的生命。对比美国波音公司的钻研精神使学生明白：只有通过科学的分析，才能应用所学知识最大限度避免灾难的发生。因此，**正确的职业道德观和崇尚工匠精神**是非常重要的。

教学过程设计——5.1.3 S-N 曲线与疲劳极限

教学内容和教学过程	专业知识与思政元素的融合
(3)新课引入: 人们会因为工作强度感受到不同程度的疲劳,材料因为外界载荷而产生的疲劳如何表示?  **(4)疲劳断裂实验:** 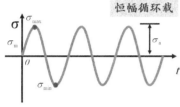 随着循环载荷次数的增加,慢慢出现裂纹,最终出现断裂,一个应力幅值对应着一定的循环次数。设问:(a)如果循环应力增加呢?循环次数是增加还是降低?(b)是否存在低于某个应力值时,这根试件不断呢? **(5)S-N 曲线:** **基本 S-N 曲线:** 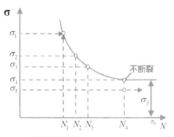 当 $\sigma < \sigma_f$,疲劳极限设计 S-N 曲线用来绘制横幅载荷与断裂所需的循环次数。应力幅值越低,寿命越长,引导学生得出 S-N 曲线是单调下降的。随着应力幅值小于某个值时,得出极限疲劳设计的思想,从数学的角度了解后半段渐近线的作用。	将材料拟人化,人的疲劳可以通过休息得到缓解,但是在载荷下工作的构件呢?它的疲劳又如何排解呢?进而引导学生思考:疲劳是一个累计损伤的结果,让学生设身处地、感同身受,并引出本节课的重点内容:如何表示材料因为外界载荷而产生的疲劳,S-N 曲线的必要性。 如今看似简单的一个疲劳锻炼实验,提出让同学们想想,1850 年的时候,如何进行这个实验呢?他们当时已有这套实验设备吗?如何控制载荷呢?如何记录循环次数呢?在讲述实验的时候,引导学生进行角色转换,试着想想让时间回到沃勒的那个年代,将面对的困难又是什么?

教学过程设计——5.1.3 S-N 曲线与疲劳极限

教学内容和教学过程	专业知识与思政元素的融合
与学生分享"疲劳之父"沃勒的故事：1850 年德国工程师沃勒(A. Woler)设计了第一台用于机车车轴的疲劳试验机，用来进行全尺寸机车车轴的疲劳试验。1871 年沃勒系统论述了疲劳寿命和循环应力的关系，提出了 S-N 曲线和疲劳极限的概念，确立了应力幅是疲劳破坏的决定因素，奠定了金属疲劳的基础。 $$e^{m\sigma}N = c$$ $$\sigma^m N = c$$ $$(\sigma - \sigma_f)^m N = C$$ 三个公式的共同特点：非常简洁，但又有什么不同呢？哪个使用得最广泛呢？引导学生进一步挖掘公式背后的实际工程应用。 (6)案例分析： 首先公式推导： $$\sigma_m = \frac{1+R}{1-R}\sigma_a$$ 对比不同的受力关系： 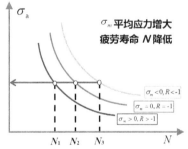 首先从公式上感受其对应的物理含义，再指导工程实际：  (图片来源：https://zhuanlan.zhihu.com/p/85488090)	德国工程师沃勒迎难而上，耗时三年半的时间，利用自己独立设计的第一台疲劳试验机，终于完成了疲劳试验，其中的艰辛在当时是无法想象。在阐述理论的时候，同步告知学生该理论的历史背景，激发学生的求知欲和探索精神。 理论的研究并没有停止脚步，科研工作者前赴后继不断更新现有的理论，使数学公式更符合实际的实验结果。善于归纳总结，从而优化理论公式，通过数学公式的变换和曲线的绘制，让学生领悟到公式的简洁和曲线的优美。 通过公式推导，充分了解公式中的每一个参数的物理意义，才能更好地解决实际问题。整个案例分析过程中，让学生明白：善于总结，寻找规律的益处。整个过程中，学生也能深深地感受到理论指导实践的重要性，从根本上解决工程实际问题才是至关重要的，这其实就是精益求精的工匠精神。

教学过程设计——5.1.3 S-N 曲线与疲劳极限	
教学内容和教学过程	专业知识与思政元素的融合

使学生明白工程实际背后的理论基础：采用喷丸、冷挤压和预应变等；在高应力细节处引入残余压应力。

再从宏观到微观对工程实际问题进一步加以阐述：

Shot Peening Principle

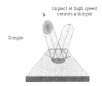 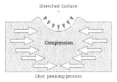

IQSdirectory.com

（图片来自：IQSdirectory.com）

再结合自己完成的项目，对学生进一步阐述表面及近表面的缺陷检测一直是火车轴承的重点关注区域：

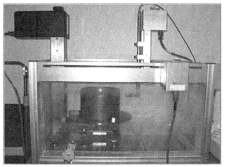

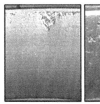 

（7）知识点的总结归纳：

知
识
点
● 掌握绘制S-N 曲线的实验方法
● 掌握S-N 曲线的数学表达与平均应力的影响
● 运用S-N曲线分析工程案例中金属疲劳极限问题

材料的分析，不能只停留在表面，应该激发学生透过现象看本质的学习兴趣。利用本门课程提倡的一种学习方式——**宏观与微观结合**。对于喷丸这一表面处理方式来说，引入的残余压应力是否还改变了什么？引导学生从材料本身的微观组织（晶粒状态）上去寻求答案，透过现象看本质。

最后，通过亲身完成的科研工作，阐述为什么表面及近表面的缺陷检测一直是火车轴承的重点，知其然还要知其所以然，小公式的大用处。

续表

教学过程设计——5.1.3 S-N 曲线与疲劳极限

教学内容和教学过程	专业知识与思政元素的融合
(8)预告下节课内容： **思考题** ● S-N曲线为不同应力水平下的疲劳时试验数据描点，是否可以换成等寿命条件的拟合曲线？ ● 微助教/QQ群：HW#5 ● 预习 § 5.2 (9)文献案例分析及课后拓展： × 微助教 ··· 提交中 提交截止于 2021-01-05 18:26:00 HW #2 科研训练：疲劳断裂，请按时提交周报，周报PPT展示时间为2021年1月6日。 2_1 Fatigue-resistant high-performance elasto... 预览 下载 2_2 Seifi_Defect distribution and microstruct... 预览 下载	文献的学习是获取最新的科研进展途径之一，通过阅读和分析文献，让学生养成自主学习的良好学习习惯。

参考资料：

[1]孙智、江利、应展鹏编著：《失效分析 基础与应用》，机械工业出版社2015年版。

[2]杨新华、陈传尧编著：《疲劳与断裂》，华中科技大学出版社2018年版。

[3]钟群鹏、赵子华编著：《断口学》，高等教育出版社2005年版。

[4]杨川、高国庆、崔国栋、吴大兴编著：《金属材料零部件失效分析案例》，国防工业出版社2012年版。

6. 教学评价

实时的"微助教"提高了学生参与课堂的积极性，快速及时反馈学生对知识点的掌握情况，提高教学效率，如图3所示。同时，作为大四学生的核心专业课，也是很大一部分同学找工作时的敲门砖，笔者时刻关注从事本行业学生的工作动向，并尽可能地将已毕业学生们实际碰到的问题在课堂上与学生一起交流，极大地调动了学生们的学习积极性，从而使学生切实地明白该课程的重要性。

图 3　微助教的使用界面的示例

三、教师对课程思政的感受与认识

作为材料科学与工程专业的核心专业课程，"材料断裂与失效分析"是本专业学生求职的敲门砖。如何培养一名合格的失效分析准工作者或者准科研人员是任课教师的重要职责。钟群鹏院士指出，失效分析人员需有渊博的知识、"医生的思路，侦探的技巧"、强烈的社会责任感、遵守工程职业道德和规范。因此，在这门课的讲授过程中，除知识的讲解外，更需要帮助学生建立强烈的社会责任感与使命感、塑造高尚的职业道德和培养精益求精的大国工匠精神。这就要求我们任课教师根据课程中的知识点去深挖思政元素，将其融入日常课程教学过程当中，才能达到"如盐入水，润物无声"的课程思政效果。实际的教学结果确实也表明：春风化雨式的课程思政更有益于提高"材料断裂与失效分析"的授课质量，学生的学习积极性也得到相应提高，从而进一步激发了学生的家国情怀和使命担当。

五、信息科学类

"数字地形测量学"课程思政教学案例
无人机大比例尺测图

黄海兰①

课程名称：数字地形测量学　　**课程性质**：大类平台课程

学分/学时：3/56　　　　　　　**授课对象**：测绘类专业（大一下）

课程简介："数字地形测量学"是测绘类专业的大类平台课程，是一门理论性和实践性都很强的专业核心课程，主要内容涉及测量原理与方法、仪器与操作、地形图测绘与应用等。通过理论与实践相结合的教学环节，学生能够利用测量基本知识、基本理论和方法理解、分析和解决地形图测绘方案设计遇到的问题，具备项目实施的综合能力，养成严谨求实的科学精神和创造性思维，为学习后续专业课程以及从事工程技术工作和科学研究打下牢固基础。

　　课程经过 20 多年建设，先后获得湖北省精品课程、湖北省省级线上一流课程、国家级线上一流课程和国家级虚拟仿真实验教学一流课程，在中国大学 MOOC 和学习强国等平台上线。课程组教师参与编著的教材《数字地形测量学》累计发行 16 万册，在同类教材中遥遥领先，测量学课程组获得湖北省省级优秀基层教学组织，课程组成果先后获得 2 项国家级和 4 项省部级教学成果奖，课程教学资源被全国 200 多所高校使用。

一、本门课程的总体设计

　　依据教育部 2020 年印发的《高等学校课程思政建设指导纲要》对工学类专

---

　　① 教师简介：黄海兰，武汉大学副教授，获全国高校教师教学创新大赛课程思政组一等奖、全国高等学校测绘类专业教师教学创新大赛特等奖、全国高校混合式教学设计创新大赛三等奖、湖北省高校教师教学创新大赛特等奖、武汉大学青年教师教学竞赛一等奖，是武汉大学"杰出教学贡献校长奖"和"查全性奖教金"的获得者。

业课程的要求，针对数字地形测量学的课程内容和特点，秉承"思政融入课程"和"课程承载思政"的理念，进行课程思政总体框架设计，如图1所示，并梳理出本课程的课程思政目标、主线及各章节的思政元素。

图 1　课程思政总体框架

(一)课程思政的目标

结合珠峰高程测量、北斗全球组网等测绘领域热点事件，给学生传递科技自信、文化自信的理念，培养学生的家国情怀和专业认同感，培育学生专业强国的成长目标。[①] 结合地形图测绘等工程案例及实践，让学生认识到地理空间信息和地形图在我国经济建设和国防安全中起到的重要支撑作用，强化学生的工程伦理准则，培养学生的创新思维、工匠精神和团队精神，引导学生养成严谨、求实、刻苦的优秀品质和职业素养，培养学生对测绘事业的责任感和使命感。

(二)课程思政的主线

①测绘学科经历了"传统—数字化—信息化"三个阶段的发展后，正迈入智能化测绘阶段。地形测量也从地面数字测图发展到空天地海集成的实景三维测图新阶段，制图技术正在向自动化和智能化转变，中国地图的发展历程，

---

① 黄海兰、邹进贵、花向红：《智能测绘背景下数字地形测量学课程思政教学探索与实践》，载《测绘通报》2022 年第 S1 期，第 33~36 页。

是一部中国实力增强的爱国史。① 在教学过程中，培养学生的家国情怀和民族自豪感，引导学生坚定理想信念；通过讲解测绘先辈不畏艰险，克服巨大困难完成珠峰高程测量，培养学生艰苦奋斗、无私奉献的测绘精神。

②通过对北斗卫星导航定位、三维激光扫描等测绘新技术应用于测图的工程案例，激发学生的专业兴趣，增强专业自信；此外，也让学生清楚认识到，高精尖测绘装备依赖进口，还存在一些"卡脖子技术"亟待解决，激发学生科技报国的家国情怀和使命担当，培养学生自主创新、追求卓越的北斗精神。

③以港珠澳大桥、大兴国际机场和武广客运专线等大国工程为典型案例，将"新兴技术与工程案例"所传达的价值观浸入课程内容，培养学生精益求精、严谨求实的大国工匠精神；强化学生的工程伦理和职业规范意识、测绘地理信息安全意识和国家版图意识，养成严谨诚信的职业素养。

（三）分散在课程各章节的思政元素

围绕测量仪器、测量理论和测图技术发展等知识点深入挖掘课程思政素材，结合国测一大队等典型课程思政案例，开展教学设计，培养学生的家国情怀、创新意识、工匠精神等品质和职业素养，构建课程思政知识图谱，如表1所示。

表1　　　　　　　　　　课程思政知识图谱

课程章节	思政切入点	思政案例	思政元素	思政教学目标
1. 测量学基础知识	1.1 测量学概述	刘经南院士打破美国GPS雄霸天下的局面，为北斗做出杰出贡献	北斗精神社会责任	引导学生深刻理解新时代北斗精神，激发学生科技报国的家国情怀和使命担当
2. 平面测量与全站仪	2.1 角度测量原理与全站仪	测绘装备发展见证大国崛起	爱国主义创新思维	培养学生不畏艰难、勇于钻研、不断创新的科学精神

---

① 李世明：《测量学课程思政教学实践探索——以华北水利水电大学为例》，载《河南教育（高等教育）》2022年第5期，第69~70页。

续表

课程章节	思政切入点	思政案例	思政元素	思政教学目标
3. 高程测量与水准仪	3.4 三角高程测量	珠峰高程测量	珠峰精神 测绘精神	引导学生理解测绘人不畏艰辛、勇攀高峰、突破极限的职业精神，培养学生"艰苦奋斗、无私奉献"的测绘精神
4. 控制测量	4.2 平面控制测量	国测一大队	测绘精神 社会责任	引导学生深刻理解测绘行业的职业精神和职业规范，培养爱岗敬业、无私奉献、开拓创新的职业品格
5. 碎部测量	5.3 地貌测绘	南水北调等重大工程前期勘测工作——地形图测绘	职业规范 工匠精神	强化学生工程伦理教育，培养学生精益求精的大国工匠精神
6. 地形图测绘	6.3 地形图的内业成图和检查验收	测绘法宣传日暨国家版图意识宣传周活动	爱国主义 工程伦理	提高学生国家安全意识和国家版图意识，厚植爱国主义情怀
7. 地形图应用	7.1 地形图的基本量算和工程应用	数据保密 警钟长鸣	职业规范 工程伦理	强化学生工程伦理，教育引导学生深刻理解并自觉实践测绘行业的职业规范

二、案例节段的教学设计

(一)对教学对象的分析

(1)知识基础：掌握了全站仪测图和 GNSS-RTK 测图的基本原理，外业数据采集的仪器操作。

(2)能力基础：能完成给定测区的地形图测绘方案设计，利用全站仪和 GNSS-RTK 采集碎部点数据，并利用 EPS 软件编辑成图。

(3)学习特点：部分学生线上主动学习的意识不强，尤其对英文文献的阅读有畏难情绪，需要教师实时跟踪监督；学生对无人机测图等测绘新技术的学习热情很高，但轻理论重实践，需教师引导学生思考知其然并知其所以然。

（二）对教学目标的分析

（1）知识目标：描述从二维影像到三维模型的实现方法，辨别共线条件方程中符号的含义，理解空中三角测量的作用，归纳无人机测图的基本原理。

（2）能力目标：设计无人机地形图测绘的作业流程、剖析外业数据采集和内业成图的关键技术环节。

（3）价值目标：维护版图，保守秘密。测绘人应当具有强烈的爱国主义精神，增强政治责任感和国家版图意识，自觉维护国家版图的严肃性和完整性，增强保密观念和信息安全意识，确保地理空间信息安全。

（三）对教学内容的分析

1. 本节段在课程中的逻辑位置

本节段为第六章的第三节（6.3 无人机大比例尺测图），在此之前已经学习了大比例尺地形图测量方法（6.1）、地形图的野外测量和内业成图（6.2），之后将学习三维激光扫描大比例尺测图（6.4），因此本节段在第六章（大比例尺数字地形图测绘）中具有承上启下的作用。

2. 本节段的教学重点

掌握无人机测图的方案设计及作业流程，能解决复杂区域测图的关键技术难题。

3. 本节段的教学难点及化解难点的方案

教学难点：（1）共线条件方程；（2）空中三角测量。

解决方案：课前自主学习、讲授法。

（四）教学手段与方法

充分利用课程组自建的线上资源，包括中国大学 MOOC 的无人机测图知识点视频、测试及讨论和国家虚拟仿真实验教学课程共享平台的无人机数字测图虚拟仿真实验，开展基于 BOPPPS 的线上线下混合教学模式。在教法上坚持"以学生为主体，教师为主导"的基本原则，采用讲授法、案例式、探究式、体验式、互动式和任务驱动式等教学方法。在学法上采用自主学习、小组合作探究的学习方式。

（五）教学过程

本案例节段总体教学流程如图 2 所示。

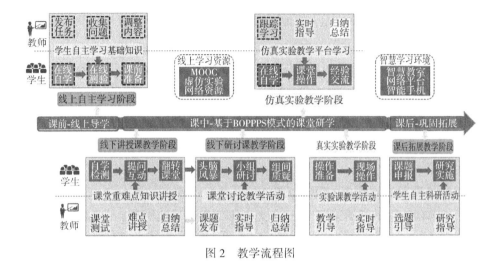

图 2　教学流程图

具体教学过程设计如表 2 所示。

表 2　　　　　　　　　　　　　**教学过程设计**

教学过程设计
1. 课前线上导学

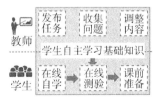  

教师	①在珞珈在线课程网络平台发布课前学习任务单
	②推送学习资料及教学视频，发布测试
	③登录珞珈在线课程网络平台查看学生学习情况和测试结果
	④通过在线讨论及时与学生沟通交流，实时追踪学生学习情况
	⑤依据学情，调整教学策略，聚焦教学重点和难点，设计课堂

教学过程设计

学生	①登录珞珈在线课程网络平台查看学习任务，完成课前学习任务和在线测试 ②参与在线师生及生生讨论及交流
设计意图	①通过在线课程网络平台，打破时空限制，学生可以反复学习，平台统计数据反馈学习情况，培养学生自主学习能力，帮助教师及时调整教学策略 ②通过完成课前任务学习，在线讨论，及时反馈学生问题，为无人机测图学习打下基础 ③通过课前测试环节，强调不能代做，培养学生的诚信意识

2. 基于 BOPPPS 模式的课堂研学

①通过创设情境，设计渐进式的教学流程，逐步引导学生将无人机测图的知识点梳理、串联、归纳成完整的知识单元和构架，完成知识内化
②采用自主探究的小组研讨，生成建构无人机测图作业流程及方案的设计
③基于无人机测图虚拟仿真实验平台，指导学生自主探索逐步完成影像数据采集的作业流程，剖析每个作业环节的依据
④融入课程思政元素：结合 2021 年 8 月 29 日第 18 个全国测绘法宣传日的主题"规范使用地图，一点都不能错"，注重给学生强调两点：第一，涉及国家版权，一点都不能错，失之毫厘谬以千里；第二，测绘数据是保密的，涉及国家安全，要有保密意识

第一部分　回顾及导入
【设计 1】~【设计 2】

教学环节	教学内容/师生活动	设计意图/教学方法	专业知识与思政元素的融合
【设计 1】 内容回顾：地面数字测图优缺点 （5 分钟）	【教师活动】 发布讨论，引导学生思考并总结点评地面数字测图的优点及其不足 【学生活动】 在学习通进行回答，提交答案	【设计意图】 根据词云分析地面数字测图的优点及不足，指出某些场景下接触式测量方式的不可用 【教学方法】 启发式、互动式	
【设计 2】 新课导入：学生讨论在冬奥会赛区，采用何种方式快速测绘大比例尺地形图、正射影像图 （5 分钟）	【教师活动】 ①引导学生讨论，进行头脑风暴 ②引导学生进行观点的分享 【学生活动】 在学习通进行回答，提交答案 	【设计意图】 ①引导学生认识到全站仪等常规测图方式在此类场景中的不可用 ②引出无人机进行大比例尺测图的必要性及优势，激发学生参与课堂的热情 【教学方法】 启发式、研讨式、合作学习法	

教学过程设计

第二部分　认知理解-基本概念
【设计3】~【设计10】

教学环节	教学内容/师生活动	设计意图/教学方法	专业知识与思政元素的融合
【设计3】 无人机展示、学习目标 （3分钟）	【教师活动】 展示无人机、交代清楚知识、能力和价值目标 【学生活动】 记笔记	【设计意图】 明确教学目标，让学生明白本次课的教学内容及学习方法。 【教学方法】 演示法、讲授法	
【设计4】 观看无人机实时建模视频，引出"如何由无人机拍摄的二维影像得到三维坐标?" （2分钟）	【教师活动】 抛出问题，"如何由无人机拍摄的二维影像得到三维坐标?" 【学生活动】 观看生成三维模型的过程，思考"如何由无人机拍摄的二维影像得到三维坐标?"	【设计意图】 用形象直观的视频给予学生较强的视觉冲击，通过展示无人机，激发学生的探究精神 【教学方法】 问题启发法、实时交互法	
【设计5】 随堂前测 （3分钟）	【教师活动】 ①学习通发布测试 ②进行点评总结 【学生活动】 完成测试	【设计意图】 提炼学生自主学习中的难点及疑点，调整课堂教学策略 【教学方法】 学习通独立答题，自动评判，实时数据统计	
【设计6】 重点及难点：共线条件方程、空中三角测量、POS系统 （16分钟）	【教师活动】 ①通过提问等师生互动的方式层层递进、环环相扣帮助学生梳理课前自主学习及随堂前测反馈的知识疑难点 ②重点强调空中三角测量在确定地面点的坐标及影像位置与姿态中的作用 【学生活动】 ①学生传看相片 ②跟随教师对知识框架的梳理积极思考，厘清前后概念的逻辑关系 ③巩固重点，化解难点，完成知识内化	【设计意图】 帮助学生厘清无人机测图涉及的重要概念，为后续无人机测图方案的设计奠定基础，训练学生的逻辑思维能力 【教学方法】 讲授法、问题启发法	通过启发式和交互式教学，培养学生分析问题和解决问题的能力，激发学生主动思考和自主探究的兴趣，训练学生的逻辑思维能力

续表

<table>
<tr><td colspan="4" align="center">教学过程设计</td></tr>
<tr>
<td>【设计7】
3D 数字化产品，体验立体测图
（4分钟）</td>
<td>【教师活动】
①结合图片讲授 DLG、DEM、DOM 的生成
②分发立体眼镜
③播放"立体模型上采集 DLG 的过程"小视频
【学生活动】
戴上立体眼镜体验立体模型上采集 DLG 的思路与过程</td>
<td>【设计意图】
沉浸式体验立体模型
【教学方法】
讲授法、实时交互法</td>
<td></td>
</tr>
<tr>
<td>【设计8】
维护版图，保守秘密
（3分钟）</td>
<td>【教师活动】
讲解国家版图及地形图的保密性
【学生活动】
领悟地形图的重要性
</td>
<td>【设计意图】
引导学生建立维护版图、保守秘密的职业规范意识
【教学方法】
讲授法、实时交互法</td>
<td>①自觉维护国家版图的严肃性和完整性
②地形图一定要注意其保密性，不能随便上传网上</td>
</tr>
<tr>
<td>【设计9】
学习通发布流程图思维导图的绘制
（4分钟）</td>
<td>【教师活动】
发布测试
【学生活动】
①利用 XMind 完成流程图思维导图
②学生翻转进行流程图梳理讲解</td>
<td>【设计意图】
进一步检验学生对重点和疑点的掌握情况，破解后续无人机测图流程设计中的难点
【教学方法】
学习通发布测试</td>
<td>①引导学生积极思考，培养学生的逻辑思维能力
②激励学生主动融入课堂，培养学生沟通表达能力</td>
</tr>
<tr>
<td>【设计10】
测图流程讨论发布
（1分钟）</td>
<td>【教师活动】
明确讨论内容、结果的呈现形式
【学生活动】
领悟讨论流程</td>
<td>【设计意图】
让学生知晓讨论流程
【教学方法】
讲授法</td>
<td></td>
</tr>
<tr>
<td>【课间休息】
（5分钟）</td>
<td colspan="3" align="center">师生、生生自由交流</td>
</tr>
</table>

续表

教学过程设计

第三部分 应用分析-小组研讨

【设计11】~【设计12】

教学环节	教学内容/师生活动	设计意图/教学方法	专业知识与思政元素的融合
【设计11】 无人机测图作业流程讨论 (16分钟)	【教师活动】 组织学生互评，教师点评学生给出的流程图 【学生活动】 ①分组讨论，利用电子板书呈现流程 ②分组呈现讨论结果，在与其他小组沟通中完善流程	【设计意图】 ①通过小组讨论，激发学生深度参与课堂及自主学习 ②厘清无人机测图流程，为后续的仿真实验奠定基础 【教学方法】 任务驱动式、研讨式、实时交互法	通过小组研讨及汇报，培养学生的团队协作精神及沟通能力，增强学生勇于探索的创新精神和善于解决问题的实践能力
【设计12】 无人机测图作业流程讲解 (2分钟)	【教师活动】 讲授无人机测图的作业流程 【学生活动】 观看PPT，记笔记	【设计意图】 进一步强化学生对无人机作业流程的理解，掌握其中的关键作业环节 【教学方法】 讲授法	强调测图应遵守相关的测量规范，培养学生的专业规范意识

第四部分 综合评价-虚拟仿真实验

【设计13】

教学环节	教学内容/师生活动	设计意图/教学方法	专业知识与思政元素的融合
【设计13】 无人机测图虚拟仿真实验 (14分钟)	【教师活动】 ①分析无人机测图线下实验的局限性，给出仿真实验的必要性 ②操作并讲解虚仿实验 【学生活动】 ①登录平台进行虚仿实验 ②学生进行实验关键环节的分享	【设计意图】 通过实验操作，同伴互学的方式，实现合作式学习和沉浸式学习 【教学方法】 上机操作、翻转课堂	通过合作式学习和沉浸式学习，培养学生的团队协作精神

续表

教学过程设计

第五部分　知识迁移与创造

【设计14】

教学环节	教学内容/师生活动	设计意图/教学方法	专业知识与思政元素的融合
【设计14】延伸拓展（8分钟）	【教师活动】①展示倾斜摄影镜头②抛出问题：倾斜镜头与前述无人机镜头有何不同③拓展到裸眼3D测图及智能化全息测绘【学生活动】①观看PPT，记笔记②思考问题 	【设计意图】①通过倾斜镜头的展示，让学生对无人机测图产生更大兴趣②通过讲述多传感器集成的无人机测图及智能化全息测绘，拓宽学生专业视野【教学方法】讲授法、问题启发法、实时交互法	通过给学生讲解测图新进展，让学生知道测绘的重点从数据采集逐渐转向数据处理、分析和服务，认识到测绘学科逐渐归属到信息科学的范畴，增强学生的专业自信

第六部分　总结与预告

【设计15】

教学环节	教学内容/师生活动	设计意图/教学方法	专业知识与思政元素的融合
【设计15】内容总结、随堂后测及预告（6分钟）	【教师活动】①用PPT动画逐点总结课程内容，帮助学生建立内容之间的逻辑结构②学习通发布随堂后测并讲解③给出预习内容【学生活动】①观看PPT，记笔记②学习通上进行课堂测试并提交	【设计意图】①理顺本次课程内容，给学生建立逻辑结构清晰的框架体系，掌握关键知识点，厘清难点②通过测验检测学生学习效果【教学方法】讲授法	

续表

教学过程设计	
3. 课后巩固拓展	
教　师	①发布拓展资源，在线辅导答疑 ②查看反馈，获取学情，对教学预警的学生进行有针对性的指导 ③邀请大疆技术人员指导无人机测图实习，虚实结合、院校企业协同强化学生实践能力，提升课程的高阶性和挑战度
学　生	①巩固重点、击破难点，完成课后作业及拓展资源的学习 ②参加无人机测图实习，完成知识巩固
课后作业	①登录无人机数字测图虚拟仿真实验平台进一步熟悉操作，完成实验报告撰写 ②完成无人机应用参考文献阅读并撰写读书报告
网　站	①大　　疆：https://www.dji.com/cn ②南方测绘：http://www.southsurvey.com/product/7.html ③华测导航：http://www.huace.cn/product/pro_list/3 ④实验空间：http://www.ilab-x.com/

（六）教学评价

在本节段的教学过程中，通过课程网络平台评价、学生互评和教师评价三个方面构建完整的课程思政教学评价体系。评价主体引入学生评价，旨在提高学生学习积极性，激励学生主动融入课堂教学。在课前、课中和课后对应不同的评分项目，形成全过程、多维度的评价体系，重在考查学生的主观能动性、创新能力、解决问题能力和团队协作精神等。

①课前评价：占比20%，包含MOOC视频学习（10%）、课前测试（5%）和课前讨论（5%）三部分，通过此评价环节促进学生自主学习能力的养成，强调独立完成测试培养学生诚信意识。

②课中评价：占比30%，包含课堂表现（10%）、小组研讨表现（15%）、课堂学习通测试（5%）三部分，通过此评价环节促进学生深度参与课堂教学活动，培养学生自主探究的兴趣、创新思维、沟通表达能力以及团队意识和协作精神。

③课后评价：占比50%，包含课后测试（10%）、实习及报告（30%）和研

究性学习成果(10%)三部分，通过此评价环节培养学生勇于探索的创新精神、独立思考和分析问题及解决问题的能力、动手操作能力和职业素养等。

三、教师对课程思政的感受与认识

数字地形测量学开设在大学一年级下学期，是测绘类专业学生接触到的第一门专业课，在专业知识体系中具有重要的基础地位，在大学初期开展课程思政教育能更好地发挥专业课程的育人作用。课程思政实践系统性强，并非随意添加思想政治教育素材，需整体规划与设计，协调组织与实施，对专业课教师提出了挑战，不但需要教师具有挖掘思政元素的能力，更重要的是如何在教学过程中做到以盐入水、春风化雨的方式实现思想政治教育与知识体系教育的有机统一。①

课堂教学是思政教育的主渠道，也是课程思政的主要途径，知识和能力目标只有在正确价值目标的指引下才有真正意义。② 在课堂教学中，需推进现代信息技术在课程思政教学中的应用，结合学习情境特点，采用启发式、案例式、研讨式、任务驱动式和翻转课堂等教学方法，将思政内容自然而深度浸润于专业知识之中，在知识传授过程中实现入脑入心的价值塑造，防止思政教育的表面化、硬融入，避免专业教学和思政教育出现"两张皮"现象，将育人内涵落实到课堂教学，使立德树人"润物无声"。

课程思政任重道远。在新工科建设背景下，测绘类专业课教师要紧跟时代特征，做好思政教育与专业教学的融合与创新，守好一段渠，种好责任田，持续提升测绘专业人才培养质量。

---

① 沈火明、刘娟：《工程力学课程思政的探索与实践》，载《高教学刊》2021 年第 7 期，第 189~192 页。

② 程钢、杨杰、王磊等：《智慧教学环境下"地理信息系统原理与应用"课程教学综合改革与实践》，载《测绘通报》2021 年第 12 期，第 158~162 页。

"卫星导航原理"课程思政教学案例
北斗卫星导航系统组成

郭 斐①

课程名称：卫星导航原理　　**课程性质**：专业必修课

学分/学时：3/52　　　　　　**授课对象**：导航工程专业(大二下)

课程简介："卫星导航原理"是面向武汉大学导航工程专业开设的一门核心专业必修课。开课学期为大二下，课程学分为 3；课程学时 52，其中理论课程学时 40，实践课程学时 12。课程的主要内容包括卫星导航系统的组成、卫星导航系统的工作原理、卫星导航定位的数据处理方法，以及卫星导航的应用等。在学习这门课之前，学生已具备导航学、大地测量学等基础知识。

该课程是在原有国家级精品课程"GPS 原理及其应用"(面向测绘工程专业，后来更名为"GNSS 原理及其应用")的基础上，由"卫星导航定位系列课程"国家级教学团队和"导航定位系列课程"湖北高校省级教学团队倾力打造，于 2013 年起面向首届导航工程专业学生开设。相比于测绘工程专业的"GNSS 原理及其应用"，"卫星导航原理"弱化了地面常规 GNSS 控制网布设、基线解算及网平差等内容，课程更加突出我国北斗卫星导航系统特色，强化了卫星导航系统信号结构、高精度导航定位技术等内容。②

---

① 教师简介：郭斐，武汉大学测绘学院教授、博士生导师，国家级人才计划青年项目入选者，长期从事卫星导航定位技术及应用方面的教学与科研工作，获卫星导航定位科技进步特等奖、湖北省自然科学一等奖、卫星导航定位教学成果特等奖、湖北省高等学校教学成果一等奖等。

② 徐晓华、黄劲松、周晓慧、张小红：《关于建设导航工程专业卫星导航原理课程的思考》，载《科教导刊》2013 年第 36 期，第 108～109 页。

一、课程思政总体设计

1. 课程思政的目标

课程教学目标如图 1 所示，包括知识获得、能力培养和价值观塑造三个方面。通过这门课的学习，学生应了解卫星导航系统的发展、导航信号的结构、数据标准与协议，掌握卫星导航系统的组成及工作原理、导航定位数学模型和数据处理方法等知识，提升学生自主学习和解决复杂导航工程问题的能力，培养学生严谨务实的工作态度、追求卓越的科学精神，增强学生的民族自豪感和家国情怀。

①了解卫星导航系统的发展、导航信号的结构、数据标准与协议

②掌握卫星导航系统的组成及工作原理、基本观测量、误差及处理方法

③掌握卫星导航定位的数学模型和数据处理方法

①准确表述导航工程实际问题，并建立数学和物理模型

②独立分析复杂导航工程问题，形成解决方案，并获得有效结论

③正确处理个人与团队的关系，自主学习能力

① 培养学生工程设计中严谨务实的态度

② 增强学生民族自豪感和爱国主义情怀

③ 树立追求卓越、永攀高峰的科学精神

图 1　课程教学目标(含思政目标)

2. 课程思政的主线

以"家国情怀—科学精神—政治认同"为主线，将老一辈科学家为国奉献的家国情怀、几代北斗人攻坚克难与追求卓越的科学精神，以及对中国特色社会主义道路自信的政治认同感等思政元素有机融入专业教学。

3. 各章节中的思政元素

"卫星导航原理"课程中蕴含丰富的思政元素，需要化整为零，在有限的课时内将专业教育和思政教育有机结合，将知识传授、能力培养和价值塑造融为一体。各章节的教学内容、教学方法及思政元素如表 1 所示。

表1   课程各章节教学内容、教学方法及思政元素

章节	主要知识点	教学方法	思政元素
第一章 绪论	导航定位基本概念、导航定位技术发展简史	MOOC视频学习、教师讲授、学生自学	**民族自豪感（国家认同）**：我国古代四大发明之一指南针
第二章 全球卫星定位系统（GNSS）组成	GNSS系统组成、信号结构、工作原理	MOOC视频学习、教师讲授、情景式教学	**不畏艰难、追求卓越**的北斗精神：北斗三步走发展战略
第三章 卫星导航观测量	伪距测量、载波相位测量、多普勒测量	MOOC视频学习、教师讲授、实践操作	**批判质疑、勤于反思**的科学精神：不同测量体制对比分析
第四章 卫星导航误差源及其处理方法	卫星星历误差、钟差、电离层与对流层延迟、多路径效应、天线相位中心偏差	MOOC视频学习、教师讲授、翻转课堂	**求真务实、精益求精**：客观存在的误差及其对导航定位的影响和消除方法
第五章 卫星导航基本PVT算法	标准单点定位、多普勒测速、PVT精度评价等	MOOC视频学习、教师讲授、实践操作、启发式教学	**乐学善学、实践创新**：以实际生活中的导航为例，自主开发标准单点定位程序
第六章 高精度卫星导航	观测值线性组合、周跳探测、精密单点定位、RTK与网络RTK、模糊度解算等	MOOC视频学习、教师讲授、翻转课堂、实践操作	**辩证思维、勇于探究**：定位性能与模型复杂度的关系，前沿高新技术探索
第七章 卫星导航增强系统及应用	星基增强系统、地基增强系统、卫星导航应用	MOOC视频学习、教师讲授、任务驱动式教学	**国际理解、社会责任**：全球或区域卫星导航系统的多样性和差异性，当代大学生的家国情怀和使命担当

二、案例节段的教学设计

1. 对教学对象的分析

本门课程的教学对象为导航工程专业大二（下）学生。近年来，武汉大学导航工程专业备受学生青睐，学生规模持续扩大，从早期的30人陆续扩展到五六十人，目前已经发展到90人。学生规模的扩大导致学生的素质和能力参差不齐，对教学适应性提出了挑战。学生在前三学期修完大类平台课后，首

次接触专业核心课程，对专业知识的渴求度比较高。但是，课堂上学生的活跃度较低。在自媒体时代，这些"00后"学生的信息接触面广，且对国际政治、经济形势和社会问题关注度高。但是，部分处于成长阶段的大学生缺乏思维的批判性，理想信念不够坚定，价值观易受冲击。

2. 对教学目标的分析

节选案例为"第二章 全球卫星导航系统组成"。教学目标主要包括：

（1）了解卫星导航系统的基本结构，掌握我国北斗三步走发展战略，激发学生的探索欲和科技报国的热情，培养学生不畏艰难、追求卓越的科学精神。

（2）理解 GNSS 空间星座设计的基本原则，掌握我国北斗卫星导航系统的独特空间构型，培养学生的创新意识，并在设计过程中考虑安全、法律、经济等制约因素。

（3）掌握 GNSS 系统的协同工作原理，能够分析故障发生的潜在原因，培养学生独立思考和批判质疑的能力。

3. 对教学内容的分析

围绕上述教学目标，设置了"GNSS 系统总体架构、GNSS 系统组成部分、各子系统功能及协同工作原理"三个方面的教学内容。要求学生重点掌握北斗空间星座的特色与创新设计、地面控制部分的组成及工作原理。难点有两个，一是空间星座参数的概念及其与地球的覆盖关系较为抽象，二是卫星导航系统的故障分析与应对。针对难点一，采用通过类比法、多媒体图片和动画演示，呈现直观效果，引导学生举一反三、理论联系实际，增强学生对相关知识点的理解和吸收。针对难点二，采用任务驱动法和问题研讨教学法，让学生各抒己见，互相启发，激发学生学习的好奇心和求知欲，活跃学生思想和课堂气氛，培养学生独立思考、分析问题和解决问题的能力。

4. 教学手段与方法

教学方法如图 2 所示，秉承"以学生为中心"的教学理念，遵循启发引导、循序渐进、促进发展的原则，采取"小班授课、小组研讨、一对一辅导"相结合的教学模式，线上-线下相结合、课前-课堂-课后相结合，灵活运用启发式教学法、情景案例教学法、问题研讨式、翻转课堂等教学方法，既注重教，更注重学。

图 2　教学方法

　　例如，在讲授卫星导航系统工作原理时，考虑到这一知识点相对枯燥，为了激发学生的好奇心和求知欲，采用情景教学法。通过欧盟 Galileo 系统故障这一热点事件，再现真实情景，激发学生情感共鸣。又如，对于北斗系统创新设计这一知识点，采用任务驱动式教学法。通过布置探究性学习任务，让学生独立查阅资料并作陈述，培养学生自主学习、独立分析和解决复杂导航工程问题的能力。节选案例的具体教学过程见表 2。

5. 教学过程

　　课堂教学设计如图 3 所示，将整节课分为回顾、导入、新授、小结和思考五个环节。导入环节精心设疑，抛出问题。新授环节师生互动，探究问题。

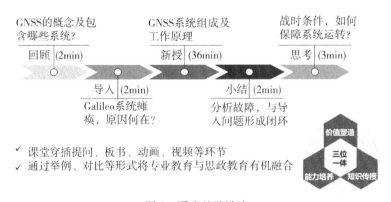

图 3　课堂教学设计

小结环节类比联想，解决问题。教学过程穿插提问、板书、动画、视频等环节，通过举例、对比等形式将专业教育与思政教育紧密结合，将价值塑造、知识传授与能力培养融为一体。①

表2   节选案例的教学过程

全球卫星导航系统组成	
内容回顾 ➢ 卫星导航系统(全球卫星导航系统、区域卫星导航系统) ➢ 卫星导航系统的基本功能(导航、定位、授时，简称PNT)	**提问：** 什么是GNSS，包括哪些系统
问题引入 ➢ 引入一个新闻事件"欧洲伽利略(Galileo)系统技术故障导致部分导航服务中断"，26颗卫星被"下线"，导航系统瘫痪②  通过引入欧盟Galileo系统故障频发这一热点事件，**再现真实情景**，激发学生情感共鸣，适时抛出"是什么原因导致Galileo系统瘫痪"这一问题，引导学生探究，激发学生好奇心和求知欲，充分调动学生学习的积极性和主动性 提示：要回答上述两个问题，就得从卫星导航系统的结构及其工作原理说起。也就是本节课要学习的内容	**思考：** 是什么原因导致伽利略系统瘫痪 **情景教学法** **启发式教学**：从学生熟知的地面常规导航系统出发，问学生"如果让你来设计卫星导航系统，你认为需要哪些基本单元"。引导学生举一反三
本讲内容 **一、GNSS系统的总体结构** 　　卫星导航系统是一个复杂的航天系统工程，其核心目标是"全球导航定位"。因此，要实现这一核心目标，在系统的设计、开发和管理过程中，就至少需要包括三个基本单元：空间星座部分，地面控制部分和用户部分	

① 郭斐、刘万科、楼益栋、张小红：《导航工程专业卫星导航数据处理方法课程建设与思考》，载《全球定位系统》2016年第4期，第120~122页。

② 澎湃新闻，https：//www.thepaper.cn/newsDetail_forward_3947137.

全球卫星导航系统组成

■ **系统总体结构**

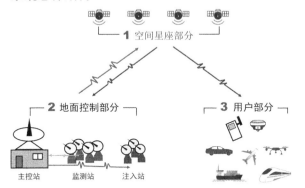

动画：
帮助学生理解卫星数量、轨道高度、轨道倾角与覆盖的关系

要求：
设计过程中考虑环境、经济等制约因素

举例：Galileo 系统星座设计兼顾性能与成本

那么，每个组成部分都包含哪些基本的单元，它们又是如何运转的呢？

接下来，我们就来重点学习导航系统的各个组成部分及其协同工作的原理

二、各组成部分及协同工作原理

(1)空间星座部分

1. 设计依据

设计一个星座需要考虑轨道的基本参数，包括卫星数量、轨道面数、轨道高度，以及轨道倾角等。这些参数虽然没有统一的标准，但一个基本原则是，在满足基本服务性能的前提下，尽可能减少系统建设所付出的代价

■ 1. 空间星座部分——设计依据

星座设计需要考虑的问题：卫星数量、轨道面数、轨道高度、轨道倾角等

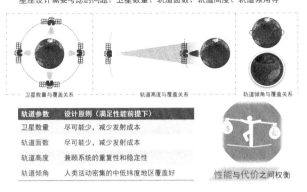

对比：
四大 GNSS 星座参数

思考：
为何在轨卫星数量多于设计卫星数

全球卫星导航系统组成

案例分析：通过一个例子来说明轨道参数对导航定位性能的影响。这两幅图是 Galileo 星座设计报告中的仿真结果。不难发现，20000KM 轨道高度+30 颗卫星这一组合是一种较理想的选择，相同卫星数条件下，3 个轨道面对应定位精度最高，而且也更经济

提问：
GLONASS 轨道倾角为何明显高于其他系统

■ 1. 空间星座部分——设计依据

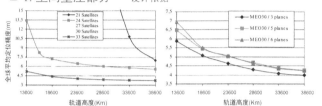

➤ 定位精度随卫星数量和轨道高度的增加而提高，**20000**Km高度+**30** 颗卫星是较理想选择
➤ 30颗卫星条件下，**3**个轨道面定位精度最高，而且也更加经济

引文：Piriz, Ricardo, et al., "The Galileo Constellation Design: A Systematic Approach"

2. 设计参数

■ 1. 空间星座部分——设计参数

思政：
勉励同学们要立志学好本领，面对困难不要退缩，要迎难而上，激发学生自主创新与科技报国的热情

参数	GPS	GLONASS	Galileo	BDS-III		
轨道类型	MEO	MEO	MEO	MEO	IGSO	GEO
卫星数量	24	24	27	24	3	3
轨道面数	6	3	3	3	3	/
轨道高度/Km	20180	19130	23222	21528	35786	35786
轨道倾角/°	55	64.8	56	55	55	0
在轨卫星数	31	27	26	24	3	3

思考：为什么GLONASS的轨道倾角明显大于其他系统？

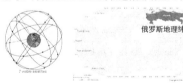

俄罗斯地理纬度高

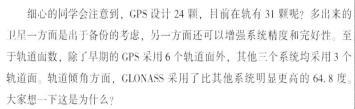

细心的同学会注意到，GPS 设计 24 颗，目前在轨有 31 颗呢？多出来的卫星一方面是出于备份的考虑，另一方面还可以增强系统精度和完好性。至于轨道面数，除了早期的 GPS 采用 6 个轨道面外，其他三个系统均采用 3 个轨道面。轨道倾角方面，GLONASS 采用了比其他系统明显更高的 64.8 度。大家想一下这是为什么？

因为俄罗斯的地理纬度相对较高，为了保证俄罗斯本土的服务性能，因此，轨道倾角明显比其他系统高

全球卫星导航系统组成

3. 北斗特色

接下来我们重点学习北斗三步走的发展战略

面临的困难和挑战

➤ **频率资源紧缺**：适用于卫星导航的黄金频段已被美、俄占据（国家重要战略资源）

➤ **原子钟和芯片**：建设初期属于技术空白，被禁运和技术封锁（"卡脖子"式威胁）

➤ **境外限制布站**：许多国家和地区限制中国在其领土范围建站（周期长、协调难度大）

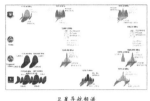 

卫星导航频谱　　　　星载原子钟是"心脏"　　　GPS地面站分布（全球范围内军事基地）

举例：

GPS 地面控制站全球分布，突出地面控制部分的核心地位。主控站位于美国科罗拉多州空军基地；其余的地面站均匀分布在世界各地的美军军事基地

首先抛出系统建设面临的三**大困难和挑战**：频率资源缺乏、没有自己的原子钟和芯片、境外限制中国布站①。这些核心关键技术要不来、买不来、也讨不来

引导学生进行探究式学习和讨论，随后引出我国科学家攻坚克难及创新举措：以陈芳允、孙家栋等为代表的老一辈科学家凭借精湛的技术设计和追求卓越的精神，巧妙地提出了地球同步轨道+地球倾斜同步轨道+中圆地球轨道形成的混合星座，以及星间链路等创新思路，探索出了一条从无到有、从区域到全球的三步走发展战略，实现了北斗三号所有部件和核心器件全部国产化，在国际卫星导航领域实现了"弯道超车"

☐ **攻坚克难及创新举措**

➤ **有惊无险，首获占"频"之胜**

• **中欧频段之争**：中国是在2000年4月17日申请的，欧洲是在2000年6月5日申请的；2007年4月17日，是北斗系统申报的频率资源的最后期限

• 2007年4月14日发射第一颗北斗导航卫星（MEO），4月17日20点发出第一组信号，在距离7年之限仅剩下4小时时中国启用了该频率资源

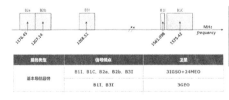

2015年1月中欧就频率之争进行了第四次磋商，最终欧洲接受了中国提出频率共用理念（B2a/b与E5a/b）

---

① 李国利、邓梦：《中国北斗全球梦圆——写在北斗三号全球卫星导航系统全面建成之际》，载《阿克苏日报》2020 年 8 月 4 日。

续表

全球卫星导航系统组成

□ **攻坚克难及创新举措**

  ➤ **集智会战，攻克无"钟"之困**

  • 北斗一号搭载的星载原子钟从国外进口，指标低；1997年后陆续遭美、欧拒绝和技术封锁

  • 开启自主研制之路，2005年成立三支研发队伍进行同步攻坚，2年内自主研制国际先进原子钟

 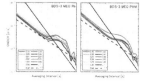

稳定度达10^{-14}，每300万年差1秒

攻坚克难及创新举措

  ➤ **独辟蹊径，破解布"站"之难**

  • 首创Ka频段星间链路（数据传输和测距），解决北斗国内建站实现全球运行和服务的难题

  • 即使地面站点全部失效，保持自主运行（自主导航）长达60天，提升战时生存能力的关键

思政要点

关键核心技术要不来、买不来、讨不来，勉励同学们要立志学好本领、迎难而上，激发他们自主创新与科技报国的热情

  ✓ **不仅减小地面站规模、减轻地面管理维护压力，而且还使卫星定轨精度大幅提高**

（二）地面控制部分

如果我们把卫星比作在天上飞的风筝，那地面控制部分就是拽在手里的风筝线

  ■ 2.地面控制部分

    卫星导航系统的信息中心与决策中心，包括：

    ① 监测站：数据采集与监测单元

    ② 主控站：运行管理与控制单元

    ③ 注入站：数据与指令发送单元

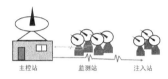

主控站　　监测站　　注入站

一旦地面控制部分发生故障，整个导航系统都将瘫痪

故障分析：与导入环节抛出的问题前后呼应，形成闭合

地面控制部分是整个系统的大脑，一旦发生故障，将面临系统瘫痪的风险。因此，地面控制部分的安全级别非常高

续表

全球卫星导航系统组成	
■ 2.地面控制部分——以GPS为例 主控站位于美国本土，其余地面站分布于世界各地的美军军事基地  ★ 主控站　　　　　☆ 备份主控站 ▲ 注入站　　　　　△ 注入站（美国空军卫星控制网） ● 监测站（美国空军）　○ 监测站（美国地理空间情报局） 1. 监测站任务 ■ 2.地面控制部分——监测站任务 ① 接收卫星观测数据（伪距测量） ② 采集气象信息（气温、气压、湿度等） ③ 将所收集到的数据进行预处理和压缩并传送给主控站  2. 主控站任务 ■ 2.地面控制部分——主控站任务 ① 计算卫星轨道和钟差改正数，编制导航电文（星历） ② 监控卫星工作状态（轨道偏移、姿态变化、钟差漂移等） ③ 将星历数据、控制指令发送给注入站；其他管理协调工作 	**思政：** Galileo 系统建设屡屡滞后、系统瘫痪，一个重要的原因就是欧盟国家之间在经济与责任上相互推诿、技术上相互依赖。对比我国北斗，屡次刷新"中国速度"、展现"中国精度"彰显"中国气度"

续表

全球卫星导航系统组成

3. 注入站任务

■ 3. 地面控制部分——注入站任务

　① 接收并存储来自主控站的导航电文及指令信息

　② 当卫星过境（通过其上空）时，用大口径发射天线将导航电文
　　和指令信息注入GPS卫星

（三）用户部分

最后一个组成部分是用户部分，主要是指导航定位的终端，具体来说就是 GNSS 接收机。根据应用场景的不同，可分为导航型、授时型以及高精度的测量型接收机。比如大家的智能手机使用的就是低成本、体积小的导航型天线，精度一般在米级

■ 3. 用户部分

　✓ 导航信号接收机：导航型、授时型、测量型

　✓ 接收机主要功能：接收、处理、量测GNSS卫星信号（信号处理），
　　进行导航、定位与授时（PNT）解算（数据处理）

三、小结与思考

我们来分析前面说到的 Galileo 系统崩溃的原因。首先，全球范围内的用户设备同时发生故障的可能性几乎为零，所以不可能是用户引起的。我们再来分析空间星座发生故障的可能性，一个星座通常是由二十几颗卫星群组成，即使其中的 1~2 颗发生故障，也不至于让整个系统瘫痪，服务中断。除非是天上所有的卫星同时失效，但这种可能性也微乎其微。因此，导致 Galileo 系统瘫痪的罪魁祸首很可能是地面控制部分。因为地面控制部分的影响往往是全局性的。事实也证明，的确是地面控制中心技术性故障引起的，导致所有卫星未被及时注入有效的星历数据

续表

全球卫星导航系统组成
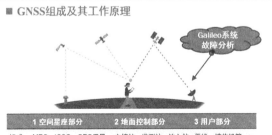

课后思考：

吸取 Galileo 系统瘫痪事件的教训，特殊时期，假设卫星导航系统的地面控制部分被破坏、干扰等极端情况下，如何维持系统的正常运转？

视频观看(课间休息播放或发给学生课后自行学习)

北斗宣传片《中国的北斗，世界的北斗——造福人类，服务全球》，激发同学们的民族自豪感和爱国主义情怀

6. 教学评价

教学评价包括三个方面：一是自我评价，即授课教师主观上判断学生是否理解、认同并接受所传递的价值观；二是学生评教，即通过课间或课后与学生交流，了解他们学的情况及对教师教的满意度；三是教师评学，即院系领导、教学督导与专业教师随堂听课，检查课堂教与学的状态。注重教学过程跟踪与信息反馈，并根据学生评教、教师评学的反馈结果用于专业教学持续改进。

由于价值目标的达成具有渐进性、内隐性等特点，思政教学目标的评价是课程建设的难点。在过程性评价环节，主要通过课间休息和课外实习时与学生面谈，了解学生的思想情况；在形成性评价环节，主要通过增设一些主观开放性思考题，间接反映学生的思想认识。将上述直接或间接评价的结果体现在课程最终考核成绩中，并适当提高其权重。

三、教师对课程思政的感受与认识

导航工程专业是与北斗国家重大战略紧密结合的新工科专业，专业本身蕴含丰富的思政元素，例如家国情怀、北斗精神、社会主义制度优势等。[①] 但如何准确提炼思政教学案例，并将其有机融入专业课程，对于专业课老师有一定难度。为了解决这一问题，武汉大学成立了课程思政中心，由马克思主义学院的思政课教师为专业课教师提供一对一的指导。此外，刘经南院士等专家亲自辅导。经过不断努力，目前已建成了以"卫星导航原理"为代表的一批思政效果显著的专业课程，推动形成了专业课教学与思政课教学紧密结合、同向同行的育人格局。相关成果获湖北省教学成果一等奖和卫星导航定位教学成果特等奖各1项，支撑了导航工程国家一流本科专业建设，培养模式与教学方法被武汉理工大学、北京建筑大学、安徽理工大学等高等院校借鉴和采纳，发挥了辐射示范作用。

需要注意的是，导航工程专业的不同专业课存在同质思政教学，因此如何进行顶层设计、将思政元素合理、准确分解到不同专业课程教学中，并提升思政元素准确性、输送价值观一致性，进而做到专业课育人的环环相扣与润物无声尤为重要。

此外，卫星导航技术的发展日新月异，课程知识体系及其蕴含的思政元素需要不断更新与拓展，及时将精密单点定位(PPP)、网络RTK、广域实时精密定位等国际前沿科研成果更新到讲义和教材中，保证课堂教学的先进性和新颖性，拓展"卫星导航原理"课程教学的深度与广度。[②]

---

① 李国利、邓梦：《中国北斗全球梦圆——写在北斗三号全球卫星导航系统全面建成之际》，载《阿克苏日报》2020年8月4日。
② 李征航、黄劲松：《GPS测量与数据处理(第三版)》，武汉大学出版社2016年版，第186~205页。

"电磁场理论"课程思政教学案例
广义麦克斯韦方程

单　欣①

课程名称：电磁场理论　　**课程性质**：专业基础课/大类平台课

学分/学时：3/48　　　　**授课对象**：电信大类本科生(大二下)

课程简介："电磁场理论"是电子与信息技术类专业一门必修的基础课程，是理工科专业课程的桥梁。内容包括：电磁现象的实验定律与麦克斯韦方程，静态电磁场基本问题，电磁场问题的解析方法及应用，时变电磁场的基本问题与平面电磁波，电磁场的辐射与天线概念，电磁波的传播，以及电磁场与电磁波在信息科学技术中若干典型应用。通过课程的学习学生能够掌握电磁场与电磁波的基本属性、基础理论、基本分析方法和基本实践技能；了解电磁场与电磁波的主要应用领域及其工作原理；培养其科学自然观、理性思维与穷究真理的方法、创新意识和家国情怀。

一、本门课程的总体设计

(一)课程思政的目标

本课程的课程思政总体目标为：通过课程的学习，学生能对电磁场基本问题有着深刻了解、对电磁波信号有着全面认知；培养学生抽象思维能力、

---

① 教师简介：单欣，武汉大学电子信息学院讲师，长期从事超构表面材料、激光全息、微纳衍射光学、电磁仿真方面的教学与研究工作。主持国家自然科学基金、湖北省自然科学基金、航空科学基金等多个国家和省部级项目；已发表SCI学术论文20余篇，发明专利10余项；长期担任多个国内外高级别光学期刊审稿人。

知识综合应用能力以及举一反三能力；培育学生的科学精神和科学思维、增强学生的创新意识和职业素养、激发学生的家国情怀和社会责任感、树立正确的科学伦理道德和人生价值观。

(二)课程思政的主线

本课程设置了科学精神和科学思维、创新意识和职业素养、家国情怀和社会责任感、科学伦理和价值引领 4 条课程思政主线。通过讲好电磁科学发展史及其背后的科学家故事，使学生受到科学精神的感染，培养科学的理性思维方式；通过介绍最新的雷达技术、通信技术以及输电技术及其研发过程等，使学生深切感受到国家的科技进步和科研人员的卓越创新精神，增强其职业素养和创新意识；通过对国家重大科技成果和重点工程项目的介绍，引导学生认识到电磁理论的重要性，明确自己的责任和义务，增强学生的家国情怀和社会责任感；通过对著名科学家访谈语录以及新兴技术带来的社会热点问题的探讨和分享，培养学生诚信的科研意识和正确的价值观、人生观。

(三)课程各章节的思政元素

依据以上 4 条课程思政主线，思政案例将结合各章节具体授课内容分散到课程的不同章节中，融入课程教学的各个阶段。本课程的思政案例切入点说明具体如表 1 所示。

表 1　　　　　　　　　电磁场理论课程思政案例切入点列表

思政主线	主体知识点	思政案例	思政元素
科学精神和科学思维	绪论	电磁学发展史全过程介绍	积极探索、坚持真理的科学精神
	第二章　各相应章节	麦克斯韦、法拉第、安培、爱因斯坦等科学家的故事	积极探索、坚持真理的科学精神
	2.6 麦克斯韦方程组	从哲学角度出发，分析 Maxwell 方程"简单美"和"对称美"	辩证思维

续表

思政主线	主体知识点	思政案例	思政元素
创新意识和职业素养	1.5 矢量场旋度	武汉大学海态雷达的研发历程及其获取的海洋流速数据特征分析	团队协助和奉献精神
	3.2 静电场能量	利用静电场的能量特性研发的电磁炮技术对传统火炮技术进行了彻底的革新。	敢于创新、追求卓越
	第5章 前言	通信技术和信号传输技术的发展演变过程，得益于对电磁波传播特性认识的不断深入	敢于创新、追求卓越
	6.3 导电媒质中的平面电磁波	结合我国对潜通信技术发展历程讲解良导电介质中的均匀平面波，探讨不同通信方式的优势和不足	敢于创新、追求卓越
	第8章 前言	视频《手机天线进化史》让学生初步认识信号频率和手机天线的关系	敢于创新、追求卓越
	8.2 偶极子辐射场	基于天线辐射概念介绍 FAST 射电望远镜的设计理念及南仁东先生的故事	甘于奉献、锲而不舍的精神
家国情怀和社会责任感	绪论 电磁技术发展史	中国古代科技人物和科学论著，包括指南车、东汉王充的《论衡》、西晋张华的《博物志》等	民族自豪感、自信心
	2.5 电磁感应定律	白鹤滩水电站转子的核心部件磁轭的技术攻关历程	科技报国、推动社会进步
	第7章 前言	北斗系统从赶跑到引领，为国家经济社会发展提供了重要的时空信息保障，探讨信号传播及其误差对定位造成的影响，引入第七章学习	科技报国、推动社会进步
	7.2 电磁波对理想介质分界面的斜入射	从电磁波折反射原理出发介绍雷达"隐身"的相关概念，展示国产隐身战机 J20 上的隐身设计理念	科技报国、使命担当
	8.3 广义麦克斯韦方程	基于电磁对偶关系讲解口径天线设计理念，介绍种类繁多的口径天线，并对比国内外在天线设计方面的优势和不足	科技报国、使命担当

思政主线	主体知识点	思政案例	思政元素
科学伦理和价值引领	绪论 电磁技术应用及趋势	技术的不断进步，电磁技术带来的社会问题和伦理思考	运用科学造福人类
	2.6节或3.1节或8.1节	诺贝尔物理学奖获得者李政道多次说过："最重要的东西往往都是最简单的"。从哲学角度挖掘电磁方程中的简单美，联系现实生活中没有必要追求过多的名利和外在东西。	树立正确的价值观、人生观

二、案例节段的教学设计

(一)对教学对象的分析

本课程的授课对象为电子信息大类的大学二年级本科生，学生在学习本课程前已经系统地完成了"高等数学""大学物理"和"数学物理方法"等课程，对电磁学相关的物理概念有了一个基本认识，同时也掌握了基本的数学物理方法，具备深入学习电磁场理论的基础。通过前面几个章节的学习，学生对电磁场的基本问题和基本分析方法有了深入的了解，也掌握了电磁波信号在无源区的传播特性，包括媒质中的传播、折反射规律。本节段所在的第八章将进行电磁波信号在有源区的辐射特性的基础理论学习和研究。针对本节段的具体学习要求，学生的学情特征如下：

从知识基础方面看，能够正确计算分析天线辐射单元的辐射场问题，但是从基本单元向实际天线模型进行拓展的过程中存在一定的困难。

从思维水平看，具备分析基本问题的逻辑思维能力，但是在处理相关问题时思维的发散性和创新性仍有所欠缺。

从能力方面看，数理基础较强，具备一定的计算分析能力，但理论知识和工程实践之间存在一定脱节，运用理论解决实际问题的能力有待进一步加强。

从情感因素方面看，学生对本课程普遍存在一定的畏难情绪，学习热情偏低，与此同时，在学习的过程中，学生经常对所学理论到底能对自身发展和社会进步起到何种作用产生一定疑问。

针对这一学情特征，需要在课程思政的授课过程中不断加以引导和激励，锻炼学生的能力、激发学生的学习积极性和社会使命感。

(二) 对教学目标的分析

本节段为"广义麦克斯韦方程"，课程思政授课的教学目标设定为以下三个层次：

其一，在知识目标上，通过学习广义麦克斯韦方程组后，学生能够正确建立广义麦克斯韦方程中电磁对偶量之间的变换关系；并且能运用对偶性原理，准确计算出磁偶极子天线辐射场。

其二，在能力目标上，基于口径天线基本模型的分析和拓展探讨，培养学生灵活运用对偶性原理分析不同类型口径天线辐射场的能力，强化理论和实践的融合

其三，在价值层面上，通过课程思政的授课过程，激发学习兴趣，培养学生积极探索的科学精神；同时培养学生的拓展思维，激发其创新意识。

(三) 对教学内容的分析

1. 本节段在课程中的逻辑位置

本节段是第八章电磁辐射理论的第 3 节"广义麦克斯韦方程"。本章教学内容主要分为基础原理和技术拓展应用两大板块。8.1 节"辐射场计算"和 8.2 节"基本天线辐射单元"为电磁辐射基础理论，8.3 节"广义麦克斯韦方程组"、8.4 节"镜像原理"和 8.5 节"天线参数"则是在辐射基础理论基础上进一步介绍电磁辐射的相关技术原理及其天线应用。本节段所在的第 8.3 节是对前两节辐射理论的两个重要拓展之一，教学内容包含电磁对偶原理的理论原理部分以及口径天线辐射场的技术应用部分。

2. 本节段的教学重点

教学重点：理解并正确应用广义麦克斯韦方程组和对偶性原理。

3. 本节点的教学难点及化解难点的方案

教学难点：(1) 广义麦克斯韦方程组及其电磁对偶关系；

（2）利用对偶原理求解磁偶极子天线辐射场。

针对第一个教学难点，采用"提出问题—分析问题—解决问题"的提问引导方式，让教师退居次位，使学生走入台前，将被动的倾听转变为主动的思考探究，让学生利用已经习得的知识自主寻找广义麦克斯韦方程中所蕴含的电磁对偶关系。

针对第二个教学难点，采用板书和 PPT 视频结合的例题讲解方式。例题从静态场问题过渡到动态场问题，由易到难、层层递进，让学生能够灵活地运用基本理论解决实际的电磁场问题。

（四）教学手段与方法

本节段以"理论—技术—应用"为主线完成课堂授课，以期完整展现出运用理论知识解决实际问题的思维过程。在理论原理环节，围绕"对偶原理"这一核心教学内容，采取的提问式教学方法。以问题导入的方式，启发学生主动探究问题的实质，培养学生积极探索的科学精神。从"对偶原理"出发，以不同场景下的电磁场问题为例进行详细分析、推导和讲解，由理论向实践逐步扩展，加深学生对基础理论的认知和理解；与此同时，引导学生举一反三，运用"对偶原理"去分析和探讨口径天线技术及其相应的工程实践问题，开拓思维，激发创新意识。

（五）教学过程

具体教学过程如表 2 所示。

表 2　　　"广义麦克斯韦方程组"课程思政教学设计和教学过程

教学过程	思政案例及思政元素	设计意图
（1）课前发布任务： 英国权威物理期刊《物理世界》曾邀请读者票选自己心目中最伟大的公式。教师课前通过学习通 App 或珞珈在线网络教育平台发布相关的背景资料（英文），要求学生阅读资料并选出自己心中的"最伟大的公式"		学生平台答题后教师即可查看结果，并在课堂上集中展示学生的选择情况

教学过程	思政案例及思政元素	设计意图
（2）理论环节——发现问题： 课堂公布《物理世界》期刊评选出的十大最伟大的公式，排名第一的是麦克斯韦方程组 复习回顾第2章内容，麦克斯韦方程组的重要意义。结合 PPT 讲解，指出麦克斯韦方程在处理有源区问题的时候存在一定局限性；一方面方程本身在表征电磁对偶特性时存在局限；一方面在处理口径天线辐射场的时候存在问题	**思政案例：** 电磁学的光速不变结论，造成了牛顿经典力学和电磁学之间相互矛盾的情况。促使许多科学家试图寻找各种方案去解决两者之间的矛盾，并最终促使了相对论的诞生，极大地提升了人类的认知水平，促进了科技的进步 **思政元素：** 批判性的科研思维、积极探索的科学精神	公布结果后，学生自然会产生疑问：既然 Maxwell 方程如此伟大，那还有必要学习广义 maxwell 方程组吗？激发其学习兴趣配合思政案例让学生认识到，任何理论的发展和技术的进步都是在发现问题和解决问题的过程中实现的，鼓励并引导学生自己寻找问题的根源和解决问题的途径
（3）理论环节——分析问题： 教师抛出问题后，引导学生对比麦克斯韦方程在无源区和有源区条件下，在表征电磁对偶关系上的不同之处，并由此找到问题的根源： 教师进一步引导学生，如果与电荷、电流对应的磁荷、磁流存在，且他们与电荷、电流满足相同的规律，那么麦克斯韦方程又会变成什么样子。为配合学生思考的过程，手写板书，给出广义麦克斯韦方程组 和学生一起观察方程，找出各电、磁物理量之间的对称对偶关系，教师进行最后的总结归纳： 	引导学生自主思考、运用所学分析问题的过程，也让学生能够切身感受到批判思维和探索精神在学习和科研中的重要性	在问题分析的环节，教师需要退居次位，把学生推入前台，引导他们主动思考，积极参与，发现问题的根源，并通过自主的对比观察给出电磁对偶关系。实现知识点学习由难向易的转变

教学过程	思政案例及思政元素	设计意图
(4)理论环节——解决问题: 教师利用对偶性原理解决实际的电磁场问题。 首先,在静态场情况下,基于电偶极子在远场的电场分布如何利用对偶性原理给出电流环(磁偶极子)在远场的磁场分布 8.3.3 电磁偶极子的对偶性 静态场问题:电偶极子的电场 VS 磁偶极子的磁场 接着,在动态场情况下,基于电偶极子天线的远场辐射场,同样可以利用对偶性原理得到小电流环天线(磁偶极子天线)的远场辐射场 8.3.3 电磁偶极子的对偶性 		动态场问题相对复杂,因此本环节的PPT讲解配合动画演示关键步骤,并逐一分步讲解,使学生对各物理概念之间的转换有清晰的认知 本环节最后,需要向学生们强调利用**对偶原理的关键是电、磁物理量之间的对偶关系**。把握住这个关键点,分析电磁场问题就完全可以摆脱复杂的数学计算(这一点也是学生们喜闻乐见的),因此其具有化繁为简的能力
(5)技术应用环节——思维拓展: 利用广义麦克斯韦方程及其对偶原理分析口径天线辐射场 8.3.4 口径天线辐射场 口径天线:利用口径面上电磁场产生电磁波辐射的天线。 以最简单的缝隙天线为例,讲解如何利用广义麦克斯韦方程分析天线的辐射场 8.3.4 口径天线辐射场 	**思政案例:** 口径天线尽管天线外形变化万千,但是其大部分天线的辐射场从本质上都可以采用对偶原理进行初步分析。同时,也向学生说明尽管国内在天线技术方面已经获得了长足的进步,甚至取得突破性成就,但是在某些天线技术领域国内外还是存在着较大的差距;进而呼吁学生扎实学好基础理论,充分发挥主观能动性,注重创新意识的培养,成长为一名真正的优秀技术研发人员,为祖国的科技事业而不断奋斗 **思政元素:** 培育发散思维、激发创新意识、增强国家使命感	通过PPT播放各类口径天线视频介绍,丰富学生对天线的认识,让学生直观感受到口径天线在国防科技和日常生活中应用

续表

教学过程	思政案例及思政元素	设计意图
(6)课后——测试和延伸思考： 通过学习通 App 或珞珈在线网络教育平台下发本节课的课后小测，检测学生对课上主要知识点的掌握程度，布置缝隙天线的拓展思考题。下次课课前对学生答题情况进行集中点评和解析 这些天线的辐射场如何分析呢？ 圆环缝隙天线　波导缝隙阵列		延伸思考不做硬性要求，学生对天线辐射场仅做初步分析，主要检验是否具备灵活运用对偶性原理的能力

(六)教学评价

课程思政效果的评价是电磁场理论课程思政教学质量提升的核心环节。而学生是课程思政最直接的学习者、感受者、获益者，因此，对课程思政效果的评价以学生为主体并且从学生的视角来检验教学目标的达成度。

根据电磁场理论课程思政的四条主线(分别为科学精神和科学思维、创新意识和职业素养、家国情怀和社会责任感、科学伦理和价值引领)，针对本课程的授课对象，也即电信大类的大学二年级本科生，开展课程思政的教学评价。根据课程思政教学的三个层面的目标，采用不同的评价方式：针对知识目标，主要采用的课后习题、小测和阶段考试的方式，对学生应当掌握的专业知识点进行有针对性的、系统的考核；针对能力目标，则通过授课过程中的课上课下讨论汇报、课程大作业以及阶段考试的方式，对学生应当掌握的能力和技能进行综合性地考查；针对价值目标，则采取向学生发放问卷调查的方式，从不同维度(如科学精神、创新意识、家国情怀等)来评价学生从课程思政中的获得感。

具体以本节段的教学内容为例，则主要围绕广义麦克斯韦方程组、口径天线以及科学精神、创新意识的培养，对学生开展课程思政的评价。

针对本节段的知识目标，通过学习通 App 发布课后小测，利用四道选择题从不同侧面对本节课的主要知识点开展考查，学生的得分正确率情况如图 1 所示。结果表明，经过本节课的学习，学生对偶极子天线、电磁对偶关系及对偶量几个关键知识点掌握较好，能够达到预期教学目标。

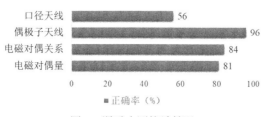

图 1 课后小测统计情况

针对能力目标，本节段主要的培养目标是增强学生理论联系实际的能力。通过课后布置的延伸思考题，可以让学生尝试运用课堂习得的基本理论去分析生产生活中实际使用的口径天线的辐射特性，锻炼学生的发散思维。利用下一次课的课前十分钟，组织学生进行简短的讨论和分享，可以初步评判学生是否已经具备相关能力。

针对价值目标，本节段主要希望培养学生积极探索的科学精神、激发学生的创新意识。由于价值目标的培养并不是通过某一节具体的课来完成的，而是需要通过整个学期课程思政的授课以潜移默化的方式对学生进行思想和人格的塑造，因此在学期的不同阶段，利用调查问卷针对课程思政的四条主线对学生的课程获得感进行调查和评价。而针对本节段的培养目标(即科学精神)，相关的调查问卷从科学思维、科学探究、科学伦理以及学习行为选择的四个维度对课程思政的效果进行评价。其评价结果如图 2 所示。

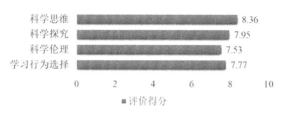

图 2 科学精神调查问卷评价得分

三、教师对课程思政的感受与认识

在"电磁场理论"的授课过程中，教师能够深深感受到在课程思政的授课过程中受益的并非仅仅学生单独一方，而是学生和教师都在能力和素养上有所提高。教师在授课过程中，通过将思政案例和专业教学的融合，不仅让学生掌握了电磁相关理论和专业知识，对抽象思维、综合应用等能力进行了全方位培育，还帮助学生树立了正确的世界观、人生观，培养了"电信人"良好的职业素养和创新意识，激发了"电信人"科技报国的责任心和使命感，做到学生掌握知识有深度、获得能力有广度、价值塑造有高度。通过课程思政的教学，能够将教书和育人紧密地联系在一起，为中国特色社会主义事业建设培育出德才兼备的高层次人才。

"软件安全"课程思政教学案例
软件安全概述

陈泽茂[①]

课程名称：软件安全　　　　　**课程性质**：专业必修课程

学分/学时：3/56(理论学时32)　**授课对象**：信息安全专业(大三上)

课程简介："软件安全"是面向武汉大学信息安全专业开设的一门专业必修核心课程。开课学期为大三上，课程学分为3；课程学时56，其中理论课程学时32，实践课程学时24。课程强调信息安全理论与实践相结合，理论部分主要包括两大模块：一是恶意软件机理及防御，重点讲授目前恶意软件的本质机理和核心技术，并对典型恶意软件防御手段进行分析，主要内容包括计算机病毒、网络蠕虫、木马与后门、恶意软件样本分析等；二是软件漏洞机理及防御，重点对软件自身的安全缺陷以及软件漏洞利用机理进行分析，主要内容包括典型软件漏洞机理、软件漏洞利用技术、软件漏洞挖掘技术和漏洞防护技术等。

　　该课程立足攻防实践，构建了严谨稳定又兼具新知识接纳和拓展能力的知识体系，攻防博弈特色明显，具有如下特点：(1)它是信息安全专业最早开始的专业课之一，容易带给学生学习专业课的新鲜感；(2)它所包含的两大内容模块，看起来是相对独立，实际上有内在联系；(3)该课程的实践性很强，需要具备一定的系统与编程技术基础才能较好地完成课程任务。为了便于开展线上线下混合式教学，课程组还制作了"软件安全之恶意代码机理与防御""软件安全之软件漏洞机理与防御"和"软件安全实验"等配套MOOC，其中"软件安全之恶意代码机理与防御"MOOC被评为国家级在线精品课程。

---

　　① 教师简介：陈泽茂，武汉大学国家网络安全学院特聘研究员、博士生导师，长期从事信息与系统安全领域的教学与科研工作，获军队科技进步三等奖、海军优秀教学成果奖等。

一、本门课程的总体设计

（一）课程思政的目标

"软件安全"课程具有天然的、丰富的课程思政元素和内涵。在理论与实践教学过程中，应当有效呈现和突出这些思政元素，实现以下三大课程思政教学目标：

1. 为党和国家培育讲政治和拥有家国情怀的软件安全后备人才

在深刻理解软件及信息系统安全技术发展历程和博弈对抗规律的基础上，认可中国特色社会主义制度在网络与信息化领域中的优越性以及中国特色治网之道，坚定信心走好新时代网络强国之路；刻苦学习网络安全知识与技能，弘扬爱国主义精神，把个人的人生理想和价值追求紧密融入维护国家（网络）主权、安全与发展利益之中。

2. 造就遵纪守法和具有高尚道德情操的软件安全帅才

学生应认可、崇尚、遵守现行网络安全相关法律法规，远离地下产业链、网络诈骗等网络犯罪"制刀"活动，严格遵守职业道德规范，加强保密意识，正确处理集体与个体、公与私、整体利益与局部利益等关系；培养高尚道德品质与情操，运用软件安全专业技术本领服务于网络强国与生态文明建设，做到人、自然与社会的和谐共生、良性循环、全面发展、持续繁荣。

3. 培养讲科学、重思辨、精技艺的软件安全专才

在了解软件安全对抗技术的演进过程中，掌握软件漏洞与恶意代码攻防技术和软件安全纵深防御体系知识图谱，在开展软件安全对抗实操实训的基础上，尊重科学规律，培养辩证唯物主义和历史唯物主义及其延伸的科学精神；作为网络空间安全专业学生，应充分理解网络安全国际形势，能够对网络安全问题进行正确辨析与解释，形成一套较为完备的网络安全知识谱系与安全逻辑；掌握精湛的软件安全对抗技术，提升安全方案设计、系统开发与应用技能，提高职业认同感与责任感。

（二）课程思政的主线

本课程的授课对象是大学三年级本科生，他们正处在政治意识发展的关键期，世界观、人生观和价值观完善的重要时期，个人职业和人生规划不断明确的关键阶段。为此，根据课程特点、专业知识体系和实验实操模块，本课程确立的课程思政主线为：以润物无声的方式，将政治意识、家国情怀、科学精神、哲学思维、工匠精神、法治意识、伦理道德、爱岗敬业等多个维度的课程思政元素融入专业知识教学；马克思主义立场观点方法的教育与科学精神的培养相结合，使学生明确"为何学""学什么""怎么学"，提高学生正确认识问题、分析问题和解决问题的能力；科学思维方法训练和科学伦理教育相结合，培养学生探索未知、追求真理、勇攀科学高峰的责任感和使命感，激发学生投身网络强国实践的家国情怀和使命担当。

(三)课程各章节的思政元素

1. 政治意识

党的十八大以来，党和国家不断推进网络安全理论创新和实践创新，不仅走出一条中国特色治网之道，而且提出一系列新思想新观点新论断，形成了网络强国战略思想和党委领导、政府管理、企业履责、社会监督、网民自律等多主体参与，经济、法律、技术等多种手段相结合的综合治网格局。中国共产党提议的"携手构建网络空间命运共同体"这一主题得到了全球普遍认可，网络安全宣传周的"网络安全为人民、网络安全靠人民"的主题思想深入人心。

2. 家国情怀

斯洛登揭露的棱镜计划、德国明镜周刊揭露的 ANT 武器库目录、影子经纪人爆料的 NSA 方程式组织、维基解密揭秘的 CIA Vault7 等，无不表明西方国家正在积极研发网络武器并构建网络军火库，其在软件漏洞挖掘及恶意代码研发上都不遗余力。诸多事件表明，网络空间全面融入了政治、经济、文化、社会、军事等各领域和全过程，网络安全威胁严重影响到了国家安全与社会长治久安，中国共产党历来重视网络安全，强调要树立正确的网络安全观，做到关口前移、防患于未然，落实网络安全防护责任，依法严厉打击网络违法犯罪行为，深入开展网络安全知识技能宣传普及，提高广大人民群众网络安全意识和防护技能，为世界做出了榜样。因此，需要在专业知识教学过程中无缝融入安全事件案例，与学生一起研判我国面临的严峻信息安全形势，让学生深刻感知到境外网络攻击活动对我国网络主权和国家安全带来的破坏性后果，激发他们刻苦学习软件安全知识与技能的热情，将个人的人生理想、价值追求与个人发展紧密融入维护国家(网络)主权、安全与发展利益中。

3. 科学精神

课程注重理论讲授与实验教学相结合，以马克思主义科学世界观和方法论为指导，从对抗的角度探讨软件攻击与信息系统防护的辩证关系，从发展的角度阐述恶意代码与软件漏洞对抗技术的演进历程，从系统工程的角度研究信息系统安全防护技术与纵深防御体系知识图谱，从客观的角度指导学生开展软件漏洞及恶意代码对抗实操实训。辩证唯物主义和历史唯物主义及其延伸的求真务实、客观理性、开拓创新、怀疑批判、协作与民主等科学精神，将成为浸润于"软件安全"课程理论知识授课和实验教学的基因。

4. 哲学思维

课程以软件及信息系统安全攻防对抗过程为主线，从软件安全基础、恶意代码到软件漏洞，贯穿了对抗性思维能力训练过程。课程里每一个知识模块以软件安全场景为依托，从软件安全基础理论和技术开始，分析安全问题的本质与根源，并在此基础上对软件安全领域的攻击机制进行解析，并在攻防博弈视角下进行软件安全防护机制的构建分析，并引导学生进行反复的攻防博弈思考与推演，形成一套较为完备的软件安全知识谱系，在为学生构建安全知识体系的同时，提供不同于专业知识的哲学知识。

5. 工匠精神

我国正处在从网络大国转变为网络强国的历史机遇期，在复杂的国际竞争中，课程需要为我国网络强国战略培养软件安全攻防人才。因此，不论是恶意代码还是软件漏洞攻防，课程学习和实验过程都需要潜移默化地、循序渐进地熏陶学生去养成安全对抗思维，掌握软件安全领域攻防技术以及突出的工具开发与应用技能，注重引导学生在系统及软件安全方案设计、代码安全编写、逆向分析与取证溯源过程中形成严谨细致，专注负责、精益求精、一丝不苟的工匠精神，不断提高其职业认同感与专业使命感。

6. 法治意识

近年来，在原有刑法第285、286条信息系统犯罪相关条款基础上，我国发布了一系列网络安全法律法规条例，包括《中华人民共和国国家安全法》《中华人民共和国反间谍法》《中华人民共和国保守国家秘密法》《中华人民共和国网络安全法》《关键信息基础设施安全保护条例》《网络产品安全漏洞管理规定》等。"软件安全"课程的理论知识与实验教学内容技术实践性强，可直接作用于真实的网络对抗中。因此，在授课全过程中，特别是在软件漏洞及恶意代码技术机制的讲解过程中，要格外注重教育学生充分了解法律、理解法律、遵守法律、运用法律和宣传法律，剖析典型的信息系统安全及网络安全违法处罚案例，引导他们对现行网络安全相关法律法规真心认可、崇尚、遵守和服务，不进行任何有违法律法规的网络攻击行为，培养学生保密与反间谍意识。

7. 伦理道德

本课程的主体内容为黑客技术中的软件漏洞攻防，以及恶意代码攻防，还包括部分软件逆向分析与保护，这些技术都是双刃剑，可用于阻止攻击，同时也可用于网络攻击，其可能对网民个人隐私形成严重危害。因此，在课程学习过程中，要时刻教育学生"防人之心不可无、害人之心不可有"，在掌握攻防技术的同时，要对自身行为进行约束。此外，课程大作业分组进行，其中包括小组组队、方案设计与分工、系统研发与测试、逆向分析、报告编写等多个环节，与此同时，还包括部分具有强烈竞争性的课后挑战题，部分环节还需要学生参与评价打分，这些需要学生们在团结协助的同时，还要相互尊重，注重技术伦理与职业道德。

8. 爱岗敬业

课程注重在授课全过程中穿插介绍信息安全行业相关最新现状与发展，同时积极邀请国内知名企事业单位具有一线实战工作经验的专家现身说法，分享技术前沿、工作心得与体会。譬如，课程邀请知名企业（如华为、腾讯、360、安天、科锐等）专家通过MOOC视频课程、在线报告、课堂分享等多类环节，介绍岗位及日常工作情况、职业价值取向以及优秀员工敬业案例，介绍国家需求以及研究人员及工程师打磨安全产品、完成国家科研任务的先进事例，培养学生吃苦耐劳，爱岗敬业的优秀品质。

二、案例节段的教学设计

（一）对教学对象的分析

1. 知识基础

本课程所需的操作系统原理、计算机网络、C语言、汇编语言等理论基础，在开课前均已学过。主要问题在实践技术基础方面。这门课实践性很强，要求学生具备一定的软件技术实践能力，否则会影响后续的学习效果。

2. 学习能力

本专业学生学习能力较强，从概念和原理上理解课程知识没有问题，但是安全实践技能比较悬殊。据近几年的调查，在每个班次，学生的软件开发等本课程必需的实践能力，优良中差大约各占1/4。多数学生刚开始做课程作业时很茫然，无法下手。这是课程刚开始时的学情，但随着教学过程的进展，多数同学经过指导和督促，都能完成课程实践任务。

3. 情感态度

武汉大学信息安全专业学生的学风比较好，很多学生有争先意识。多数学生对黑客技术感兴趣，一开始都想好好学，想通过这门课的学习，掌握些黑客技术。但是在后续学习过程中，特别是课程实践环节遇到困难后，有部分学生又会因为挫折而畏难。

(二) 对教学目标的分析

1. 知识目标

理解软件安全内涵，能够从整体上把握软件安全的知识体系；充分认识软件安全在信息安全防护体系中的重要地位；了解恶意代码及软件漏洞在软件安全攻防中的关键作用；了解目前软件安全防护领域的主要技术。

2. 能力目标

学会从学科宏观视野，把握软件安全领域学习方法和研究思路；了解从事软件安全领域开展探究性学习所需的方法、工具和资源。

3. 价值目标

坚定选择武汉大学信息安全专业的自豪感和信安从业的使命感，建立安全意识、安全开发和攻防辩证统一等安全思维，守住从事软件安全技术研发与应用的法律底线。

(三) 对教学内容的分析

按照"是什么，为什么，怎么办"的思路，来组织本章内容。在"是什么"部分，主要剖析软件安全课程内涵，内容包括软件安全概念、软件安全知识体系，以及它在整个网络空间安全学科中的地位。在"为什么"部分，主要从软件所面临的威胁，以及近年来软件安全攻防的发展动向，来分析造成软件安全问题的原因。在"怎么办"部分，从软件开发阶段的安全保证和软件部署运行阶段的安全保证，以及法律法规方面，来介绍确保软件安全的措施。

在思政融入方面，如表1所示，梳理了每个知识模块的思政切入点和要融入的思政元素。本章可融入的思政元素很多，我们按照自然和必要的原则，选择了培养专业自豪感、使命感，建立安全思维，守法从业三方面思政元素。所谓自然，就是希望思政元素与专业知识是自然融合的，而不是生硬地附加上去。必要的原则，主要是指法纪教育，我们这门课涉及病毒编写、漏洞利用等攻击技术，大部分同学在学完本课程之后，将具备一定的恶意代码编写能力和软件漏洞利用能力，这些技术如果没用到正途上，就很容易违法违规，所以必须一开始就给学生划好法纪红线。

表1　　　　　　　　　　"软件安全概述"思政融入方案

序号	知识模块	思政切入点	思政元素
1	软件及软件安全的重要性	软件安全是网络安全的中心问题	坚定从业选择
2	什么是软件安全	网络攻防是对立统一的	软件攻防中的辩证思维
3	软件安全威胁及其来源	软件漏洞的战略价值	国家利益高于个人名利
	软件安全攻防发展趋势	国家网络空间安全面临严峻挑战	没有网络安全就没有国家安全
4	如何解决软件安全问题	学院在可信计算领域的研究成果	专业自豪感
5	软件安全相关法律法规	网络安全法、刑法中与软件安全相关的条文	从业的法纪底线

（四）教学手段与方法

本章主要采用思维引导、实例分析、分类讨论、比较分析和诱思导入等教学方法，使用的教学手段主要为讲授与多媒体图文展示相结合。

软件安全内涵和知识体系部分，采用思维引导法，重点强调和运用"网络攻防是对立统一的"这一辩证的安全思维。指出"不知攻、焉知防"，将软件安全内涵分为威胁机理和防御技术两大部分。在梳理软件安全知识体系时，同样运用这种思维，分析攻击方和防御方分别应具备哪些软件安全知识和技能，以及他们运用这些知识所要达成的不同目的。

软件安全威胁和软件安全攻防发展趋势部分，采用实例分析法。从软件漏洞与恶意代码的关系出发，选取了网络黑产、网络武器等相关实例进行分析，让同学们明白，软件漏洞研究成果是有国界的，学好专业本领，就能在保卫国家网络主权和人民网络权益的斗争中实现自我价值。

如何解决软件安全问题部分，采用分类讨论法和对比分析法，把软件安全保证分为软件开发阶段的安全保证，和软件开发完成之后的部署运行阶段的安全保证，分析传统软件开发模型在安全性方面的不足，而安全开发生命周期是如何在软件需求、设计和编码等各环节同步开展安全性的分析、设计与实现。

软件安全相关法律法规部分，采用诱思导入法，通过"信息安全专业代码080904K 中 K 是什么含义"和"个人的漏洞研究成果能否任意发表和交易"这两个问题，引导同学们认识国家通过立法约束信息安全技术使用的必要性，进而引出《网络安全法》《网络产品安全漏洞管理规定》等相关法律法规中的重要条款。

（五）教学过程

如图 1 所示，本章确立了包括问题线、知识线和思政线在内的教学主线。问题线按照"是什么，为什么，怎么办"的组成来设计，知识线按照专业知识模块来组织，是授课的主线，由问题线引领，并回答问题线上的问题。思政线由知识线承载，按照之前设计的本章思政方案，把思政元素融入知识线中，力争做到专业知识与思政元素自然融合。

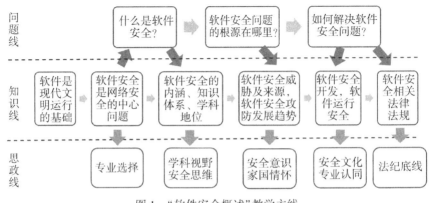

图 1 "软件安全概述"教学主线

基于上述教学主线，本章采取了如下教学过程：

首先指出现代文明是运行于软件之上的，进而分析指出软件安全是网络安全的中心问题。通过设问导入，提出到底什么是软件安全。运用"网络攻防是对立统一的"这一辩证的安全思维，从软件安全的内涵、知识体系、学科地位等角度回答这个问题。在剖析软件安全内涵时，指出软件安全是软件威胁的应对技术，不知攻、焉知防，因此将软件安全内涵分为了威胁机理和防御技术两大部分，威胁机理又包括恶意代码机理和软件漏洞机理，与之相对应，把软件安全防御技术分为了恶意代码防御和软件漏洞防御；在梳理软件安全知识体系时，指出恶意代码需要利用软件漏洞实施攻击，对攻击方而言，它的工作是挖掘漏洞，然后利用漏洞来开发恶意代码。对防御方而言，他也需要研究恶意代码，但目的是实现检测与防范；也需要研究软件漏洞，但其目的是检测、防范或消除漏洞。这样就把软件安全这门课中涉及的恶意代码机理，软件漏洞机理，恶意代码编写、检测、防御，软件漏洞挖掘、利用、检测、防范等主要知识点装到了一个统一的框架之中。在课程地位方面，站在整个网络空间安全学科的高度来分析。网络空间安全是国家为了加快网络安全人才培养、实现网络安全核心技术自主创新和自主可控而新近增设的一级学科。它包括网络空间安全基础、密码学及应用、系统安全、网络安全、应用安全五个研究方向，其中的许多领域，比如基础软件安全、网络攻防、应用安全等，都与软件安全这门课要讲授的内容，直接或间接相关。从学科的全局高度来看软件安全，有利于拓宽学生专业视野，在网络空间总体安全需求背景下，认识软件安全的重要地位。

回答完第 1 个问题之后，再次转入问题线，提出第 2 个问题，即软件安全问题的根源在哪里？我们通过软件安全威胁及来源，软件安全攻防发展趋势，来解答这个问题。通过实例分析，从软件漏洞与恶意代码的关系出发，来选取相关实例进行分析。软件漏洞可以被利用于开发恶意代码，这些恶意代码可能成为网络黑灰产团伙的作案工具，也可以被国家或组织用作刺探和攻击对手的网络武器。与这些内容相对应，我们选取了漏洞的战略价值，恶意代码威胁国家安全和公民网络权益这三个思政元素。让同学们明白，软件漏洞研究成果是有国界的，学好专业本领，就能在保卫国家网络主权和人民网络权益的斗争中实现自我价值。

接着提出第 3 个问题，怎么解决软件安全问题。我们通过知识线上的软件安全开发，软件运行安全和软件安全相关法律法规来回答这个问题。顺着知识线，适时融入安全思维、专业认同、家国情怀、法纪底线等课程思政元素。采用分类讨论法，把软件安全保证分为软件开发阶段的安全保证和软件开发完成之后的部署运行阶段的安全保证。运用比较分析法，分析传统软件开发模型在安全性方面的不足，而安全开发生命周期是如何在软件需求、设计和编码等各环节同步开展安全性的分析、设计与实现。强调软件安全文化，包括软件企业的软件安全开发文化建设和开发者个人安全开发能力培养。软件运行阶段的安全保证，包括软件自身的安全防护和软件运行环境的可信保证这类技术。此处介绍学院空天信息安全与可信计算教育部重点实验室，特别是张焕国教授的团队，在可信计算领域进行的长期系统性研究及所取得的高水平研究成果，激发学生专业自豪感。

在讲授软件安全相关法律法规前，先抛出两个问题，一个是我们信息安全专业代码080904K 中的 K 是什么含义。这个 K 是控制的意思，通过这个问题，让同学们认识到，信息安全技术是把双刃剑，国家必须通过立法约束这类技术的使用。另一个是个人的漏洞研究成果能否任意发表和交易。在这个问题上，很多人容易想不通，认为一个独立研究人员，靠自己的能力和设备研究出来的成果，为什么就不能发表，为什么不能拿去交易。在同学讨论和发表意见的基础上，介绍《网络安全法》《网络产品安全漏洞管理规定》的立法背景，解读其中跟软件安全技术研究与应用相关的禁止条款和处罚条款，明确告诉学生，作为软件安全技术研究人员，哪些行为是法律禁止的。同时警示他们，踩到这些法律红线，可能会遭到包括终身禁止从业、判刑等严重后果。

（六）教学评价

本章为全课的第一章，采用的教学评价方式为诊断性评价和形成性评价，以课后作业和问卷调查形式进行，依托珞珈在线平台的作业推送和 QQ 群的收集表功能来实施。

在知识目标评价方面，采用课后作业形式进行，主要调查学生对软件课程知识体系和思维方法的把握程度，作业题目为"从攻防辩证统一的角度，谈谈从事软件安全技术岗位工作应具备哪些知识和技能"。

在能力目标评价方面，通过问卷调查，掌握学生在本次课后查阅或下载本课程相关学习资源的情况。这些资源可以是教师课上推荐的，也可以是自己从其他途径了解到的。

在情感目标评价方面，以问卷调查方式在授课前对学生的网络安全法律法规的懂法程度进行诊断性评价，调查项目包括：(1)你目前了解的网络安全相关法律法规有哪些；(2)个人利用自有设备和业余时间所挖掘到的漏洞是否可以任意发表和交易。在本次课结束之后，再次进行问卷调查，调查项目与课前的调查问题呼应，设计为：(1)你觉得网络安全从业人员的法律底线是什么；(2)个人利用自有设备和业余时间挖掘到的漏洞不能任意发表和交易，我还是想不通。通过前后两次调查结果对比，对学生法治意识的形成进行评价。

三、教师对课程思政的感受与认识

作为一名教师，如果只教书不育人，那就没有尽到做教师的全部责任。课程思政这项工作，不管上级要求与否，都应该成为教师教书过程中的自觉行为。对于从事网络空间安全类专业课程教学工作的教师而言，由于所传授的知识和技能具有双刃性，既可服务国家和人民，也可以用于非法目的。因此，做好课程思政，种好网络安全专业教师育人的责任田，教育我们的学生遵纪守法用学到的本领保卫国家守护人民，不仅是政治任务，也是良心活。

六、医 学 类

"诊断学实验"课程思政教学案例
胸膜腔穿刺术

杨　杪①

课程名称：诊断学实验　　　　　　**课程性质**：专业必修课程

学分/学时：1.5/36（实验学时36）　**授课对象**：临床医学专业（大三上）

课程简介："诊断学实验"是临床诊断学实践课，可以帮助学生学习掌握和收集临床资料的基本功，能够进行基本的临床诊疗技术，并恰当地使用相应的实验室检查及器械检查，以揭示疾病的临床征象。通过学习该课程，学生应达到以下要求：（1）熟练掌握病史的询问技巧及其内容；（2）熟悉临床上常见症状及其特点；（3）熟练掌握查体基本功以及规范的临床体格检查；（4）熟悉临床上常用的实验室检查及其临床意义，并且能够分析相应的化验结果；（5）能够分析正常心电图及常见的异常心电图；（6）结合问诊、体格检查、实验室检查、器械检查，能够熟练地做出完整诊断，并写出大病历；（7）学会正确的临床思维方法。

一、本门课程的总体设计

（一）课程思政的目标

1. 知识目标

（1）能够识别并分析临床上常见症状及其特点。

---

①　教师简介：杨杪，医学博士，副主任医师。现任武汉大学中南医院教学办公室副主任，教育部审核评估专家组秘书，武汉大学课程思政中心组成员，中国医药教育协会"标准化病人"（SP）专家委员，中国医药教育协会SP教学专家，中国医药教育协会标准评审专家。曾先后于法国Nancy University留学实习及美国洛杉矶UCLA进行访学交流。荣获第四届全国来华留学生医学本科教育青年教师英语授课展示"教学精英奖"（最高奖项）。

（2）能够完整叙述规范的临床体格检查操作流程。

（3）能够准确识别临床基本技能操作的适应证、禁忌证及并发症等。

（4）能够解释并分析临床上常用的实验室检查及其临床意义。

（5）能够分析正常心电图及常见的异常心电图。

2. 能力目标

（1）能够规范并熟练完成病史采集。

（2）能够准确操作全身体格检查。

（3）能够准确进行临床基本技能操作，如胸穿、腹穿、骨穿、腰穿、三腔二囊管及男女导尿等。

（4）能够完整操作心电图。

（5）能够熟练地做出完整诊断，并写出大病历。

（6）能够学会正确的临床思维方法。

（7）能够贯彻全程无菌理念。

3. 价值目标

（1）学会预习、临床基本技能练习方法，克服惰性、反复练习，精益求精。培养医学生职业素养及自主学习兴趣。

（2）能够充分体现临床基本技能操作中的人文关怀，爱伤意识，体现医学人文价值，关爱患者，传递"医者仁心"的正能量。

（3）能够学会理论联系实践，学会团队协作与合作交流。

（二）课程思政的主线

本课程将在医学生临床基本技能教学中融入医德医风、医学人文及与医学相关的优秀传统文化等教育；培养学生"敬佑生命、救死扶伤、甘于奉献、大爱无疆"的医者精神，引导学生提升综合素养和人文修养，培养其今后能成长为党和人民信赖的好医生。以提升医学生岗位胜任力为导向，将各类思政元素与专业课程重难点密切结合，在教与学的过程中内化思政元素，起到"润物细无声"的效果。

（三）课程各章节的思政元素（如表 1 所示）

表1　　　　　　　　　　课程各章节的思政元素

章节	内　　容	思政元素
全身体格检查	基本检查方法、一般状态检查、头部检查、颈部检查 胸部检查(胸廓、胸壁、乳房、肺和胸膜) 心脏血管检查 腹部检查 脊柱、四肢、神经系统检查	尊重患者、人文关怀教育、爱岗敬业、救死扶伤、职业使命感、无私奉献精神
基本诊疗技术	胸穿、腹穿、骨穿、腰穿、三腔二囊管、男女导尿	医学人文历史、中国当代精神、自身从医体验、人文关怀教育
辅助检查判读	心电图	医学人文历史、科学精神教育
问诊、病历书写	病史采集 病历书写	医患沟通、尊重患者、遵纪守法

二、"胸膜腔穿刺术"的教案设计

（一）对教学对象的分析

该课程的受众是临床医学本科三年级的学生，他们通过先导课程(解剖学、病理生理学)和平行课程(实验诊断学)的学习，对于上述穿刺操作的意义和目的已经有了初步认识，这是本次课程的先导知识和学习基础。但学生对于这些穿刺操作的适应证及禁忌证、操作步骤、无菌观念以及人文关怀等重难点内容尚缺乏清晰认知，这也是本次课程的主要教学任务。大三学生正处于从医学生预备成为临床实习医生的阶段，是为立德树人、协同育人的关键时期，让他们学会如何接触患者，做好医患沟通，掌握体检、诊断疾病的基本方法和应用技巧，为其他临床医学课程的学习，乃至今后的临床工作打下坚实基础。再者，当下的学生社会经验、生活经验较少，日常生活动手机会缺乏，自持理解能力、接收知识能力强，有可能存在重理论轻操作的倾向。并且，既往学生反复练习不足，学生上课将模拟人作为器具而未视作具有生命力的患者，容易忽视医患沟通和基本无菌原则。此次技能操作课，采用小班教学方式，提供了充裕的时间、模型台套数及模拟临床的空间，使每位学生均有自己动手练习的实操机会，将更加有利于教师与学生之间充分互动，也为思政教育的顺利开展提供了便利条件。

（二）对教学目标的分析

1. 知识目标

（1）能够阐述并分析胸穿操作的适应证及禁忌证（重点）。

（2）能够完整叙述胸穿操作流程（重点）。

（3）能够说明操作中的无菌观念（重点）。

（4）能够描述胸穿操作的定义。

（5）能够识别操作中的并发症并正确处理。

2. 能力目标

（1）能够在模拟人上规范实施胸穿操作并穿刺成功（难点）。

（2）全程未违反无菌原则。

3. 价值目标

（1）学会预习、临床基本技能练习方法，克服惰性、反复练习，精益求精。培养医学生职业素养及自主学习兴趣。

（2）能够充分体现胸穿操作中的人文关怀，爱伤意识，体现医学人文价值，关爱患者，传递"医者仁心"的正能量（难点）。

（3）能够学会理论联系实践，学会团队协作与合作交流。

（三）对教学内容的分析

1. 本节段在课程中的逻辑位置

"诊断学实验"课程所包含的穿刺操作，即胸膜腔穿刺术（简称"胸穿"）、腹腔穿刺术（简称"腹穿"）、骨髓穿刺术（简称"骨穿"），以及腰椎穿刺术（简称"腰穿"）等，是临床医生必备基本技能之一。其中胸穿作为临床的常用诊疗操作，是该课程中的重点章节，需要学生熟练掌握并学会临床应用。

2. 本节段的教学重点

(1)教学重点：掌握胸穿操作的适应证及禁忌证；掌握胸穿操作步骤；贯彻无菌观念。

(2)重点分析：需理解胸穿操作的适应证及禁忌证，并非死记硬背。胸穿操作步骤既是重点亦是难点，同样需要不断练习加以熟练。无菌观念是临床操作中的重中之重，亦是教学大纲的重点要求，必须在医生职业生涯全程贯彻无菌观念。

(3)结合思政教育处理教学重点。结合教师即临床医生自身从医体验，如第一次看到师姐穿刺成功的满心羡慕，第一次自己穿刺成功的无限喜悦，第一次见证诊断性穿刺排除肿瘤，第一次看到患者缓解病痛无比自豪等小故事，使学生感同身受，提升其身为医者的成就感，培养学习兴趣，坚定其医学专业素养，帮助理解并记忆胸穿操作适应证及禁忌证。

通过医学人文历史中白大衣起源的介绍，引入巴氏消毒法及外科消毒手术之父李斯特的故事。李斯特医生作为白大衣的发明者，其更重要的成就在于外科手术中引入了消毒的理念，使当时病房里的术后死亡率从接近50%下降到了15%。该示例也印证了临床操作中贯彻无菌观念的重要性。诸如此类医学人文历史的典故，可以使学生不仅具有专业知识，同时加强医学文化素养的熏陶，实现知识与文化并重。

3. 本节点的教学难点及化解难点的方案

(1)教学难点：落实胸穿操作步骤的熟练程度；体现胸穿操作中人文关怀。

(2)难点分析：胸穿操作需严谨执行，容易有步骤遗漏或手法错误等情况出现。即使知道操作步骤，但在操作过程中往往忽略了人文关怀环节。

(3)结合思政教育处理教学难点。熟练操作的最根本解决方式即为不断练习，总结经验，熟能生巧。在此结合思政教育，引入奥运冠军全红婵"水花消失术"的秘诀："就是练"。因跳水运动与胸穿操作有异曲同工之妙，都需要对技能动作进行分解练习，并不断加以训练-总结-提高，方能精益求精。鼓励学生向奥运冠军学习，宣扬"更高、更快、更强"的奥运精神，传递祖国日益强大，惊艳世界的完美表现，亦为当代中国精神的具体体现。

人文关怀需贯穿操作全程始终，向学生演示医患沟通技巧。虽然在模型上进行操作，但要告知学生不应仅仅认为是模型，而需将其视为一个有生命的个体，一位真正的临床患者进行医患沟通，时刻注意对其进行人文关怀。

提醒学生注意对患者隐私保护、及时安抚、整理衣物等细节。充裕的时间空间、充分的沟通交流更有利于人文关怀思政教育在潜移默化中实施开展。

（四）教学手段与方法

以学生为中心，采用讲授法、演示法、模拟教学、理论实践一体化等教学方法。教学流程如图 1 所示，详见第 5 点"教学过程"。

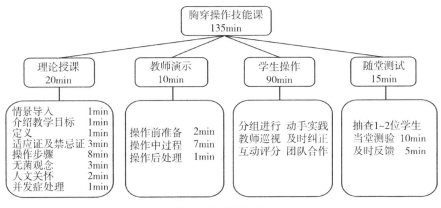

图 1　教学流程图

（五）教学过程（如表 2 所示）

表2　　　　　　　　　　　教 学 过 程

教学环节	教学内容与教学方法	思政设计	教学时间
课程导入	1. 看图说话 【PPT 展示课程导入】 【设问互动】 通过临床病例进行情景导入。如在胸穿课程中展示胸片并进行提问：大家从这个病例和图片上看到了什么？如何明确诊断？小结答案：图中展示为胸腔积液，引入胸腔穿刺术抽胸水检查有助于诊断		1分钟

教学环节	教学内容与教学方法	思政设计	教学时间
	2. 介绍教学目标 【PPT展示】 【重难点提示】 对本节课的重难点进行强调,引出今天授课的主要内容 (1)能够阐述并分析胸穿操作的适应证及禁忌证(重点) (2)能够在模拟人上熟练进行胸穿操作并穿刺成功(重点+难点) (3)能够贯彻无菌观念(重点) (4)能够描述胸穿操作的定义 (5)能够识别操作中的并发症及相关处理 (6)能够充分体现胸穿操作中的人文关怀(难点)		1分钟
理论授课	3. 简述胸穿操作的定义、重点强调适应证及禁忌证 【PPT展示】 【板书】 【举例】 (1)定义 (2)适应证(重点) 　　诊断性穿刺、治疗性穿刺 (3)禁忌证(重点) 　　体质衰弱、病情危重难以耐受穿刺术者对麻醉药过敏 　　凝血功能障碍,严重出血倾向的病人,在未纠正前不宜穿刺 　　疑为胸腔棘球蚴病病人,穿刺可引起感扩散,不宜穿刺 　　穿刺部位皮肤感染	思政元素:教师自身从医体验 举例:第一次看到师姐穿刺成功的满心羡慕;第一次自己穿刺成功的无限喜悦;第一次见证诊断性穿刺排除肿瘤;第一次看到患者缓解病痛无比自豪。通过教师自身从医经历的举例,使学生感同身受,提升其身为医者的成就感,并进一步加强对适应证及禁忌证的理解	4分钟

续表

教学环节	教学内容与教学方法	思政设计	教学时间
理论授课	4. 胸穿的操作步骤（重点+难点） 【PPT展示】 【板书】 【互动】 【视频】 板书梳理操作步骤的逻辑顺序及关键点，帮助学生理解记忆 视频播放全红婵跳水夺冠视频，引入思政教育，强调熟练操作的最根本解决方式即为不断练习，总结经验，熟能生巧 （1）操作前 　医生、患者、物品及环境准备 （2）操作中 　体位、穿刺点 　消毒、铺巾 　麻醉 　穿刺 （3）操作后 　医生、患者、物品及环境处理	思政元素：当代中国精神 举例：引入奥运冠军全红婵"水花消失术"的秘诀："就是练"。因跳水运动与胸穿操作有异曲同工之妙，都需要对技能动作进行分解练习，并不断加以训练—总结—提高，方能精益求精。鼓励学生向奥运冠军学习，宣扬"更高、更快、更强——更团结"的奥运精神，传递祖国日益强大，惊艳世界的完美表现，亦为当代中国精神的具体体现	8分钟
理论授课	5. 强调操作过程中的全程无菌观念 （重点） 【PPT展示】 【板书】 【互动】 【引申】 无菌操作原则是在医疗行为中，控制致病微生物，避免发生感染的最好办法。只要是有创操作，医疗人员需要将临床诊治过程中无菌技术的理论和实践全程贯彻落实，减少患者感染发生概率，提高医疗服务质量 板书强调无菌观念是重点 通过与学生互动、引申提问是否知道白大褂和消毒法的由来，借此引入思政教育	思政元素：医学人文历史 举例：通过医学人文历史中白大衣起源的介绍，引入巴氏消毒法及外科消毒手术之父李斯特的故事。李斯特医生作为白大衣的发明者，其更重要的成就在于外科手术中引入了消毒的理念，使当时病房里的术后死亡率从接近50%下降到了15%。该示例也印证了临床操作中贯彻无菌观念的重要性。诸如此类医学人文历史的典故，可以使学生不仅具有专业知识，同时加强医学文化素养的熏陶，实现知识与文化并重	3分钟

续表

教学环节	教学内容与教学方法	思政设计	教学时间
理论授课	6. 强调操作中注重人文关怀(难点) 【PPT 展示】 【板书】 【举例】 【人文价值】 医学人文关怀的是高于民众心理、生理之上的精神层面上的关怀,是医务工作者必备的基本素养。指医生不仅要运用知识、技能行医治病、施药救人,而且要"以患者为中心",给予患者广泛而精细的人文关怀 板书强调人文关怀是难点。举例介绍如何人文关怀	思政元素:人文关怀教育 举例:操作前拉上屏风或床帘,保护患者隐私;麻醉前告知患者可能有不适,安抚患者;穿刺过程中,询问患者感受,安抚患者;结束操作后,将患者的衣物及被褥恢复原样等	2分钟
理论授课	7. 并发症的识别及处理 【PPT 展示】 了解常见并发症之一的胸膜反应。 胸膜反应:发生原因、临床表现、处理办法		1分钟
教师演示	8. 教师以模型示范操作 【边做边强调要点】 【设问互动】 【情景模拟】 直观演示胸穿操作步骤。演示同时注意提示操作要点及注意事项。演示过程中模拟临床场景,就重难点问题设问学生,激发其主动思考的能力: 　　(1)操作前准备 　　(2)操作中过程 　　(3)操作后处理 演示过程中,尤其注意强调无菌观念及人文关怀在实际操作中的应用情况。(重点+难点)强调观察病人有无异常表现,及时识别胸膜反应、气胸等并发症	思政元素:人文关怀教育 强调虽然在模型上进行操作,但告知学生不应仅仅认为是模型,而需将其视为真正的临床患者进行医患沟通,注意时刻观察病人的反应,并实时安抚,保护患者隐私等	10分钟

续表

教学环节	教学内容与教学方法	思政设计	教学时间
学生操作	9. 学生在模型上进行胸穿操作练习 【分组练习】 【互动评价】 【实时评学】 　　（1）分组练习　动手实践 　　（2）教师巡视　及时纠正 　　（3）互动评分　团队合作 以 4~5 人为一小组分组练习，在模型上动手实践胸穿操作。教师巡视各组练习情况，及时发现问题并积极纠正。鼓励学生之间以标准评分表评分，互相纠错，共同学习，做好团队协作。再次强调无菌原则及人文关怀精神。（重点+难点）分组练习、互动评价有利于培养学生互帮互助的团队精神，提高学习效率。教师巡视中及时纠正学生错误，可对学习效果进行实时评价	思政元素：人文关怀教育 巡视过程中时刻提醒学生注意对患者隐私保护、医患沟通、及时安抚，不仅是对模型进行操作，更是面对一个有生命的个体、患者进行操作演练。充裕的时间空间、充分的沟通交流更有利于人文关怀思政教育在潜移默化中实施开展	90分钟
随堂测试	10. 抽查学生胸穿操作测试 【测试评学】 【实时反馈】 【归纳总结】 　　（1）抽查 1~2 位学生 　　（2）当堂在模型上进行胸穿操作 　　（3）测验完毕给予及时反馈 及时通过随堂测试检验教学效果。给予学生评学反馈，高效解决遗留问题。对课程进行归纳总结	考查思政教育接受程度 随堂测试不仅可以评估学生对于胸穿操作的掌握程度，同时也可即时考查其对于无菌观念及人文关怀思政教育的认可程度、接受程度及落实程度，是思政教育短期效果的检验方式之一	15分钟

6. 教学评价

（1）评学：通过实时巡视纠错、随堂测试评价学生当堂操作练习效果。批阅学生课后作业，通过课后作业的反馈，检验学生对本次课程内容的掌握程度，了解学生思考和分析临床问题的逻辑和思维方式。帮助学生自我反思，学会总结经验教训，促进其主动学习。同时也可观测思政教学是否融入其日常行医行为中。

（2）评教：自制问卷星二维码，学生扫码对课程进行评价，注意评估学生对于思政教育的感受，以期促进教学质量的进一步提高，推进课程思政建设的顺利发展。

三、教师对课程思政的感受与认识

着力开展医学课程思政建设，将专业知识内容与思政教育实现有机结合，达成协同育人，培养具有医者仁心的好医生是目前医学院校的首要任务。鉴于上述诊断学实验课程中思政教育实施的必要性和重要性，结合我院的初步经验，提出这样的思考和建议：首先，课程思政建设应当是一个长期可持续发展的项目，诊断学实验作为医学生从基础过渡到临床的重要课程，它与之后的临床学科是存在着密切且持续递进关系的。相关教学管理部门应该定期对其进行督查反馈，力求使课程思政建设全面化、系统化、有效化。其次，必要时可继续加强相关配套设施及人力资源等投入，尽可能有效保障课程思政建设的充分实施。最后，思政育人工作任重而道远，继续探索课程思政教育改革、落实教师教学发展项目，注重师资培训建设，倡导育人先育己的教学管理理念，打造具有端正思想面貌以及过硬专业功底的本院师资团队，为我院课程建设提供坚实后盾，拓展教学及临床影响力。

"人体结构学"课程思政教学案例
心血管系统

何　柳①

课程名称：人体结构学　　　　**课程性质**：专业必修课

专业：人体解剖与组织胚胎学　　**授课对象**：临床专业学生

课程简介："人体结构学"是以"局部解剖学"为基本知识框架，全面整合"系统解剖学"及相关"影像学"知识，并配以临床"病例讨论课"所形成的一门基础医学核心专业课程。该课程为 8 个学分，总共 176 学时，全面向武汉大学医学部临床医学专业 5 年制、"5+3"和 8 年制学生开课。课程分为"人体结构学 1"和"人体结构学 2"两部分，分别在第一学期和第二学期实施。本课程通过线上线下混合式教学模式，结合以"临床问题为导向"的"解剖与临床"SPOC和病例分析讨论课，循序渐进培养学生自主学习能力及临床诊断思维，全面提升学生分析问题和解决问题的能力；课程引入最新的科研进展和成果，培养学生科研思维，激发创新探索意识；人体解剖实习操作过程中，通过开展对"大体老师"集体默哀等活动，将生命教育融入课堂教学，使学生更加尊重生命、爱护生命、敬畏生命，在感悟生命和探究医学的过程中充分认识自己的职责，树立社会担当意识。

一、本门课程的总体设计

(一)课程思政的目标

知识：帮助学生掌握人体各部分重要结构和器官的位置、形态、层次及

---

① 教师简介：何柳，女，基础医学院讲师，承担人体结构学、人体解剖学、口腔解剖生理学、神经科学、留学生系统解剖学等多门专业必修课程。主持院级部级校级教学研究课题多项。对 PBL、BOPPPS 有效教学设计、混恰式教学等有较多关注，多次参与校内外各级培训。曾获院级讲课比赛一等奖、校级微课比赛二等奖、校级课程思政说课比赛一等奖。

毗邻关系，为后续医学课程学习提供必要的形态学基础。

能力：通过"临床问题为导向"的教学方法，培养学生临床分析思维和自主学习能力；真实人体标本实验帮助学生掌握基本的解剖操作技能。

素养：开展以"大体老师"为主线的教学活动，通过生命伦理教育培育学生感恩之情、敬畏之心、责任之感；以历史人物故事为线索串讲理论知识以提升学生的医学人文素养；借助临床生活案例宣传健康理念，帮助学生建立严谨探索的职业素养和创新意识。

"人体结构学"课程强调知识传授、能力培养和价值塑造的有机融合，为卓越医师的培养奠定坚实的基础。

(二)课程思政的主线

解剖学具有厚重的历史底蕴，其中作为重要教学载体的"大体老师"更具人性光辉。在新的教学模式下，重组教学内容，充分挖掘思政元素，开展三条主线的思政教育：以"大体老师"为主线的感恩生命教育、以历史人物为线索的人文素养教育、以临床生活为案例的健康责任教育。力求依托课程特色在专业提升的同时实现品德塑造，将医学职业素质培养和社会价值塑造自然渗透。

(三)课程各章节的思政元素(如表1所示)

表1　　　　　　　**"人体结构学"理论授课各章节思政元素**

章节		理论讲解		
		知识点	思政联系	思政元素
系统解剖学	总论	解剖史	介绍解剖厚重的人文历史，让学生感受解剖对于医学的重要性，**提升学生的人文素养** 介绍几位对解剖发展具有重要意义的科学家，通过他们的故事**激发学生勇于探索创新的科学精神**	人文素养，科学素养
		解剖学姿势	引入临床案例，因解剖姿势描述错误导致的医疗事故，帮助学生**树立严谨的职业素养意识**	职业素养

章节		理论讲解		
		知识点	思政联系	思政元素
系统解剖学	运动系统	骨的构造（骨质、骨膜和骨髓）	骨髓移植，介绍目前国际和国内的骨髓捐献情况，尤其是越来越多的大学生加入骨髓捐献志愿者的队伍，**激发学生大爱无疆的奉献精神**	人生观和价值观
		骨的形态	引入人体艺术作品，带领学生感受人体形态美，帮助他们**提升美学素养**，并且进一步感受人体标本捐献者的精神美	人文素养
		6 大关节（肩关节、肘关节、腕关节、髋关节、膝关节和踝关节）	日常生活中常见的关节疾病，如网球肘，关节脱位，膝关节运动伤，**帮助学生树立自我保健意识，同时培养他们向社会普及健康知识的责任意识**	职业道德
		肌的位置和功能	结合当下流行的健身健美运动，**帮助学生树立正确的健康意识**	人生观和价值观
	内脏学（消化系统）	胃的形态和分部	介绍诺贝尔医学奖获得者马歇尔喝下幽门螺旋杆菌证实胃溃疡的真凶为幽门螺旋杆菌的故事，**激发学生勇于探索的科学精神**	科学素养
		肝的形态结构	吴孟超提出中国人肝脏解剖"五叶四段"的新见解，被誉为"中国肝胆外科之父"。**激发学生的民族自豪感，同时培养学生不断探索创新的科学素养**	科学素养
		肝外胆道	新冠疫情中无胆英雄张伯礼，**培养学生大爱无疆，甘于奉献的医者精神**	职业道德
	内脏学（呼吸系统）	总论	引入新冠肺炎公共卫生事件，**帮助学生提升依法应对公共卫生突发事件的意识和能力，同时树立作为医者的职业责任感**	职业素养和职业道德
		气管的结构	介绍海姆立克急救法，普及科学急救知识，**培养学生作为未来医者的社会责任感**	职业道德
		肺的形态结构	介绍我国结核病医学家吴绍青教授，**激发学生的民族自豪感，同时培养学生不断探索创新的科学素养**	科学素养

章节		理 论 讲 解		思政元素
		知识点	思政联系	
系统解剖学	内脏学（泌尿系统）	肾脏结构	介绍器官移植和器官捐献，帮助学生树立正确的医学伦理意识，同时激发学生大爱无疆甘于奉献的医者精神，培养学生为中国卫生事业服务的使命感	职业道德
	内脏学（生殖系统）	女性生殖系统结构（子宫、处女膜）	介绍女性生理和生殖健康知识，号召大家向社会普及科学健康观念，呼吁社会对女性的关爱，激发学生的职业责任感	职业道德
	脉管系统	血液循环	介绍血液循环发现的历史，讲述盖伦、哈维、塞尔维亚等解剖学家的故事，激发学生勇于探索创新的科学精神	科学素养
		心血管总论	推荐学生了解目前我国心血管疾病的发病情况，引起学生对这种疾病的重视，向社会普及心血管健康知识，激发作为医者的责任感和使命感。心血管各部分好比国家不同职能部门，树立强大的政治认同感	职业道德和政治认同
		动脉、静脉和毛细血管的分布和功能	血管分布好比祖国大江大河，滋养着中华儿女，带领学生感受祖国山川之美，激发民族自豪感，同时体会人体构造之美，提升美学素养	职业道德，科学素养，政治认同
	感受器	角膜	介绍器官移植和器官捐献，帮助学生树立正确的医学伦理意识，同时激发学生大爱无疆甘于奉献的医者精神	职业素养
		晶状体	引入社会热门问题，我国步入老龄化社会，常见的老年人疾病——白内障，呼吁关爱老人，重视常规体检，做到早发现早治疗，建立"预防—治疗—康复"生命健康全周期的医学体系格局	职业素养和职业道德
		结膜	介绍汤飞凡眼科专家，培养学生不断探索创新的科学素养	科学素养

续表

章节		理论讲解		思政元素
		知识点	思政联系	
系统解剖学	神经系统	总论	简单介绍神经系统的发展史，提及高尔基和卡哈尔因为神经理论共同获得诺贝尔奖，**激发学生的科学探索精神**	科学素养
		脊髓形态结构功能	运动员高位截瘫案例引入，**培养学生不惧困难、坚韧不拔的拼搏精神**	道德品质
		脑干的功能	"闭锁综合征"让·多米尼克·鲍比的故事，以及他生病后的作品《潜水钟与蝴蝶》，**激发学生面对困难乐观以及逆境中挣扎向阳的人生观**	人生观和价值观
		端脑的结构	人脑无种族显著高等与低等区别，**树立人人平等的价值观**	人生观和价值观
		大脑功能定位	研究发展史以及目前研究新进展，**激发学生的科研兴趣，同时培养学生探索创新的科研精神**	科学素养
		视神经	讲述美国女作家海伦凯勒的故事，**培养学生坚强的意志力，以及懂得感恩回馈社会的高尚价值观**	人生观和价值观
	内分泌系统	内分泌器官	介绍青春期、更年期等内分泌变化较大的阶段，呼吁对自我身体健康的关注，以及向社会普及相关知识，**激发社会责任感**	职业道德
局部解剖学	下肢	大隐静脉、小隐静脉	腿部静脉曲张是一种常见的职业病，引发对相关职业健康问题的关注，**激发学生的职业责任感**	职业道德
		坐骨神经的走形和分支	引入坐骨神经损伤修复方式以及中西医方面的先进诊疗技术，使学生及时了解科学发展动态，**培养他们科学创新思维和意识**	科学素养
		臀部的解剖	引入错误的臀肌注射位点导致医疗事故，强调掌握基础知识的重要性，**培养学生严谨认真的职业态度**	职业素养
	上肢	臂丛	合理选择麻醉方式，为患者着想，减轻痛苦，**树立正确的医学伦理意识**	职业素养
		正中神经、尺神经、桡神经的损伤症状	引入断肢再植之父陈中伟的故事，**培养民族荣誉感和生生不息的探索奋斗的科学精神**	科学素养和政治认同

续表

章节		理论讲解		思政元素
		知识点	思政联系	
局部解剖学	头颈部	三叉神经、面神经	了解三叉神经痛和面瘫，呼吁学生作为医疗工作者要真心关爱患者，建立良好的医患关系	职业素养
		甲状腺	介绍甲状腺手术的腋窝入路，避免颈部出现切口伤疤等最新医学进展，**激发科学探索精神**	科学素养
		胸锁乳突肌	自然分娩过程中操作不当导致"先天性斜颈"，**培养精准娴熟的临床技术以及严谨认真的职业态度**	职业素养
		喉返神经	引入临床手术误伤喉返神经的案例，**培养严谨的职业态度**，多位患者着想，建立良好的医患关系	职业素养和职业道德
	胸部	乳腺	乳腺癌成为危害女性健康的最大杀手，号召大家向社会普及科学健康观念，呼吁社会对**女性的关爱**，**激发学生的职业责任感**	职业素养和职业道德
		膈肌	引入生活实例"突然打嗝不止"介绍中医针灸诊疗，引导学生关注中国传统医学，**培养民族文化自豪感**	政治认同
		肺	展示不同颜色的真实肺标本，传达吸烟有害健康，引导学生养成良好的生活习惯，同时**激发他们负责全民健康的责任意识**	职业道德
	腹部	胃的血液供应和神经支配	引入当下临床常见的手术方式，**培养严谨的行医态度，以及对科学研究的探索精神**	职业素养和科学素养
		肝、肝外胆道、胰腺、阑尾等解剖学结构	引入生活中常见的胃肠道疾病，**引导学生养成良好的生活习惯，同时激发他们负责全民健康的责任意识**	职业素养和职业道德
	盆会阴	子宫、膀胱等盆腔脏器的位置关系	引入临床案例，尤其是误诊误操作案例，强调基础知识的重要性，**培养良好的职业素养**，强调医生应具有同理心，理解患者的痛苦和压力，建立良好的医患关系	职业素养
		提睾反射、排尿反射	了解正常的生理反应，针对青少年儿童进行正确的科普宣传，**激发他们负责全民健康的责任意识**	职业素养

表2　　　　　　　　　人体结构学实习操作课思政元素

章节		标本实习		思政元素
		内容	思政联系	
系统解剖学	总论	零件标本观察： (1)整理标本，打扫解剖实验室 (2)爱惜标本，轻拿轻放，发现损坏及时上报 (3)通过零件真实人体标本认识人体结构 (4)借助数字人虚拟三维设备加深对人体结构空间的认识和理解 (5)开展"解剖第一课"活动，带领学生认识"大体老师"，走进遗体捐献者的精神世界	(1)通过对"大体老师"的认识，培养学生职业使命感和责任感，以及"敬佑生命、救死扶伤、甘于奉献、大爱无疆"的医者精神 (2)面对解剖实验室比较艰苦的硬件条件，刺鼻的甲醛味道，长时间的站立，培养学生不畏困难，吃苦耐劳的优秀品质 (3)用于辅助学习的先进的硬件软件设备，采用中国自主研发的产品，激发学生的民族自豪感，以及激励学生用于开拓创新的探索精神 (4)标本观察过程中，强调认真严谨的态度，面对异常结构，鼓励学生养成勇于探索的习惯	职业素养和职业道德 人生观和价值观 科学素养
	运动系统			
	内脏学(消化系统)			
	内脏学(呼吸系统)			
	内脏学(泌尿系统)			
	内脏学(生殖系统)			
	脉管系统			
	神经系统			
	内分泌系统			
局部解剖学	下肢	大体标本解剖： (1)整理标本，打扫解剖实验室 (2)珍惜解剖机会，爱惜标本，充分利用标本学习 (3)通过对"大体老师"身体各部位的解剖进一步认识和理解人体器官和结构之间的关系 (4)借助数字人虚拟三维设备加深对人体结构空间的认识和理解 (5)开展"告别大体老师"活动，学生表达对"大体老师"的不舍和感恩	(1)面对解剖实验室比较艰苦的硬件条件，刺鼻的甲醛味道，长时间的站立，培养学生不畏困难，吃苦耐劳的优秀品质 (2)用于辅助学习的先进的硬件软件设备，采用中国自主研发的产品，激发学生的民族自豪感，以及激励学生用于开拓创新的探索精神 (3)通过标本解剖，帮助学生掌握基本的解剖操作技能，培养严谨的职业素养，面对异常结构，鼓励学生养成勇于探索的习惯	职业素养和职业道德 人生观和价值观 科学素养
	上肢			
	头颈部			
	胸部			
	腹部			
	盆会阴			

表3　　　　　　　　　人体结构学讨论课各章节思政元素

章节		案 例 讨 论		思政元素
		内容	思政联系	
系统解剖学	总论	无讨论课安排	讨论课总体思政关联： (1)综合运用所学的知识独立自主分析案例，**培养自主学习能力** (2)采用团队合作的方式完成案例分析，**培养团队合作意识** (3)均采用真实的临床案例，情景式教学，在检查诊断分析的过程中**培养临床职业素养和道德** (4)面对陌生的专业名词，学会查阅资料，拓宽视野，**培养探索创新的科学精神** (5)对于网络信息，学会甄别，不盲信，学习各种专业软件和技能，**培养严谨的科研态度** 以下不同讨论主题侧重于不同的思政目标	职业素养和职业道德科学素养
	运动系统			
	内脏学（消化系统）			
	内脏学（呼吸系统）			
	内脏学（泌尿系统）			
	内脏学（生殖系统）			
	脉管系统			
	感受器			
	神经系统			
	内分泌系统	冠心病案例	引入社会热门问题，我国步入老龄化社会，常见的老年人疾病——冠心病，呼吁关爱老人，重视常规体检，做到早发现早治疗，建立"预防—治疗—康复"生命健康全周期的医学体系格局	职业素养
局部解剖学	下肢	腓总神经损伤的案例分析	鼓励学生查阅关于神经断裂后治疗修复的方法，思考影响修复疗效的因素有哪些，**培养学生科学探索的精神**，以及综合运用知识自主解决问题的能力	职业素养和职业道德科学素养
	上肢	臂丛损伤案例	引导学生学会综合分析问题，不孤立各症状，**培养临床分析思维以及严谨的临床素养**	职业素养
	头颈部	腮腺混合瘤案例	引导学生思考混合瘤手术需要考虑哪些问题，**培养学生临床思维**，以及临床职业素养，尤其建立**对病患的同理心，建立良好的医患关系**	职业素养
	胸部	误吞鱼刺刺破食管和主动脉弓的临床案例	通过角色扮演的方式，**培养学生的临床思维**，以及树立学生身为外科医生的职业素养意识	职业素养
	腹部	阑尾炎案例	通过生活常见案例，引导学生思考阑尾的取舍，**培养科学探索精神**	科学素养
	盆会阴	异位妊娠案例	介绍女性生理和生殖健康知识，号召大家向社会普及科学健康观念，呼吁社会对女性的关爱，**激发学生的职业责任感**	职业素养

二、案例节段的教学设计

案例节段：选自《系统解剖学》第十一章节心血管系统——第一节总论。

（一）对教学对象的分析

本课程的授课对象是大一年级临床专业新生，学生是学习的主人，学生已有的知识水平、能力素养和思想状况，是教师授课的依据和出发点。

知识水平：具备一定的高中生物学基础，通过学习通发放调查问卷，客观的评分反映出学生对心血管系统知识认识表浅，不专业。

能力素养：通过前面章节学习的评价反馈中了解，大部分学生还属于依赖型的学习者，教师需要通过明确指令引导学生思考学习；另外，学生的辨认结构、动手操作能力比较差，面对疑惑主动思考拓展的意识比较薄弱。

思想状况：通过调查问卷和前期观察，发现学生在医学生涯的起步阶段，健康的意识和观念比较薄弱；同时对所选专业和未来职业的认识也比较少，缺乏基本的职业素养和社会责任感；部分学生缺乏科研意识和科学探索精神；部分学生因专业名词过多，记忆理解较难，理论过于枯燥而产生厌学情绪，进而"破罐子破摔"；虽然学生对遗体捐献了解甚少，但对捐献者心怀感恩和敬畏，只是对生命意义的理解有待升华。

（二）对教学目标的分析

1. 知识目标

能够阐述心血管系统的基本构成以及血液循环理论。

2. 技能目标

（1）能够在人体上辨认心血管系统各结构。

（2）能够绘制血液循环图。

（3）通过讲述科学家的故事，培养学生的批判性科学思维、善于设疑答疑的求证能力以及勇于开拓的科研创新精神。

3. 素养目标

（1）通过对心血管系统的宏观认识，树立正确的人生观、世界观和价值观以及强大的政治认同感。

（2）通过对历史故事的了解，增加学习兴趣，提升学生综合素养和人文修养。

（3）通过对"大体老师"的认识以及临床案例的分析，培养学生职业使命感和责任感，以及"敬佑生命、救死扶伤、甘于奉献、大爱无疆"的医者精神。

（三）对教学内容的分析

1. 本节段在课程中的逻辑位置

《系统解剖学》教材通过九大系统介绍人体，笔者所选择的内容来自教材第十一章，属于教材的中间部分。前面运动系统和内脏学已经完成了人体基本框架的构建，接下来将认识维持人体正常工作的核心系统——心血管系统，它对后面局部解剖学的学习具有重要的铺垫作用。第一节的总论主要起到导学作用，带领学生从整体宏观的角度认识和理解心血管系统。因此，这部分内容更强调整体观和联系的建立。

2. 本节段的教学重点

重点：能够在大体标本上辨认心血管系统的各结构，同时能够绘制出完整的血液循环图，并阐述血液循环的过程、分部和相互联系。

3. 本节点的教学难点及化解难点的方案

难点 1：要求学生结合人体标本阐述血液循环过程。

化解方案：通过循环图绘制，不断加深对该系统功能的理解和认识，把握各部分的先后顺序。

难点 2：要求学生通过形态特征区分动脉和静脉。

化解方案：采用比较法和实验法，将动静脉进行 4 个维度的比较，人体标本辨认时，通过视觉和触觉的不同进行分辨。

难点 3：建立对心血管系统的整体认识和各部分的联系。

化解方案：通过比喻法，将心血管各部分比作国家不同层次，帮助学生建立整体观，以及理解各部分之间的联系。

（四）教学手段与方法

教法：主要采用讲授法和实验法，讲授过程中穿插 PPT 演示和任务驱动法，引导学生认识心血管系统以及血液循环过程，同时结合生动比喻，把思政元素融入其中。

学法：主要是带有思考的倾听以及观察操作法，在倾听的过程中完成任务采用循序渐进的绘图方式来加深对心血管系统的认识，随后在真实人体标本上进一步加深理解。

（五）教学过程

总体流程图：通过追溯历史科学家的脚步来认识血液循环过程。采用BOPPPS结构进行教学（如图1所示）。

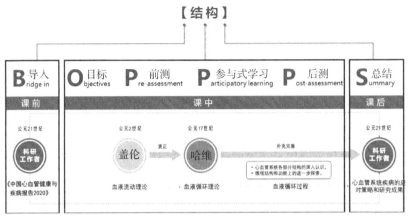

图 1　教学总体流程图

具体实施过程：

第一部分：Bridge in 导入（见表4）。

表 4　　　　　　　　　"导入"部分的具体安排

教学内容	时间	教法学法	思政与专业知识融合点	思政元素
《中国心血管健康与疾病报告 2020》	课前	学习通推送资料阅读	从流行病学数据开始走进心血管系统，让学生深刻体会到该系统疾病对我国人民健康的威胁性极大，激发医学生的使命感和责任感	激发学生强烈的职业使命感和责任感

内容说明：着眼当下，《中国心血管健康与疾病报告2020》的数据非常直观说明心血管疾病极大威胁着中国人民的健康，引起学生高度关注，并对该系统产生兴趣(如图2所示)。

图2 中国心血管健康与疾病报告2020

第二部分：Objectives 目标(见表5)。

表5 "目标"部分的具体安排

教学内容	时间	教法学法	思政与专业知识融合点	思政元素
教学目标	1分钟	教师讲授PPT演示		

内容说明：PPT 直接显示知识、技能、情感目标，运用行为动词使目标具体明确(如图3所示)。

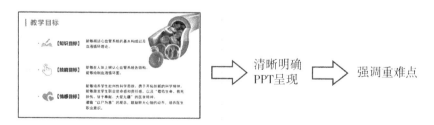

图3 教学目标

第三部分：Pre-assessment 前测(见表6)。

表6   **"前测"部分的具体安排**

教学内容	时间	教法学法	思政与专业知识融合点	思政元素
【内容】讲述血液循环理论产生的历史过程，重点提及盖伦及血液流动理论和哈维及血液循环理论。 **任务：**学生根据描述分别绘制两幅血液流动图。 **问题：**结合绘制的血液流动图，你认为心血管系统由哪几部分构成？	10分钟	教师讲授 PPT演示 讲故事 学生画图 学习通答题	任何科学成果的产生都有一个艰难曲折的探索过程。盖伦的血液流动理论有很多的错误，束缚医学界1500多年。哈维敢于质疑和不断探索打破了枷锁，不断更正得出血液循环理论	培养学生批判性科学思维以及科学探索的精神创新教育

内容说明：（1）讲述人类对血液循环发现的历史过程，时间节点回到公元2世纪，学习盖伦的血液流动理论和哈维的血液循环理论（如图4所示）。（2）同时发布绘图任务，根据这两种理论绘制相应的循环图（如图5所示）。（3）利用学习通互动工具，向学生提问：结合目前所绘制的两张循环图，你认为心血管系统由哪几部分构成？根据结果显示，有少数学生将肝和肺列为心血管系统，从而暴露出学生对该系统的认识不够深刻，界定比较模糊，进而引出这节课需要解决的主要问题（如图6所示）。

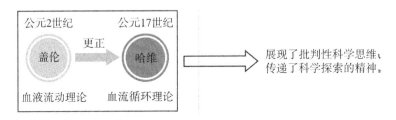

图4   血液循环理论产生的历史过程（盖伦和哈维）

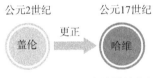

血液流动理论：肝脏产生的部分静脉血先到达心脏的右心室，继而穿过室间隔进入左心室，在那里被心脏利用来自肺的空气"合成"为动脉血，血液由心脏流至全身各处随之消失。
血液循环理论：血液从左心室流出，经过主动脉流经全身各处，然后由腔静脉流入右心室，经肺循环再回到左心室。人体内的血液是循环不息地流动着的，这就是心脏持动所产生的作用。

任务：请根据这段文字，画出相应的流程图。

图5   学习任务发布

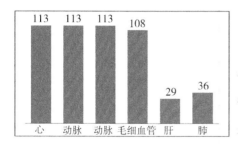

根据前测结果，教师发现新的问题。
问题：肝和肺归于心血管系统？
提示：有部分学生对心血管系统的界定是比较模糊，心血管系统与血液循环之间的关系不太清楚。

图6 作答情况

第四部分：Participatory learning 参与式学习（见表7）。

表7 "参与式学习"部分的具体安排

教学内容	时间	教法学法
【内容1】讲解心血管系统的构成，以及各部分（心、动脉、静脉和毛细血管）的结构特点。★重点★ ◆难点◆在人体结构上区分动静脉 任务：结合各部分结构特点，学生再次完善血液循环图，上交 问题：肝和肺为什么不属于心血管系统	12分钟	教师讲授 PPT演示 比较法 学生倾听 绘图

教学内容	时间	教法学法
【内容2】展示人体血液循环途径，讲解肺循环和体循环★重点★ ◆难点◆把握循环中各节点及循环顺序	13分钟	教师讲授 PPT演示 学生倾听

教学内容	时间	教法学法	思政与专业知识融合点	思政元素
【内容3】从三个方面理解心血管系统对身体的影响力： ①兼顾到每一个细胞的滋养（毛细血管） ②血液输送层层通畅，对组织供血有备用方案（血管吻合和侧支循环） ③分配血液，掌握生杀予夺大权	4分钟	教师讲授 PPT演示 学生倾听	①毛细血管——"起于微末"的组织架构类比一个国家真正与人民打交道的基层机构，他们才是所有组织里最广泛，也是最核心的力量来源。如社区在我国新冠肺炎疫情防控工作中发挥着"阻击"作用 ②侧支血管吻合是主血管堵塞之后的备用方案。类比任何一个机构都应有后备力量，不能一味追求高效，而忽略生存的最首要原则 ③心血管系统对身体百分百的付出，同时也收获至高无上的血液分配权，掌握生杀予夺大权，类比一个人如果能实现越多人的需求，成就越多人的梦想，自己的收获也必然更丰盛，这就是爱的本质	树立正确的世界观、价值观，提升忧患意识

335

内容说明：（1）时间的车轮继续前行，哈维之后无数科学家对心血管系统进一步研究，使得血液循环过程更加清晰。首先向学生介绍该系统的构成以及各部分的结构特点。此时学生会结合前测中对该系统的认识，主动思考"肝和肺在血液循环过程中出现，为什么不属于其构成部分"，这要求学生在课后学习报告中给出答案（如图 7 所示）。同时这个部分讲解难点在于动脉和静脉在人体上的区分，可通过比较法和实验法解决（如图 8 所示）。随后再次发布绘图任务，请学生根据目前对心血管系统的认识完善之前的血液循环图（如图9 所示）。（2）此时才呈现标准的血液循环流程图，学生与自己构建的图进行对比，寻找差异问题。教师详细讲解循环过程、体循环和肺循环的划分，重点把握各个节点以及相互之间的顺序（如图 10 所示）。（3）心血管各构成部分共同配合完成血液循环，对身体有巨大影响力，通过比喻法深刻理解各部分的功能意义，将价值塑造融入其中（如图 11 所示）。

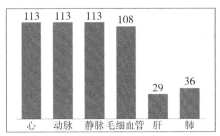

根据前测结果，产生新的问题。
问题：肝和肺为什么不属于心血管系统？
解决方案：主动思考，课后学习报告中回答

引发主动思考

图 7　与前测结果对比后提出问题

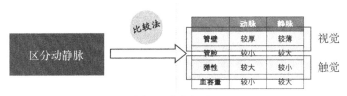

图 8　难点解决

图 9　学习任务发布及完成情况

图 10 血液循环流程图

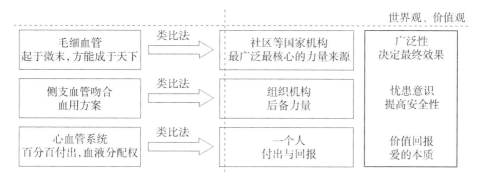

图 11 心血管各组成部分的作用及其思政联系

第五部分：Post-assessment 后测(见表 8)。

表 8 后测部分的具体安排

教学内容	时间	教法学法	思政与专业知识融合点	思政元素
【内容】学生在真实人体标本上辨认心血管系统各结构。检测能力目标是否达成	15分钟	真实人体标本操作观察	①真实人体标本是遗体捐献者无偿捐献，诠释生命的特殊存在方式和意义 ②对待标本的态度和行为，过程的专业、态度的科学是对大体老师的尊重 ③发现标本的变异，要大胆质疑，小心求证，像维萨里、哈维一样理性思考变异背后的意义	"敬佑生命、救死扶伤、甘于奉献、大爱无疆"的医者精神 鼓励胆大心细的动手，培养医生职业意识

内容说明：①理论讲授结束后，进入标本操作环节，要求学生在真实的人体标本上辨认心血管系统的各结构。教师从旁指导和检查。此时可检测技能目标是否达成。②在与真实人体标本接触的过程中，引导学生培养严谨探

337

索的科学态度和精神。教师从旁观察学生的行为，检测素养目标是否达成（如图 12 所示）。

图 12　真实人体标本操作

第六部分：Summary 总结（见表 9）。

表 9　　　　　　　　　　　　　总结部分的具体安排

教 学 内 容	时间	教法学法
【学习报告】 绘图：请结合真实人体标本情况，绘制血液循环思维导图 问题1：标本的心血管系统是否出现变异？如果出现变异，你会怎么做 问题2：肝和肺为什么不属于心血管系统	课后	学生绘图 分析思考
教 学 内 容	时间	教法学法
【云上话坛】 血液循环发现的过程中，还有哪些我们没有提及的人物和故事？欢迎分享 **【资源推送】** 得到 App —— 阜外医院心脏康复中心主任冯雪主讲的心脏医学课 Liu J, Ma C. Current state of cardiovascular research in China. Nat Rev Cardiol. 2019 Aug 9. 《2020 年心血管领域研究进展深度盘点》	课后	线上讨论

内容说明：①课后完成学习报告，包含三项内容，其一结合自己组的大体标本，再次绘制血液循环图，考虑到可能存在变异。其二回答问题"如果出现变异，你会如何处理"。其三回答课堂留下的问题"肝和肺为什么不属于心

血管系统"。绘图作业可以检测技能目标是否达成(如图 13 所示)。学生对变异的处理方式通过软件处理生成词云,显示结果可检测素养目标是否达成(如图 14 所示)。②课后还会通过聊天室继续分享历史科学家的故事,同时向学生推送学习资源,包括《2020 年心血管领域研究进展深度盘点》,时间节点回归 21 世纪,完成时间轴线回归。

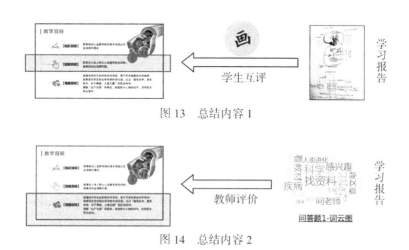

图 13　总结内容 1

图 14　总结内容 2

(六)教学评价(见表 10)

表 10　　　　　　　　　　教学评价安排

阶段	评价内容	评价载体	评价标准	评价主体	所占权重
课中	血液循环流程图	图画	节点准确 顺序正确	教师	20%
	辨认心血管各部件	现场讲解	实验操作评价表	教师	30%
课后	实验报告问答题	学习报告	标准答案	学生 教师	10% 40%

1. 课中——形成性评价

理论讲授过程中,学生的画图作业(如图 15 所示)。

实习操作现场,教师按照以下标准,对学生辨认的结构情况进行打分评价(如图 16 所示)。

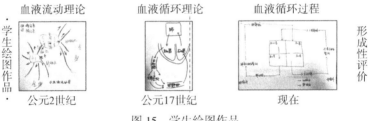

图 15　学生绘图作品

姓名		学号		专业		班级和讨论组	
评价细则							
知识 30%		技能 40%			素养 30%		
①解剖理论知识的掌握情况。 （一般 15-20 分，良好 21-25 分，优秀 26-30 分）		①标本操作手法是否娴熟 ②操作区域是否清晰 ③结构修剪是否完整干净 （一般 25-30 分，良好 31-35 分，优秀 36-40 分）			①是否具有团队合作意识 ②是否具有吃苦耐劳的精神 ③是否尊重大体老师 ④是否具有基本的伦理道德意识 ⑤台面卫生是否干净 （一般 15-20 分，良好 21-25 分，优秀 26-30 分）		
考核情况							
操作时间	操作内容	解剖第一课/告别"大体老师"	知识	技能	素养	总分	教师签字	综合评语

最终成绩：

图 16　实习操作的考核表

2. 课后——总结性评价

将学习报告中的问答题答案生成词云，通过"找资料、探索、科学、感兴趣"等词高频率的出现，发现学生面对变异的具备了一定的科学探索意识，是对情感目标中的职业教育的检测（如图 17 所示）。

图 17　问答题词云

3. 课后——调查问卷

课程中的这些思政元素对学生产生的影响，90.66%的学生认为提高了对人体结构学学习的兴趣；90.66%的学生认为对专业知识的掌握有帮助；84.07%的学生认为有利于了解医学前沿知识；97.25%的学生认为有助于培养"敬佑生命，救死扶伤，甘于奉献，大爱无疆"医德医风；95.06%的学生认为可以帮助树立"尊重患者，良好沟通，依法处理重大问题"意识观念；96.15%的学生认为有助于确立"把人民群众生命安全和身体健康放在首位"的职业目标(如图18所示)。

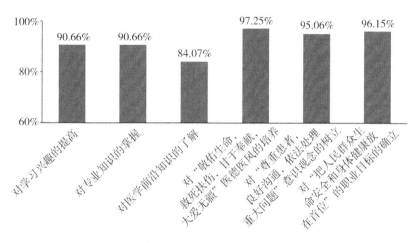

图18　学生对课程思政元素的接受情况

三、教师对课程思政的感受与认识

1. 根据专业特色合理融入思政元素

人体结构学是基础医学中最为古老的一门学科，与其他学科如生理学、免疫学、病理学等相比，知识体系较为完善，更新较少。虽然随着科研手段和技术方法的不断创新，解剖学的研究范围不断扩大，研究内容也日益深化，派生出许多的边缘学科和交叉学科，以及研究课题，比如数字化人体的研究和应用、大脑的透明化技术、双光子成像技术在神经系统功能中的应用等。但就肉眼可见的大体解剖而言，绝大部分内容比较成熟，缺乏更多的科学前沿研究成果。在实际教学中比较难从最新科研成果入手培养学生的创新意识。解剖教师自己的科研课题也主要集中在显微分子水平的相关生物学研究领域，与大体解剖距离较远，很难在教学中结合自己的科研成果进行教学和对学生进行科研兴趣的培养。在这种情况下不可为了实现教学与科研的统一，生搬硬套，专业和思政"两张皮"，造成学生的迷惑，打消学习兴趣，最终得不偿失。

另外，人体解剖教学中经常采用临床案例，引发学生的兴趣同时有利于理论运用于实际。但值得注意的是，案例的选择需要慎重，与解剖知识点的契合度要高，问题设置尤其关键，需具备极强的引导性和针对性。对于刚接触医学的学生，专业的临床案例往往让他们摸不着头脑，不合理的问题经常让他们在临床诊断和治疗的道路上越走越远，完全抛弃解剖。回顾最初的教学目标，临床内容的引入是为了服务解剖知识的内化，帮助学生临床思维的培养，万万不可本末倒置，更不能为了思政目标，在一个案例中浓墨重彩，生搬硬套，让学生产生思政课而非解剖课的错觉。总之，解剖联系临床是教学活动中常见且重要的方式，但我们必须牢牢把握解剖教学的目标，合理设计临床知识的加入，服务于解剖，并在此过程中合理融入思政元素，凝练专业课程的文化底蕴和价值模式，润物无声地培养学生的道德职业素养。

2. 将零散的思政元素构建为结构化的思政体系

专业课的课程思政最初阶段往往是从原有的课程体系中充分挖掘思政元素，盐溶于水的加入教学中。人体结构学包含基本的三大教学形式：理论讲解、标本实习和案例讨论，充分挖掘其中各个知识点的思政元素（如图19所示）。然而不难发现这些思政元素广而杂，涉及核心素养的多个方面。秉承思政和专业知识有机融合，相互成就的原则，将众多元素进行筛选、调整、重构，由点连线，由线及面，依托三大教学形式构建不同的思政主线，理论讲解重在人文素养教育和健康责任教育，操作课重在以"大体老师"为主线的感恩生命教育，讨论课重在职业素养教育。思政的目标是内化于心外化于行，虽然教学过程中可以多点开花，但这种碎片化的思政教育容易蜻蜓点水浮于表面，因此采用成体系的主线贯穿课程始终，才能一步一个脚印地实现核心素养目标。

3. 表现性评价和纸笔测试评价相辅相成促进思政教育目标的实现

传统的客观评价通常采用纸笔测试，对于浅层知识和基本技能的掌握有

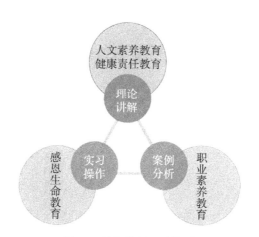

图 19　结构化的思政体系

着较高的效率。然而促进学生核心素养养成的课程思政评价，指向更为复杂的学习结果，尤其包含高阶思维、问题解决能力、创造力、职业素养等体现核心素养的品质，需要更多元化的评价方式。表现性评价是在近乎合理真实的情境中，运用评分规则对学生完成复杂任务的过程表现/结果做出判断。这种评价方式在很大程度上弥补了传统纸笔测试的局限，重点关注学生知道什么和能做什么，从行动、作品、表演、展示、操作等更真实的表现来展示他们的素养能力和成果过程。对于融入课程思政后的人体结构学，采用表现性评价和纸笔测试相结合的方式，更合理的检测知识、技能和素养目标是否达成，并且对教学过程具有一定的诊断性，促进教学的有效改善。

"医学免疫学"课程思政教学案例
免疫学防治

罗凤玲①

课程名称：医学免疫学　　**课程类别**：专业必修课

学分/学时：3/48　　　　**授课对象**：基础医学专业(大二下)

课程简介：医学免疫学(medical immunology)是生命科学领域发展迅速的前沿学科。该课程以免疫系统、免疫细胞及免疫分子为基础和主线，阐述免疫应答的发生机制、规律和效应，疾病的免疫学发病机理及免疫学诊断和防治，为临床疾病的诊断治疗提供理论依据。本课程的教学目标是为学生学习后续专业基础课、专业课及有关疾病的诊断和防治工作奠定基础。

一、本门课程的总体设计

(一)课程思政的目标

(1)培养胸怀祖国、服务人民的爱国精神：从中国首创"人痘法"预防天花到天花在全球绝迹，以及新冠疫苗在中国的免费接种等出发，激发爱国情怀，增强民族自信。

---

① 教师简介：罗凤玲，博士，武汉大学泰康医学院(基础医学院)副教授，武汉大学珞珈青年学者(教学岗位)。曾获得第九届全国医学(医药)院校青年教师教学基本功比赛二等奖，第二届 MBBS 项目青年教师英语授课展示三等奖，武汉大学青年教师讲课比赛一等奖，武汉大学本科优秀教学业绩奖，武汉大学教学创新大赛一等奖，武汉大学"课程思政"说课比赛二等奖，武汉大学微课比赛二等奖，武汉大学青年教师 PPT 教案微赛二等奖，第八届湖北省高等学校教学成果奖二等奖等。主编教材 1 部，副主编 1 部。

（2）培养勇攀高峰、追求真理的创新精神：讲述肿瘤的 CART 疗法及 2018 年获得诺贝尔奖的免疫检查点抑制等，鼓励学生不断追求科学真理、勇攀科学高峰。

（3）培养淡泊名利、潜心研究的奉献精神：讲述"糖丸爷爷"顾方舟教授研发脊髓灰质炎疫苗并以身试药的故事等，鼓励学生潜心治学、甘于奉献。

（二）课程思政的主线

在讲授免疫学知识的同时，穿插伟大科学家及免疫学发展背后的故事，培养学生胸怀祖国、服务人民的情怀及勇攀高峰、敢为人先的科学精神。

（三）课程各章节的思政元素（如表 1 所示）

表 1   "医学免疫学"各章节思政素材与思政元素

模块	章节	知识点	思政素材	思政元素
模块一 绪论	免疫概论	免疫的本质	人痘预防天花	胸怀祖国，服务人民
		免疫学简史	巴斯德-减毒活疫苗	追求真理，严谨治学
模块二 免疫分子	免疫系统	免疫器官	胸腺功能的发现	尊重事实，潜心研究
		免疫器官	骨髓功能的研究	潜心研究，尊重事实
	抗原	免疫原性	中药制剂的使用	敬畏生命，医者仁心
	抗体	抗体概念	抗毒素的应用	潜心研究，甘于奉献
		单克隆抗体	单抗技术	勇攀高峰，敢为人先
	补体	补体概念	补体的发现	追求真理，严谨治学
	细胞因子	趋化因子	基因编辑婴儿	注重医学伦理
		细胞因子风暴	李兰娟-人工肝技术	潜心研究，甘于奉献
	细胞表面分子	T 细胞表面分子	免疫抑制分子	辩证思维，思考全面
	MHC 分子	MHC 的功能	获得诺奖的科学家	勇攀高峰，敢为人先
模块三 免疫应答	抗原提呈	树突状细胞	树突状细胞的发现	潜心研究，坚持不懈
	天然免疫	巨噬细胞	巨噬细胞的发现	勇于创新，尊重事实
	适应性免疫	B 细胞	B 细胞的发现	追求真理，严谨治学
		免疫应答过程	T-B 相互作用	团结协作，服务人民
	免疫耐受	免疫耐受概念	免疫耐受的好与坏	辩证思维，思考全面

续表

模块	章节	知识点	思政素材	思政元素
模块四 临床 免疫	超敏反应	过敏三要素	PK 试验	追求真理，勇于献身
		过敏的治疗	青霉素皮试	敬畏生命，医者仁心
	自身免疫病	发生机制	调节性细胞	辩证思维，思考全面
	免疫缺陷病	艾滋病	艾滋病专家桂希恩	潜心研究，甘于奉献
	移植免疫	排斥反应预防	人-动物嵌合体	注重医学伦理
	肿瘤免疫	肿瘤免疫治疗	免疫检查点抑制剂	追求真理，严谨治学
		肿瘤免疫治疗	CART 疗法	勇攀高峰，敢为人先
	免疫学防治	疫苗	糖丸爷爷顾方舟	淡泊名利，潜心研究
		疫苗	卡介苗的发明	勇于探索，坚持不懈
		群体免疫	我国免费接种新冠疫苗	胸怀祖国，服务人民
	免疫学技术	动物模型	免疫缺陷小鼠模型	敬畏生命，尊重动物

二、案例节段的教学设计

（一）对教学对象的分析

（1）知识经验学习医学免疫学之前，已具备解剖学、微生物学、生理学等专业基础知识，前期已学习了基础免疫学知识，知晓免疫学基本原理，但对于整体知识框架的把握有待提高。

（2）学习能力授课对象为基础医学专业二年级学生，学生具有一定的学习能力和科研素养，但对于理论知识与科学研究结合及临床应用的能力有待提高。

（3）思想状况学生对学习有一定的积极性，但以外在因素的驱动为主，需进一步激发学生的学习兴趣，使外在驱动的学习转化为内在驱动的学习，促使学生成为全面发展的医学人才。

（二）对教学目标的分析

知识目标：了解疫苗的发展历史，免疫增强剂和免疫抑制剂。熟悉疫苗的应用和意义，细胞因子治疗，TCR-T。掌握疫苗和免疫防治的概念，疫苗的分类及作用机制，抗体治疗，免疫检查点抑制剂，CAR-T。

能力目标：逻辑推理和分析归纳能力，联系前期知识，带领学生逐步揭开疫苗的"神秘面纱"，阐述免疫治疗的机制和应用。自主思考和批判性思维能力，通过提问、互动、线上讨论及小组讨论等方式，让学生勤于思考，不断提高分析问题和解决问题的能力。探究能力和创新能力，介绍肿瘤治疗性疫苗等最新研究进展，鼓励学生探究新知，并能注重基础知识与科学研究及临床应用的结合。

价值目标：培养胸怀祖国、服务人民的爱国精神，从中国首创"人痘法"预防天花到天花在全球绝迹等出发，激发爱国情怀，增强民族自信。培养淡泊名利、潜心研究的奉献精神，讲述卡介苗的研发过程及"糖丸爷爷"顾方舟教授研发脊髓灰质炎疫苗并以身试药的故事等，鼓励学生潜心治学、甘于奉献。培养法治精神，注重医学伦理，介绍人类二倍体细胞株 WI-38 的培养及应用过程等，引导学生注意科学研究的红线。

（三）对教学内容的分析

1. 本节段在课程中的逻辑位置

本节段为医学免疫学课程中的第 18 章，有基础免疫和临床免疫知识作为基础，需要将前期知识应用到临床实际。

2. 本节段的教学重点

重点一：什么是疫苗。

突出方法：先给出疫苗的概念，再从疫苗的发展历史逐步介绍疫苗的本质。该方法逻辑清晰，有一条比较完整的主线，易于抓住学生的兴趣点。

重点二：灭活疫苗与减毒活疫苗。

突出方法：这部分与前面讲到的基础免疫学内容密切相关，讲述过程中多回顾前期内容，帮助学生"温故而知新"。同时在讲述过程中穿插提问互动，启发学生自主思考，便于理解记忆。

重点三：计划免疫与群体免疫。

突出方法：基于我国计划免疫的发展及现状，讲述什么是计划免疫及计划免疫所取得的成就，结合新冠疫情和群体免疫再次强调疫苗的重要意义。

重点四：什么是免疫治疗。

突出方法：利用"天价药"CAR-T 导入，先给出免疫治疗的概念，再结合前期知识介绍在临床上怎样应用免疫治疗。

重点五：免疫检查点抑制剂。

突出方法：将免疫系统比作汽车，触发免疫反应的分子是汽车的油门，而抑制免疫反应的分子是汽车的刹车。在癌症发生中重要的刹车分子叫免疫检查点，免疫检查点抑制剂松开了人体的抗癌刹车。

3. 本节点的教学难点及化解难点的方案

难点一：核酸疫苗的作用机制。

分析：一段核酸或一个环状质粒为什么能成为疫苗？它们进入机体后怎样让人体细胞自己生产抗原，并刺激机体产生对该抗原的免疫应答，从而使接种者获得相应的免疫保护？

对策：结合生物化学、细胞生物学和基础免疫学知识，阐述 mRNA 疫苗或 DNA 疫苗导入人体细胞后，让人体细胞自己生产新冠病毒 S 蛋白，从而引发持续而有效的免疫应答的过程。

难点二：为什么结合疫苗比多糖疫苗免疫效果更佳？

分析：多糖疫苗来源于细菌组分，为什么在使用上有局限性？需要加上一些大分子蛋白呢？

对策：以肺炎球菌疫苗为例，结合前期知识，采用形象的比喻帮助学生理解记忆。多糖疫苗是细菌的荚膜多糖，属于 TI 抗原，激活免疫系统产生抗体的效力，相当于"羞羞的小拳头"，难以让免疫系统记住；结合疫苗则是把小分子多糖结合在大分子蛋白质上，属于 TD 抗原，这对机体的刺激效力堪比"勇猛的铁拳"，让免疫系统印象深刻。

难点三：CAR-T 和 TCR-T。

分析：CAR-T 和 TCR-T 是最新的免疫治疗进展，它们发挥作用的机制是什么？

对策：结合前期知识中 T 细胞活化的双信号学说，采用比喻帮助学生理解：患者的 T 细胞相当于普通士兵，CAR-T 和 TCR-T 则是训练有素的特种兵。CAR-T 的头是特异性抗体，让 T 细胞在抗体的指引下直接进攻癌细胞，而 TCR-T 的头就是改装过的 TCR，可以在 MHC 限制的条件下杀伤癌细胞。

（四）教学手段与方法

（1）PPT课件：列举重要知识点，展示概念、图片等，有机串联各部分内容。

（2）提纲挈领：带领学生归纳总结，提炼教学重点，构建知识框架；对教学难点画图展示。

（3）形象比喻：讲述过程恰到好处地运用比喻，如将免疫系统比作汽车，免疫检查点比作刹车，将抽象知识具体化、形象化，便于学生理解。

（4）头脑风暴：通过课堂提问，与学生充分互动，活跃课堂气氛，启发学生自主思考。

（5）学以致用：通过课后思考题和线上讨论题，引导学生将所学知识有机融合，并能运用于科学研究和临床实际。

（6）线上视频：将疫苗研发过程中重要科学家的视频作为线上资源，回顾科学家们研发疫苗的心路历程。

（五）教学过程（如表2所示）

表2 教 学 过 程

教学内容	教学设计	思政内容
第一节 免疫预防——疫苗 **【课堂导入】** 　新冠病毒在全球肆虐三年之久，我国的抗疫工作成为全球典范，我们都为疫情防控作出了自己的贡献——接种新冠疫苗。在人类历史中，杀死了最多人的是传染病，而拯救最多生命的是疫苗	**【真实事件导入】**以大家都亲身经历的新冠疫情导入，吸引学生的注意力 **启发式教学**：思考疫苗对人类健康的重要意义	**【思政素材】**党中央领导全国人民共克时艰，抗击疫情 **【思政元素】**培养胸怀祖国，服务人民的情怀
一、疫苗的概念 　问题1：什么是疫苗？疫苗为什么可以保护我们？ **【概念】**接种后能使机体对相应疾病产生免疫力的生物制剂的总称，可以是完整的病原体，病原体有效成分或遗传物质 **【机制】**疫苗刺激机体发生免疫应答，并形成免疫记忆，当病原体入侵时，免疫应答能迅速启动并消灭病原体	承上启下，给出疫苗的概念及疫苗发挥作用的机制 　引导式教学：让学生回顾初次免疫应答和再次免疫应答的特点，明白疫苗的作用机制	

续表

教学内容	教学设计	思政内容
二、疫苗的发展简史 问题2：疫苗是怎样一步步发展的？ （一）疫苗的萌芽——从人痘到牛痘 　我国古代发明预防天花的方法——**人痘接种法** 　爱德华·琴纳发明**牛痘接种法**，并由此开创了一个全新的医学领域——**免疫学**，后世将爱德华·琴纳尊为"**免疫学之父**" 　1980年，世界卫生组织（WHO）宣布全球彻底消灭天花，这是人类迄今唯一通过疫苗接种消灭的疾病	利用图片和视频介绍人类早期的疫苗，通过疫苗接种，人类彻底消灭了天花，再次强调疫苗的重要性 　提问：与人痘法相比，牛痘法的优势是什么？	【思政素材】我国是最早使用疫苗预防传染病的国家。人痘接种法比牛痘接种法早了800多年 【思政元素】深植家国情怀，培养文化认同，增强民族自信
（二）第一次疫苗革命 　19世纪末到20世纪初，巴斯德通过处理病原微生物使其失去或减低毒性，发明减毒活疫苗技术，狂犬病疫苗、卡介苗等成为这一时期的标志	【举例】主要介绍当时减毒活疫苗的代表如狂犬病疫苗和卡介苗	【思政素材】卡介苗发明过程 【思政元素】培养淡泊名利、潜心研究的精神
（三）第二次疫苗革命 　20世纪中叶开始，从病原体分离提取具有免疫原性的蛋白组分制成疫苗，发明了白喉类毒素疫苗和破伤风类毒素疫苗	主要讲述白喉类毒素的发展	
（四）第三次疫苗革命 　20世纪70年代开始，分子生物学的发展使人类可以在分子水平上对基因进行操作，发明了基因重组疫苗技术，如乙肝疫苗、流感疫苗等	【举例】以乙肝疫苗为例，讲述乙肝疫苗从血源性疫苗到基因工程疫苗的发展过程	
（五）第四次疫苗革命 　21世纪后，随着基因组学的发展，人类开始开发以基因组为基础的疫苗发展策略，称之为反向疫苗学。5价轮状病毒疫苗、B群脑膜炎球菌疫苗即是通过反向疫苗新技术研制	介绍疫苗的未来发展趋势 　讨论式教学：举例说明反向疫苗学研发疫苗的机制	

续表

教学内容	教学设计	思政内容
三、疫苗的种类 问题3：疫苗有哪些种类？发挥作用的机制是什么？ 　根据疫苗的制备方法，主要分为以下八类： 　（1）灭活疫苗（死疫苗）：选用免疫原性强的病原体，经人工大量培养后，用理化方法灭活制成的疫苗，如新冠灭活疫苗	【举例】中国自主研发的新冠病毒灭活疫苗 　提问：新冠灭活疫苗要注射几次？为什么？	【思政素材】我国新冠灭活疫苗附条件上市 【思政元素】弘扬民族精神，增强民族自信心
（2）减毒活疫苗：用减毒或无毒力的活病原微生物制成的疫苗，如脊髓灰质炎减毒活疫苗、卡介苗、麻腮风减毒活疫苗等	【举例】顾方舟教授研制的脊髓灰质炎糖丸 　提问：减毒活疫苗有什么优点？哪些人群不适合用减毒活疫苗？	【思政素材】"糖丸爷爷"顾方舟教授 【思政元素】培养淡泊名利、潜心研究的精神
（3）类毒素：细菌外毒素经甲醛处理后，失去毒性而保留其免疫原性即为类毒素。如破伤风类毒素、白喉类毒素等	讲述类毒素的制备方法和作用机制 　对比式教学：外毒素、内毒素、类毒素和抗毒素分别是什么？	
（4）多糖疫苗和结合疫苗：如肺炎球菌疫苗	【举例】肺炎球菌疫苗 　提问：与多糖疫苗相比，结合疫苗的主要优势是什么？	
（5）亚单位疫苗：去除病原体中与激发保护性免疫无关的成分，保留有效免疫原成分制成的疫苗。如通过鸡胚或工具细胞大量扩增病毒，提取病原体的特殊蛋白质，筛选出的具有免疫活性的片段 　新的问题：如何让病毒疫苗更安全？ 　——从鸡胚、鸭胚、动物细胞到人二倍体细胞	介绍什么是亚单位疫苗，同时提出病毒亚单位疫苗曾经面临的问题和解决方案	【思政素材】人类二倍体细胞株 WI-38 带来伦理学争议 【思政元素】鼓励学生与时俱进、勇于创新，同时也要注重医学伦理，注意科学研究的红线

续表

教学内容	教学设计	思政内容
（6）**重组蛋白疫苗**：将引导合成蛋白质的基因片段植入到工具细胞中（基因重组技术），让工具细胞海量生产相应的蛋白质，收集、纯化这些蛋白质。如乙肝疫苗，新冠重组蛋白疫苗等	【举例】新冠病毒重组蛋白疫苗 提问：新冠重组蛋白疫苗需要注射几次？为什么？	
（7）**重组载体疫苗**：将编码病原体有效免疫原的基因插入基因组中，如新冠重组腺病毒载体疫苗	【举例】新冠病毒重组腺病毒载体疫苗 提问：腺病毒载体疫苗在使用过程中可能遇到哪些问题？	【思政素材】陈薇院士开发的新冠重组腺病毒载体疫苗 【思政元素】培养救死扶伤、大爱无疆的医者精神
（8）**核酸疫苗**：如 DNA 疫苗，新冠 mRNA 疫苗	【举例】新冠病毒核酸疫苗 讨论式教学：核酸疫苗之前为什么一直未上市？其优缺点是什么？	
四、疫苗的应用 问题4：在临床上怎样应用疫苗？疫苗对人类健康有什么意义？ （一）**疫苗接种** 原则：安全，有效，经济 对象：受疾病威胁最大的人群 接种途径：皮下，皮内，肌内，口服	讲述疫苗接种的原则、对象及接种途径 提问：结合前期知识，分析为什么疫苗一般选用皮下和皮内注射？哪些疫苗采用口服途径？疫苗的最佳进入途径是什么？	【思政素材】铭记为人类贡献出健康和生命的实验动物，还有参与临床试验的志愿者 【思政元素】培养敬佑生命、无私奉献的医者精神
（二）**计划免疫** 【概念】为了控制和最终消灭严重威胁人类健康的各类传染病，根据疾病的特点，遵照一定的程序有计划地在群体中接种疫苗，预防相应传染病，这项工作称为**计划免疫**	介绍计划免疫的概念及我国计划免疫的程序 讨论式教学：疫苗除了可以预防传染病，还可以用于哪些疾病的防治？	

教学内容	教学设计	思政内容
(三)群体免疫 **群体免疫**：是指人群对传染的抵抗力，群体免疫水平高，表示群体中对传染具有抵抗力的人百分比高	介绍什么是免疫学上的群体免疫概念 【强调】针对传染病而言，达到群体免疫的唯一途径就是疫苗接种	
第二节 免疫治疗 【课堂导入】 2021年6月22日，120万元一针的私人定制"天价药"：CAR-T细胞治疗产品益基利仑赛注射液(阿基仑赛)正式获得中国国家药监局批准上市。首位患者体验了两个月治愈癌症，癌细胞清零！——"天价药"CAR-T到底是什么？	【真实事件导入】以120万元一针的"天价药"导入，吸引学生的"眼球"，激发学生的学习兴趣	
一、免疫治疗的概念 问题1：什么是免疫治疗？ 【概念】利用免疫学原理，针对疾病的发生机制，人为地干预或调整机体的免疫功能，达到治疗疾病目的所采取的措施	承上启下，给出免疫治疗的概念 引导式教学：让学生回顾前期知识，说说我们能从哪些方面入手进行免疫治疗	
二、免疫治疗的分类和机制 问题2：免疫治疗怎样应用到临床疾病中？ **(一)分子治疗：抗体、细胞因子等** **1. 多克隆抗体** (1)**抗毒素血清**：治疗和紧急预防外毒素所致疾病，如破伤风、白喉等	【回顾历史】从白喉抗毒素的发展史出发，介绍抗毒素的作用 对比式教学：比较破伤风抗毒素和破伤风类毒素的用法，讲述主动免疫和被动免疫的区别	【思政素材】贝林和北里柴三郎用白喉抗毒素血清救活罹患白喉的女孩。贝林获得第一届诺贝尔生理学或医学奖 【思政元素】培养勇攀高峰、敢为人先的创新精神
(2)**抗病毒血清**：治疗病毒感染性疾病如SARS、新冠肺炎，新冠康复者血浆中的针对新冠病毒的特异性抗体，可用于重症和危重症患者的治疗	【比喻】"他山之石，可以攻玉。"抗病毒血清相当于为免疫系统"补充新兵"，并随时保持"备战状态"，一旦遇到"敌人"入侵，立即进入战斗状态	【思政素材】新冠康复患者捐献血浆 【思政元素】培养无私奉献的医者精神

续表

教学内容	教学设计	思政内容
（3）人免疫球蛋白制剂：用于传染病的防治 【新进展】新冠特异性免疫球蛋白以康复者恢复期血浆或者新型冠状病毒灭活疫苗免疫后健康人的血浆为原料，将血浆里高效价的抗体纯化，制成药物，已被批准开展临床试验	从新冠特异性免疫球蛋白出发介绍人免疫球蛋白的作用 引导式教学：思考多克隆抗体在临床上应用的优缺点，引入单克隆抗体	
2. 单克隆抗体 （1）抗细胞表面分子的抗体：1998 年，第一个人源化抗 Her2 单抗——曲妥珠单抗（trastuzumab，heceptin，赫赛汀）上市，用于治疗乳腺癌	【举例】抗 Her2 单抗治疗乳腺癌 提问：为什么要采用人源化抗体？	
（2）抗体靶向治疗：将具有细胞毒作用的杀伤因子与单克隆抗体偶联制成"生物导弹"。2013 年 Kadcyla 获批上市，它由人源化抗 Her2 抗体与美坦新偶联，用于治疗乳腺癌	【对比】从上述 Her2 单抗引出抗体靶向药物，比较两者的差异，帮助学生记忆 提问：与普通单抗相比，抗体靶向药物有什么优势？	
3. 细胞因子 （1）细胞因子补充疗法：用于肿瘤、感染、造血障碍等	【举例】以造血障碍性疾病中集落刺激因子的应用为例介绍细胞因子补充疗法	
（2）细胞因子拮抗疗法：如细胞因子风暴的治疗 【新进展】IL-6 是细胞因子风暴的核心因子，抑制 IL-6 的作用就能抑制细胞因子风暴。Kevzara(sarilumab) 是一种靶向 IL-6 受体的全人单克隆抗体，能抑制 IL-6 的作用，用于新冠肺炎的治疗	【举例】细胞因子风暴就像"体内龙卷风" 提问：为什么 IL-6 受体的抗体可以抑制 IL-6 的作用？	

教学内容	教学设计	思政内容
4. 免疫检查点抑制剂：如 T 细胞表面的 PD-1 与肿瘤细胞表面的 PDL-1 结合后抑制 T 细胞对肿瘤细胞的杀伤。PD-1 或 PDL-1 抑制剂能重启 T 细胞对肿瘤细胞的免疫应答	【比喻】免疫系统就像一辆汽车，触发免疫反应的分子是油门，而抑制免疫反应的分子是刹车。免疫检查点抑制剂能松开抗癌刹车 提问：免疫检查点抑制剂是万能的吗？	【思政素材】2018 年，免疫检查点抑制剂用于肿瘤免疫治疗获得诺贝尔生理学或医学奖 【思政元素】培养追求真理、严谨治学的求实精神
(二)细胞治疗 1. 细胞疫苗 (1)基因修饰的瘤苗：将肿瘤细胞用基因修饰的方法改变其遗传性状，降低致癌性，增强免疫原性	【举例】MHC 分子转基因的肿瘤疫苗、共刺激分子转基因的肿瘤疫苗、细胞因子转基因的肿瘤疫苗等 提问：基因修饰瘤苗为什么可增强免疫原性？	
(2)树突状细胞疫苗：使用肿瘤抗原在体外刺激树突状细胞，再回输给患者，激活特异性抗肿瘤免疫应答	【举例】Provenge（普列威）是一种基于抗原提呈细胞的自体细胞免疫疗法，是 FDA 批准的首款治疗性疫苗	
(3)肿瘤细胞疫苗和肿瘤抗原疫苗：由肿瘤细胞裂解产物或采用基因工程技术制备的肿瘤抗原	【新进展】NEO-PV-01 是根据每个患者的独特突变定制设计和制造的疫苗，包括多达 20 种新抗原靶向肽	
2. 过继免疫细胞治疗 (1)嵌合抗原受体修饰的 T 细胞：将可识别肿瘤抗原的抗体片段基因与 T 细胞活化所需信号分子胞内段基因结合，构建成嵌合抗原受体(CAR)，导入 T 细胞，CAR-T 具有迅速活化杀伤肿瘤细胞的能力	【比喻】患者的 T 细胞相当于普通士兵，而 CAR-T 细胞则是训练有素的特种兵，能迅速锁定并歼灭目标	

续表

教学内容	教学设计	思政内容
(2)TCR-T：用识别特定肿瘤抗原的 TCR 修饰 T 细胞，赋予 T 细胞识别并杀伤肿瘤细胞的能力	【对比】将 CAR-T 与 TCR-T 进行对比 讨论式教学：TCR-T 和 CAR-T 的区别是什么? 各有什么优点和缺点?	
3. 造血干细胞移植：造血干细胞具有多向分化潜能，造血干细胞移植常用于肿瘤、造血系统疾病的治疗。造血干细胞移植包括骨髓移植、脐血干细胞移植等	【举例】以骨髓移植为例介绍造血干细胞移植 讨论式教学：利用前面所学的知识分析造血干细胞移植需要注意什么	
(三)免疫增强剂和免疫抑制剂 1. 免疫增强剂 (1)微生物制剂：如食用香菇、灵芝多糖，卡介苗等	【举例】香菇、灵芝等作为传统中药，在免疫学上属于免疫增强剂	
(2)胸腺肽：能充分调动淋巴细胞，促进其成熟分化。常用于治疗病毒感染、肿瘤等	【比喻】胸腺肽相当于"教官"，通过严格训练，让"战士们"迅速成长，更好地在战场上打赢"敌人" 提问：胸腺肽主要适用于细胞免疫功能低下还是体液免疫功能低下? 为什么?	【思政素材】援鄂医疗队出征之前通过注射胸腺肽类药物提高机体免疫力 【思政元素】培养不惧危险、无私奉献的医者精神
2. 免疫抑制剂：糖皮质激素、环孢素、FK506 等	【举例】糖皮质激素是一把"双刃剑"，其具有强大的抗炎作用，但副作用大，因此推荐对新冠重症患者尝试短程、中小剂量激素	

续表

教学内容	教学设计	思政内容
课堂总结	【思维导图】用思维导图的形式总结课程内容	

(六)教学评价

(1)学生评教：学生扫描教学评价二维码，对教师授课情况予以反馈。

(2)形成性评价：利用雨课堂的答题功能及时评价学生对知识点的掌握情况。

(3)课程思政评价：布置小作业"我心中的疫苗"，形式不限，评价学生对课程思政的领悟情况。

(4)课后反馈：通过网络答疑等方式对课后思考题及线上讨论题予以反馈。

三、教师对课程思政的感受与认识

1. 以小见大——开小口挖深井

选用科学家或学科发展中的小故事，深挖其中的思政元素，力求以朴素的情感打动人，以微小的感悟启迪人。

2. 以点带面——织经纬成大观

每个章节的思政素材有一个比较统一的主题，以点带面，贯穿始终，力争做到形散而神聚，见微而知著。

3. 适当留白——言有尽意无穷

思政内容适当留白，启发学生自己去思考和感悟，起到"润物细无声"的良好教育效果。

357

"临床妇产科学"课程思政教学案例
人工流产

吴德斌[1]

课程名称：临床妇产科学　　　　**课程性质**：专业必修课程

学分/学时：3.5/54(理论学时48)　**授课对象**：临床医学(大三下)

课程简介："临床妇产科学"是面向武汉大学临床医学专业(含五年制、八年制、"5+3"一体化)开设的一门专业必修课程。开课学期为大三下，课程学分为3.5；课程学时54，其中理论课程学时48，实践课程学时6。教学内容分为总论、产科部分、妇科部分、生殖内分泌及计划生育部分，在学习这门课之前，学生已具备人体解剖、生理、诊断学、临床病理生理及临床治疗学等基础知识。

教师简介：吴德斌，武汉大学第一临床学院主治医师，从事妇产科临床及教学管理工作，主持湖北省教学研究项目一项，发表教学论文3篇，多次获得学院优秀教学秘书。

一、本门课程的总体设计

(一)课程的思政目标

结合各部分的教学需求和教学材料元素来设计各部分的思政目标。总论部分讲述妇科、产科的中外发展史，讲述我国的妇产科历史中的经典案例。

---

① 教师简介：吴德斌，武汉大学第一临床学院主治医师，从事妇产科临床及教学管理工作，主持湖北省教学研究项目一项，发表教学论文3篇，多次获得学院优秀教学秘书。

产科部分结合孕产妇危重视频案例，融入医者救死扶伤的伟大信念；妇科部分结合我院妇科在盆底和尿瘘修补中的疑难视频案例，融入医者勇闯难关的崇高追求；生殖内分泌部分结合我院生殖中成功案例，融入医者职业自豪感，在计划生育部分结合正反面案例展现医者实事求是地坚守底线，建立关爱女性的医者仁心。

(二)课程各章节的思政元素

总论：我国历史中的妇产科发展纪要；

解剖与生理：环境变迁与人类生育力改变；

妊娠生理与妊娠诊断：无创 DNA 技术的诞生；

正常分娩：讲述母亲的伟大，摒除浮躁，传递多观察少干预的分娩接产；

异常分娩：精神的鼓励也是一种治疗；

妊娠期高血压疾病、产后出血：团队的力量——多学科 MDT 介绍；

异位妊娠：练就快速而准确的诊断思维；

盆底功能障碍性疾病：人民医院"三只手"的传承故事；

卵巢癌：精益求精的手术，努力减瘤 R0；

子宫内膜癌：人是一个整体，建立整体概念；

不孕症与辅助生殖：建立正确的生育观念，建立生殖健康的概念；

计划生育：关爱女性健康，保护女性生育力。

二、案例节段的教学设计

临床妇产科学第二十四课 计划生育(第 2 课时：人工流产)

(一)对教学对象的分析

学生为大学三年级的临床医学生，已经学习过人体解剖、生理学、组织胚胎学等基础课程，在本学期前期已系统复习过女性生殖系统解剖、生殖系统生理、妊娠生理、妊娠诊断等妊娠相关课程，对于理解计划生育中的终止妊娠原理具有一定理论基础，经过临床病理生理及临床治疗学(CPPT)课程的训练，学生普遍具有良好的课堂讨论和反思的能力，为教学手段的运用提供了能力储备。

（二）对教学目标的分析

1. 知识目标

（1）掌握人工流产的方法（手术及药物）、适应证。

（2）掌握负压吸引术的操作步骤。

（3）熟悉人工流产的并发症防治。

（4）了解人工流产的社会伦理问题。

2. 能力目标

（1）根据不同的年龄、婚育状态给出适合患者的终止妊娠方法建议。

（2）记住负压吸引术的正确步骤。

3. 职业素养目标

（1）通过人工流产方式的选择，让学生注保护生育力的重要性，明白专业性与道德性的结合，知识与价值双重完备才能做出最佳选择。

（2）通过人工流产并发症的学习，结合讨论，学会关爱女性，明白医生职业的道德层面意识。

（三）对教学内容的分析

（1）本节段属于妇产科学课程的最后一个部分计划生育的第2课时。第1课时中主要学习如何进行避孕，各类避孕方法的优缺点，个体化推荐避孕方法的原则。第2课时在第1课时避孕方法的基础上进一步学习如果避孕失败或者有指征需要终止妊娠时的终止妊娠方法——人工流产。人工流产作为一种补救措施不应作为常规避孕方法出现，让医学生和他们未来面对的患者都建立避孕大于流产的基本概念。对人工流产的基本原理和方法进行展示，特别强调人工流产的并发症，对女性身体的伤害，从而树立医学生的爱伤意识，特别是关爱女性、保护女性的意识，并在结合国家人口发展政策中体现医生为保护生育力所必须承担的社会责任。

本节段内容是计划生育问题在医学生思想层面构建关爱女性、保护生育力的医疗信念。

（2）本节段的教学重点：

①人工流产的概念。

②负压吸引术的步骤和并发症。

③人工流产方案的选择。

（3）本节点的教学难点及化解难点的方案：

①负压吸引术的操作步骤：

难点分析：理论课上记忆手术步骤很难，靠背诵很快会遗忘。

对策：结合手术视频及医学原理动画讲解，让学生有视觉直观感受，记忆更深刻。

②药物流产和手术流产的选择：

难点分析：适应证高度重叠，考虑社会与伦理因素，让学生较难理解。

对策：通过对比分析、互动讨论、习题检验等多种教学方法帮助学生学习。

（四）教学手段与方法

1. 教学方法

采用 BOPPPS 教学理念进行课堂设计，采用互动讨论、PPT 展示、手术录像、分组讨论、总结思考的方法进行教学。

2. 教学步骤

（1）设定临床接诊早孕患者的模拟情景出发，引入人工流产的概念。

（2）互动讨论：人工流产包含哪些方法？

（3）PPT 结合手术录像展示药物流产与清宫术的步骤。

（4）分组讨论：药物流产与清宫术的优缺点。

（5）从生育力保护角度去谈两种人工流产方法的差异。

（6）课堂小测验，总结人工流产知识点。

3. 教学手段

学习通 App 的使用、人工流产手术教学视频播放、PPT 多媒体的应用、分组讨论。

（五）教学过程

教学要求	教学内容与进程	课程与思政设计
记住人工流产的概念	引入：国家人口政策变化引入计划生育的概念，学习通词云收集学生对计划生育的理解(每生两个关键词)，由词云引入人工流产的概念 学生对计划生育概念的认知关键词词云 前测：学习通 App 在线投票 提问：一个 23 岁女性，未婚，因停经 40 天，血 β-HCG>1000IU/L，超声可见宫内孕囊和胚芽。2 年前妊娠一次，有室间隔缺损病史，未行手术修补，目前心功能 II 级，以下三个医学建议，你支持哪一个？ A. 建议静脉麻醉下人流清宫(无痛人流) B. 建议先药流，药流不干净再清宫 C. 建议做常规人工流产 通过学生的选择的排序来阐述什么是人工流产，人工流产方式有哪些。让学生思考，不同年龄，不同孕产史的女性，如何进行流产方式的选择建议	人口政策引入人工流产，人工流产概念进行社会学思考 学生有一个模糊的初步认识，三个医疗建议都不违反医疗原则，为后续的人流方案选择面临的社会学问题作铺垫
熟悉人工流产的分类，掌握负压吸引清宫术的适应证	讲述人工流产分为药物流产和手术流产，手术流产再分为负压吸引术和钳刮术。 重点讲述负压吸引术的适应证和禁忌证 负压吸引术课程 PPT 页面(含医学模拟动画) 注：医学模拟动画带源于人卫教学助手(http://edu.ipmph.com/edu/http://edu.ipmph.com/edu/)	在讲述适应证时通过反面案例提醒学生严格把握手术适应证是医生的基本要求，引导学生树立恪守原则的职业素养

续表

教学要求	教学内容与进程	课程与思政设计
掌握药物流产的适应证,熟悉禁忌证和用药方法	介绍药物流产的原理,介绍给药方法 分组讨论药物流产的适应证,并与负压吸宫术进行比较,探讨适应证重叠时如何选择对应的方法 人工流产方式对比课程 PPT 页面	通过分组讨论让学生明白医学以"人"为本的执业理念。从医学伦理学的不伤害原则和有利原则来分析两种方式的选择
熟悉负压吸引术的操作步骤	播放负压清宫术操作教学视频,结合视频讲解操作步骤 (涉及女性生殖器,不宜展示)	通过视频直观感受和讲解,让学生树立踏实和精益求精的执业精神
熟悉负压吸宫术的并发症	学习通 App 弹幕讨论负压吸宫术的并发症 总结负压吸引术的并发症,根据讨论时长决定是否拓展宫腔粘连的防治性进展 负压吸引术并发症展示课程 PPT 页面	通过讨论并发症对女性身体的影响,让学生建立关爱女性、关爱患者的医者仁心

续表

教学要求	教学内容与进程	课程与思政设计
检验本堂课的目标完成度	学习通 App 互动选择题 后测检验同学对选择推荐终止妊娠方式时是否考虑到的社会学因素（生育力保护） **后测** ●27岁女性，已婚未产，超声确诊孕7周余，但未见胎心，需终止妊娠，你推荐哪一项人工流产方式？ ●A：无痛清宫；B：常规清宫；C：药物流产，必要时清宫 ●28岁女性，已婚已产，育有1女，超声确诊孕6周余，因室间隔缺损、肺动脉高压需要终止妊娠，你推荐哪一项人工流产方式？ ●A：无痛清宫；B：常规清宫；C：药物流产，必要时清宫 后测选择题课程 PPT 页面	通过互动、总结探讨，一方面检验学生的学习效果，另一方面让学生更好地理解"计划生育"国策，保护生育力的重要性
	总结知识点，回顾人工流产方式两种主要方式，其中负压吸引术的并发症有哪些，如何预防或补救，思考未来医学道路上如何考虑社会问题，伦理问题	课程思政价值观总结：医疗处理应体现医生职业的社会责任感

（六）教学评价

课后利用治趣虚拟病人小程序（curefun. com）内设置一例虚拟早孕人流患者给学生模拟接诊，通过接诊过程考查学生对知识的掌握以及在流产方式选择上的差异，评价学生对本节思政学习的掌握（见图1）。

图 1　治趣虚拟病人微信小程序页面

三、教师对课程思政的感受与认识

　　课程思政是一项系统工程，特别是医学专业课的课程思政建设是相对困难的。从开始大家对课程思政的不理解，误以为是要在专业课中加入思政课内容，在集体备课中有老师提出过是否应该摘抄一点习近平总书记的重要讲话才算课程思政，因此导致大多数老师较为抵触。逐渐了解后，恰逢"新冠"暴发，新冠后的医学专业课中的课程思政部分几乎全体引入了"抗疫"故事，最终导致学生反馈每天听抗疫故事很多遍，已经听不下去了。这都是引入课程思政初期遇到的认知不足问题。随后妇产科教研室对课程思政建设进行了梳理。笔者也认识到妇产科专业课的思政建设应该围绕其专业特有的一些疾病和特色来进行融入。笔者在符合整门课的规划前提下，从细节入手，从学生感兴趣的手术视频、临床救治案例等方面将医疗行业的职业荣誉感、职业素养、医德医风等方面少量融入，引起学生的共情、感悟和思考即可。作为授课引导，教师应该在事实和医疗解决的基础上让学生去思考，不能强制灌输认为必然正确的道德观，只有这样才能"润物细无声"地将课程思政传达给学生。

"诊断学"课程思政教学案例
胸肺部听诊

赵 杨①

课程名称：诊断学　　**课程性质**：专业必修

学分/学时：3/56　　**授课对象**：临床医学专业三年级本科生

课程简介：该课程是研究如何运用诊断疾病的基础理论、基本知识、基本技能和诊断思维对病人提出诊断的一门学科；是为医学生在学习了基础医学之后过渡到临床各学科的学习而开设的一门必修课。其主要内容包括病史采集、交流与沟通基本技能、常见症状、体格检查和常见体征、实验室检查和辅助检查、病历书写、临床常用诊疗操作和临床诊断思维等。该课程是连接基础医学与临床医学的桥梁，是学习掌握临床各学科的基础。可采用多种教学方法，学习过程中应反复实践和不断总结，有意识地进行综合分析能力和临床诊断思维的培养，始终贯穿以人为本的思想和关怀服务的意识。旨在着力培养医术精湛、医德高尚的临床医生。

一、本门课程的总体设计

(一)课程思政的目标

1. 知识目标

正确地运用问诊、视触叩听等体格检查来发现和收集患者的症状和体征；

---

① 教师简介：赵杨，女，武汉大学人民医院呼吸与危重症医学科临床医生，医学博士，副主任医师。2014 年起参与临床医学五年制、5+3、八年制，以及留学生的内科学、CPPT、诊断学等多门课程的教学。主持国家自然科学基金项目 1 项，参与国家自然科学基金 5 项，中央高校基本科研业务费专项资金青年教师资助项目 1 项，武汉大学医学部教学项目 1 项。以第一作者身份发表 SCI 论文 10 余篇。参编书籍 3 本，获湖北省科技进步奖二等奖 1 项，武汉市科技进步三等奖 1 项。

能够正确分析常见的实验室等辅助检查结果；熟练掌握病历书写；掌握临床常用诊断技术。

2. 能力目标

培养医学生的实践能力、创新能力、批判性思维、良好的沟通能力和团队协作精神。

3. 价值目标

诊断学实践性强，是一门人文科学，旨在培养学生的创新、专研、持之以恒、吃苦耐劳的科研精神。培养学生"敬佑生命、救死扶伤、甘于奉献、大爱无疆"的医者精神，引导学生始终把人民群众生命安全和身体健康放在首位。

(二)课程思政的主线

坚持把"立德树人"作为中心环节，让教书育人以"润物细无声"的方式渗入到每个章节的授课中。通过案例教学、见习和床边临床接触等多种教学形式和教学环节，引导学生如何尊重患者、进行医患沟通，以及如何做人做事。着力培养医术精湛、医德高尚的临床医生。

(三)课程各章节的思政元素

(1)"常见症状"章节，旁征博引临床实际病例，增强学生的职业认同感和荣誉感。

(2)在"问诊"和"体格检查"中，加入医德要求和对病人的人文关怀，引用抗疫期间的实例，培养学生的社会责任感和人道主义精神。同时教育引导学生如何尊重患者、进行医患沟通，增强医学伦理原则意识。

(3)"实验诊断""辅助检查"和"病历书写"章节，培养学生严谨求实的态度。

(4)"临床常用诊断技术"章节，引用临床病例体现人文关怀，职业素养等医学人文内容，需要在实践操作中潜移默化传递给学生。

二、案例节段的教学设计

(一)对教学对象的分析

1. 学生知识经验分析

学生已经具备解剖学、组织胚胎学、生理学、生物化学、免疫学、病理生理学、医学影像学等基础医学知识，但缺乏临床实践经验。

2. 能力分析

学生对课堂理论知识接受、理解快，短时记忆能力强，但知识较分散，尚不能将理论知识灵活运用于临床实际病例，实践动手能力不足。

3. 学生思想状况分析

医学职业道德和职业精神意识不强，社会责任感和人文关怀认识不够深刻。

(二) 对教学目标的分析

1. 知识目标

掌握正常呼吸音听诊特点、异常呼吸音的临床意义；掌握湿啰音及干啰音的发生机制、听诊特点、分类及临床意义；掌握胸膜摩擦音听诊特点及临床意义；熟悉呼吸系统常见疾病的听诊特点。

2. 能力目标

通过学习胸肺部听诊的基础理论和临床意义，建立临床思维，熟练掌握胸肺部听诊技能并运用于临床，建立基础与临床的联系；熟悉医学伦理的基本原则。

3. 价值目标

增强学生的职业认同感和荣誉感，培养学生的社会责任感和人道主义精神；培养学生的勤于思考、吃苦耐劳的科研精神；教育引导学生如何尊重患者并进行医患沟通，增强医学伦理原则意识。

(三) 对教学内容的分析

1. 本节段在课程中的逻辑位置

已学习完视触叩听基本体格检查手法及注意事项概论。本章已学习完胸肺部查体的视诊、触诊和叩诊，本节段为胸肺部查体的最后一节胸肺部听诊。

2. 本节段的教学重点

胸肺部听诊的操作手法及临床意义。

3. 本节点的教学难点及化解难点的方案

难点一：

难点分析：胸肺部听诊是临床技能实践科学，操作性强，课堂以理论知识讲述为主，部分知识枯燥易混淆，学生不能直观的感受。

化解方案：图文并茂、板书、视频加 MOOC 等多元素、多角度阐述，仍需要结合临床病例以及自己实际操作理解并巩固知识。理论授课后安排实验课进行实践操作巩固理论知识，并通过理论和操作双重考核来考查学生对胸肺部听诊知识的掌握情况。后续安排学生进入临床实习接触真实的患者直观感受。

难点二：

难点分析：如何将思政元素有机融入课程教学中。

化解方案：思政课程是"润物细无声"的隐形教育，可从国家、社会、医院多角度为切入点，举例、视频、图片等不同方式引导，帮助学生树立正确的人生观和社会道德，培养学生的责任担当意识，通过社会道德、职业道德等讲述培养引导学生如何尊重患者并进行医患沟通。最后鼓励并引领学生不忘初心，坚持自己学医的信念，砥砺前行。

（四）教学手段与方法

教学手段：

（1）PPT：最主要教学手段，展示重要概念、结论、视频、图片等；

（2）教学动画和视频、MOOC 课程平台：展示胸肺部听诊的真实场景，加深学生对理论知识的认知以及课后方便自学巩固课堂知识；

（3）利用"学习通"进行病例讨论及随堂测试：实时了解学生对知识的掌握及运用情况；

（4）板书：通过板书示意图展示听诊操作顺序。

教学方法：

BOPPPS 教学法、CBL 教学法、参与式教学法、体验式教学法、教学动画和视频、学习通、示范、板书等。

（五）教学过程

教学过程详见表 1。

表 1　　**教学流程图**

教学要求	教学步骤及活动	课程思政设计	时间
	导入：图片和故事 讲述新冠疫情期间，中部战区总医院心胸外科和南方医科大学第一临床学院的一线临床医生坚持进入“红区”进行胸肺部查体，用薯片筒当听诊器(见下图①)，并将此发表在世界心脏病学领域顶级学术期刊《欧洲心脏杂志》上(见下图②)，而这个想法来源于最早听诊器的发明(见下图③，来源于网络) 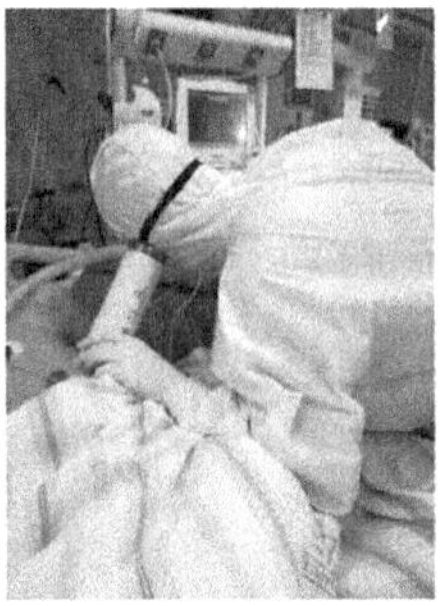 ① 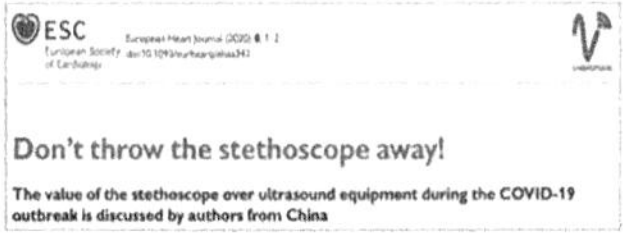 ESC Don't throw the stethoscope away! The value of the stethoscope over ultrasound equipment during the COVID-19 outbreak is discussed by authors from China ② 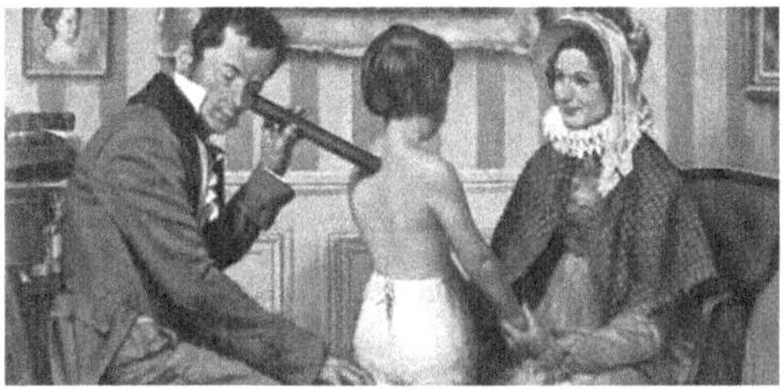 ③	图片展示和背后故事的阐述体现了胸肺部听诊的重要性和必要性。讲述特殊时期医疗工作者爱国、无私奉献的医者仁心，通过国家情怀激发学生情感共鸣，通过医者仁心将爱岗敬业、社会责任等与教学内容有机融合，增强学生的职业荣誉感和职业精神	1分钟
提出学习目标	**学习目标** 知识目标 (1)区别正常呼吸音和异常呼吸音的听诊特点和临床意义 (2)对比干、湿啰音的发生机制、听诊特点及临床意义 (3)阐述胸膜摩擦音听诊特点及临床意义 能力目标 通过学习胸肺部听诊的理论基础和临床意义，熟练掌握胸肺部听诊作并运用于临床，建立基础与临床联系，训练临床思维 **职业素养目标(隐性)** (1)培养学生爱岗敬业和精益求精的医学职业精神 (2)增强学生人文关怀的意识	职业素养目标为教师潜移默化灌输给学生，为隐形教育，不在PPT里介绍，以免引起学生不适	1分钟

续表

教学要求	教学步骤及活动	课程思政设计	时间
熟悉胸肺部听诊顺序和注意事项①	**前测** 用"学习通"进行测试(选择题及问答题),了解学生对上节课以及前期基础知识的掌握情况。 问题:(1)胸肺部叩诊顺序? 　　　(2)胸肺部查体注意事项? 了解学生前期基础知识掌握情况,根据学生答题情况结合学生思想实际,动态调整本堂课的授课内容	听诊需要暴露患者胸肺部,讲述听诊操作的特殊性以及注意事项,需要注意人文关怀、保护患者隐私、保护医生自己安全	3分钟
掌握正常呼吸音听诊特点;异常呼吸音的临床意义	**参与式学习** 讲解理论知识的同时让学生**自己用听诊器听诊**不同部位的呼吸音,列举临床真实病例引导学生探究其临床意义 图文并茂、视频加板书讲解正常呼吸音听诊特点及听诊顺序、异常呼吸音及临床意义。依次讲解支气管呼吸音、支气管肺泡呼吸音和肺泡呼吸音的听诊特点(见下图),每讲一处引导学生自己用听诊器在相应的部位进行听诊,自己去感受听诊音的特点。然后引用临床真实病例讲解异常听诊音的临床意义以及重要性 支气管呼吸音 支气管肺泡呼吸音 肺泡呼吸音②	胸肺部听诊是实践性比较强的临床技能操作,引导学生自主练习,激发学生的学习积极性,加强对知识的理解和掌握。讲述曾担任人民医院院长的李庚山教授的听诊事迹,展现老一辈医学名家的自强勤奋的工作作风,体现立德树人的思想引领	18分钟

① Zhu J, Tan Y, Huang B, Zhu Y, Gao XH:"Don't throw the stethoscope away!", European Heart Journal, 2021 Jan 1, 42(1), pp. 10-12.

② 万学红、卢雪峰主编:《诊断学》,人民卫生出版社 2018 年版,第 135 页。

教学要求	教学步骤及活动	课程思政设计	时间
掌握湿啰音及干啰音发生机制、听诊特点、分类及临床意义；掌握胸膜摩擦音听诊特点及临床意义	图文并茂加医学视频讲述附加音的产生机制方便学生理解并掌握湿啰音及干啰音的特点和临床意义。讲述湿啰音时引用"水中吹泡泡"的例子，讲述干啰音引用"吹口哨"的例子，利用自然科学及物理学原理让学生更容易理解和记忆。接着展示临床常见疾病的影像学并讲解临床意义，巩固并灵活运用此次课堂所授知识。最后应用音频放映让学生进一步体会不同附加音的听诊特点 讲解语音共振时先复习上节课语音震颤的相关知识，温故而知新，然后讲述其听诊特点(见下图)及临床意义，最后讲胸膜摩擦音听诊特点及临床意义，并提出问题：胸膜摩擦音和心包摩擦音如何区分？作为思考题供学生课后完成。同时给出 MOOC 链接，供学生们课后温习具体操作和相关临床意义 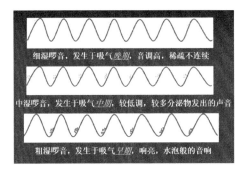 细湿啰音，发生于吸气*早期*，音调高，稀疏不连续 中湿啰音，发生于吸气*中期*，较低调，较多分泌物发出的声音 粗湿啰音，发生于吸气*早期*，响亮，水泡般的音响 随着科技发展，医生临床需求，出现了电子听诊器和人工智能听诊器(见下图，来源于网络)，介绍其最新进展，同时强调其局限性 	讲述附加音特点时引用自然科学和物理学原理。同时通过介绍电子听诊器和人工智能听诊器的最新进展，充分体现我国医疗卫生水平的发展，彰显家国情怀，激发学生民族自豪感和职业精神。强调开阔思维，但也不能脱离传统的技能培训	17分钟

续表

教学要求	教学步骤及活动	课程思政设计	时间
熟悉呼吸系统常见疾病的听诊特点①	**后测** 以临床真实病例为题干，描述患者临床典型症状，展示其胸部影像学，互动讨论，以“学习通”为平台提问该疾病可能出现的异常听诊特点，依次提问慢性阻塞性肺疾病、支气管哮喘、胸腔积液、气胸。通过测试检验学生的学习效果，课后自学大叶性肺炎的听诊特点 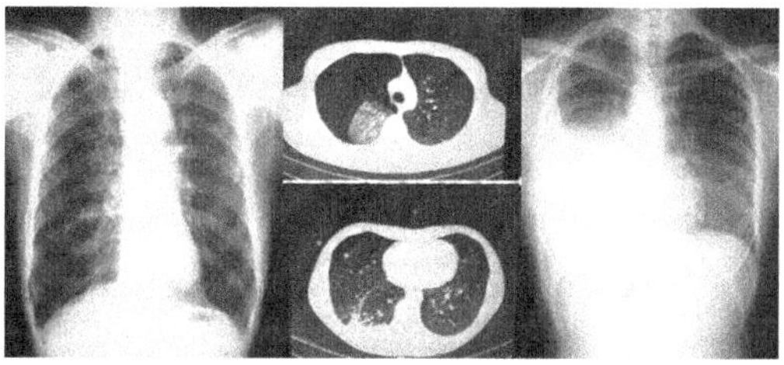	通过引入临床病例激发学生的自主学习兴趣，加深对本次课堂知识的理解，整合并灵活运用于临床。再次激发学生学习的主观能动性	4分钟
	总结 对本堂课所讲述的知识目标、能力目标等相关内容进行总结，最后感谢学生并鼓励大家不忘初心，勤学苦干，坚持自己的信念	最后鼓励并引领学生不忘初心，坚持自己学医的信念，砥砺前行	1分钟

（六）教学评价

学院会采用多种调查方式面对学生对教师进行评价（见图 1）。课后发放问卷星对学生进行问卷调查（见图 2、图 3、图 4），内容包括对教学方法、教学手段的认可以及学生是否理解、认同和接受所传递的思政元素等。调查结果显示学生希望在诊断学中融入医学职业素养、专业自信、社会责任感等多种思政元素（见图 5）。从中笔者也可以发现自己的不足，如学生希望可以融入的思政元素包括社会责任等此次课堂未涉及，笔者会在其他课程中融入。

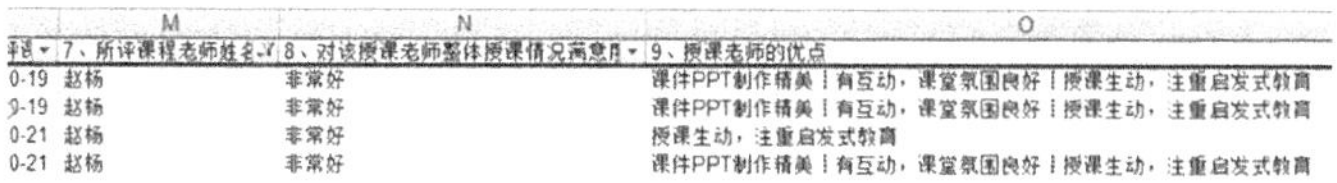

	M	N	O
评语	7、所评课程老师姓名	8、对该授课老师整体授课情况满意度	9、授课老师的优点
0-19	赵杨	非常好	课件PPT制作精美丨有互动，课堂氛围良好丨授课生动，注重启发式教育
9-19	赵杨	非常好	课件PPT制作精美丨有互动，课堂氛围良好丨授课生动，注重启发式教育
0-21	赵杨	非常好	授课生动，注重启发式教育
0-21	赵杨	非常好	课件PPT制作精美丨有互动，课堂氛围良好丨授课生动，注重启发式教育

图 1　学生对我的评价截图

① 万学红、卢雪峰主编：《诊断学》，人民卫生出版社 2018 年版，第 137 页。

*5. 老师的授课注重启发引导，调动了您的学习积极性

　非常同意

　同意

　一般

　不同意

　非常不同意

*6. 课程加深了您对职业的认识，帮助您提升职业素养

　同意

　一般

　不同意

　不确定

*7. 教学内容包含行业前言和动态，注意培养学生的创新性

　非常同意

　同意

　一般

　不同意

　非常不同意

图 2　课程思政评价问卷节选 1

*8. 在诊断学的教学中，你认为以下哪些教学目标最重要？请选出最重要的六个。【多选题】

　A、专业认同

　B、职业伦理道德

　C、社会责任

　D、信息技术基础知识

　E、分析问题能力

　F、创新能力培养

　G、运用专业知识

　H、领会专业知识

　I、优秀品质

　J、健康的审美情趣、乐观的生活态度

　K、社会主义核心价值观的引领

　L、中华优秀传统文化传承

*9. 你希望在诊断学中融入哪些思政教育内容，可多选（可填空）【多选题】

　民族自豪感

　爱国主义及其时代要求

　中华传统文化

　专业自信

　科研诚信

　专业精英事迹

　法制教育

　医学职业素养

　社会责任感

　工匠精神

　其他

图 3　课程思政评价问卷节选 2

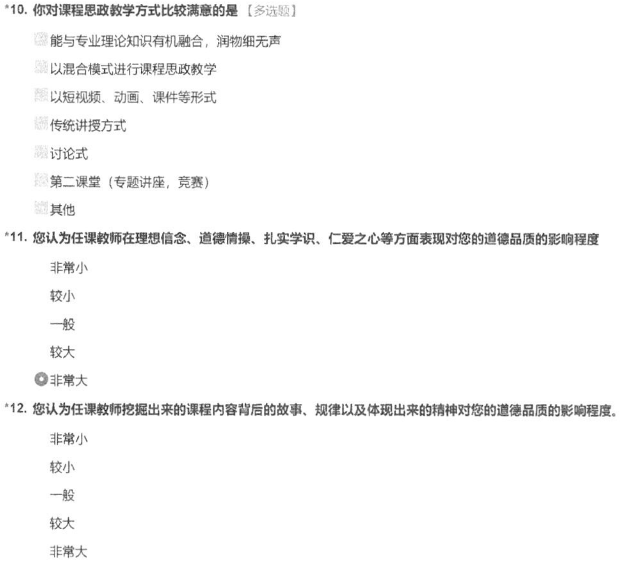

*10. 你对课程思政教学方式比较满意的是 【多选题】

☑ 能与专业理论知识有机融合，润物细无声

☑ 以混合模式进行课程思政教学

☑ 以短视频、动画、课件等形式

☑ 传统讲授方式

☑ 讨论式

☑ 第二课堂（专题讲座，竞赛）

☑ 其他

*11. 您认为任课教师在理想信念、道德情操、扎实学识、仁爱之心等方面表现对您的道德品质的影响程度

 非常小

 较小

 一般

 较大

 ◉ 非常大

*12. 您认为任课教师挖掘出来的课程内容背后的故事、规律以及体现出来的精神对您的道德品质的影响程度。

 非常小

 较小

 一般

 较大

 非常大

图 4　课程思政评价问卷节选 3

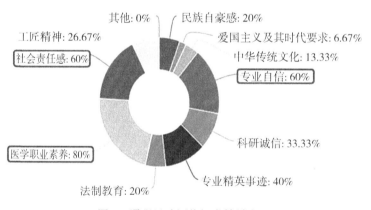

图 5　课程思政评价问卷结果之一

诊断学是实践性很强的学科，最后对学生的考核也将理论和实践相结合综合进行测评，测评后同时将结果和不足反馈给学生。在平时的授课中教师会建立 QQ 群，学生上完理论课后可在群里讨论以及将自己的操作视频上传由教师观看后提出相关修改意见。就诊断学整个课程来说，教学评价由终结性评价向形成性评价转变。学院会对授课教师进行评价，教师会对授课学生进行评价，同时授课学生也会对教师进行评价。而这些教学评价的评价方法、

评价内容和考核给分比例等都正在逐步并持续改善中。

三、教师对课程思政的感受与认识

课程思政需贯穿在整个教学过程中，利用好举例、图片、视频、MOOC等工具，运用 BOPPPS、CBL 教学法、参与式教学法、体验式教学法等多种教学手段，从学生的求知需求出发，巧妙地充实自己的课堂内容，充分调动学生的积极性，让学生很好地参与进来，才能让思政元素隐含于教学活动之中，以"润物细无声"的方式灌输给学生。这需要教师一定要不断提升自身的思想政治理论水平和育人能力，培育坚定的理想信念，才能引领学生成长。课后还需进行相关教学效果的系统评价，从而发现不足，持续改正。

"遗传咨询、产前筛查与产前诊断"课程思政教学案例做有温度的妇产科医生

段　洁①

课程名称：遗传咨询、产前筛查与产前诊断　**课程性质**：专业必修课程

学分/学时：2/72(理论学时64)　　　　　**授课对象**：临床医学本科(大四下)

课程简介："遗传咨询、产前筛查与产前诊断"是临床妇产科学的第七章节，是面向临床医学本科生的一门核心专业必修课程。开课学期为大四上，课程学分为2；课程学时72，其中理论课程学时64。课程的主要内容包括产前筛查、产前诊断以及遗传咨询的定义及方法，遗传咨询的步骤及原则，产前筛查及产前诊断的应用等。在学习这一章节以前，学生前期已完成女性生殖妊娠生理和诊断相关学习，后续章节将开展病理妊娠、胎儿异常等相关章节的学习，因此该章节位于生理与病理知识学习承上启下的阶段，同时也是帮助学生对于女性生殖健康特殊性加深认知，建立保护母婴健康的使命感，增强医患沟通时的技巧，提高学生的同理心和对患者隐私的保护意识的重要节点。

一、本门课程的总体设计

(一)课程思政的目标

形成保护母婴健康的理念；培养学生在产前诊断、遗传咨询过程中对于

---

①　教师简介：段洁，武汉大学中南医院第二临床学院讲师，妇产科副主任医师。获武汉大学医学部教师讲课比赛英文组一等奖，入选武汉大学中南医院优秀中青年计划，湖北省第三届健康科普大赛一等奖，武汉大学首届"课程思政"说课比赛三等奖，湖北省科学技术成果推广奖一等奖。

患者的隐私保护，并在沟通过程中注意维护患者的知情选择权利。养成遗传咨询的非指令原则，遵循伦理道德，培养同理心及医者仁心，培养学生"敬佑生命、大爱无疆"的医者精神。由于面对的"患者"是未出世的胎儿，需要注意对于不同妊娠期胎儿宫内干预会涉及相应的伦理道德问题（孕 28 周以上应经过伦理委员会审查），并且在此过程中关注母胎二者的生命安全，引导学生始终把人民群众生命安全和身体健康放在首位，尊重患者，善于沟通的能力。

（二）课程思政的主线

图 1 列举了本门课程思政的主线，通过疾病概述的导言引出学生共情，加强学生对于医者仁心的思政教育。在课程对于孕期保健、产前筛查与产前诊断的相关知识中，强调以患者为中心的医疗服务精神和人文关怀，着力培养学生将人民群众生命安全和健康放在首位的医疗精神，加强人文关怀，培养学生敬佑生命、救死扶伤、大爱无疆的医者精神。最后在介绍遗传咨询过程中，以遗传咨询的原则将本课程中重点的医疗工作的职业伦理和人文伦理的思政要素进行具体讲解和情景演练，在此过程中，提升学生的综合素养和人文修养，提升其医疗沟通技巧及能力，培养其做一名党和人民信赖的好医生。

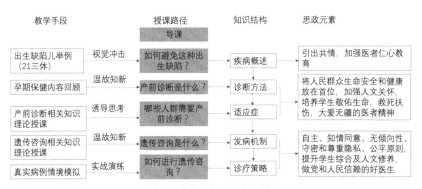

图 1　本门课程思政主线

二、案例节段的教学设计

（一）对教学对象的分析

学生的知识经验：遗传咨询与产前诊断是妇产科学教学的难点，学生已接受前期妊娠生理、孕期保健、医学遗传学基础理论、儿科基础理论相关学习，对母婴健康有基本认识，对保护母婴健康的具体措施及指导方法及临床经验尚缺乏。

学生的学习能力：学生具有一定的独立思考、查阅文献的能力，自主学习能力较强，但更严谨的科研信息接受能力、研究能力及临床实际运用能力不足。

学生的思想状况：学生处于三观及性格塑造的关键时期，自我意识较强，甘于奉献的意识较为薄弱，是培养学生成长为"党和人民信赖的好医生"的现阶段发展存在的痛点问题。且该阶段学生尚未接触临床，医患沟通时多以生涩的医学词汇为主，沟通技巧以及沟通过程中的同理心意识稍弱，了解自己及他人的情绪不足，对于患者隐私的保护意识仍需加强，在医者仁心教育、尊重患者、医患沟通能力以及人文修养方面仍需进一步加强。

（二）对教学目标的分析

1. 知识目标

（1）能阐述遗传咨询的定义、对象、步骤及原则。能够明确产前诊断的对象、适应证。

（2）能详述产前诊断及产前筛查的定义、具体内容，能识别产科常用超声胎儿异常的表现。

（3）能阐述遗传病的分类，指导患者进行常见遗传病的各种辅助检查，对检查结果能准确判读。

2. 能力目标

（1）能够指导服务对象进行出生缺陷的三级预防。

（2）贯彻遗传咨询的原则，强化沟通表达能力，能在临床实际中初步运用这些知识，在临床中进行简单的接诊和问诊。

（3）通过课后学习资料及思考题，学会独立思考、自主学习方法。

3. 思政目标

（1）形成保护母婴健康的理念；培养学生产前诊断、遗传咨询过程中对于患者的隐私保护。

（2）培养学生对服务对象流畅沟通、维护知情选择权利。

（3）养成遗传咨询的非指令原则，遵循伦理道德，培养同理心及医者仁心，培养学生"敬佑生命、大爱无疆"的医者精神。

（4）由于面对的"患者"是未出世的胎儿，需要注意对于不同妊娠期胎儿宫内干预会涉及相应的伦理道德问题（孕28周以上应经过伦理委员会审查），并且在此过程中关注母胎二者的生命安全，引导学生始终把人民群众生命安全和身体健康放在首位，尊重患者，善于沟通的能力。

（三）对教学内容的分析

1. 本节段在课程中的逻辑位置

本章节内容位于《妇产科学》第七章节，前期已完成女性生殖妊娠生理和诊断相关学习，后续章节将开展病理妊娠、胎儿异常等相关章节的学习，因此该章节位于生理与病理知识学习承上启下的阶段，同时也是帮助学生对于女性生殖健康特殊性加深认知，建立保护母婴健康的使命感，增强医患沟通时的技巧，提高学生的同理心和对患者隐私的保护意识的重要节点。

2. 本节段的教学重点

（1）产前诊断的定义、具体内容；

（2）遗传病的分类；

（3）遗传咨询的定义、对象、步骤及原则。

3. 本节点的教学难点及化解难点的方案

（1）遗传咨询与产前诊断的区别与联系；

（2）遗传咨询过程中的医患沟通及人文关怀。

通过对遗传咨询的定义、方法、步骤等方面的讲解，阐述遗传咨询与产前诊断在诊疗过程中的相辅相依的关系以及在方法学和概念方面的不同点。同时在课程后半段将利用情境模拟、多媒体互动的方式让学生体验在实际医患沟通中，如何有效沟通的同时关注孕产妇及家属的心理和人文关怀。

（四）教学手段与方法

PPT多媒体理论授课、情景模拟教学、小组讨论。

（五）教学过程（如表 1 所示）

表1　　　　　　　　　　　　教 学 过 程

教学环节	教学内容与教学方法	思政设计	教学时间
课程导入	看图说话 【PPT 展示】 【设问互动】 以两个出生缺陷病例的遭遇导课唐氏综合征和天使综合征，唤起学生的学习欲望，拉近与学生的距离，随后引出我国出生缺陷监测数据：目前我国出生缺陷总发生率约为 5.6%，每年新增出生缺陷约 90 万例。这意味着，平均不到 30 秒就有 1 名缺陷儿出生（提出问题的重要性，唤起学生对于本章学习重要性的认识）。母婴健康是全民健康的基础，降低出生缺陷也是我国提出的基本国策之一（见下图）。 降低出生缺陷是我国的基本国策 【思维诱导】：什么是出生缺陷？降低出生缺陷该如何做？	引出共情，加强医者仁心教育	5分钟
理论授课	1. 出生缺陷三级预防的概念 【PPT 展示】 ①定义： ● 出生缺陷：出生缺陷是指婴儿出生前发生的身体结构、功能或代谢异常，其产生原因主要为遗传、环境及二者共同作用。 ②如何避免？ ● 出生缺陷的三级预防：一级、二级、三级预防（见下图）。 如何降低出生缺陷讲解示例 【思维诱导】：回顾正常妊娠孕期保健中需要做哪些检查？哪些检查属于产前筛查？哪些检查属于产前诊断？为后续产前筛查、产前诊断的讲解进行铺垫。		5分钟

教学环节	教学内容与教学方法	思政设计	教学时间
理论授课	2. 产前筛查的概念 【PPT 展示】 定义： 产前筛查：是通过无创的方法对早、中孕期孕妇进行检查，以发现高风险胎儿并通过图例讲解筛查与诊断的区别（见下图），筛查方法与诊断方法在敏感度、准确度中的差异。 **产前筛查** 是指通过无创的方法对早、中孕期孕妇进行检查，以发现高风险胎儿 高风险的胎儿建议进行产前诊断 孕妇群体　产前筛查　高危胎儿　产前诊断　异常胎儿终止妊娠 通过图例介绍产前筛查的概念 随后通过简要的历史回顾，讲解产前筛查的历史演变过程，从最初的发现高龄孕妇中生育唐氏愚型儿的比例较高，随后发现高龄孕妇中血清学指标的升高，演变为最早的唐氏筛查，再演变到现如今母体外周血中胎儿游离 DNA 的检测，提高产前筛查的准确率。 **唐氏综合征** **认知的演变** Dr. Lionel Sharpies Penrose • Dr J. Langdon Down于1866年对一类具有特殊面容的患者群体进行了归类；1961年经国际专家推荐，该类患者被正式命名为唐氏综合征（Down's syndrome） • 于1933年Penrose等最先报道孕妇分娩时年龄与唐氏综合征的关系，孕妇分娩时的年龄越大，其胎儿罹患唐氏综合征的概率越高 • 1959年，Book等人提出唐氏综合征是由多出的21号染色体引起 • 1964年，Penrose提出唐氏综合征最主要的风险因素为孕妇高龄，从而导致减数分裂时的不分离现象 唐氏综合征认知的演变 产前筛查的演变　　我国产前筛查工作的开展 Prenatal screening　　Prenatal screening 产前筛查工作的演变 【思维诱导】：产前筛查提示异常，胎儿一定异常吗？如何确诊？为后续的产前诊断做铺垫。	通过历史上这些著名的医生和科学家钻研的过程，认识到医学是始终以患者为中心的医者责任，如果没有医者敬佑生命，把人民群众生命安全和身体健康放在首位的医者精神，目前在出生缺陷的预防方面就不会有现在的技术及突破，强调学生以患者为中心的医疗服务精神和人文关怀，着力培养学生将人民群众生命安全和身体健康放在首位的医疗精神	10分钟

教学环节	教学内容与教学方法	思政设计	教学时间
理论授课	3. 产前诊断的概念 【PPT展示】 定义(重点)： 产前诊断：针对产前筛查出有问题或者高风险的人群进一步做的诊断性检查，它是在出生前对胎儿的发育状态、是否患有疾病等方面进行检测和诊断。对可治性疾病，选择适当时机进行宫内治疗；对于不可治疗性疾病，使孕妇能够做到知情选择。 产前诊断的适应证(见下图)(重点)： 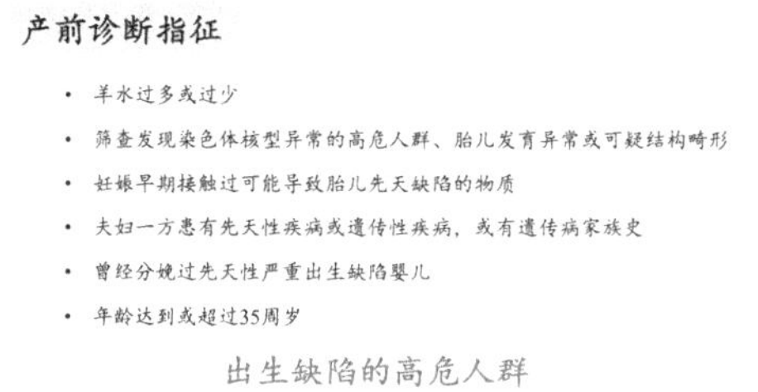 **产前诊断指征** · 羊水过多或过少 · 筛查发现染色体核型异常的高危人群、胎儿发育异常或可疑结构畸形 · 妊娠早期接触过可能导致胎儿先天缺陷的物质 · 夫妇一方患有先天性疾病或遗传疾病，或有遗传病家族史 · 曾经分娩过先天性严重出生缺陷婴儿 · 年龄达到或超过35周岁 出生缺陷的高危人群 产前诊断的适应证 【思维诱导】：如何进行产前诊断？产前诊断的方法有哪些？随后进行产前诊断方法技术的介绍(见下图)。 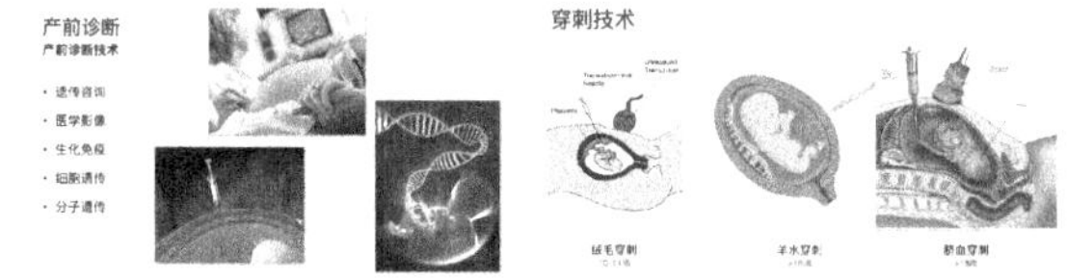 产前诊断的方法介绍(图片整理自网络) 【思维诱导】：产前诊断检测出胎儿有遗传性疾病，例如21-三体综合征，如何与患者进行沟通？下次妊娠如何避免？为遗传咨询的讲解进行铺垫。	强调产前诊断中孕妇及家属的充分知情权和选择权，在此过程中，提升学生的综合素养和人文修养，提升其医疗沟通技巧及能力	10分钟
理论授课	4. 遗传咨询 【PPT展示】 定义(见下图)(重点)： 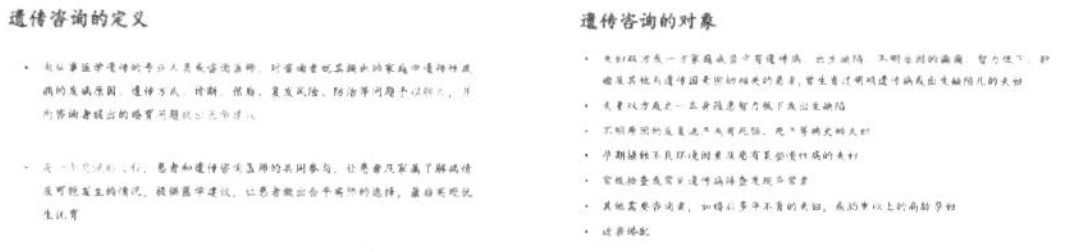 遗传咨询的定义及对象 【思维诱导】：回顾遗传性疾病的分类、遗传模式、再发风险(医学遗传学知识)，随后提出问题，在临床工作中遇到这样的病例如何与患者进行遗传咨询？由于遗传性疾病在生育期可能涉及背后两个家庭的幸福，也涉及患者本人的隐私，那么在咨询过程中应该注意哪些问题？	在此过程中强化对于患者隐私权、医生对于患者的隐私守密原则，进一步强化学生尊重患者的医疗意识以及医患沟通能力	10分钟

教学环节	教学内容与教学方法	思政设计	教学时间
理论授课	5. 遗传咨询的步骤及原则(**重难点**) 【PPT展示】 【互动】 **遗传咨询步骤** · 明确诊断 · 确定遗传方式 · 提出医学建议 获取信息 建立和证实诊断 风险评估 正确解读信息 病人教育、心理咨询 **遗传咨询的原则** · 自主原则 · 知情同意原则 · 无倾向性原则 · 守密和尊重隐私原则 · 公平原则 有杂病病通过家系分析就可以提供遗传咨询；有些疾病则需通过实验室检查、影像学检查、染色体核型分析、分子检型分析等明确诊断 **遗传咨询的步骤及原则** 通过介绍遗传咨询的步骤，重点强调遗传咨询中需要遵循的六大原则：自主原则、知情同意原则、无倾向性原则、守密和尊重隐私原则、公平原则。	通过对六大原则的解释重点介绍思政元素，如：在相关检测报告回报进行遗传咨询时，应遵守"无倾向性原则"，医生是对疾病的表现和预后对患者做到充分告知，最终由孕妇及其家属对于妊娠的去留做出知情选择，而非医师进行指令性的咨询；对于夫妻一方有家族性遗传性疾病者，应先与患病一方沟通，充分尊重其隐私，并遵循"守密"原则，在未得到患者同意时，不得将其情况告知于其他人。医患沟通中注意沟通技巧，有"共情"意识，产前遗传咨询时注意沟通过程中对于孕妇及其家属的人文关怀。并关注医学生的世界观、人生观、价值观，引导学生围绕医者甘于奉献、大爱无疆的精神帮助其三观塑造，培养其成为"党和人民信赖的好医生"。	15分钟

教学环节	教学内容与教学方法	思政设计	教学时间
理论授课	6. 情境模拟讨论 【情境模拟】 【互动讨论】 模拟真实产前诊断、遗传咨询的案例场景(此处提供一产前筛查提示"唐氏高风险"的病例),将学生分为三组,分别代表医生、孕妇及家属,每组各派一名代表进行真实场景重现和模拟遗传咨询。 首先进行产前筛查结果的咨询,观察点在于:(1)医生是否对产前筛查结果进行了正确的解读? 唐氏筛查高风险胎儿就一定有问题吗? 需要注意筛查结果的假阳性可能,需要进一步产前诊断以明确诊断。(2)产前诊断的方法有哪些? 什么时候进行? 利弊是什么? 随后产前诊断结果回报,提示胎儿为21-三体唐氏愚型儿患者,进行下一步的遗传咨询。此处观察点在于:(1)医生在告知结果时是否孕妇及家属均在场?(2)报告解读时是否遵守了"无倾向性原则"? 是否做到了"知情同意"?(3)对于唐氏愚型儿的表现、预后的告知是否正确?(4)对于21-三体的发生原理、再发风险的告知是否正确,在此过程中是否有注意患者"隐私权"? 比如"21-三体是由于卵子问题"这样容易引起夫妻矛盾以及孕妇自责的话语是否有规避?(5)对于下次妊娠如何避免的咨询是否正确? 【小组讨论】 各组学生对于情境模拟过程中学生代表的表现分别进行点评,从理论知识、沟通技巧、思政元素方面进行讨论和反思,在此过程中提升大家对于出生缺陷概念的认知、如何预防及诊断、遗传咨询的基本原则和伦理关怀进行重点讲解。	讨论过程中,注意医生是否做到充分的知情告知? 孕妇及家属是否在知情的情况下进行了选择? 在告知过程中,医生言语态度是否合适? 是否体现了对患者的"共情"与"人文关怀"? 咨询过程中以及咨询后有无注意孕妇的情绪,有无进行适当的停顿、或通俗的解释以帮助孕妇及其家属理解?	30分钟
总结	7. 总结与反馈 【板书】 【互动】 (1)师生在情境模拟中对模拟者进行点评(诊断是否正确? 沟通用语是否规范,思政元素是否落实等)。 (2)教师对课程及病案讨论过程进行点评和小结,学生反馈。		5分钟

（六）教学评价

教学评价方法：（1）评价教师；（2）测评学生掌握课堂内容的程度（问卷星反馈，各设置 5 道题目）。教学评价说明：了解学生对于课堂内容掌握程度，课堂设计和授课方式是否满意。

三、教师对课程思政的感受与认识

课程思政需要教师在教学过程中有机、有效地对学生进行思想政治教育，在医学领域，医学生在本科教育过程中培养起的核心价值观、专业伦理等对于他们将来从事临床工作尤为重要。医学教学中，我们尤其要着力培养学生"敬佑生命、救死扶伤、甘于奉献、大爱无疆"的医者精神，注重加强医者仁心教育，在培养精湛医术的同时，教育引导学生始终把人民群众生命安全和身体健康放在首位。医学生将来是守护人民健康的卫士，因此对于还未接触临床的医学生加强课程思政教育尤为重要。在本课程中，所要学习的疾病是发生在妇幼群体，在产前对胎儿进行相关疾病的诊治时，所要面对的不仅是孕妇，而是背后的家庭，因此产前咨询以及遗传咨询过程中应当尤为注意对患者的隐私保护，并且在相应的诊疗以及意愿的建议中应当遵循非倾向性原则，而这则是在其他学科诊疗活动中略有不同的，这更加考验学生的同理心，是否以患者为中心，是否能够在面对一味追求技术的高精尖的过程中，真正将患者利益放在第一位去思考诊疗活动的"为"与"不为"。在设计这堂课的课程思政中，也促使教师沉下心来回顾医者初心，更好地担当起学生健康成长指导者和引路人，将培养"党和人民信赖的好医生"作为我们的教育目标。

"牙体牙髓病学实验"课程思政教学案例
术区隔离之橡皮障隔离术

王　莉①

课程名称：牙体牙髓病学实验　　**课程性质**：实验课(临床前实践课程)

学分/学时：2/48

授课对象：口腔医学专业五、"5+3"、八年制本科四年级学生

课程简介：牙体牙髓病学是研究牙体硬组织和牙髓组织疾病发病机制、病理变化、临床表现、诊断、治疗及转归的一门学科。内容包括龋病、牙体硬组织非龋性疾病及牙髓病和根尖周病等。涉及这些疾病的病因、症状、体征、诊断、治疗和预防等各个方面。以理论学习为主，辅以仿真头颅模型的实验操作和临床见习，使学生掌握牙体牙髓病学的相关基础理论和临床操作要点。为今后成为一名合格的口腔临床医师打下坚实的基础。

一、本门课程的总体设计

(一)课程思政的目标

(1)引导学生在医患沟通、治疗过程中思考人文关怀知识、体验人文关怀，内化为人文关怀精神。(对患者)

(2)引导学生理解团队协作的重要性，以"团结协作教育"为着力点，加强学生合作意识。(对同事)

---

①　教师简介：王莉，女，博士、副教授、主任医师，武汉大学口腔医学院牙体牙髓病学教研室副主任，武汉大学口腔医院牙体牙髓一科负责人。

（3）引导学生通过辩证的哲学思维在学习和实践中进行独立思考，不断提升自身能力。（对自身）

（二）课程思政的主线

践行社会主义核心价值观，凝练出共情能力与人文关怀、精益求精的工匠精神、积极进取的团队精神等思想政治元素的集合，根据专业知识的模块特点，分工细化，逐层渗透，实现从专业到多个思想政治结合点的全面覆盖。

（三）课程各章节的思政元素

（1）"爱伤意识""同理心""共情力"等人文关怀；
（2）"法治意识"和"诚信"；
（3）马克思主义哲学和辩证唯物主义思想。

二、案例节段的教学设计

（一）对教学对象的分析

1. 学生特点分析

本次授课对象为口腔五年制、"5+3"以及八年制学生。这批学生为"00后"，思想活跃、思维开放、接受新鲜事物能力强，但缺乏一定的辨别力。他们善于借助抖音、知乎等网络平台获悉自己感兴趣的话题，但对国家发展以及国际局势缺乏必要的关注。总体综合素质较高，学习能力较强，但个人主义浓厚，合作意识较为薄弱。

根据前期授课效果反馈，学生群体的基础知识较为牢固，大部分学生对牙体牙髓病学知识有较浓厚的兴趣，思维活跃，不喜欢传统的灌输式教育，喜欢通过"听故事""看案例"来对理论知识进行学习，对"怎么做"的兴趣更高。

2. 学生专业知识背景分析

学生已完成了包括通识课程、基础医学实验、临床课程（内科学、外科学、儿科学等）和口腔基础等在内的一系列先修课程的学习，并具备了相应学科的知识储备。其中，关于牙体牙髓病学的知识已在牙体牙髓病学中完成了绪论、计划、牙体硬组织非龋性疾病、牙体疾病的治疗的学习,具备了学习橡皮障隔离术的知识储备。

(二)对教学目标的分析

(1)了解什么是术区隔离以及临床上术区隔离的常用方法;
(2)熟悉橡皮障使用注意事项;
(3)掌握橡皮障隔离术的原理及优点;
(4)掌握橡皮障隔离术所需的器械、物品;
(5)掌握橡皮障隔离术的操作步骤。

(三)对教学内容的分析

1. 本节段在课程中的逻辑位置

橡皮障隔离术是目前在牙体修复和牙髓治疗过程中最有效的术区隔离方法,它可以很好地将唾液等口腔液体阻隔在术区外,还可以防止操作过程中的意外损伤、误吞误吸,同时降低感染,保证术者视野清晰以提高工作效率。作为目前最有效的术区隔离和防护技术,橡皮障隔离术在牙科治疗过程中无论对于医生还是患者均有很大的益处,应是每位牙科医师必须掌握的基本功之一。本节课为临床前实践课程(实验课),在学生了解和掌握牙体牙髓疾病常用器械、口腔医师术式、支点及钻针切割练习后进入橡皮障隔离术的学习,后续课程如窝洞预备,树脂修复,根管治疗等均应该在橡皮障隔离下完成,本节段在课程中承上启下,很好地衔接了前后的学习。

2. 本节段的教学重点

(1)橡皮障隔离术的原理及优点;
(2)橡皮障隔离术所需的器械、物品;
(3)橡皮障隔离术的操作步骤。

3. 本节点的教学难点及化解难点的方案

(1)教学难点:

①橡皮障隔离术所需的器械、物品。橡皮布具有哑光面和光泽面,学生因为初次接触缺少相关专业知识,需要老师详细讲解如何进行区分。橡皮障夹和打孔器有多种类型和大小,容易混淆不清。老师应该帮助学生掌握区分不同的橡皮障夹的关键点,以及不同类型橡皮障夹和打孔器的适用范围,在

临床应用中的选择标准和方法。

②橡皮障隔离术的操作步骤。学生们由于缺乏相关临床经验，对此认识几乎为空白，需要老师详细讲解，并帮助学生认真练习、体会并掌握。

（2）解决方案：

①学习橡皮障隔离术，必须先熟练掌握术中所需的器械、物品，引导学生明白在进行任何一项临床操作前准备工作的重要性。在讲解时引导学生思考为什么选择橡皮障布的哑光面是朝外放置的。同时引导学生思考利用打孔器打孔时，除了遵循基本原则外，还应该考虑到患者的独特性。通过归纳重点，帮助学生熟记并掌握橡皮障隔离术所需的器械、物品。

②对橡皮障隔离术的操作步骤可通过多媒体教学，播放提前录制的橡皮障隔离术操作视频，让原本抽象的知识点更具象化，帮助学生增强理解和记忆，协助他们具体实践操作。同时利用互动式教学，设置大量提问和微课堂参与，请学生现场互动，打破正述讲解方式的沉闷，取长补短。请学生自己总结出关键点，对学生参与课堂教学并加深知识点印象有极大帮助。

（四）教学手段与方法

本课程授课思路为：提出问题→分析问题→解决问题→回顾总结。在课程设计上，将充分运用真实案例吸引关注、启发式教学、互动式教学、多媒体教学、案例实践教学的方式，结合教具讲解、视频展示、微课堂互动及病例展示的教学手段，循序推进术区隔离之橡皮障隔离术的教学。具体运用如下：

（1）真实案例吸引关注：导入环节，通过一起医疗纠纷（医生操作误伤患者舌头），分析口腔治疗的局限性和特殊性，表现术区隔离的重要性。再通过一起真实案例（2016年一儿童在牙科治疗过程中因棉球误吸入气管而导致死亡）引出今日课程的核心内容：术区隔离之橡皮障隔离术。引导学生在医疗活动中要有"爱伤意识"；强调"同理心"和"共情力"在医患沟通中的重要性；强调一名医生的"法治意识"和"诚信"的重要性。

（2）启发式教学：贯穿整个课程多处设计开放式问题，启发学生思考，引导学生顺着逻辑思路向下思考。比如：引导学生思考真实案例发生的主要原因，探讨避免再次出现的举措；引导学生找出区分不同的橡皮障夹的关键点；引导学生思考如何有效进行医患沟通等。

（3）互动式教学：同时设置大量提问和微课堂参与，请学生现场互动，打破正述讲解方式的沉闷，取长补短。请学生自己总结出关键点，对学生参与课堂教学并加深知识点印象有极大帮助。

（4）多媒体教学：通过提前录制的橡皮障隔离术操作视频，让原本抽象的知识点更具象化，帮助学生增强理解和记忆，协助他们进行具体的实践操作。

（5）案例实践教学：通过临床具体案例让学生从理论知识过渡到实践，并从客观视角一步步体验由易到难的临床历程，理解"三思而后行""实践出真知""团结协作"，更能真实体验换位思考的医患同盟意识。

（五）教学过程

按照专业知识教学内容分为八个部分。

1. 术区隔离的定义

教学要求为了解。由一医疗纠纷实例导入，分析口腔治疗的局限性和特殊性，表现术区隔离的重要性。

思政教育的切入点如下：临床上，如果不做术区隔离，高速机头易误伤患者的黏膜和舌头；引导学生在医疗活动中要有"爱伤意识"。

2. 临床上术区隔离的常用方法

教学要求为了解。由真实案例(2016年一名儿童在牙科治疗过程中因棉球误吸入气管而导致死亡)导入——引出今日课程的核心内容：橡皮障隔离术(如图1所示，图片来源搜狐网)。

图1　棉球误吸的新闻报道

思政教育的切入点如下：引导学生思考这个真实案例发生的主要原因，探讨避免再次出现的举措，强调"同理心"和"共情力"在医患沟通中的重要性；强调一名医生的"法治意识"和"诚信"的重要性。

3. 橡皮障隔离术原理及优点

教学要求为掌握。引导学生通过对橡皮障隔离术原理的学习，归纳总结橡皮障的优点(如图2所示)，让学生树立对口腔治疗过程中使用橡皮障隔离术重要性的认识。

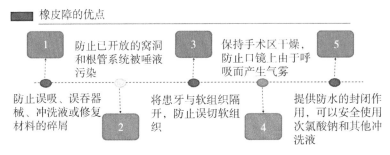

图2　橡皮障隔离术原理及优点

思政教育的切入点如下："思想是行动的先导"，只有认识正确，才会有行动的高度自觉。

4. 橡皮障隔离术所需的器械、物品

教学要求为掌握。

(1)引导学生思考：为什么选择橡皮障布的哑光面朝外放置？

思政教育的切入点如下：《论语·卫灵公》：子贡问为仁。子曰："工欲善其事，必先利其器。居是邦也，事其大夫之贤者，友其士之仁者。"学习橡皮障隔离术，必须先熟练掌握术中所需的器械、物品，引导学生意识到在进行任何一项临床操作前准备工作的重要性。

(2)引导学生思考利用打孔器打孔时，除了遵循基本原则外，还应该考虑到患者的独特性。通过归纳重点，帮助学生熟记掌握橡皮障隔离术所需的器械、物品(如图3所示)。

思政教育的切入点如下：选择合适的橡皮障夹是保障橡皮障密封性的关键因素，主要是寻找橡皮障夹与牙齿牙颈部的吻合度及平衡点；橡皮障夹钳的用力也需要适度，这与我国古代的"故有无相生，难易相成，长短相形，高

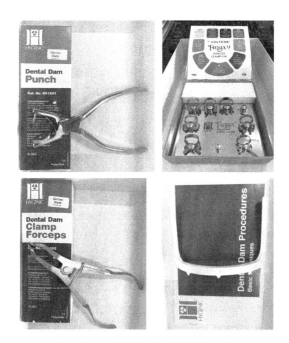

图3 橡皮障隔离术所需的器械、物品

下相倾，音声相和，前后相随"的相一致。

5. 橡皮障隔离术的操作步骤

教学要求为掌握。

（1）橡皮障安置的术前准备：

思政教育的切入点如下：医学生不仅要掌握熟练的医疗操作技术，还要具有心理学知识及医患沟通技能。《论语·公冶长》里孔子教导我们做事需"三思而后行"，引导同学们对于口腔内术区隔离不可盲目操作，做好准备工作，遵循操作规则。

（2）橡皮障放置方法：

①翼法（重点）：多用于单颗牙；

②橡皮布优先法（重点），多用于多颗牙；

③弓法；

④橡皮障夹优先法。

具体操作步骤可通过多媒体教学，播放提前录制的橡皮障隔离术操作视频，让原本抽象的知识点更具象化，帮助学生增强理解和记忆，并可以有针对性地对学生进行一对一辅导协助他们具体实践操作。同时利用互动式教学，设置大量提问和微课堂参与，请学生现场互动。

思政教育的切入点如下：实践出真知，对于医学生而言，理论学习固然重要，但临床实践更是必不可少的重要环节。"实践是检验真理的唯一标准"。临床工作中，橡皮障隔离术的实施需要护士协作医生共同完成，引导学生理解团结协作的重要性。

6. 橡皮障使用注意事项

教学要求为熟悉。

使用橡皮障时，有患者呼吸不顺畅、或因疼痛或其他不适感而拒绝使用，在临床工作中我们如何处理类似的情况。

思政教育的切入点如下：中共十七大报告第一次提出，"加强和改进思想政治工作，注重人文关怀和心理疏导"。人文关怀和心理疏导这两个新名词体现了中共"思想政治工作的新变化"。这也是我们临床工作中需要关注的重点。要引导学生自觉地、主动地思考人文关怀知识、体验人文关怀，内化为人文关怀精神。

7. 三例临床案例的具体分析

思政教育的切入点如下：学生从理论知识过渡到实践，并从客观视角一步步体验由易到难的临床历程，进一步理解"三思而后行"，"实践出真知"，"团结协作"的道理。

8. 学生观看老师示教视频并自主练习橡皮障隔离术

思政教育的切入点如下："博学之，审问之，慎思之，明辨之，笃行之"（出自《礼记·中庸》）。引导学生明白要博学多才，就要对学问详细地询问，彻底搞懂，要慎重地思考，要明白地辨别，要切实地力行的道理。

（六）教学评价

本次课程通过专业知识教学和思政教学相融合，一方面使学生掌握橡皮障隔离术的相关基础理论和临床操作要点，为从事临床工作打下坚实的基础；另一方面树立学生以患者为中心的服务意识，培养学生的"爱伤意识""同理心""共情力"，为有效开展医患沟通打好基础；同时明白团结协作、实践出真知的道理。通过将思政元素融入专业医学教学，春风化雨，期望培养德才并重的医学人才。然而如何量化地评价教学效果是课程思政的难点环节，也是当前课程思政面临的挑战，本次课程思政的教学评价主体包括教师和学生两个方面。

1. 课程思政的教师评价

教师评价从院校专家、同行教师和授课教师三个维度展开如表 1 所示，就课程设计与思政目标统一情况、教学过程与思政元素融合情况、教学效果与思政能力提升情况 3 个方面评价思政目标达成度如表 2 所示。院校专家进行督导听课，总体评价教学效果并给出相应的意见与建议，有利于课程思政教学设计的改进。同行教师随机听课，互评思政设计结合度，对课程过程及内容有针对性地提出改进措施，以便能够更好地弥补课堂教学的不足；授课教师在课程结束后根据学生上课的表现及听课态度的反馈，反思讲课方式是否得当、学生是否对思政案例感兴趣等，以对教案和教学过程做进一步调整。通过自评、互评、总评的立体评价，综合反映教师课堂思政的教学情况。

表 1 以教师为主体的课程思政教学效果的评价方法

评价方面	院校专家总评	同行教师互评	授课教师自评
评分占比	50%	30%	20%
评分方法	督导听课	随机听课互评	自评目标达成度

表 2 以教师为主体的课程思政教学效果的评价内容

评价指标	评 价 内 容	分值
课程设计（30分）	思政目标明确	10
	思政要素挖掘到位	10
	思政要素与专业技能的贴合度高	10
教学过程（50分）	按照课程设计合理进行课程思政教学	10
	教学方法得当	10
	思政要素具有时效性	10
	教学环节紧凑，教学实施合理	10
	教态自然，语言表达清晰简练，有感染力	10
教学效果（20分）	思政引导得当，能引发学生共鸣	10
	有效激发学生主动学习和探究兴趣	10

2. 课程思政的学生评价

学生评价包括了对学生课堂参与情况和思政收获的评价两个方面，如表3所示。在课堂教学中通过随机提问引导学生主动思考"为什么选择橡皮障布的哑光面是朝外放置的"，"使用橡皮障时，有患者呼吸不顺畅、或因疼痛或其他不适感而拒绝使用，在临床工作中我们如何处理类似的情况"，通过模拟案例分析对三例临床案例进行具体分析，有利于学生从理论知识过渡到实践，并从客观视角一步步体验由易到难的临床历程。在授课中要及时记录教学过程，还可观察学生在课堂中的行为，如学习态度和积极性的变化，来反馈课程思政的教学效果。课程结束后，采用网络问卷进行调查，对思政素材融入是否恰当自然、课程思政是否达到预期教学目标、本课程是否有必要引入思政要素等方面进行评分如表4所示。同时，利用我校的网络教学平台，发表主题讨论，在橡皮障隔离术的学习中你有哪些收获，通过学生的心得体会分析学生对思政的认同性。

表3　　　　　　　以学生为主体的课程思政教学效果的评价方法

评价方面	课堂参与	思政收获
评分占比	30%	70%
评分方法	课堂随机提问与模拟案例分析	问卷调查与主题讨论

表4　　　　　　　以学生为主体的课程思政教学效果的问卷调查

评价内容	分值
对课程思政教学改革满意	20
思政元素的融入提高了自身的学习兴趣	20
课程思政融入的内容有助于拓展自身知识体系的广度和深度	20
专业知识与思政元素的融合比较自然	20
课程思政改革在价值引领方面起到正向的作用	20

三、教师对课程思政的感受与认识

课程思政有效地将专业知识和思政元素整合，既教授学生专业知识及技能，又培养学生的医学人文情怀，实现对生命的关注和情感需求的回应，可以有效地加强学生对以人为本、珍爱生命的理解；还可以培养学生的敬业精神、创新意识和求真务实的科学态度，进而促进学生的全面发展。

口腔医学的研究对象是人，既具有自然科学属性，又具有人文社会科学的属性。课程思政可以有效地提升医学生的人文素养，培养出具备良好医德医风、求真务实、有创新精神的医务工作者。

"临床病理、病理生理学及治疗学"课程思政教学案例
胆 囊 结 石

李孔玲①

课程名称：临床病理、病理生理学及治疗学　　**课程性质：**专业必修课

学分/学时：4.5

授课对象：临床医学专业(五年制、"5+3"一体化、八年制)本科四年级学生

课程简介：该课程为医学教学改革中的一门临床医学专业的必修课程，教学内容为临床常见的消化系统疾病和感染性疾病的病因、病理、发病机制、临床表现、诊断及鉴别诊断、治疗等。教学以疾病为核心，理论教学和病理切片及病例讨论相结合，培养学生的自主学习和临床思维能力、正确诊断和治疗病人的临床决断能力及良好的职业素养。

一、本门课程的总体设计

(一)课程思政的目标

以"立德育人"为核心，将人文思政教育与临床专业知识教学进行有机整合，提高教师教学水平和教学质量，培养德才兼备的医学后备人才。

---

① 教师简介：李孔玲(1989—)，女，博士研究生学历，武汉大学第一临床学院外科学教研室教学秘书，主治医师，研究方向为外科学理论与技能教学，E-mail：lklconnie@foxmail.com。

(二)课程思政的主线

以专业融思政——在专业知识点的讲解中隐形融入思政元素，实现立德树人、润物无声；

以思政促专业——借助思政案例突出教学重点、化解教学难点；

专业与思政融合互促，达成 1+1>2 的教学效果。

(三)课程各章节的思政元素

敬佑生命、救死扶伤、坚守岗位、抗疫精神、医者仁心、尊重患者、善于沟通、求实创新、开拓进取、健康生活等。

二、案例节段的教学设计

(一)对教学对象的分析

(1)知识经验分析：具有基础医学及医学影像学、诊断学、外科学总论等前期知识储备，但缺乏临床实践经验；

(2)学习能力分析：课堂知识接受快，自主学习能力强，但不能灵活应用理论知识解决实际临床病例，自主分析问题的能力尚显不足；

(3)思想状况分析：职业认同感不强，不能体会患者疾苦，存在节食减肥等不健康的生活方式。

(二)对教学目标的分析

(1)知识目标：能描述病因、临床表现、诊断方法、鉴别诊断、治疗措施。

(2)能力目标：能阐释胆囊结石的形成机制；能针对具体病例作出诊断，列出诊断依据和鉴别诊断，提出辅助检查和治疗措施；能与患者进行规范的术前谈话。

(3)价值目标：认同爱岗敬业、救死扶伤的医者精神；认同勇于探索、积极创新的科学精神；理解患者病痛，学会关怀患者；认同健康生活方式的重要性。

（三）对教学内容的分析

1. 本节段在课程中的逻辑位置

胆囊结石属于消化系统疾病中的胆道疾病的一种，是常见多发病，是需要重点掌握的外科疾病。

2. 本节段的教学重点

（1）胆囊结石的临床表现；（2）诊断和鉴别诊断；（3）治疗。

3. 本节点的教学难点及化解难点的方案

（1）胆囊结石的病因：学生虽有前期基础医学知识储备，但运用既有理论知识解决新问题的能力尚显不足；教材中针对该问题，仅有一句简单的描述"任何影响胆固醇与胆汁酸磷脂浓度比例和造成胆汁淤积的因素都可引起胆囊结石"，学生无法透彻理解。化解方案：结合前测习题，带领学生从胆囊结石的主要成分反推其病因，提高分析问题的自主思维能力；利用图片、动画、板书和生活中"节食减肥"的实例引导学生领悟胆囊结石的形成原因，帮助学生认识到不良生活习惯可导致疾病，进一步加深对知识的理解。

（2）手术适应证和胆总管探查术的指征：适应证条目多、描述繁琐，学生如不能理解背后的原因便难以掌握。化解方案：细致分析和归纳每一条适应证的考虑角度，强调症状反复发作、癌变风险、胆总管并发症等是需要重点考虑的问题，结合后测习题予以巩固。在病例讨论课中，借助"术前谈话"角色扮演活动，使学生充分理解胆囊结石的手术适应证和胆总管探查术，并学会灵活运用相关知识，提高共情能力与医患沟通能力。

（四）教学手段与方法

（1）教学方法：BOPPPS 教学法、CBL 教学法、体验式教学法；

（2）教学手段：幻灯片、"学习通"移动应用软件、板书、教具、角色扮演、病例讨论。

（五）教学过程（如表 1 所示）

表 1　临床病理、病理生理学及治疗学"胆囊结石"章节课程思政教学过程设计表

教学要求	教学内容与进程	课程与思政融合	时间
导入	以"武胆英雄"张伯礼院士的事迹引出本次课的主题——胆囊结石： 新冠疫情袭来之时，年逾七旬的张伯礼院士写下"请战书"，提出中医国家队进方舱医院；在武汉抗疫前线，力推中医药尽早介入、全程参与病人救治，因劳累导致胆囊结石、胆囊炎急性发作，他摘胆不下火线、坚守江城，获得"人民英雄"国家荣誉称号	引导学生学习张伯礼院士始终把人民群众生命安全和身体健康放在首位、舍身忘我、救死扶伤的医者精神 启发学生思考：张院士患胆囊结石、急性胆囊炎进行了什么治疗，为何可以迅速恢复，为后面介绍疾病的治疗进行铺垫	1分钟
目标	介绍本节课的知识目标与能力目标： ①知识目标：能描述病因、临床表现、诊断方法、鉴别诊断、治疗措施； ②能力目标：能阐释胆囊结石的形成机制；能针对具体病例做出诊断，列出诊断依据和鉴别诊断，提出辅助检查和治疗措施；能与患者进行规范的术前谈话	考虑到课程思政是"润物无声"的隐性教育，不向学生介绍价值目标，以免引起学生抵触	1分钟
前测	利用"学习通"移动应用软件进行在线测试（单选题），了解学生对前期基础知识的掌握情况。 　　（1）以下不属于胆囊的解剖结构的是： 　　A. 胆囊底 　　B. 胆囊体 　　C. 胆囊颈 　　D. Vater 壶腹 　　E. Hartmann 袋 　　答案：D 　　（2）胆囊结石的主要成分是： 　　A. 胆固醇类结石和黑色素石 　　B. 混合性结石和胆色素钙结石 　　C. 纯胆固醇结石和胆色素钙结石 　　D. 混合性结石和碳酸钙结石 　　E. 混合性结石和磷酸钙结石 　　答案：A		2分钟

续表

教学要求	教学内容与进程	课程与思政融合	时间
参与式学习	1. 胆囊结石的病因 利用图片、动画、板书和生活中"节食减肥"的实例带领学生熟悉，任何影响胆固醇与胆汁酸磷脂浓度比例和造成胆汁淤积的因素都可引起胆囊结石	带领学生从胆囊结石的成分反推其病因，提高分析问题的自主思维能力 帮助学生认识到不良生活习惯可导致疾病	5分钟
	2. 胆囊结石的临床表现 利用教具、图片、视频讲解，胆囊结石可无症状，有症状者可表现为胆绞痛或上腹隐痛，出现并发症者有相应并发症的临床表现，Mirizzi综合征是胆囊结石的特殊类型，是由于胆囊颈/胆囊管结石压迫肝总管而导致的一系列临床表现。 重点讨论胆绞痛或上腹隐痛的症状特点(诱发与缓解因素、性质、部位、严重程度、时间变化规律)。 胆囊结石可无明显体征，或仅有上腹部压痛，出现胆囊炎时Murphy征(+)	引导学生理解胆囊结石患者的疼痛，懂得关怀患者	12分钟
	3. 胆囊结石的诊断与鉴别诊断 诊断依靠临床典型的绞痛病史或上腹隐痛表现，结合影像学检查(首选超声检查，CT、MRI也可显示，但非常规检查)。 胆囊结石需与其他急腹症相鉴别。鉴别思路可采用基于解剖部位和系统的腹痛鉴别临床思维	带领学生分析鉴别思路，提高分析问题的能力，而非死记硬背	5分钟
	4. 胆囊结石的治疗 非手术治疗包括动态观察、体外震波碎石、药物溶石等，效果有限。 手术治疗首选腹腔镜胆囊切除术(简要介绍腹腔镜之父库尔特·席姆的事迹：德国妇产科医生库尔特·席姆开创性地将诊断用的内窥镜与治疗用的钳剪结合，完成了世界上第一台腹腔镜手术，震惊了全球，却不被当时保守的医学界所接受，甚至被德国外科协会开除。但他不畏质疑，埋头钻研，坚持实践，最终获得广泛认可，被誉为"腹腔镜之父")。 手术适应证包括结石数量多及结石直径≥2~3cm、胆囊壁钙化或瓷性胆囊、伴有胆囊息肉≥1cm、胆囊壁增厚(>3mm)、儿童胆囊结石、无症状成人可观察，不预防性切除。不推荐保胆取石，复发率高，有癌变风险。 胆囊切除术时行胆总管探查术的指征：术前已证实或高度怀疑有胆总管梗阻、术中扪及胆总管内结石/蛔虫或肿块，胆总管扩张直径>1cm，胆囊壁厚，胰腺炎/胰头肿物，穿刺脓性/血性胆汁或泥沙样胆石颗粒，小的胆囊结石	引导学生学习库尔特·席姆医生勇于创新、不畏质疑、坚持不懈、埋头钻研的医者精神，提升学生的综合素养和人文修养	10分钟
	5. 角色扮演与案例讨论 在病例讨论课中，请一个学生扮演胆囊结石患者，根据病情需要进行腹腔镜胆囊切除术治疗，但其执意要"保胆取石"；另一个学生扮演管床医生，与患者进行术前谈话。活动后，引导全体学生针对该案例进行病例讨论	通过角色扮演与案例讨论的手段，使学生充分理解胆囊结石的手术适应证和胆总管探查术，并学会灵活运用相关知识；教育引导学生尊重患者，善于沟通，提升综合素养和人文修养	5分钟

教学要求	教学内容与进程	课程与思政融合	时间
后测	利用"学习通"移动应用软件进行在线测试(单选题),了解学生对本节课知识的掌握情况。 女,78岁。近半年反复发作性右上腹疼痛,伴恶心呕吐,以夜间发作为主,并向右肩部放射。4天前症状再次发作入院。既往有胆囊结石史10年。体格检查:体温37.5℃,脉搏90次/分,血压130/80mmHg,体型肥胖,右上腹压痛,无腹肌紧张。经治疗未缓解,腹痛依旧,无皮肤、巩膜黄染,右上腹压痛、反跳痛、腹肌紧张。拟行胆囊切除术,术中如无胆总管造影条件,术前亦未行MRCP,以下为胆总管探查指征的是: 　A. 胆总管直径0.8cm 　B. 肝大 　C. 术中胆总管穿刺胆汁内有脓性胆汁 　D. 胆囊与周围关系不清 　E. 术前B超提示胆囊结石,术中未见结石 　答案:C	通过案例练习题,培养学生将理论知识灵活应用于解决实际临床病例的能力	3分钟
总结	对知识目标、能力目标和价值目标中的相关内容进行总结: 　①知识目标:能描述病因、临床表现、诊断方法、鉴别诊断、治疗措施; 　②能力目标:能阐释胆囊结石的形成机制;能针对具体病例做出诊断,列出诊断依据和鉴别诊断,提出辅助检查和治疗措施;能与患者进行规范的术前谈话; 　③价值目标:认同爱岗敬业、救死扶伤的医者精神;认同勇于探索、积极创新的科学精神;理解患者病痛,学会关怀患者;认同健康生活方式的重要性	对价值目标进行总结时,需做到自然不生硬,润物细无声	3分钟

(六)教学评价

1. 基于课后反思问卷的评价

反思是学习的关键环节,良好的反思可以促进学习效果的提升,帮助学生了解自我的学习情况,指导未来的学习方向。课后利用问卷星平台向学生发放调查问卷，以评价课程思政效果，促进教学质量的提高。评价条目包括：（1）本次课给你留下最深印象的是什么内容？为什么会有这么深的印象？（2）本次课哪一个内容让你觉得最困难？为什么会这么困难？（3）本次课哪一个内容让你觉得最容易？为什么会这么容易？（4）老师的教学方式方法是否存在不足？请畅所欲言，提出你的建议。

2. 基于课后讨论的评价

通过"学习通"平台发布课后讨论活动，了解学生对于职业规划、医德医风、医学伦理等问题的态度，以评估课程思政的实施效果。讨论举例：有这样一种社会现象——许多罹患胆囊结石的病人不愿意去正规公立医院就诊，而选择去"莆田系医院"看病，因为这些医院大肆宣传"保胆取石"，其中不少病人术后病情复发，甚至最终罹患胆囊癌。你如何解释这一现象？针对这一现象，你认为该如何破解？

3. 课程综合性评价

向全体学生发放问卷，评估全学期课程思政实施效果。

4. 学生的实时反馈

面对面或借助 QQ、微信等聊天工具与学生交流反馈，可以贯穿全学期进行，从而掌握学生的思想动态。

三、教师对课程思政的感受与认识

"立德树人"是高校的灵魂和使命，临床医学类课程的目标不仅限于传授医学知识与技能，更重要的是引导学生始终把人民群众的生命安全和身体健康放在首位，做党和人民信赖的好医生。临床医学专业课程是帮助医学生树立正确的价值观、提升综合素养的最佳窗口。

然而，在临床专业课程思政体系建设的初期，我们也面临诸多困境：例如本课程所涉及的亚专业庞杂、教师团队庞大、教学内容多、考核评价难等。针对上述困境，课程组首先以"尽快让授课教师了解课程思政"为突破口制作了介绍课程思政的小视频，通过微信公众号向教学团队内的所有教师发布视频推送，在最短的时间内达到了帮助授课教师知晓课程思政要旨的目的，其后我们通过组建课程思政教学团队、加强师资培训、打造线上线下混合式课程思政教学设计、充分挖掘课程思政资源、探索教学评价机制等措施进一步推进课程思政体系的建设，并取得了一定成效。

　　在课程思政体系建设和完善的过程中，我们深刻体会到：课程思政绝不是空洞的口号，专业与思政绝不是独立与对立的概念；只要教师能够精心进行教学设计，就能够以专业融思政，以思政促专业，实现 1+1>2 的课程思政融合互促，使专业课程成为启迪学生人生之路的明灯。

"健康评估"课程思政教学案例
皮 肤 评 估

罗先武①

课程名称：健康评估　　　　　**课程性质**：专业必修课程

学分/学时：3/100(理论学时16)　　**授课对象**：护理专业本科生(大二上)

课程简介："健康评估"是护理学专业的一门主干课程，是连接基础医学课程与护理专业课程的桥梁，其任务是使学生通过该课程的学习，能熟练地应用沟通技巧系统地收集病人身心两方面的健康资料，能运用视、触、叩、听等方法独立地为个体进行全身体格检查，能敏锐地识别个体正常与异常体征，能根据收集到的健康史和异常体征准确地分析、推断病人的健康问题，为整体护理的开展奠定坚实的基础。

一、本门课程的总体设计

(一)课程思政的目标

(1)以整体护理观为指导，培养学生能熟练地运用沟通技巧系统地收集病人生理、心理和社会三方面的健康资料，主动为病人提供全身心的整体照护。

(2)通过临床案例分析和讨论，培养学生具有敏锐的观察力，能及时发现、识别病人的异常体征，并能准确分析、推断病人的健康问题，帮助学生

---

① 教师简介：罗先武，武汉大学护理学院副教授、硕士生导师，教师发展分中心主任，长期从事健康监测与评估方面的教学与科研工作，曾先后获得国家级教师临床技能大赛特等奖2项，省级教学成果一等奖1项，省级科技进步奖三等奖1项，校级教学成果特等奖1项，校级教学成果一等奖3项等。

建立科学的临床思维。

（3）以临床护理岗位胜任力为指引，培养学生良好的职业道德、人文素养、团队合作精神和实践创新精神，为学习后续从事临床护理工作奠定坚实的基础。

（二）课程思政的主线

本门课程主要的教学内容为全面健康史收集、全身体格检查、案例书写和疾病推断。课程组老师根据教学内容不同精心选择思政元素，确保思政元素与护理专业知识紧密结合，让学生在掌握专业知识的同时，将课程中所蕴含的思政元素有机融入课堂教学中，实现课程思政春风化雨，铸魂育人润物无声的目标。

（三）课程各章节的思政元素

课程负责人组织课程组老师充分讨论，根据每个章节教学内容的不同，结合时代背景精心选择课程思政元素，课程思政与专业知识的结合见表1。

表1　　　　　　　　　　　**课程中各章节的思政元素**

章节	主要专业内容	融入的思政元素
第一章 健康史收集	主诉、现病史、问诊的方法与技巧	系统思维、医者仁心、人文精神等
第二章 一般状况评估	生命体征评估、意识状态评估、体位评估、皮肤评估	爱国情怀、医者精神、公平正义、求实精神、评判性思维等
第三章 心理社会评估	认知评估、情绪与情感评估、应激与应对方式评估	系统思维、大健康观、人文精神等
第四章 头面颈部评估	头发、头皮和头颅评估，颜面及其器官评估，颈部评估	批判性思维、人文精神等
第五章 乳房评估	乳房视诊、乳房触诊	隐私保护，伦理道德等
第六章 肺脏评估	胸部视诊、胸部触诊、胸部叩诊、胸部听诊	仁爱精神、评判思维、求实精神等
第七章 心脏和血管评估	心脏视诊、心脏触诊、心脏叩诊、心脏听诊	家国情怀、评判思维等

续表

章节	主要专业内容	融入的思政元素
第八章 腹部评估	腹部视诊、腹部触诊、腹部叩诊、腹部听诊	评判性思维、人文精神等
第九章 脊柱、四肢和关节评估	脊柱评估、四肢与关节评估	医者仁心、评判性思维等
第十章 神经系统评估	脑神经评估、运动功能评估、感觉功能评估、神经反射评估	中华文化（尊老敬老）、医者仁心、评判思维等

二、案例节段的教学设计

（一）对教学对象的分析

授课对象为护理本科二年级的学生，他们喜欢在信息化的教学环境中开展自主学习，能够积极参与课堂讨论，但部分学生专业思想不够稳定，迫切需要在专业课程教学中融入思想政治教育。

1. 知识方面

已有水平：学生已经学习了"解剖学""病理生理学""药理学"等基础医学课程，掌握了循环系统疾病的病理生理改变，为本次课程的学习奠定了理论基础。

未有水平：缺乏分析推理能力，不能很好地明确异常皮肤改变与特定疾病之间的关系。

应有水平：能深入理解皮肤色素沉着、皮肤发绀、皮肤水肿等异常皮肤改变发生的机制并为皮肤异常改变的病人提供针对性的护理干预。

2. 技能/思维方面

已有水平：学生已经学习了"基础护理学"等专业基础课程，掌握了皮肤护理、卧位安置、药物管理、饮食指导等方面的专业知识和技能。

未有水平：缺乏评判性思维能力以及综合运用所学知识分析和解决病人实际问题的能力。

应有水平：能区分不同疾病引起皮肤水肿的原因并综合运用所学知识为皮肤水肿的病人提供针对性的护理干预。

3. 情感方面

已有水平：学生已经学习了"护理学导论"等专业入门课程，明确了护理工作的职责范围是为全人群提供全生命周期的整体照护。

未有水平：专业思想不稳定，照顾病人时主动服务意识不足；工作中难以做到换位思考，缺乏同理心和仁爱精神。

应有水平：职业理想和职业信念坚定，职业认同感和荣誉感增强，工作中能主动为病人提供全身心的整体照护。

(二)对教学目标的分析

1. 知识目标

学完本节内容后，学生能够：

(1)熟练掌握皮肤评估的内容及方法；

(2)分析皮肤异常改变发生的机制并明确其临床意义。

2. 技能目标

学完本节内容后，学生能够：

(1)熟练运用视诊和触诊的方法为病人完成皮肤评估；

(2)综合运用所学的知识、技能为皮肤异常的病人提供护理干预。

3. 情感目标

学完本节内容后，学生能够：

(1)树立坚定的职业理想和职业道德，消除对异常皮肤改变病人的歧视感，维护病人的尊严和公平正义；

(2)主动为病人提供生理、心理和社会三方面全身心的整体照护，践行护理工作有时是治愈，常常是安慰，总是去帮助的照护理念。

(三)对教学内容的分析

1. 本节段在课程中的逻辑位置

外界环境改变、皮肤本身病变及全身性疾病均可导致皮肤组织结构、生理功能发生变化，表现为皮肤颜色、湿度、温度或弹性改变以及皮肤水肿以及各种类型的皮肤损害。通过本次课程的学习，引导学生正确认识局部与整体之间的辩证关系，正确认识局部皮肤改变与特定疾病之间的关系，为学生后期学习临床护理专业课程打下坚实的基础。

2. 本节段的教学重点

皮肤评估的内容包括皮肤颜色、湿度、温度、弹性、皮肤水肿、皮肤损害、皮下出血、肝掌与蜘蛛痣以及皮肤色素沉着等，其中教学的重点内容包括皮肤颜色异常发生的机制及所见疾病，皮肤损害的类型及所见疾病。

3. 本节点的教学难点及化解难点的方案

本节的教学难点内容包括皮肤水肿的类型、皮肤水肿发生的机制及所见疾病，肝掌、蜘蛛痣发生的机制及所见疾病，皮肤色素沉着发生的原因及所见疾病。提前为学生准备微视频课程，为学生提供讨论案例、参考资料，并提出问题引导学生思考。

(四)教学手段与方法

(1)翻转课堂："健康评估"课堂教学利用武汉大学珞珈在线采用线上线下混合式教学。课前学生自学在线微视频课程，完成课前自测和准备案例讨论材料。课堂教学时教师引导学生开展案例讨论，深入掌握专业知识，课后完成课后测试和临床实习。

(2)任务驱动教学法：模拟临床情境，为学生分解临床护理任务，设置皮肤评估方面案例，以皮肤评估、皮肤护理为中心任务，引导学生通过完成任务掌握皮肤评估方面的知识和技能，渗透职业情感。

(3)情境教学法：在教学中创设临床情境，给学生提供真实的案例，引导学生综合运用所学知识、技能解决病人皮肤方面的健康问题，形成以人为本的护理理念，培养学生的仁爱精神。

(4)理论教学—临床实习同步式教学：学生学完理论知识、健康评估技能后，在课程组老师的带领下直接进入临床实习，所学的皮肤评估方面的知识和技能在临床真实情境中不断得到验证和应用，激励学生学会在实践中发现问题、思考问题、解决问题，提升学生分析和解决实际问题的能力、沟通交流能力、评判性思维能力和临床决策能力。

（五）教学过程（见图1）

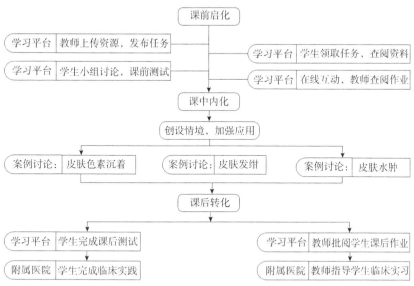

```
                    课前启化
                       │
学习平台│教师上传资源，发布任务├──┐  ┌──┤学习平台│学生领取任务，查阅资料
                              │  │
学习平台│学生小组讨论，课前测试├──┤  ├──┤学习平台│在线互动，教师查阅作业
                              │  │
                            课中内化
                              │
                    创设情境，加强应用
              ┌───────────────┼───────────────┐
案例讨论：皮肤色素沉着      案例讨论：皮肤发绀        案例讨论：皮肤水肿
              └───────────────┼───────────────┘
                          课后转化
              ┌───────────────┼───────────────┐
学习平台│学生完成课后测试                学习平台│教师批阅学生课后作业
附属医院│学生完成临床实践                附属医院│教师指导学生临床实习
```

图1 翻转课堂实施流程

（1）课前启化：课程组教师通过武汉大学珞珈在线平台为学生发布课前自学任务，平台提供皮肤评估方面的微视频讲解、课前测试习题、课堂讨论案例等资源，方便学生课前自学（如图2所示）。

图2 皮肤评估微视频课程

（2）课堂内化：为学生创设临床应用情境，引导学生分析讨论，加强知识应用，促进知识内化。在小组成员课前讨论的基础上，选派组员上台汇报案例讨论结果，教师进行点评、总结归纳。课堂教学时讨论的案例及思政元素融入点见表2。

表2 　　　　　　　　　　**教学过程及思政元素的融入点**

专业知识教育(知识点)		思想政治教育(融入点)
1. 皮肤色素沉着	(1)创设情境：播放白衣执甲、逆行出征的短片，诠释广大医护人员用实际行动践行佑生命、救死扶伤、甘于奉献、大爱无疆的崇高精神，激发护理专业学生救死扶伤的责任感和使命感。视频最后出现武汉市某医院一线抗疫医生感染新冠病毒后全身皮肤变黑的画面引发学生思考。 (2)问题：一线抗疫医生感染新冠病毒后全身皮肤变黑，网络上众说纷纭，请从专业的角度分析真正原因是什么？	(1)中国共产党始终坚持人民至上、生命至上，把保护人民生命安全和身体健康作为重中之重，不惜一切代价抢救病患，尽最大努力保护人民。 (2)危难时刻，护士承担着救死扶伤、保护生命的神圣使命，培养学生的职业理想与职业信念。 (3)科学探究抗疫医生感染新冠病毒后全身皮肤变黑的原因，澄清网络上的错误认知，培养科学精神
2. 皮肤发绀	(1)案例：患儿男，4岁。出生后不久即被家人发现口唇青紫，且呈进行性加重。哭闹后青紫加剧。走路时喜欢蹲踞、行走20～30米即有气促，近半年晕厥2次。查体：体温36.5℃，脉搏92次/min，呼吸30次/min，血压90/58mmHg，体重13kg，身高100cm，入院后诊断为先心病、法洛四联症。 (2)问题： • 皮肤发绀的发生机制？法洛四联症患儿出现皮肤发绀的原因？ • 为该患儿做皮肤评估时，可能会出现哪些异常体征？ • 当患儿出现发绀、气促时，护士应采取哪些措施帮助患儿减轻不适？	(1)通过小组讨论、案例分析，培养学生的批判性思维能力和团队合作能力。 (2)通过情境模拟评估、处理青紫型先心病患儿的健康问题，培养学生的洞察力、同理心和人文精神。 (3)介绍国家及地方政府对先心病患儿困难家庭给予救助，使全国每年十几万先心病患儿能得到及时救治，让学生更深刻地体验到我国社会主义制度的优越性，培养学生的家国情怀

专业知识教育(知识点)		思想政治教育(融入点)
3. 皮肤水肿	(1)案例：病人女，84岁。因"活动后心悸气促10余年，下肢浮肿1周"，拟诊断为"冠心病合并慢性心力衰竭，心功能Ⅲ级"收入院。查体：双侧颈静脉怒张，肝大，肝静脉反流征阳性。 (2)问题： <ul><li>心力衰竭病人发生下肢水肿的机制？</li><li>心源性水肿与肾性水肿各自的发生机制？</li><li>心源性水肿与肾性水肿各自的特点？</li><li>减轻心力衰竭病人下肢水肿的护理措施有哪些？</li></ul>	(1)通过案例讨论，引导学生分析不同疾病引起皮肤水肿的原因、特点，提升学生的辩证思维能力。 (2)通过情境模拟处理老年心力衰竭病人皮肤水肿等健康问题，预防压疮的发生，培养学生主动为老年人服务的意识，消除对皮肤异常病人的歧视感，弘扬尊老敬老的社会风尚

(3)课后转化：课后课程组老师带领学生到附属医院心胸外科、心内科为先心病患儿、老年心力衰竭病人开展皮肤评估方面的实践，培养学生的沟通交流能力和人性化护理能力。参加完临床实习后学生完成课后在线测试习题。

(六)教学评价

(1)专业知识方面：通过翻转课堂、情境模拟教学等方法的运用，学生能熟练地掌握异常皮肤评估结果与特定疾病之间的关系；学生能综合运用所学的知识、技能为皮肤水肿、皮肤发绀等病人提供针对性的护理干预。

(2)专业技能方面：通过开展理论教学—临床实习同步式教学模式，学生在真实的环境中反复练习，学生能熟练地运用视诊和触诊等方法为病人完成皮肤评估，并能区别评估结果是正常还是异常。

(3)专业素养方面：通过重温抗疫精神，寻找感动瞬间，学生的专业思想进一步稳定，明确救死扶伤、保护生命是护理人的神圣使命。通过小组讨论、案例分析，学生的评判性思维能力、团结协作能力及沟通交流能力得到显著提升；通过临床亲身实践，深入一线感受病人的疾苦，护理病人时能做到换位思考，同理心和仁爱精神得到培养，在今后的工作中能积极、主动地为病人提供身心整体护理，及时减轻病人的痛苦。

具体的评价方法见图3。

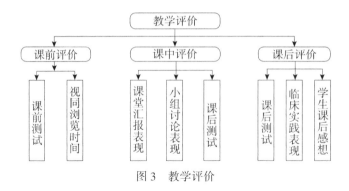

图 3　教学评价

三、教师对"课程思政"的感受与认识

（1）精心选择思政素材，实现专业知识与"课程思政"的有机融合。专业知识与"课程思政"好比菜和盐，炒菜不加盐，食之无味，盐加入太多，则菜变味。任课教师应以专业知识为主，将思政元素向专业课渗透，推动思政元素与专业知识交织交融，才能全面提高人才培养的质量和效益，让"课程思政"如盐入味。

（2）充分认识专业课教师是"课程思政"育人的主体作用。教书和育人是教育教学活动中一个有机统一的整体，"课程思政"建设的目标是实现知识传授、能力培养和思想引领的统一，因此专业课教师在课程思政建设中发挥主体作用，有利于扭转"教书"与"育人"脱节的突出问题，促进专业课教师教书育人职责的回归。

"口腔修复学"课程思政教学案例
颌面缺损的修复

赵　熠①

课程名称：口腔修复学　　**课程性质**：专业必修课

学分/学时：5/104

授课对象：口腔医学专业五、"5+3"、八年制本科四年级

一、本门课程的总体设计

(一)课程思政的目标

口腔医学生掌握口腔修复常见诊疗中关于颌骨缺损的基本病因和常见影响，初步掌握修复治疗原则。授课教师结合课程以期培养立德树人，牢牢把握培养"德高医粹"的医学人才这一根本任务，让医学回归人文，促进医学教育中科技与人文的渗透、融合、协调、发展。不仅要让学生掌握口腔医学基础的操作技能，特别是要求培养学生自己完成患者的接诊、治疗与随访，在此过程中特别强调学生对患者的同理心、同情心，培养学生的职业使命感、荣誉感、道德感，让学生真正在临床实践中感受到人文精神的重要性。

---

① 教师简介：赵熠，男，（1981— ），主任医师，医学博士，硕士研究生导师，武汉市青年医学骨干人才。从事破骨细胞分化及口腔颌面部溶骨性疾病方面的研究。获武汉大学口腔医学院授课技能考评一等奖、教师操作技能考评一等奖、武汉大学本科优秀教学业绩奖、武汉大学教学"351"人才；珞珈青年学者、武汉大学教学成果奖特等奖、湖北省教学成果奖一等奖等。

（二）课程思政的主线

让口腔医学生熟悉造成颌面部缺损的病因，了解颌骨部分或大面积缺损导致患者咀嚼、吞咽、呼吸等功能障碍以及面部塌陷给患者身心健康、生活和工作带来的影响。掌握修复治疗原则，恢复患者正常的面部外形和口腔生理功能，增强患者对生活的信心。利用集中病例讨论、经典与前沿理论知识和文献分享、临床技能示教、跨学科交流等形式增强学生的使命感。

（三）课程各章节的思政元素

1. 导课部分

通过一位复诊的颌骨缺损患者照片，引入颌骨缺损的修复特点和赝复治疗的概念。以临床问题为导向，以授课学生为中心，引入 PBL-CBL-TBL 混合教学模式。

中国特色的口腔医学教育，不同于西方的牙医教学。我们从身边的一个场景引出话题，导向深入的医学诊疗思考。医学诊疗的表达离不开"诊断"和"处理"，老师如果一上课就从"诊断"和"处理"讲起，无异于照本宣科。如果从生活可以感知到的现象讲起，最后生发到"诊断"和"处理"中去，却是自然而然的一条路径，也更能让学生体会到在医疗层面，医生不关注患者，只关注疾病，将患者分解成了待修理的器官和组织，医学就会消解在单纯的诊疗技术中。技术化忽略了患者的心理，而医疗的市场化又漠视了人们的情感。这一切，使本该最为温暖、最具人性的医学变得陌生而冷漠，使医学发生了异化，出现了医学整体进步中的倒退。

2. 介绍病因部分

通过树状图，理顺颌骨缺损的病因与治疗方法。重点：提醒和培养学生在参与颌骨缺损患者治疗时的爱伤意识，给病患安慰和力量。

3. 介绍颌骨缺损的分类部分

选用的各项分类实例的真实病例均来自国内医学院校的病例，诊疗水准处于国际领先阶段，引出文化自信。新冠肺炎疫情暴发后，武汉大学的医学师生及校友冲锋在第一线，用实际行动书写了保家卫国的战"疫"史诗。武大人自强不息、追求卓越的秉性特质不断延续、传承。

4. 缺损类型的分型讲解部分

调用临床真实患者颌面缺损照片+讲解。人文导引的设计理念是，用经典来讲解关键词，即以经典为媒介，最终使得学生对"医的仁"有更深入和更透彻的理解，从而在一定程度上达到"博雅弘毅"的通识目标。

对《论语》中的"仁"的观念进行分析，"己欲立而立人""克己复礼为仁"。导引课程的目的不是介绍《论语》的"己欲立而立人""克己复礼为仁"，而是更多地让学生们对"医的仁"有所理解，从而在一定程度上具有"仁民爱物"的意识。"仁"是发自内心的友好，与人为善，是从我做起，推己及人。

5. 治疗原则部分

调用相同颌面缺损类型患者的不同修复方案的照片和讲解，展现种植义齿方式、固定义齿方式和可摘赝复方式。典型病例分步骤逐步讲解，串联知识难点与设计治疗理念。以治疗过程为主线，将理论知识与临床实践密切结合，培养学生分析问题和解决问题的能力。使用三维数据直观展现最新的数字化科技应用于颌面部缺损患者的治疗过程之中。因此，技术上的发展不能成为空中楼阁，脚踏实地地为更多患者服务，才是先进技术加持医学的最核心要义。

6. 教具展示部分

在实际教学中将教具分发学生，近距离感受手持教学专利模型，追求更好的直观效果。实物道具的带入，指导学生换位思考想办法减少不熟练操作带给患者的痛苦，可大幅降低医源性的再次伤害，切实地解决实际问题，引入"真心所想、真的要做、真正坚持"，在课程中引导学生，既能于书斋之中抬眼望世界，拥有一份"家事、国事、天下事，事事关心"的情怀，又具有缘事析理的能力，能扎根中国大地解决现实问题。

7. 视频播放部分

展示患者语音功能恢复情况，精神面貌的变化。作为一名口腔医生，通过病例诊疗的修复方式不断进步，跨越式前进的征途，从旧的修复模式演变为今日的修复多样性，从不同修复材料的变更迭代回顾中国医学事业的发展时，心中洋溢了欣慰和自豪。

8. 结合课程的总结部分

对于课程做医学技术层面的总结，分析如果只是将越来越多的关注和热情投向新技术、新理论、新设备、新药品，使部分医生工作缺魂、精神缺钙，难以成为大医，难以担当人民健康卫士之大任。传授专业知识，更用自己的经历向学生们传递强烈的民族自豪感、卓越的工匠精神和赤诚的爱国心。

9. 互动部分

将一些具体生动的学生关注的热点嵌入在课堂中，教学与生活实际相联系，充分利用身边的时政热点激发学生的学习兴趣。

以奥运会的精神"更高、更快、更强、更团结"作为关键词，让学生听起来觉得与课程结合的解释耳目一新。用耳熟能详的口号，帮助同学对应"修复方式""修复材料""修复时机""多学科合作"记忆专业思想。

10. 介绍国内国际学科前沿部分

引导学生通过关键词，先中文后英文，查阅相关文献，了解国内和国际的最新治疗理念与技术，介绍中国经典英译的具体情况，传达中国情怀，拓展学生国际视野。

引用《论语》里：君子责己，小人责人。以这个为引子，强调我们在苛求口腔修复中的精准治疗，可以引申为，我们努力成长、不断学习、不断自我教育的重要意义。

二、案例节段的教学设计

(一)对教学对象的分析

理论课为口腔医学 5 年制、"5+3"、8 年制大四年级临床前最后一学期理论教学课程之一。学生已基本掌握口腔常见疾病诊疗的前期理论知识，但对临床患者真实病情情况缺少直观的认知，实践与理论基础的结合能力尚有欠缺，对于临床上患者非典型的症状难以做出系统性与个性化的诊疗方案。通过树状图，口腔医学生可理顺颌骨缺损的病因与治疗方法。融合思考修复设计中如何体现整体修复原则，例如功能原则(含咬合与美学)、机械力学原则(含固位与抗力)、生物学原则(含保护牙髓、牙周，关节以及微创原则)。口腔医学学生也基本在仿真头模实践实验课掌握口腔修复学需要的临床前操作技能。经过系统全面的学习、不同病例的分析讨论，以及临床前操作技能的训练，学生们在进入临床实习的前一年，已经做好必要且充分的准备。

（二）对教学目标的分析

探索方式和方法的融合，让教学目的重点与难点的专业课程目标与思政目标一一对应。

（1）知识目标：口腔医学生熟悉造成颌面部缺损的病因，了解颌骨部分或大部分缺损导致患者咀嚼、吞咽、呼吸等功能障碍，面部的塌陷给患者身心健康生活和工作带来的影响。掌握颌骨缺损的分类及各类颌骨缺损的修复基本原则。

（2）能力目标：熟悉颌骨缺损的修复设计原则与赝复制作过程，恢复患者正常的面部外形和口腔生理功能，掌握口腔修复学需要的临床前操作技能。熟练应用修复设计中的整体修复原则（功能原则、机械力学原则、生物学原则等），并进行集中的病例讨论、经典与前沿理论知识和文献分享、跨学科交流。

（3）素质目标：强调学生对患者的同理心、同情心，培养学生的职业使命感、荣誉感、道德感，让学生真正在临床实践中感受到人文精神的重要性。使医学人文在整个医疗学习的过程中贯穿实践。如图1所示，利用教学，将中国特色卫生健康事业发展之路、新冠疫情以来医护人员敢于担当的精神融入专业课程中，让我们的医学生在医学人文教育和思政融合的熏陶下，头脑充满信仰、充满爱心、充满责任、充满大医精神，成为医德高尚、医术精湛的人民健康守护者，仁心仁术的医学人才。

	专业课程目标	思政目标
教学目的	口腔医学生熟悉造成颌面部缺损的病因，了解颌骨部分或大面积缺损导致患者咀嚼、吞咽、呼吸等功能障碍，面部的塌陷给患者身心健康、生活和工作带来的影响。	强调学生对患者的同理心、同情心，培养学生的职业使命感、荣誉感、道德感，让学生真正在临床实践中感受到人文精神的重要性。
教学重点	掌握颌骨缺损的分类，颌骨缺损的修复原则。恢复患者正常的面部外形和口腔生理功能，增强患者对生活的信心。	医学人文的传递应该是始终贯穿整个医疗学习的过程。医学生通过对颌骨缺损修复的学习，帮助理解医学人文精神的内涵，具备了部分医学人文关怀的能力，并且能在自己的医疗实践中予以体现。
教学难点	颌骨缺损的修复设计原则与制作过程。利用集中进行病例讨论、经典与前沿理论知识和文献分享、临床技能示教、跨学科交流。	利用教学，将中国特色卫生健康事业发展之路、新冠肺炎疫情以来医护人员敢于担当的精神融入到专业课程中，让我们的医学生在医学人文教育和思政融合的熏陶下，头脑充满信仰、充满爱心、充满责任、充满大医精神，成为医德高尚、医术精湛的人民健康守护者，仁心仁术的医学人才。

图1 专业课程目标找准对应的思政目标，形成多元化、多层次、多维度的育人课堂

（三）对教学内容的分析

1. 本节段在课程中的逻辑位置

颌面缺损修复的分型与修复设计原则这一章节是整个口腔修复学课程中最难以讲通和讲细的一部分，缺损类型复杂，讲述内容繁多，涉及口腔医学诊疗的多学科。

2. 本节段的教学内容

（1）颌骨缺损的影响有哪些；

（2）上颌骨缺损的分类；

（3）关于各类颌骨缺损的修复原则。

3. 本节点的教学难点

（1）难点分析：颌骨缺损病例，口内拍照困难，通常在教科书上都为线描图或者示意图，难以理解分型的意义和分清楚分型亚类之间的相互关系，较难形成清晰的认识；颌骨缺损的修复设计需结合患者的缺损特点进行个性化设计，需要大量的临床案例实践积累和总结。

（2）采用对策：调用已完成赝复治疗或者自体组织修复的临床患者颌面缺损照片及其影像资料和三维数据等，详细展示颌骨缺损种类与缺损的真实个体差异状况。通过典型病例的详细步骤讲解，串联知识难点与设计治疗理念。让学生初步理解不同的颌骨缺损的分类以及个性化的颌骨缺损修复原则。

（3）价值目标实现：医学生通过对颌骨缺损修复的学习，理解"医的仁"体现于治疗过程的方方面面、点点滴滴，帮助理解医学人文精神的内涵，具备部分医学人文关怀的能力，并且能在自己的医疗实践中予以体现。

三、教学手段与方法

1. 找准关联点，将专业知识点与思政元素（映射点）有机联接

以习近平总书记提出的"实施健康中国战略"与"坚持预防为主，深入开展爱国卫生运动，倡导健康文明生活方式，预防控制重大疾病"，结合医家古训"上医治未病，中医治欲病，下医治已病"的观点，以及医务工作者英勇抗疫的事迹作为思政教育的关联点，如图 2 所示，并以口腔个性化健康教育为指导，引导学生加强对大政方针的关注，自觉树立预防为主的健康理念。增强

文化自信、人文精神、创新精神、严谨治学态度，分析解决问题的能力，探
索精神及良好的职业素养，并培养爱国情怀和高尚的道德情操，强化学生的
社会责任感和社会主义核心价值观等。

图2　思政关键点要作为专业知识点与映射点之间的桥梁，以提高人民健康水平为核心，
　　　以健康中国建设需求为导向，以新医科建设为抓手，着力培养厚基础、宽口径、能
　　　胜任、善创新、多能发展的复合型口腔医学人才

2. 把临床研究项目转化为教学端的实际应用

利用3D打印得到的树脂印模及模型，练习修复设计方案、基牙预备、印
模制取及颌位关系记录等。学生可手持打印模型，追求更好的直观学习效果。
如图3所示，学生面对的是树脂印模或模型，不存在初次面对颌骨缺损患者
时的紧张与畏惧感，能够更自如地操作；操作过程中出现不当亦可及时被指
导教师发现与纠正，不会引起不良诊疗后果；可以针对学生自己在治疗过程
中的不足反复练习，直至熟练掌握。培养学生的责任感，培养辩证思维，不
僵化，灵活应变，避免形而上学硬记解剖形态模式。

3. 案例分析与讨论

呈现一位近九旬的男性患者修复前后语音对比视频，如图4所示。修复
完成后，说他最熟悉的话语介绍平时最熟悉日常生活，通过观察患者语音功
能恢复情况，判断其是否恢复基本社交能力，借此增强学生与患者的交流沟
通能力的同时，引导学生在记录病程资料过程中重视患者隐私、尊严和需求，
积极沟通、耐心倾听，提炼重点，这一过程即是医者仁心养成的过程。

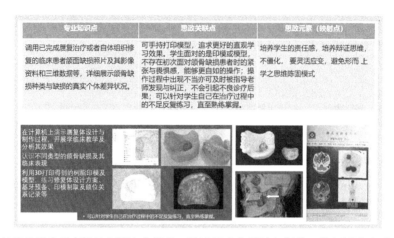

图3 教具采用典型病例的实际诊疗模型，通过标准化设计与制作，革新原有实践教学方法，"虚实结合"，实现并完善了教学反馈和评估方法

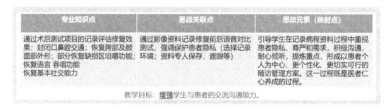

图4 在教学中践行"敬畏生命、崇尚科学、德医双修、医德先行"。使得学生从对单纯的病的关注，转变到对病人经济、心理、生活习惯、全身健康等全方位的关注，真正使人文教育与医学实践相结合

4. 介绍目前在临床使用或探索的技术，展示颌面修复的发展趋势

学生正在体验的技术，也是我们正在开展和不断完善的手术中临床科研项目，最新的数字化科技结合临床实际，也应用于颌面部缺损患者的治疗过程之中。介绍目前在临床使用或探索的技术展示颌面缺损修复的发展趋势，如图5所示，技术上的发展不能成为空中楼阁，脚踏实地地为更多患者服务，才是先进技术加持于医学治疗的最核心要义。

5. 分享专业领域杰出代表人物

介绍口腔医学的学界泰斗——中国当代的口腔医学学科院士赵铱民。如图6所示，赵铱民院士作为一名优秀医学名家，在口腔颌面缺损修复的治疗之路耕耘数十载，兼具东方特质的世界观与思维方式，保持优秀传统，再造文明理念。通过对这些前辈的学习，我们的学生应树立文化自信，不局限或故步自封，对待原有的传统文化，更应该是继承与发展，同时要注入新的生机与活力。

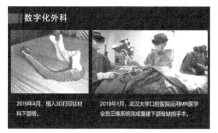

图 5　将口腔 3D 扫描、CAD/CAM、3D 打印技术等数字化技术引入教学，讲解如何使用数字化技术与实体诊疗对应。图片来自新闻稿《牙科医生戴着"头盔"做手术，"黑科技"在我国颌面重建中首次应用》武汉大学口腔医院 https：//www. whuss. com/article/8744

专业知识点	思政关联点	思政元素（映射点）
关于颌骨缺损修复的学科新进展 中国特色的颌面缺损赝复	**赵铱民** 院士团队 中国首例面部移植手术（坑面女） 研发种植机器人并应用于临床 创建 **国际口腔医学博物馆**	激励医学生成长为有家国情怀的大写的人。让医学生不是根据经济利益选择今后从事的小专业亚专科，而是构建 **大医精诚**。

图 6　介绍颌面缺损修复学科的标志性人物：赵铱民院士的事迹。培养学生口腔医学专业意识，培育学生卫生健康专业精神，树立专业认同感与文化自信，培养为健康中国服务的未来医学家/科学家。（颌面缺损修复的图片来自新闻稿《矢志赴科海 丹心许口腔 —— 记中国工程院赵铱民院士》，作者：梁夏 http：//news. sohu. com/a/501985863_121124332）

6. 介绍修复学科的国内外最新进展

介绍关于眼耳鼻缺损的修复的学科新进展，如图 7 所示，再次强调，中国特色的口腔医学教育不同于西方的牙医教育，思维决定一切。同样一例疾病，不同的医学背景面对时往往会有截然不同的态度、采取截然不同的诊疗、最终得到截然不同的结果。引导学生查阅相关文献，以科学的思维模式，从临床走向科研，让科研思维为临床提供新的诊疗依据和思路。

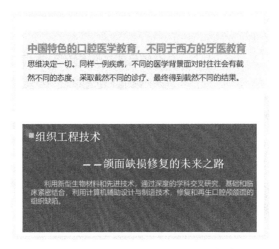

图 7　介绍眼耳鼻的相关修复方式，了解中国颜面部缺损修复特点，为世界口腔医学界的颌面缺损修复提供"中国方案"，为国际口腔医学教育贡献中国力量（颌面缺损修复的图片来自《口腔修复学》第七版 人民卫生出版社 配套幻灯集）

在课堂上同时介绍致病因素领域的前沿进展，在疾病发生阶段截断，在疾病发展阶段追踪和消除，激发进一步深入学习的兴趣，引导学生在研究生阶段选择进行致病因素方向的研究学习，加入科学研究的行列。如图 8 所示，（身边人、身边事）能够引起学生的情感共鸣，强调从事基础科学研究的重要性与价值，勇于创新，建立科学的思维方法，始终强调武大学子应有的远大志向和价值追求。

7. 将生活热点嵌入课堂教学

拓展话题，例如引用中国健儿在国际上的争金夺银，如图 9 所示，以"更高、更快、更强——更团结"奥运新口号作为关键词，将一些具体生动的学生关注的热点嵌入在课堂中，教学与生活实际相联系，充分利用身边的时政热点激发学生的学习兴趣，用耳熟能详的口号，帮助同学对应"修复方式""修复材料""修复时机""多学科合作"记忆专业特点。

图8　展示学院网站上本院培养的卓越口腔医学人才，特别是年轻教师的学术成果，激发学生探索科研动力，为将来提升我国口腔医学的核心竞争力做准备（图片来自武汉大学口腔医院官网新闻稿 https：//www. whuss. com/article/8607）

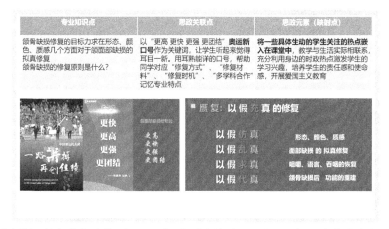

图9　介绍颌面缺损修复中的"假"和"真"的对应关系。医学从生物医学科学为主要支撑的医学教育模式向以医文、医工、医理等交叉学科支撑的医学教育新模式的转变

　　口腔修复学专业课和思政融合的一些探索和实践，不能只见疾病不见人，只见树木不见森林。如图10所示，在课程中充分利用临床案例，充分利用医患沟通事例，体现人文关怀等；利用正面故事导入，大师成长、学科发展史，体会职业精神和社会责任感等；结合当下时事中热点问题开展讨论，激发家

国情怀与个人价值等；利用实践性课程：是知识、能力与思政元素融合承载量最大、效果最好的载体，能够训练科学观、团队合作。发现问题、情感体验。从实践导向深入的医学诊疗思考，加入科学研究的行列。为基层民众提供医疗保健服务，以解应急所需。

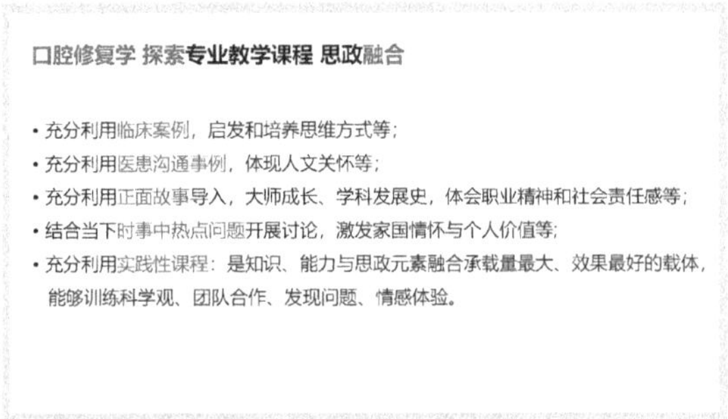

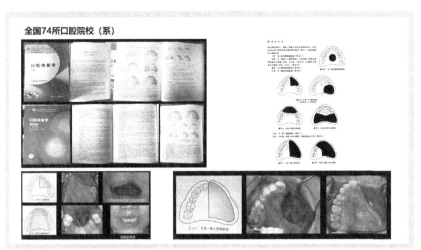

图 10　课程思政以新医科建设为视角，在巩固和发展我国口腔医学教育特色的基础上，最大限度地提高我国口腔医学人才培养时间与效果间的效益比

四、教学过程

1. "概论"式课向"精讲"式课转型（如图 11 所示）

图 11　人卫版第 7 版与第 8 版《口腔修复学》本科生教材中课程章节展示，充分利用武汉大学口腔医学院在国内的优势学科资源，不断推动专业课程的内容精品化和导向明确化

学院在课程设计时，率先进行教材的改革，充分利用在临床工作中收集到的大量的真实病例照片，使不直观的文字内容，变为让学生印象深刻的视觉记忆。

以大量实体病例作为基础，详细展示颌骨缺损种类与缺损的真实个体差异状况。如图 12 所示，让学生初步理解不同的颌骨缺损的分类以及颌骨缺损的颜面部特征。

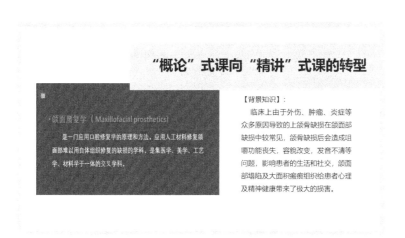

图 12　教学立足本科教学一线，精讲课程，充分开发教学资源，服务于新的培养方案，注重教师思政教育，转变教师的教育观念，以课程转型引导和带动教学团队的建设和发展

2. 临床病例分享讨论

分享一例临床真实案例，让学生对上颌骨后部缺损位置和大小有更为真实直观的感受。通过讨论上颌骨后部缺损病例避免拍摄口内大张口照的原因，如图 13 所示，医学生们逐渐能够理解病人本身存在着疼痛、张口受限、心理压力等问题，从而引导出"仁"这个概念，仁者，为其中欣欣然爱人也，仁济是爱人。

通过教授临床检查细节，提醒和培养学生在参与颌骨缺损患者治疗时的爱伤意识，给病患安慰和力量。如图 14 所示，医学人文的传递应该是始终贯穿整个医疗学习的过程。医学生通过对颌骨缺损修复的学习，理解医学人文精神的内在。

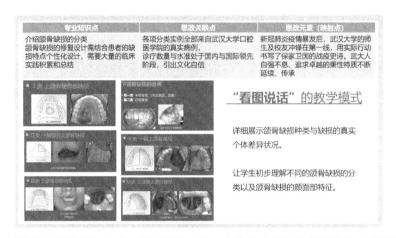

图13 同样的缺损类型包含不一样的缺损亚类，在关爱患者的前提下收集完善的诊疗资料，不同分型的病例资料的数量与完备性均居于国际领先

图14 通过抛出设定的问题，一切治疗的资料采集是以患者为先做考量，带入的"不是不可为，是不愿为"的原因

如图15所示，儒家"仁"的思想作为中华民族薪火相传了两千多年的主流价值思想，结合做检查、做诊疗过程中时时注意爱伤意识，处处体现出一个"仁"，强调学生对患者的同理心、同情心，培养学生的职业使命感、荣誉感、道德感，让学生真正在临床实践中感受到人文精神的重要性。

专业知识点	思政关联点	思政元素（映射点）
做检查，做诊疗过程中时时注意爱伤意识	提醒和培养学生在参与颌骨缺损患者治疗时的爱伤意识。给病患安慰和力量。	医学人文的传递应该是始终贯穿整个医疗学习的过程。医学生通过对颌骨缺损修复的学习，帮助理解医学人文精神的内在

教学目标：激发学生为病人解除病痛的仁爱之心和良好的医德医风。

图 15　课程讲解中让学生体会到学院一直强调的"医之道，德为先"。通过早期接触临床，学生学习接诊艺术、跟踪护理病人，对患者的生命与健康、患者的权利和需求、患者人格和尊严进行关心和关注

通过典型病例的讲解，如图 16 所示，颌骨缺损患者需要医护人员进行不懈的努力与探索，提高或改善患者的生存质量，达到以恢复生理功能为主，兼顾外形与容貌的治疗效果。

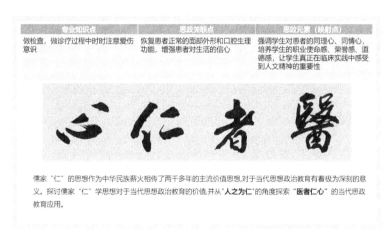

专业知识点	思政关联点	思政元素（映射点）
做检查，做诊疗过程中时时注意爱伤意识	恢复患者正常的面部外形和口腔生理功能，增强患者对生活的信心	强调学生对患者的同理心、同情心，培养学生的职业使命感、荣誉感、道德感，让学生真正在临床实践中感受到人文精神的重要性

儒家"仁"的思想作为中华民族薪火相传了两千多年的主流价值思想，对于当代思想政治教育有着极为深刻的意义。探讨儒家"仁"学思想对于当代思想政治教育的价值，并从**人之为仁**的角度探索**医者仁心**的当代思政教育应用。

图 16　将传统人文素养"医者仁心"与思政课程有机整合与强化。利用多种形式营造人文氛围，搭建医学生教育的人文教育平台，使学生具有深厚的知识底蕴和人文关怀

3. 展示修复体制作过程

展示完整的颌骨缺损患者修复体的整体制作过程。如图 17 所示，从术后

修复跨越到术前设计，修复预支。作为一名口腔修复医生，要通过病例诊疗的修复方式不断进步，跨越式前进的征途，回顾中国医学事业的发展时，引导学生进行回顾性、总结性思考。

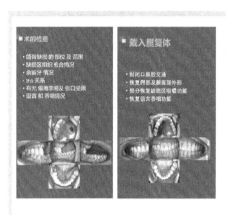

图 17　通过诊疗的对比与回顾，培养学生良好的语言文字修养、人际关系修养、伦理道德修养、文学艺术修养和理性思维修养，真正直观感受作为医生的使命和责任，建立学生救死扶伤、医者仁心的信念

　　综合运用启发式教学，案例式教学的方法，通过在课程中细化，将大段的背景知识分解为小的模块，融入整个课程讲述中。引导学生理解"医学-社会-心理模式"。

五、教学评价

　　前期设计的问卷星和纸质调查问卷在评价上考量的各项反馈指标设计较少，不能充分反映课程思政后学生认知的变化，对于结果不能直观和客观地呈现对比。已部署新的问卷形式和资料收集方式，在完成课程教学后收集学生的问卷评价情况，问卷测试包括学生对教学模式的态度、对课堂延伸的态度、对课堂思政内容的接纳态度、对课程思政的认识程度。不光在同一年级的课程中进行调查问卷的收集，期望对课程思政融入之前两年的年级收集调查问卷和现教学模式开展之后两年的学生进行一个纵比。增加学生以团队形式制作课后总结幻灯片进行分组汇报，在 PBL 基础上，强化循证理念与科研思维，融合"基于案例"教学法（CBL）和"以团队为基础"的学习法（TBL），在CBL基础上强化口腔健康全周期理念与临床思辨力、决策力；以及在以团队为基础的学习（TBL）基础上强化口腔医学生德医双修的素质能力培养，在实践层面促进了医学与人文的进一步整合，打造"PBL-CBL-TBL"（PCT）教学模式。倡导自助学习、积极参与、主动更新、全面发展，改变以知识传授的传统思路，使学生获得丰富的综合性知识，并能应用这些知识去分析解决实际临床问题。

思政结合让我们的医学生变得更加宽厚、更加充实、更加强大、更加崇高、更加优秀。"希望与责任""理想与担当"到"自立自强、科学报国""化危为机、行稳致远"，始终强调着武大学子应有的远大志向和价值追求。从解决临床中的实际问题入手开展科研工作，继而关注到不同问题之间存在的共性原因或本质联系，并在深度思考和探索的基础上，最终选择口腔医疗诊疗中解决有关问题的科研方向。

六、教师对课程思政的感受与认识

利用教学，将健康中国、中国特色卫生健康事业发展之路、新冠疫情以来医护人员敢于担当的精神融入专业课程中，让我们的医学生们在医学人文教育和思政融合的熏陶下，头脑充满信仰、充满爱心、充满责任、充满大医精神，成为医德高尚、医术精湛的人民健康守护者，仁心仁术的医学人才，更好地为中国人民的口腔健康服务。立足做好本职工作，精通专业知识，有了足够的实践经验积累，才能准确把握国际前沿科学技术进展与口腔医疗领域需求的结合点。

医学人文的传递应该是始终贯穿整个医疗学习的过程。医学生通过对颌骨缺损修复的学习，帮助理解医学人文精神的内涵，具备了部分医学人文关怀的能力，并且能在自己的医疗实践中予以体现。在中国口腔医疗事业发展中，自觉担负起使命，并坚守和奋斗，为口腔医疗领域的科技创新和现代化，为"口腔健康 全身健康"出一份力。

"卫生统计学"课程思政教学案例
统 计 图

曹金红①

课程名称: 卫生统计学　　**课程性质:** 专业必修课

学分/学时: 3/76　　　　　**授课对象:** 预防医学本科 三年级学生

课程简介: "卫生统计学"是统计学原理在医学科学研究和实践中应用的方法学,是科学指导医学研究设计、对研究结果进行科学分析的重要工具,在人才培养和学科发展方面发挥着重要作用。

一、本门课程的总体设计

1. 课程思政的目标

通过播放抗疫视频,重温伟大抗疫精神,使医学生深切的理解"健康所系,性命相托"的责任和使命,树立其职业荣誉感和责任担当感,从而建立高度的社会责任感。

2. 课程思政的主线

以新冠疫情发生为契机,借助 WHO 官方数据和网络公开数据进行数据统计分析,结合统计图和统计图表达,充分发挥学科优势,从而服务疫情防控大局,培养学生"敢于突破,勇于创新"的科学价值观;同时,应用疫情实时数据进行统计分析和统计推断,培养医学生的严谨求真精神。

3. 课程各章节的思政元素

借助国内疫情真实数据、WHO 官方数据和网络公开数据进行数据统计分

---

①　教师简介:曹金红,女,博士研究生学历,公共卫生学院医学统计学和生物统计学专业授课教师。

析教学，培养医学生的严谨求真精神，以及增强学生对党和国家的自豪感和荣誉感。

二、案例节段的教学设计

1. 对教学对象的分析

①知识经验分析："卫生统计学"是预防医学本科生的专业必修课，是统计学原理在医学科学研究和实践中应用的方法学。目前该课程是针对大三学生开设，学生已经学习了"高等数学""计算机基础""解剖学""病理生理学""公共卫生概论""健康教育学"和"文献检索"等相关数学和基础医学课程，具备了基本的医学专业知识和数学分析应用能力。根据《高等学校课程思政建设指导纲要》要求，学生应通过各科学习，掌握事物发展规律，增长见识。目前，学生对结合时事和实践发掘统计问题、深层次挖掘数据并进行分析的经验尚为欠缺。

②学习能力分析："卫生统计学"是科学指导医学研究设计、对研究结果进行科学分析的重要工具，在人才培养和学科发展方面发挥着重要作用。其主要培养学生统计设计、数据收集、资料整理、统计分析和统计推断等方面的技能。基于前期学习基础，学生具有较好的统计理论学习能力，能够理解并记忆学习内容，但理论联系实践、将理论用于解决具体问题的能力有待加强；统计软件实际操作能力有待提高，公共数据挖掘能力不足。

③思想状况分析："卫生统计学"的研究对象主要是人体以及与人的健康有关的各种因素，是系统研究医学领域科研活动规律与方法的课程。目前，由于预防医学专业人员社会认同感低；学生对专业前途迷茫，思想摇摆不定，转专业学生较多；以及学术圈中学术造假等学术不端行为频发等现象。本课程蕴含着许多与思想政治一致的观点与内容，如研究对象的选择原则和伦理道德、统计分析和统计推断中的严谨求真精神等。根据《关于加强和改进新形势下高校思想政治工作的意见》，本课程在教学中应融入思想政治教育工作，要培育和践行社会主义核心价值观，将智育和德育相结合，引导学生树立正确的世界观、人生观、价值观，加强社会责任意识和科学精神教育；以诚信建设为重点，加强职业道德和个人品德教育，提升学生道德素养，这对培养优秀的医学人才是至关重要的，也顺应了目前以立德树人为教育中心环节的

趋势。

2. 对教学目标的分析

①知识目标：理解每日新增确诊（死亡）数、病死率、死亡漏报率、死亡率、传播动力学模型、再生数、空间分布的概念；掌握统计图和统计表的制作原则、注意事项、数据类型的识别、原始数据的处理和统计结果的解释等；掌握数据处理过程中的混杂控制技巧。

②能力目标：提升网络信息检索以及公共数据处理和应用能力；能够运用统计专业知识对全球疫情数据进行全面系统分析和评估；提高应用统计分析结果去解决实际问题的能力和思维辩证能力，从而为运用理论知识解决公共卫生实践问题打下基础。

③价值目标：培养学生"尊重数据、尊重真实"的严谨求真精神，从本科生阶段培养学生端正的学术观和价值观，从而有效遏制学术造假不良之风；通过播放抗疫视频，重温伟大抗疫精神，使医学生深切理解"健康所系、性命相托"的责任和使命，树立其职业荣誉感和责任担当感；提升学生爱国情怀、综合素养和人文修养，并增强学生对党和国家的自豪感和荣誉感，以及对"四个自信"的认识。

3. 对教学内容的分析

教学知识点：

①掌握相关概念：每日新增确诊（死亡）数、病死率、死亡漏报率、死亡率、传播动力学模型、再生数、空间分布等。

②掌握统计图和统计表的作用、制作原则和注意事项。

③学会数据类型识别、原始数据处理和分析结果解释等。

④熟悉数据处理过程中的混杂控制技巧。

重点难点：

①教学重点：掌握数据类型识别、原始数据处理和分析结果解释，以及数据处理过程中的混杂控制技巧。

②教学难点：面对大量的网络公开数据，如何识别数据的真实性，如何控制混杂因素；如何应用思辨能力去解释可能存在的不同统计分析结果。

4. 教学手段与方法

教学手段：

①PPT 理论教学：列举重要的统计图表和统计模型；

②视频：展示相关背景和疫情防控现场；

③互动：案例分析、小组讨论、问答互动；

④总结提问及课后作业；

⑤统计软件操作。

教学方法：

①翻转课堂：利用武汉大学珞珈在线开展翻转课堂教学。

课前启化：授课老师通过武汉大学珞珈在线平台为学生发布课前自学任务，平台提供统计分析相关方面的微视频讲解、课前测试习题、统计数据等资源，方便学生课前自学。

课堂内化：为学生创设数据分析讨论情境，引导学生分析讨论，加强知识应用，促进知识内化。在小组成员课前讨论的基础上，选派组员上台汇报统计结果和防控措施，教师进行点评、总结归纳。

课后转化：课后授课老师带领学生到机房开展统计软件方面的数据处理实践，培养学生统计分析和软件应用能力。参加软件实践操作后的学生完成课后数据分析习题。

②任务驱动教学法：为学生分解不同板块的数据分析任务，以统计图和统计表为表达方式，引导学生通过完成任务掌握数据统计分析和结果表达方面的知识和技能，渗透统计分析和统计推断的严谨求真精神和公共卫生人才的责任担当感。

③情境教学法：给学生提供真实的疫情数据，引导学生综合运用所学知识、技能解决全球新冠疫情流行趋势预测及防控策略评估方面的公共卫生问题，培养学生"尊重数据、尊重真实"的严谨求真精神。

④理论教学—软件操作同步式教学：学生通过教师授课学完理论知识后，在老师带领下直接应用真实疫情数据进行统计分析并提出新的防控措施，激励学生学会在实践中发现问题、思考问题、解决问题，提升学生分析和解决实际问题的能力；同时，通过疫情实时数据，让学生全面了解全球疫情发展变化情况以及疫情防控的紧迫性，使学生更能深切的理解"健康所系，性命相托"的责任和使命，树立其职业荣誉感和责任担当感，从而建立高度的社会责任感。

5. 教学过程(如表1所示)

表1   教 学 过 程

教学内容与教学过程		专业知识与思政的融合	时间设计
课程导入 (观看视频)	(1) 疫情实时大数据报告 https：//www.baidu.com/s?wd=%E6%AD%A6%E6%B1%89%E7%96%AB%E6%83%85&rsv_spt=1&rsv_iqid=0xe7fc83ea000001fa&issp=1&f=8&rsv_bp=1&rsv_idx=2&ie=utf8&tn=baiduhome_pg&rsv_enter=1&rsv_dl=ib&rsv_sug3=11&rsv_sug1=6&rsv_sug7=1001. (2)经中央军委主席习近平批准军队增派2600名医护人员支援武汉抗击新冠疫情 http：//tv.cctv.com/2020/02/13/VIDEtdjuRWqyyNzU4s10yERP200213.shtml?notad=1 (3) 战疫情-驰援武汉-全国在行动 https：//baijiahao.baidu.com/s?id=1656832006179023361&wfr=spider&for=pc (4)美国疫情多项数据刷新纪录！美卫生官员泪洒发布会现场 https：//haokan.baidu.com/v?pd=wisenatural&vid=4876316313893311909	(1)借助**疫情实时数据**引出感染率、死亡率等计数资料统计描述相关指标和传染病传播动力学模型 (2)通过**短视频**让学生思考中美在疫情暴发时公布的统计数据背后反映了什么?引导学生从医学统计学的专业角度去客观分析 (3)对比国内外疫情应对措施和我国防控优势,增强学生对党和国家的自豪感和荣誉感	3分钟
相关概念及计算	病死率、死亡漏报率、死亡率、传播动力学模型、再生数、空间分布	讲解相关概念及计算等专业知识	5分钟
原始数据	WHO官方数据和网络公开数据的查询、数据真实性的识别、原始数据的清洗和混杂的控制技巧	理论联系实践,提升学生公共数据挖掘能力;提高学生数据识别能力和思维辩证能力;培养学生"尊重数据、尊重真实"的严谨求真精神	5分钟
统计图表	统计图和统计表的作用、制作原则、注意事项	通过应用统计图表深层次挖掘数据本质特征的能力	

续表

教学内容与教学过程		专业知识与思政的融合	时间设计
1. 全球概况 | 地名	世卫区域	累计确诊	新增确诊	累计死亡	新增死亡 | 全球合计 168509636 542319 3505534 12499 美利坚合众国 美洲 32869009 24462 586890 1120 印度 东南亚 27555457 186364 318895 3660 巴西 美洲 16274695 80486 454429 2398 法国 欧洲 5521997 12438 108213 172 土耳其 欧洲 5212123 8738 46787 166 俄罗斯联邦 欧洲 5035207 9039 120002 402 英国 欧洲 4470301 2987 127748 9 意大利 欧洲 4201827 3935 125622 121 德国 欧洲 3662490 6313 87995 269 西班牙 欧洲 3662896 2582 79855 2 阿根廷 美洲 3622135 35399 75588 532 哥伦比亚 美洲 3294101 23487 86180 514 伊朗伊斯兰共和国 东地中海 2875858 9994 79384 165 波兰 欧洲 2869652 1202 73440 135 墨西哥 美洲 2402722 2932 222232 272 乌克兰 欧洲 2193367 3509 50076 183 秘鲁 美洲 1937245 4990 68634 164 印度尼西亚 东南亚 1797499 6278 49907 136 捷克 欧洲 1659980 547 30059 15 南非 非洲 1645555 4623 56077 101 荷兰 欧洲 1634138 2794 17576 10		全球新冠确诊数和死亡数排序靠前的国家，未见中国，这可增强学生的国家认同感和"四个自信感"	2分钟
结果表达与解释	**2. 每日新增确诊病例数** 	不同区域每日新增病例情况	2分钟
	3. 每日新增死亡病例数 	不同区域每日新增死亡病例情况	2分钟

教学内容与教学过程	专业知识与思政的融合	时间设计
4. 主要五国确诊病例增长曲线 	从主要五国确诊病例增长曲线来看，中国从开始的快速增长到后面的平稳状态，体现了中国特色社会主义的制度优势，可增强学生的国家认同感和四个自信感	2分钟
结果表达与解释 5. 病死率 	通过病死率情况，能使医学生深切理解"健康所系、性命相托"的责任和使命，树立其职业荣誉感和责任担当感	3分钟
6. 死亡人数前20个国家的漏报率（2020.3—2021.5） 		2分钟

续表

教学内容与教学过程	专业知识与思政的融合	时间设计
7. 玫瑰图——不同时期不同国家的死亡数 2020.11.12　2021.1.12　2021.3.12　2021.5.12		2分钟
8. 传播动力学模型 S——易感者 (Susceptible)　E——暴露者 (Exposed) I——感染者 (Infectious)　R——恢复者 (Recovered) A——无症状感染者 (Asymptomatic)　D——死亡者 (Death) SI模型　SIS模型　SIR模型　SEIR模型　SEIAR模型　SEIDR模型	掌握事物发展规律，深层次挖掘数据并进行数据预测分析，充分发挥学科优势，从而服务疫情防控大局	4分钟
9. 再生数计算方法 （3）代际间隔分布计算方法 代际间隔（Serial Interval）：上下两代之间的感染时间间隔 ·方法一：指定分布类型（Gamma, Lognormal, Weibull）及参数（均数、标准差） 	理论联系实践、将理论用于解决新冠传染性的具体问题	3分钟
10. 武汉市临床诊断病例空间分布 	应用疫情实时数据进行统计分析和统计推断，培养医学生的严谨求真精神	2分钟

结果表达与解释

续表

<table>
<tr><th colspan="2">教学内容与教学过程</th><th>专业知识
与思政的融合</th><th>时间
设计</th></tr>
<tr><td rowspan="2">结果表达
与解释</td><td>11. COVID-19 防控措施研究结果
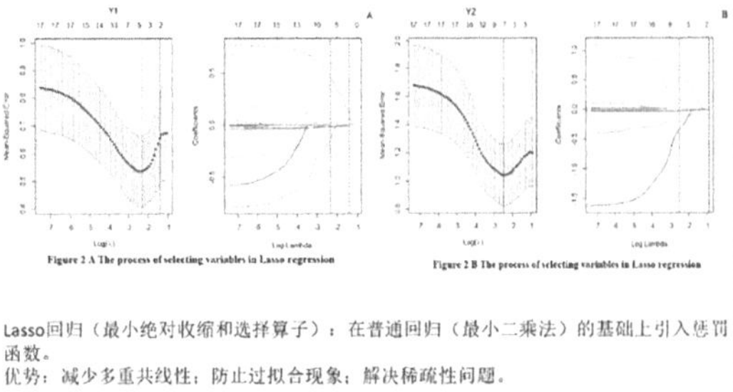Figure 2 A The process of selecting variables in Lasso regression
Figure 2 B The process of selecting variables in Lasso regression
Lasso回归（最小绝对收缩和选择算子）：在普通回归（最小二乘法）的基础上引入惩罚函数。
优势：减少多重共线性；防止过拟合现象；解决稀疏性问题。</td><td>进行数据统计分析，充分发挥学科优势，从而服务疫情防控大局，能够培养学生“敢于突破，勇于创新”的科学价值观</td><td>3
分钟</td></tr>
<tr><td>12. 武汉市重症、危重症病例时间分布
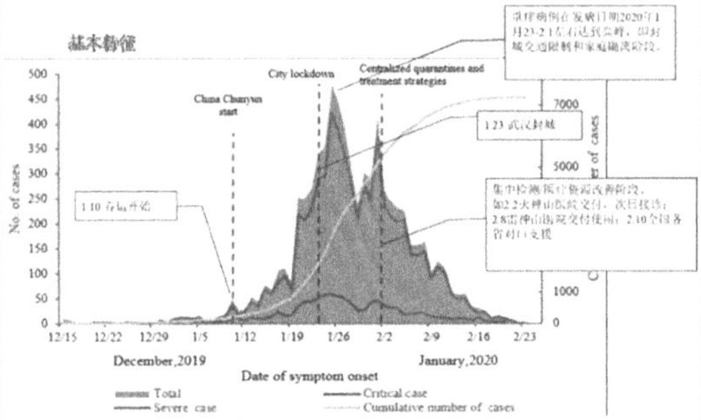City lockdown
China Chunyun start
Centralized quarantines and treatment strategies
1.23 武汉封城
No. of cases
Date of symptom onset
December,2019
January,2020
Total
Critical case
Severe case
Cumulative number of cases</td><td>通过武汉重症、危重症病例分析，说明中国各方组织协调有序，全社会动员，可增强学生的国家认同感和“四个自信”感</td><td>2
分钟</td></tr>
<tr><td>课堂总结
及课后作业</td><td>(1)了解全球疫情现状和疫情防控措施。
(2)统计图表制作的注意事项。
(3)课后作业：查阅全球疫情相关信息进行数据统计，分析不同防控措施的优劣，并尝试应用不同的统计模型进行拟合和预测疫情发展趋势。
(4)下一次课进行统计软件操作，预习软件操作流程。</td><td>通过疫情实时数据分析，提高学生应用理论去解决实际问题的能力；培养学生“尊重数据、尊重真实”的严谨求真精神；培养学生端正的学术观和价值观</td><td>3
分钟</td></tr>
</table>

6. 教学评价

通过思政元素融入医学统计学课程，提升学生的专业价值感及认同感。通过以下方式进行评价：

(1)评价方法：课后小测、教师教学调查问卷等。

（2）评价内容：

课前评价：微视频观看情况、课前小测完成情况和疫情数据下载情况。

课中评价：小组讨论情况、重难点掌握情况和情感态度评价。

课后评价：软件操作情况、数据习题完成情况、教师教学情况和价值目标实现情况调查。

（3）考核评分：课前、课中和课后评价按照2∶5∶3比例评分。

三、教师对课程思政的感受与认识

目前，由于学术压力、学术评价体系、竞争压力和经济利益等因素，学术圈中存在伪造数据等学术不端行为。"卫生统计学"是培养医学生统计设计、数据收集、资料整理、统计分析和统计推断等方面的技能，是科学而真实指导医学研究设计、对研究结果进行科学分析的重要工具。通过课程思政融入"卫生统计学"教学，能更好地将智育和德育相结合，培养学生的严谨求真精神，并引导学生树立正确的世界观、人生观、价值观，提升学生道德素养，这对培养优秀的医学人才是至关重要的，也顺应了目前以立德树人为教育中心环节的趋势。

参 考 文 献

【专著类】

[1]习近平．习近平关于社会主义政治建设论述摘编[M]．北京：中央文献出版社，2017.

[2]习近平．习近平著作选读[M]．北京：人民出版社，2023.

[3]习近平．习近平谈治国理政[M]．北京：外文出版社，2018、2017、2020、2022.

[4]中共中央党史和文献研究院．习近平关于网络强国论述摘编[M]．北京：中央文献出版社，2021.

[5]魏华林，林宝清．保险学[M]．第五版．北京：高等教育出版社，2023.

[6]孙祁祥．保险学[M]．第七版．北京：北京大学出版社，2021.

[7]李晓琪主编．博雅汉语·高级飞翔篇Ⅰ[M]．北京：北京大学出版社，2006.

[8]柯亨玉，龚子平，张云华，单欣．电磁场理论基础[M]．第三版．武汉：华中科技大学出版社，2020.

[9]马德普主编．当代西方政治思潮[M]．北京：中国人民大学出版社，2013.

[10]钟群鹏，赵子华．断口学[M]．北京：高等教育出版社，2005.

[11]钱冬生，陈仁福．大跨悬索桥的设计与施工[M]．成都：西南交通大学出版社，2015.

[12]徐恭义．大跨度铁路悬索桥设计[M]．上海：上海科学技术出版社，2020.

[13]陈珩．电力系统稳态分析[M]．第四版．北京：中国电力出版社，2015.

[14]韩祯祥．电力系统分析[M]．第五版．杭州：浙江大学出版社，2011.

[15]何仰赞，温增银．电力系统分析（下册）[M]．第三版．武汉：华中科技

大学出版社，2002.

[16]陈慈萱，向铁元．电气工程基础(上册)[M]．第三版．北京：中国电力
出版社，2018.

[17]刘笙．电气工程基础(上册)[M]．第二版．北京：科学出版社，2019.

[18]刘谦功．尔雅中文·当代中国话题[M]．北京：北京语言大学出版社，
2020.

[19]谢幸，孔北华，段涛．妇产科学[M]．第九版．北京：人民出版社，
2018.

[20]杨慧霞，狄文，朱兰．妇产科学[M]．第二版．北京：人民出版社，
2021.

[21]Andrew Grant，McKimm Judy，Murphy Fiona 主编，唐其柱主译．反思性实
践能力培养：给医学生，医生和教师的指南[M]．北京：人民卫生出版
社，2023.

[22]武汉大学．分析化学(上册)[M]．第六版．北京：高等教育出版社，
2016.

[23]李征航，黄劲松．GPS 测量与数据处理[M]．第三版．武汉：武汉大学出
版社，2016.

[24]彭彬．根管治疗图谱[M]．北京：人民卫生出版社，2022.

[25]克鲁格曼，奥伯斯法尔德，梅利兹．国际经济学：理论与政策[M]．第十
版．北京：中国人民大学出版社，2016.

[26]教育部中外语言交流合作中心．国际中文教育用中国文化和国情教学参
考框架[M]．北京：华语教学出版社，2022.

[27]国家对外汉语领导小组办公室．高等学校外国留学生汉语言专业教学大
纲[M]．北京：北京语言文化大学出版社，2002.

[28]教育部．高等学校课程思政建设指导纲要(教高[2020]3 号)，2020.

[29]刘谦功．当代话题——高级阅读与口头表达[M]．北京：北京语言大学出
版社，2003.

[30]陈炜湛．古文字趣谈：汉字的故事[M]．北京：文化艺术出版社，2010.

[31]黄德宽．古文字学[M]．上海：上海古籍出版社，2019.

[32]李圃，郑明．古文字释要[M]．上海：上海教育出版社，2010.

[33]Middlecamp，Catherine H．等编著，段连运等译．化学与社会[M]．北京：

化学工业出版社，2018.

[34]陈晓莉，罗先武．健康评估[M]．北京：人民卫生出版社，2021.

[35]孙玉梅，张立力，张彩虹．健康评估[M]．北京：人民卫生出版社，2021.

[36]杨川，高国庆，崔国栋，吴大兴．金属材料零部件失效分析案例[M]．北京：国防工业出版社，2012.

[37]陈永明．教师教育学[M]．北京：北京大学出版社，2012.

[38]王道俊，郭文安．教育学[M]．北京：人民教育出版社，2009.

[39]余文森，王晞．教育学[M]．北京：北京大学出版社，2009.

[40]康永久．教育学原理五讲[M]．北京：人民教育出版社，2016.

[41]项贤明．教育学的逻辑：探寻教育学的科学化发展路径[M]．北京：中国人民大学出版社，2021.

[42]陈华栋．课程思政：从理念到实践[M]．上海：上海交通大学出版社，2020.

[43]赵铱民．口腔修复学[M]．第七版．北京：人民卫生出版社，2012.

[44]赵铱民．口腔修复学[M]．第八版．北京：人民卫生出版社，2020.

[45]王行环，熊世熙．临床基本技能训练与考核100例[M]．北京：人民卫生出版社，2019.

[46]哈尔滨工业大学理论力学教研室．理论力学："十二五"普通高等教育本科国家级规划教材(第八版)[M]．北京：高等教育出版社，2016.

[47]程燕平．理论力学：应用型本科院校"十三五"规划教材·力学类[M]．第三版．哈尔滨：哈尔滨工业大学出版社，2019.

[48]赵雷，吴中伟．理解当代中国·高级中文听说教程[M]．北京：外语教学与研究出版社，2022.

[49]郭风岚．理解当代中国·高级中文读写教程[M]．北京：外语教学与研究出版社，2022.

[50]钱谷融．论"文学是人学"[M]// 王尧，林建法主编；郭冰茹编选．中国当代文学批评大系1949—2009，卷1．苏州：苏州大学出版社，2012.

[51]王建华，刘民．流行病学[M]．北京：人民卫生出版社，2008.

[52]林红．民粹主义——概念、理论与实证[M]．北京：中央编译出版社，2007.

［53］杨新华，陈传尧．疲劳与断裂［M］．武汉：华中科技大学出版社，2018.

［54］赫尔巴特著，李其龙译．普通教育学［M］．北京：人民教育出版社，2015.

［55］教育部高等学校教学指导委员会．普通高等学校本科专业类教学质量国家标准（上）［M］．北京：高等教育出版社，2018.

［56］邵旭东．桥梁工程［M］．第五版．北京：人民交通出版社，2019.

［57］彭国军，傅建明，梁玉，等．软件安全［M］．武汉：武汉大学出版社，2015.

［58］高涛，肖楠，陈钢．R语言实战［M］．北京：人民邮电出版社，2013.

［59］陈良瑾．社会救助与社会福利［M］．北京：中国劳动社会保障出版社，2009.

［60］张奇林．社会救助与社会福利［M］．北京：人民出版社，2012.

［61］赵映诚，王春霞，杨平．社会福利与社会救助［M］．大连：东北财经大学出版社，2015.

［62］钟仁耀．社会救助与社会福利［M］．第4版．上海：上海财经大学出版社，2019.

［63］高和荣．社会福利［M］．北京：中国人民大学出版社，2022.

［64］卢卡奇著，徐恒醇译．审美特性（第一卷）［M］．北京：中国社会科学出版社，1986.

［65］《手术两百年》主创团队．手术两百年［M］．北京：科学技术文献出版社，2020.

［66］杜震宇．生物学科课程思政教学指南［M］．上海：华东师范大学出版社，2020.

［67］孙智，江利，应展鹏．失效分析——基础与应用［M］．北京：机械工业出版社，2015.

［68］武汉大学．《无机及分析化学》编写组［M］．第三版．武汉：武汉大学出版社，2008.

［69］陈孝平，汪建平，赵继宗．外科学［M］．第九版．北京：人民卫生出版社，2018.

［70］方积乾，孙振球．卫生统计学［M］．北京：人民卫生出版社，2008.

［71］陈平原．文学史的形成与建构［M］．南宁：广西教育出版社，1999.

[72]裘锡圭.文字学概要(修订本)[M].北京：商务印书馆，2021.

[73]葛列众，许为.用户体验：理论与实践[M].北京：中国人民大学出版社，2020.

[74]蔡赟，康佳美，王子娟.用户体验设计指南：从方法论到产品设计实践[M].北京：电子工业出版社，2019.

[75]周学东.牙体牙髓病学[M].北京：人民卫生出版社，2020.

[76]方积乾，徐勇勇，陈峰，等.医学统计学[M].北京：人民卫生出版社，2012.

[77]曹雪涛.医学免疫学[M].北京：人民卫生出版社，2018.

[78]曹雪涛，何维.医学免疫学[M].北京：人民卫生出版社，2015.

[79]万学红，卢雪峰.诊断学[M].第九版.北京：人民卫生出版社，2018.

[80]李春雨.中国当代文化传播与汉语国际教育[M].北京：文化艺术出版社，2020.

[81]中国科学技术协会主编.中国化学学科史[M].北京：中国科学技术出版社，2010.

[82]利容千，王明全.植物组织培养简明教程[M].武汉：武汉大学出版社，2004.

[83]Krugman P R, Obstfeld M, Melitz M. International Economics：Theory and Policy, 11/E[M]. London：Pearson, 2018.

[84]REJDA G E, MCNAMARA M J, RABEL W H. Principles of Risk Management and Insurance [M]. 14th ed. London：Pearson Pearson Education, Inc., 2019.

【期刊类】

[1]杨桂英，郑丽萍，李艳明.人工流产与药物流产所致继发不孕的对比分析[J].中国妇幼保健，2012，27(28).

[2]徐晓华，黄劲松，周晓慧，张小红.关于建设导航工程专业卫星导航原理课程的思考[J].科教导刊，2013(36).

[3]郭斐，刘万科，楼益栋，张小红.导航工程专业卫星导航数据处理方法课程建设与思考[J].全球定位系统，2016(4).

[4]郭正林，李镇超.当代世界的民粹主义：四种主要类型[J].人民论坛·学

术前沿，2016(5)下.

[5]林红. 当代民粹主义的两极化趋势及其制度根源[J]. 国际政治研究，2017(1).

[6]俞可平. 全球化时代的民粹主义[J]. 国际政治研究，2017(1).

[7]赵可金. 大众的反叛——第三波民粹化浪潮及其社会根源[J]. 国际政治研究，2017(1).

[8]周穗明. 2016年西方民粹主义政治的新发展[J]. 当代世界，2017(2).

[9]佟德志，朱炳坤. 当代西方民粹主义的兴起及原因分析[J]. 天津社会科学，2017(2).

[10]吕普生. 西方交易民主反思：民主异化与当代危机[J]. 社会科学研究，2017(4).

[11]佟德志. 西方自由民主的困境与民粹主义的兴起[J]. 红旗文稿，2017(12).

[12]沈壮海，王迎迎. 2016年度大学生思想政治教育状况调查分析——基于全国35所高校的调查[J]. 中国高等教育，2017(11).

[13]胡范铸. 目标设定、路径选择、队伍建设：新时代汉语国际教育的重新认识[J]. 世界汉语教学，2018(1).

[14]崔希亮. 汉语国际教育与人类命运共同体[J]. 世界汉语教学，2018(4).

[15]吕普生，刘嘉敏. 21世纪欧洲民粹主义：新动向与政治影响[J]. 国外理论动态，2018(11).

[16]吕普生，刘嘉敏. 民众价值观变迁如何影响美国民粹主义的兴起[J]. 太平洋学报，2018(11).

[17]刘丽萍. 简论当代中国话题课的教学目标及教材编写[J]. 汉语国际教育学报第12辑，2019(6).

[18]李国利，邓梦. 中国北斗全球梦圆——写在北斗三号全球卫星导航系统全面建成之际[N]. 阿克苏日报，2020-8-4(5).

[19]李宝贵，刘家宁. 新时代国际中文教育的转型向度、现实挑战及因应对策[J]. 世界汉语教学，2021(1).

[20]冯海丹. 高校来华留学生当代中国话题"课程思政"建设研究——以教学大纲修订为例[J]. 中国多媒体与网络教学学报，2021(3).

[21]沈火明，刘娟. 工程力学课程思政的探索与实践[J]. 高教学刊，2021，7

（29）.

［22］赵熠，白轶，王贻宁．上颌骨缺损的赝复体修复［J］．中国实用口腔科杂志，2021，14(05)．

［23］程钢，杨杰，王磊，等．智慧教学环境下"地理信息系统原理与应用"课程教学综合改革与实践［J］．测绘通报，2021(12)．

［24］米娜，冯胜军．思政教育在医学免疫学教学过程中的隐性和显性渗透［J］．中国免疫学杂志，2021(37)．

［25］胡文华．国际学生中国概况课的定位、目标和教学模式［J］．华南师范大学学报(社会科学版)，2022(1)．

［26］李世明．测量学课程思政教学实践探索——以华北水利水电大学为例［J］．河南教育(高等教育)，2022(5)．

［27］黄海兰，邹进贵，花向红．智能测绘背景下数字地形测量学课程思政教学探索与实践［J］．测绘通报，2022(S1)．

［28］郑保卫．讲好中国故事，增强中华文明传播力影响力［J］．传媒观察，2023(2)：1.

［29］CREASE ROBERT P. The greatest equations ever［J］. *Phys. World*，2004，17：19.

［30］Liu C, Li X, Meng D, et al. A 4-bp Insertion at ZmPLA1 Encoding a Putative Phospholipase A Generates Haploid Induction in Maize［J］. Mol Plant，2017，10(3).

［31］Gilles LM, Khaled A, Laffaire JB, et al. Loss of pollen-specific phospholipase NOT LIKE DAD triggers gynogenesis in maize［J］. *EMBO J*，2017，36(6).

［32］Kelliher T, Starr D, Richbourg L, et al. MATRILINEAL, a sperm-specific phospholipase, triggers maize haploid induction［J］. *Nature*，2017，542(7639).

［33］Liu Y, Wang H, Jiang Z, et al. Genomic basis of geographical adaptation to soil nitrogen in rice［published correction appears in Nature. 2022，610(7931)：E4］［J］. *Nature*，2021，590(7847).

［34］Zhang J, Hansen LG, Gudich O, et al. A microbial supply chain for production of the anti-cancer drug vinblastine［J］. *Nature*，2022，609(7926).

索　引

A

AI 技术

B

拔尖创新人才

保险学

C

参与式教学

产学合作协同育人

创新创业教育改革

D

党建

大数据与信息系统

当代中国政治经济

电磁学

电力系统

电气工程

电气自动化

对外汉语教学

F

妇产科学

妇女保健

G

《国务院关于实施健康中国行动的意见》

《高等学校课程思政建设指导纲要》

《高等学校人工智能创新行动计划》

《高等学校公共艺术课程指导纲要》

《高等学校实验室安全规范》

《关于加快建设高水平本科教育全面提高人才培养能力的意见》

《关于加强和改进新形势下高校思想政治工作的意见》

《关于全面加强和改进新时代学校美育工作的意见》

《关于全面深化教育教学改革的若干意见》

《关于加强基础学科人才培养的意见》

《关于加强碳达峰碳中和人才培养体系建设行动方案》

《关于加强普通高等学校在线开放课程教学管理的若干意见》

《关于新时代振兴中西部高等教育的意见》

《关于加强新时代法学教育和法学理论研究的意见》

《关于全面加强和改进新时代学校美育工作的意见》

《关于加强高等学校服务国家通用语言文字高质量推广普及的若干意见》

工程实践

国防教育

国际经济关系

国际政治学

国际中文教育

国家话语体系建构

古文字学

H

合作式教学法

化学与社会

环境保护

J

《教育部关于切实加强新时代高等学校美育工作的意见》

价值塑造

交互式教学

教学系统

教学目标

教学设计

教学方法

教学模式

教学素材库

教学资源建设

教育学原理

疾病诊断

K

课程思政

课程体验

跨文化交际

L

立德树人

理论力学

临床医学

流行病学

M

媒介素养教育

美育课程

免疫学

民粹主义

民主化危机

N

内卷

P

《普通高等教育学科专业设置调整优化改革方案》

PBL

朋辈学习

批判性思维

Q

《全面加强和改进新时代学校体育工作的意见》

《全面推进"大思政课"建设的工作方案》

《全面加强和改进新时代学生心理健康工作专项行动计划（2023—2025年)》

桥梁工程

全球化

全媒体时代

全球胜任力

青年红色筑梦之旅

R

R语言

软件工程

人类命运共同体

人工智能

人文教育

S

审美教育

"三位一体"教育理念

三全育人

社会福利

社会救助

社会主义民主政治

社会主义核心价值观

实践类公共基础课

实验教学

实践教学

数字化

数字化影像

生物医学工程

思政资源

"四新"建设

《世界高等教育数字化未来发展报告（2023)》

《世界高等教育数字化发展指数》

T

探究性学习

体验式教学

通识教育

同向同行

统计学

土木工程

W

文献检索

五育一体

外科手术

网络强国

卫生服务

卫星导航技术

文化研究

文化传播学

无机化学

无性繁殖技术

X

《习近平新时代中国特色社会主义思想进课程教材指南》

《新一代人工智能发展规划的通知》

显性教育

形成性评估

学术道德教育

学科史建构

虚拟仿真实验教学

虚拟教研室

乡村振兴

Y

隐性教育

牙体牙髓疾病治疗

医学统计学

Z

主流话语传播

中国文学史

中国特色社会主义道路

植物组织培养

知识共同体

智慧教育平台

自主学习

总结性评估

卓越拔尖人才

中国国际"互联网+"大学生创新创业大赛

《中国教育现代化2035》